No.16

中国汽车产业发展报告

（2023）

ANNUAL REPORT ON AUTOMOTIVE INDUSTRY IN CHINA
(2023)

汽车产业迈向合作共赢的国际化新征程

国务院发展研究中心产业经济研究部
中国汽车工程学会 主编
大众汽车集团（中国）

2023

中国发展出版社
CHINA DEVELOPMENT PRESS

图书在版编目（CIP）数据

中国汽车产业发展报告. 2023 / 国务院发展研究中心产业经济研究部，中国汽车工程学会，大众汽车集团（中国）主编. -- 北京 ：中国发展出版社，2025. 4.

ISBN 978-7-5177-1453-8

Ⅰ. F426.471

中国国家版本馆CIP数据核字第202565G78X号

书　　名：中国汽车产业发展报告（2023）
主　　编：国务院发展研究中心产业经济研究部　中国汽车工程学会
　　　　　大众汽车集团（中国）
责任编辑：吴　思
出版发行：中国发展出版社
联系地址：北京经济技术开发区荣华中路22号亦城财富中心1号楼8层（100176）
标准书号：ISBN 978-7-5177-1453-8
经 销 者：各地新华书店
印 刷 者：北京华联印刷有限公司
开　　本：710mm×1000mm　1/16
印　　张：30
字　　数：400千字
版　　次：2025年4月第1版
印　　次：2025年4月第1次印刷
定　　价：148.00元

联系电话：（010）68360970　68990625
购书热线：（010）68990682　68990686
网络订购：http://zgfzcbs. tmall. com
网购电话：（010）88333349　68990639
本社网址：http://www.develpress. com
电子邮件：2857118@qq.com

编委会

序

习近平总书记明确指出，中国开放的大门不会关闭，只会越开越大。[1]开放是中国式现代化的鲜明标识。实践已反复证明，对外开放既是推动我国经济持续快速发展的重要动力，也是与世界分享发展机遇的表现。以中国式现代化全面推进强国建设、民族复兴伟业，必须坚持对外开放基本国策，积极参与国际分工和合作，促进产业发展向全球价值链的中高端不断攀升，不断以我国的新发展成就为世界提供新机遇，推动我国经济与世界经济共同繁荣发展。

国际化是全球汽车产业发展的通行做法，是我国加快建设汽车强国的必由之路。我国汽车产业国际化具有鲜明的绿色低碳发展特征，对推动世界各国共同应对气候变化挑战、改善全人类的总体福祉意义重大。当前，我国汽车产业国际化发展已进入机遇与挑战并存的关键时期，2023 年我国汽车产量和销量占全球汽车市场的三分之一，新能源汽车产销量更是占据绝对的全球领先地位，汽车产业国际竞争力稳步提升。保持良好的国际化发展势头，既要坚持高水平“引进来”，又要扩大“走出去”的步伐，在全球汽车供应链分工中积极推动更大范围、更多领域的合作，携手世界各国共同抓住全球汽车产业快速变革的发展机遇。

正是基于上述背景，《中国汽车产业发展报告（2023）》把“汽车产业迈向合作共赢的国际化新征程”作为主题，提出了以下主要观点和

1　习近平：《决胜全面建成小康社会 夺取新时代中国特色社会主义伟大胜利——在中国共产党第十九次全国代表大会上的报告》，新华社，2017 年 10 月 27 日。

认识。

一是从汽车产业国际化发展的一般规律出发，梳理分析了主要汽车强国由产业自立自强到全球化经营的发展历程，总结了国际汽车产业全球化发展和应对汽车贸易摩擦的经验、启示。德国、日本等全球汽车强国的国际化发展历程，一般都经历了以内销为主、以出口为主、全球布局三个发展阶段。“十四五”以来，我国新能源汽车发展优势日益突出，与全球汽车产业链供应链深度互嵌、相互依存，迈向全面实现高水平国际化发展的新征程。我国应充分立足自身市场和供应链优势，抓住全球汽车市场新能源化、智能化变革下分工格局调整的历史机遇，加快建设全球化汽车强国。

二是从对我国汽车产业国际化发展新征程的基本认识角度，修订了国际竞争力指标体系，回溯分析了过去 15 年我国汽车产业国际化的动态演进趋势。总体上看，我国汽车产业国际竞争力呈现曲折上升趋势，正在进行换道发展，近年来随着环境竞争力稳步提升，已超过德国和美国，略低于日本；组织竞争力略有下降，相较于其他主要国家处于较低水平；创新竞争力与国际绩效竞争力快速增长，与主要汽车国家的差距在不断减小。这些都是我国汽车产业补齐短板、拉长长板、锻造新板，进而增强国际竞争力的重要参考。

三是从推进汽车产业对外开放合作的角度，梳理了汽车产业开放合作面临的新形势，分析了我国打造全球汽车技术创新策源地、吸引外资深耕国内汽车市场需要着力解决的重大问题。虽然当前逆全球化思潮频频抬头，但是开放合作仍是汽车产业发展的主旋律，全球汽车供应链短链化、区域化、多元化趋势明显，对我国汽车产业提出了更高要求。适应对外开放的新形势，需要坚持以技术合作为牵引的汽车研发、生产、销售、服务全链条合作，加快打造并保持全球汽车技术创新策源地的优势，积极建设国际领先的汽车创新链、产业链和人才链，吸引跨国整零企业建立“在华投资，服务全球”的发展模式，增强国内国际两个市场两种资源联动效应，培育汽车产业国际合作和竞争新优势。

四是从汽车产业“走出去”的角度，展望了全球主要汽车市场的发展前景，研究了我国汽车产业海外发展所面临的风险、挑战，并提出了应对建议。近年来，我国车企已在全球市场取得突破性的成就，既在欧盟等主要海外汽车消费市场取得了良好进展，又在巴西、东盟等新兴市场开拓了新空间。我国车企尽管取得了不俗的成绩，但仍需克服自我定位和国际壁垒的双重阻碍，必须坚持出口和适度对外投资并举，把握全球主要汽车市场发展趋势，明确出口重点方向，因地制宜做好我国汽车品牌内涵再定位；主动对接高标准国际技术和经贸规则，增强在国际汽车技术标准组织的话语权，有针对性地开展国际贸易谈判和政策协调，多措并举鼓励、支持各类车企开拓国外市场。

在上述研究分析基础上，本书提出了我国汽车产业国际化发展应坚持高水平“引进来”和积极扩大“走出去”两条腿走路的思路。具体建议有：抓住全球汽车产业智能化、绿色化变革的时间窗口，以新能源为突破口，破解资源环境约束，打开全球汽车产业新的增长空间；坚持车路云一体化发展路径，提升汽车产业引领性创新能力；坚持整车出口与海外生产并举，在国际化发展中与传统汽车强国、新兴经济体长期合作共赢。

此外，本书延续了《中国汽车产业发展报告》的一贯特点，重点从汽车产业发展的宏观政策引导、汽车市场整体及结构性发展态势、新能源汽车及智能网联领域的技术和产业发展状况等方面对2022—2023年我国汽车产业发展新格局进行了产业综述。本书还梳理了我国汽车产业发展新的政策法规，整理了翔实的发展数据，相信能够为读者朋友们系统了解我国汽车产业发展情况提供有益参考。

本书是多家单位的多位专家、学者共同智慧的结晶。国务院发展研究中心产业经济研究部的田杰棠、李燕、石耀东、周毅、路倩及访问学者王淑莹、丁民生、李扬帆、高菠阳，中国汽车工程学会的侯福深、郑亚莉、郑巧云、雷钊、李嘉琳、孟圆、杜书栋，大众汽车（中国）投资有限公司的刘云峰、苏巴鸿、曲文闯等为本书撰写付出了辛勤努力。中国汽车技术研究中心有限公司的黄永和、刘艳、杨祥璐，交通运输部规划研究院的刘奕，北京交通大学的郑善强，北京科技大学的郝旭、巩富达，中国社会科学院的李沫阳参与了部分章节的撰写，中国发展出版社王忠宏等同志也为本书出版提供了大力支持。在此，对所有为本书做出贡献的同志表示衷心感谢。

2008 年，《中国汽车产业发展报告》首次出版，本书已是第 16 册，希望这一连续出版了 16 年的成果，能够继续为相关政府和企事业单位提供有益参考，为推动我国汽车产业国际化发展、加快建设汽车强国做出积极贡献。

张顺喜

国务院发展研究中心副主任、党组成员

2024 年 12 月

目录

Ⅰ 总报告

Ⅱ 主题研究

Ⅳ　附录

Contents

I General Report

II Thematic Research

III Industrial Overview

IV Appendix

I

总报告

第一章 推动汽车产业国际化发展，加快建设汽车强国

田杰棠　周毅　郑善强[1]

国际化是加快建设汽车强国的必由之路，是全球汽车产业转型发展的有力支撑。在全球汽车产业电动化、智能化快速发展的大背景下，我国汽车产业抓住发展机遇，努力优化国际化发展环境，产业链实力和技术能力稳步增强，市场地位稳步提升，进入国际化发展新阶段。同时，当前国内外出现一些风险挑战。要坚持高水平对外开放、加快产业“走出去”的战略思路，实施创新引领、绿色低碳、智能网联、质量品牌、双向协同、开放共赢战略行动，积极构建国际领先的汽车创新链、产业链和人才链，推动汽车产业高质量国际化发展。

1　田杰棠，国务院发展研究中心产业经济研究部部长。
周毅，国务院发展研究中心产业经济研究部研究室副主任。
郑善强，北京交通大学经济管理学院。

一　国际化是全球汽车产业转型发展的普遍做法，是我国加快建设汽车强国的必由之路

汽车产业是典型的全球配置资源和全球竞争型产业，需要形成规模经济来支持高额研发投入，世界主要汽车强国均将汽车产业国际化发展作为重要战略。国际化发展是当前我国建设汽车强国的重要关键环节，既符合世界主要汽车强国发展的共同规律，又有助于增强我国汽车产业的全球影响力。我国汽车国际化将加速行业竞争演进，提升我国汽车产业活力和技术水平，为我国经济带来新的增长点。

（一）国际化是汽车强国发展的共同规律

纵观德国、日本等全球汽车强国的国际化发展历程，一般都经历了以内销为主、以出口为主、全球布局三个阶段。以内销为主的发展阶段往往出现在汽车产业发展初期，此时技术和生产能力有限，产业发展以稳固国内市场为主。随后，为分摊技术研发成本和发挥规模经济效应，车企不断增加产能并寻求扩大出口，进入以出口为主的发展阶段。最后，为规避贸易壁垒和进一步降低成本，企业采取全球本土化生产，替代整车出口，出口量逐渐趋于稳定，实现本国汽车产业的全球布局。这一国际化发展规律符合汽车产业资本与技术密集型特征，是培育领先汽车市场的必由之路。

（二）国际化是我国加快建设汽车强国的必由之路

国际化发展有助于打开我国汽车产业增量空间。持续增加国际市场份额，是当前我国建设汽车强国的关键。通过持续扩大汽车出口和海外投资，2023 年，我国汽车出口量达到 491 万辆，成为全球第一大出口国，出

口对汽车总销量增长的贡献率达 55.7%。当前国际贸易保护主义有抬头之势，我国新能源汽车领域的竞争优势已引起其他汽车市场的重视，预计更多国家将针对我国新能源汽车出台各种关税保护措施，我国应抓住贸易政策酝酿形成的“窗口期”，加快推动汽车产业国际化发展，在全球汽车供应链分工中建立优势，取得发展主动权。

国际化能够提升我国汽车产业活力和技术水平。汽车产业进一步对外开放有助于加强企业间技术交流与合作，催生以创新驱动的汽车新势力，提升我国汽车产业技术水平。例如，大众与小鹏围绕智能新能源汽车整车产品开发达成战略合作；丰田与比亚迪成立合资公司，联合研发的整车产品已实现上市；2023 世界新能源汽车大会期间，大众、奔驰、宝马等企业纷纷表达了进一步加强与我国自主品牌企业协同创新的强烈意愿。汽车产业“走出去”战略则有助于更好地响应国际汽车市场新要求。以欧盟为例，汽车产品进入欧盟要满足整车型式认证（WVTA）体系八大类超过 150 项强制性检测，较我国的产品公告、营运安全准入、环保和 CCC 认证的强制性认证体系覆盖范围更广、技术要求更为多样化，倒逼我国汽车企业提高产品质量。

汽车产业国际化发展为我国经济带来新的增长点。我国汽车产业持续对外开放取得良好成效，2009 年，我国汽车产量突破 1000 万辆，成为世界第一大汽车市场。2023 年，我国汽车销量突破 3000 万辆，实现了 4.86 万亿元的销售额，占社会消费品零售总额的 10.3%，有效拉动了国内需求，汽车工业增加值占国内生产总值的比例达 1.55%，同比增加 0.11 个百分点，成为经济增长的支柱产业之一。汽车大规模出口带动能力也很强，根据测算，汽车出口每增长 1 个单位，可拉动金属材料、车载电子、车用玻璃等相关产业总产出增加约 3.4 个单位，为其他行业的发展带来新的增长机遇。

国际化有助于增强我国汽车产业的全球影响力。通过积极推动汽车产业对外开放和“走出去”，2023 年，我国实现 3016.1 万辆和 3009.4 万辆的汽车产量和销量，分别占全球汽车产量和销量的 32.2% 和 32.5%。国际车辆标准制定的话语权不断增强，我国在电动汽车安全全球技术法规（EVS-GTR）的修订工作中担任项目组长国，主导了多个研究小组的工作，在车辆碰撞安全、安全泄放系统以及动力蓄电池耐久性测试等多个关键领域的提案有相当一部分被直接采纳，技术标准制定能力和国际影响力明显增强。

（三）我国汽车国际化有力助推全球汽车产业发展，为全球绿色低碳转型发展做出积极贡献

我国对外开放成功吸引了众多国际汽车企业，已成为各国主要车企全球战略中不可或缺的部分。以德国汽车品牌为例，2023 年，大众各品牌汽车全年销量达 924 万辆，其中在中国市场累计交付新车 323.6 万辆，占比为 35.0%；宝马各品牌汽车销量为 255.5 万辆，在中国市场累计交付 82.5 万辆，占比为 32.3%；奔驰集团乘用车销量为 204.4 万辆，在中国市场累计交付 73.7 万辆，占比为 36.1%。中国市场销量对国际车企的全球市场份额贡献巨大。

我国汽车产业“走出去”具有鲜明的绿色低碳转型特征，为世界各国共同应对气候变化挑战、改善全人类的总体福祉做出了积极贡献。1990 年以来，全球交通领域碳排放增长接近 80%，是增长最快的领域。2020 年以来全球范围内交通领域碳排放量占比稳定在 20%[1]，交通领域碳排放量是全球第二大、我国第三大的碳排放源。与此同时，电动汽车的推广有效抑

1　2020—2023 年，国际能源署（IEA）、Our World in Data、Statista 等政府间机构、非营利机构、商业平台对不同年份全球碳排放规模和构成进行了统计。最新结果来自 Statista，2023 年，全球交通领域产生了大约 8.4 亿吨的二氧化碳当量，约占全球温室气体排放的 16%。

制了交通领域的碳排放增长，据国际能源署测算，2022 年电动汽车的销量占全球新车销量的 14% 以上。如果新上路的电动汽车仍然是传统燃油车的话，全球碳排放量将再增加 1300 万吨。我国是全球新能源汽车增长的重要推动力量，2023 年，我国新能源汽车出口达到 120.3 万辆，同比增长 77.6%，连续两年位居世界第一且持续提升的趋势明显，海外投资增长明显，目前已有 30 余家汽车企业在海外建立超 70 个工厂，这些工厂多以新能源汽车生产为主，有效支持全球绿色低碳转型。

二 我国汽车产业国际化发展正处于机遇与挑战并存的关键时期

我国积极把握绿色低碳转型机遇，坚定不移推动新能源汽车发展，实现汽车产业国际化发展的后来居上，但要想持续保持良好的国际化发展势头，仍需应对一系列风险挑战。

（一）全球绿色低碳转型需求给我国汽车产业国际化发展带来机遇

在全球绿色低碳转型背景下，全球对新能源汽车的需求日益强烈，汽车电动化成为长期发展趋势。目前汽车产业正处于电动化转型的关键时期，中国、美国、欧盟前三大汽车市场都在积极发展电动汽车。2023 年，中国、美国、欧盟汽车销量分别约为 3009 万、1550 万、1050 万辆，三者之和占全球的比例超过 60%；2023 年，中国、欧盟、美国汽车电动化（含纯电动和插电式混合动力两大类新能源汽车，下同）比例分别为 34.7%、23.4%、9.1%。欧盟坚持长期电动化发展方向，关于电动汽车的法规是全球最严的，1995 年即开始实行汽车碳减排政策，2022 年更是决定于 2035

年将在售乘用车和轻型商用车的二氧化碳排放量降为零。2024 年欧盟又宣布实施更为严格的重型车辆碳排放标准，到 2040 年重型卡车和公共汽车二氧化碳排放量比 2019 年减少 90%。美国也在大力发展电动汽车，发布《通胀削减法案》，规定购买电动汽车可以申请最高 7500 美元的联邦税收抵免，同时推出严格的汽车尾气排放限制规定，倒逼电动化转型，预计 2030 年美国电动汽车占新车产量的比例有望达到 60%。

我国新能源汽车领域长期积累并动态演进的比较优势，匹配了全球汽车产业的发展需要，发展新能源汽车成为我国汽车产业高质量发展的战略选择。2023 年，我国新能源汽车销量达到 949.5 万辆，占全球新能源汽车销量的 64.8%，在数量上占据绝对的全球领先地位，我国成为全球最大的汽车生产中心、销售中心和创新中心。电池、电机和电控等电动化核心技术持续突破，量产动力电池单体能量密度达到 300 瓦时 / 千克，纯电动乘用车平均续驶里程超过 460 公里，电机峰值功率密度超过 4.8 千瓦 / 千克，电控核心部件也实现了量产应用。长期积累并动态演进的比较优势，是我国新能源汽车产业快速发展的基础条件。我国已建成涵盖矿产开发、动力电池和电机电控等关键零部件生产、整车生产、装备制造以及充电设施配套建设等在内的全球最为完整的新能源汽车产业链，整车制造成本比欧洲低 20% 以上。超大规模市场也帮助企业快速摊薄成本，为不同技术创新路线、商业创新模式提供了足够赛道。对于对外依存度较高的锂、钴、镍等矿产原材料，我国企业都较早进行布局，风险总体可控。汽车零部件供应商实力不断提升，2024 年全球汽车零部件供应商百强榜中，我国共有 14 家企业上榜，较 2023 年增加 2 家，且上榜企业全年营收与全球排名均呈上升态势，全球前十大动力电池企业中我国占 6 席，合计市场份额达 64%。

（二）我国汽车产业国际化发展面临一些挑战

1. 在高水平对外开放过程中，我国汽车产业的创新链、产业链和人才链仍需全面优化

新形势下技术创新能力成为国际竞争焦点，我国汽车产业创新链建设存在挑战。我国汽车产业研发绝对投入水平偏低。2023 年，大众汽车研发费用达 1742 亿元，通用、丰田和福特等车企同样在研发上投入超过 600 亿元。比亚迪作为 2023 年国内研发投入最高的企业，投入为 395.75 亿元，与国际车企相比仍存在一定的差距。汽车产业创新链建设还存在一些不足。我国汽车企业与高科技公司的跨界合作不够紧密，合作案例较少，且多集中在应用层面；我国企业专利保护的专业性和系统性还需进一步加强；我国参与国际标准制定较晚，在新能源汽车之外领域对国际汽车技术发展方向和路径的影响力不强；我国汽车企业面临较为激烈的行业内竞争，容忍失败和鼓励创新尝试氛围不浓厚。

我国汽车产业国际化营商环境松绑较晚，地方在发展过程中存在重复布局和内卷式竞争，尚未形成国际化产业链优势。受行业国际化发展规律的影响，我国汽车产业优化国际营商环境的工作起步较晚，以开放外资股比限制为例，从 2013 年酝酿到 2022 年，对全车型生效经历了近 10 年的周期，优化营商环境的效应刚开始向国际投资资本传导，尚未转化形成我国汽车产业供应链优势。地方上存在重复布局和内卷式竞争，破坏了我国汽车产业链生态，不利于吸引跨国企业建立“在华投资，服务全球”的国际化汽车产业链体系。

我国汽车产业高层次人才规模和结构不够合理，培养、留存与引进机制不完善，人才链建设有待加强。国际化人才的整体规模较小且结构失衡，2022 年，我国车企国际化人才平均占比不足 2%，与业务增长匹配较差，其中销售人才占比超过 60%，国际化管理人才和生产技术人才严重

不足，熟悉新兴市场的国际化人才占比相对较低，这对车企国际化人才队伍建设提出更高要求。人才培养、留存与引进机制还存在诸多不足。一是我国汽车产业国际化人才的培养缺乏长期性和系统性规划，教育体系与产业需求脱节。据行业内代表座谈透露，目前我国教育部直属高校中仍开设“车辆工程”等专业的高校已不足15%。二是对已培养出的国际化人才留存机制不完善，受行业平均收入水平和汇率等因素影响，国内车企往往无法提供与国际市场相匹配的薪资福利。汽车行业不同于标准的服务业，其他车企可以通过转变职业角色、重新定义工作性质，甚至声称生产流程保密等手段规避竞业禁止协议，加剧了人才流失。三是我国的国际化人才引进策略和程序缺乏灵活性，特别是汽车行业缺少针对国际人才的引进激励政策。

2. 我国汽车产业加快“走出去”步伐的同时，还面临自我定位和国际壁垒的双重阻碍

我国汽车出口品牌优势不明显，海外市场服务体系不健全，国际汽车市场地位有待提升。我国汽车产品在海外汽车市场定位偏向中低端，在海外市场“品牌优势”不强。我国汽车出口均价较低，2023年美国、欧盟等汽车市场进口我国汽车产品的平均单价均低于其从全球进口平均单价，价差在0.5万美元以上。出口目的地过于分散，截至2022年，除吉利控股集团在欧盟市场中取得1%的市场份额外，尚未有其他中国自主品牌车企跻身海外主要汽车市场前十大汽车销售集团。头部车企国际化水平也有待进一步提升，2023年比亚迪境外销量占比为8.3%，同期丰田的海外销量占比达到86.2%，大众在欧洲之外的销量占比达到64.6%，存在较大差距。此外，我国车企对市场服务体系的投入存在犹豫，“抱团出海”案例不多，海外维修、补能、保险、金融等后市场服务不健全。

各国汽车市场准入标准独立性较强，跨界技术融合推动汽车产品监管趋紧，合规风险成为企业海外发展新挑战。我国尚不是《关于采用统一条

件批准机动车辆装备和部件并相互承认此批准的协定书》（简称《1958 年协定书》）的缔约国（仅为观察员国），多数海外汽车市场不承认我国检验认证机构出具的产品品质或试验验证证书，造成企业出口成本上升。各国汽车市场准入要求各异，特别是同一认证体系的成员国间监管侧重点存在差异，形成了一系列潜在的市场合规风险。随着跨界技术在汽车产品中的应用，针对新技术的法规对汽车产品出现约束力，如欧盟《通用数据保护条例》，数据安全等原先与汽车产品关联不大的领域，也可能产生合规风险。

传统关税壁垒依然存在且有抬头之势，新型贸易壁垒及限制措施密集出台。一是部分新兴市场国家为保护本国汽车产业，普遍提高汽车进口关税，我国占据优势地位的新能源汽车领域是增税重灾区。自 2022 年以来，俄罗斯、哥伦比亚、巴西、墨西哥等国均不同程度提高了新能源汽车及零部件的关税。二是美国等少数国家提出对我国设置歧视性关税政策，事件突发性强，不良示范作用明显，抬高我国汽车出海成本。未来不排除美国政府再加码的可能性，进一步增加“走出去”的不确定性。此外，还有许多新型贸易壁垒或限制措施值得注意，如以欧盟《电池和废电池法规》为代表的碳壁垒，美国对“嵌入了外国信息通信技术或服务”（ICTS）的数据审查和以“国家安全”为名的双向投资审查，加拿大、澳大利亚等国就矿产资源对我国的投资限制等。

3. 在当前汽车产业快速变革背景下，部分外资汽车企业撤出中国，为双方技术合作和产业发展带来风险

近年来，国际车企对我国汽车市场的战略规划发生改变，铃木、三菱、讴歌等品牌宣布退出我国市场。这主要是因为我国汽车发展主要动能转换为新能源车，市场格局发生重大改变，部分外资车企未能跟上我国市场的转变节奏，而我国又与日本、韩国等后发追赶模式汽车强国的国内市

场演变规律存在相似性。

然而，当前汽车产业正处于电动化、智能化、低碳化技术加速演进的关键时期，外资企业撤出对双方技术合作和产业发展均存在不利影响。外资企业撤出将影响全球汽车产业要素资源整合和产业生态构建，不利于我国汽车产业把握发展机遇，推动新技术、新模式、新业态的落地。同时，我国作为全球最大的汽车生产中心、销售中心和创新中心，是打造全球汽车技术创新策源地的最优选择。外资车企撤出将影响其了解我国市场电动化智能化技术突破的难度，同样不利于外资车企自身的产业生态重构。

三　汽车强国的国际化发展经验为我国提供的经验借鉴

各国在汽车产业国际化发展的路线设计和支持政策上各具特色，为我国汽车产业国际化发展提供了多角度、多场景的经验借鉴。

日本汽车产业国际化发展取得成功的关键，在于对全球市场拓展策略的持续坚持和对不同国际汽车市场需求的主动适应，值得我国汽车产业借鉴。一是车企应注重品牌建设和战略定位，通过提升品牌价值和形象来增强竞争力。二是培育全球智能服务平台，我国汽车企业在“走出去”的过程中，也需要重视服务质量的提升，建立全球营销服务网络，以消除消费者的后顾之忧。通过建立互联互通的全球智能服务平台，不断完善服务体系，助力汽车产业深耕海外市场。

韩国汽车产业国际化发展从一开始就得到了政府的大力支持和引导，作为后起之秀，韩国汽车产业国际化发展历程能够为我国带来经验启示。首先，政府主导的产业发展战略对产业的快速成长至关重要。韩国通过政府主导下的产业发展战略推动企业自身的技术创新、品牌推广，成功实现了从国内市场到国际舞台的快速扩张。其次，坚持自主创新与技术积累是提升产业核心竞争力的关键，这与我国汽车产业国际化发展需求相符。我国汽车企业应加强自主创新，注重技术积累，提升全球竞争力和品牌形象。此外，灵活应对贸易环境变化，注重产业本地化策略。通过积极的贸易政策，主动采取签订自由贸易协定、降低海外市场关税壁垒等措施，为汽车企业拓展国际市场提供便利。

在汽车产业国际化发展过程中，德国和美国的发展经验同样具有借鉴意义。德国汽车产业的成功在于其对高质量要求的深入理解和实践，德国车企不仅在生产过程中注重产品质量，还在品牌管理、技术积累和国际市场拓展等方面严格把控。我国汽车企业应当借鉴德国经验，明确自身品牌定位，提升品牌价值，并在生产和管理中贯彻高质量标准，在企业文化中培养工匠精神和创新意识，打造高效能的团队，提高整体竞争力和市场响应能力。美国汽车产业的成功在于其持续不断的技术创新和政策支持，美国政府通过减税、补贴和研发资金支持等财税政策，激励企业在新技术领域加大投入，推动了产业的技术进步和市场扩张。我国汽车企业应当重视技术创新，并将其作为提升国际竞争力的核心策略之一。同时可以借鉴美国汽车企业与其他产业的合作研发模式，通过与相关行业紧密合作，获得更多的技术支持，加快技术创新步伐。

四　推动我国汽车产业国际化发展的思路与举措

我国汽车产业国际化发展总体思路应坚持“两条腿走路”，既要坚持“引进来”，打造全球汽车技术创新策源地，优化汽车产业链生态，吸引外资深耕国内市场，共创全球汽车产业新高地；又要积极迈开“走出去”

的步伐，把握全球主要汽车市场发展趋势，坚持出口和投资并重，构建与全球深度融合的汽车产业发展支撑新体系，妥善应对国际汽车市场对我国的贸易壁垒与限制措施，探索汽车产业更加平衡、可持续、开放共赢的国际化合作模式，形成“你中有我、我中有你”的发展局面。

（一）积极建设国际领先的汽车创新链、产业链和人才链，优化营商环境，加强稳外资工作，为我国汽车产业高水平对外开放打好基础

系统推动我国汽车产业创新链建设，打造全球汽车技术创新策源地。我国汽车产业发展亟须加快技术突破，不能仅依赖某一环节的努力，而是要建设一个具有前瞻性、战略性、系统性的创新链。一是加强基础研究前瞻性、战略性、系统性布局，在车载芯片、操作系统、智能计算平台、高速轴承、新型电子电气架构、高精度地图等领域攻克一批关键核心技术。二是完善高水平创新支撑平台建设，在国家发展改革委、科技部等主管部门的指导下加快建设更多自主的产学研合作平台和创新支撑平台，借鉴德国的弗劳恩霍夫协会、欧洲的汽车研发理事会、美国的汽车研发理事会等平台的经验。三是深入开展产业链协同和国际技术合作，积极推动与国际领先企业的合作关系从简单的技术引进向全链条合作转变，在国际会议和合作中主动表达与全球汽车企业加强协同创新的意愿，在全球范围内建立更多以互利共赢为核心的产业联盟。四是加强知识产权保护，缩短发明专利和商标的审查周期，在重点发展领域如新能源汽车产业，设置有针对性的知识产权战略和保护制度。同时，鼓励外资企业在华开展研发活动，并为此打通相关政策及制度堵点和痛点。

积极建立国际化产业链优势，全面塑造我国汽车产业链供应链开放发展新优势。要积极优化汽车产业链供应链生态，吸引跨国整车、零部件

企业建立“在华投资，服务全球”的发展模式，助力我国构建与全球深度融合的产业链供应链体系。一是统筹开放与安全，安全推进产业链供应链高水平对外开放，重构自主可控产业链，积极从“卡脖子”技术约束中解绑，补齐产业链供应链短板，提升产业链创新水平和韧性，全面塑造汽车产业链供应链对外开放新优势。二是加强产业链开放合作，依托“一带一路”、《区域全面经济伙伴关系协定》（RCEP）、“泛南海经济合作圈”等国家开放平台，通过推动《全面与进步跨太平洋伙伴关系协定》（CPTPP）、《数字经济伙伴关系协定》（DEPA）等多边自贸协定的进程，打造高质高效的全球汽车产业链合作共同体。三是推进国内改革配套，完善国际化、市场化、法治化的营商环境，打破地方保护和市场壁垒，并积极利用好、宣传好我国放宽外资股比限制取得的成就，着力建设基于制度型开放的一流国际营商环境。

完善我国汽车产业人才链建设，打造国际化汽车人才体系。打造具有全球视野、熟悉国际规则、懂经营、善管理的国际化汽车人才队伍，形成具有国际竞争力的比较优势，促使我国汽车产业培养得出、引进得来、留存得住高水平国际化人才，这是完善我国汽车产业人才链的重点。一是构建多主体协同的人才培养机制和培养体系，深入推进产教融合、协同育人，积极探索政府、高校、企业、行业协会、职业院校等多主体共同驱动的国际化人才培养路径；二是在教育体系特别是“双一流”建设高校等国际化水平较高的高校中构建多元化、多层次培养体系，推动汽车相关专业走进“双一流”建设高校，协同开展关键核心技术人才培养；三是加快建设集中统一、专业齐备、层级清晰、来源广泛、运转高效的国际化人才库，实现人才信息共享和高效利用，确保人才资源优化配置；四是加强“引用育留”的全链条管理，建立人才队伍建设长效机制，鼓励汽车企业建立具有国际竞争力的薪酬体系和职业成长路径，科学配置安家费、人才津贴等补贴，完善子女入学等留存与激励措施。

（二）多措并举解决我国汽车产业国际化发展壁垒，加快汽车产业“走出去”步伐

把握全球主要汽车市场发展趋势，因地制宜做好我国汽车品牌内涵再定位，提高我国在国际汽车市场的地位。通过产品创新、品牌宣传、售后保障与国际合作共同发力，促进汽车产品和品牌“齐头并进”。一是积极与国际知名品牌建立紧密的战略合作关系，借鉴如吉利汽车海外收购和技术引进、零跑汽车与斯泰兰蒂斯（Stellantis）集团战略联盟等案例，寻求品牌内涵的再定位。二是建立互联互通的全球智能服务平台，完善全球营销服务网络，同时加强与行业协会和其他企业的互助合作，共同建设和维护全球服务和售后网络。三是抓住全球汽车行业智能化和电动化转型的机遇，在“新赛道”塑造高端市场品牌形象，利用现有规模优势和技术创新积累，在新能源汽车高端市场寻求品牌突破。

积极应对各国汽车产业贸易壁垒及限制措施，有针对性地开展国际贸易谈判和政策协调。要充分认识到，大多数国家设置贸易壁垒或限制措施是为了保护本国汽车产业的发展，我国汽车产业应以积极开放的心态对待这些限制，让目标汽车市场认识到与我国汽车产业深度融合、协同发展的优势。一是对北美、欧盟等汽车需求量大但我国份额较小的成熟市场，加强国际间政策法规标准协调，推动解决汽车出口的非关税壁垒，对亚洲、非洲、独联体国家等汽车保有量还处于攀升期的新兴市场，通过自贸协定谈判或其他多双边机制建设，实质性推动关税降低。二是充分利用现有国家、国际贸易协定，如墨西哥与美国市场的《美墨加协定》（USMCA）、挪威等北欧国家与欧盟市场的欧洲经济区（EEA），实现对主要海外汽车消费市场的渗透。三是积极融入目标市场的产业生态以及社会环境，营造互利共赢的品牌形象。一方面，要合理利用目标市场汽车行业管理服务组织，积极与当地汽车产业链合作，促进车企与当地经

济的协同发展；另一方面要积极承担企业社会责任，树立开放、友善、值得信赖的企业形象。四是坚持出口和投资并重，鼓励支持车企根据当地市场的经营需要进行直接投资，输出汽车技术和品牌，并带动汽车零部件的出口。

积极参与和引领国际汽车标准制定，推动与国际汽车标准互认，降低我国汽车国际化发展的合规风险。加强国际合作，积极参与国际标准制定，在电动汽车、智能网联等优势领域加强对国际市场技术理念和标准的渗透影响。一是我国政府和车企应利用好作为联合国世界车辆法规协调论坛（UN/WP29）成员方和国际汽车工作组（IATF）会员的身份，积极参与汽车国际标准组织的工作，主动承担组织重要官员职责，加强以我为主导的国际标准制定，必要时可牵头成立国际汽车标准组织或区域汽车标准组织。二是在联合国世界车辆法规协调论坛和国际汽车工作组缔约方或会员提案制定标准的现行规则上，完善类似电气与电子工程师协会（IEEE）模式的团体标准制定规则，进一步放开汽车国际标准制定过程，增强我国标准制定的话语权。三是通过双边和多边贸易协定，推动各国在产品认证中尽可能多地采用以我为主导的国际标准。在制定国内标准时，尽量保证与国际标准的兼容，减少有别于国际标准的要求，并坚持技术中立原则，避免形成主动与国际市场分而治之的形势。此外，研究正式加入《1958年协定书》的可行性和路线图、时间表，积极推动与海外主要汽车市场认证程序文件的互认工作，减少重复认证和检测。

加强保障配套体系建设，支持企业加快海外布局。一是打造属于自己的国际化汽车产业支撑平台。鼓励和支持我国汽车及相关行业的组织、机构和团体积极开拓海外市场，引导中国汽车工业协会、中国汽车工程学会等具有政府官方代表性的组织机构在海外重点和潜力市场设立分支机构，积极对接目标市场的汽车研究和咨询服务平台，识别和研判行业发展安全与风险，维护和保障我国车企的利益。二是积极完善海外金融和后市场服务体系。通过鼓励各类银行及汽车金融机构提高汽车出口信贷授信额度，在汽车出口目标市场探索通过汽车消费金融服务等方式加大汽车出口信贷支持力度，扩大国际金融服务范围，推动我国汽车产业与金融机构协同出海。三是依托行业服务组织，建立我国汽车企业海外可持续发展推进机制，鼓励企业与第三方汽车企业或服务平台协同出海，加强我国汽车产业海外仓和循环回收仓等平台建设，切实提升海外维修保养服务水平，树立我国汽车后市场服务优良的品牌形象。

II

主题研究

第二章 国内外汽车产业国际化发展历程

郑巧云　郑亚莉　李嘉琳　孟圆　杜书栋　雷韧[1]

一　全球汽车产业国际化发展历程回顾

在世界汽车工业的发展历程中，每一次重大的技术创新或组织管理变革都引起了汽车工业发展的新动向。这种发展变化既是汽车产业对全球经济形势重大变化的反应，又是汽车产业以自身的发展规律引导和促进全球经济发展的表现。从美国、德国、日本等先导国家的历史经验看，成功的汽车工业代表国家往往在关键战略机遇期立足自身经济、政策和供应链积累，抓住了全球分工格局调整的历史机遇，一跃成为全球化汽车大国。

1　郑巧云，中国汽车工程学会战略规划部高级研究员。
郑亚莉，中国汽车工程学会秘书长助理。
李嘉琳，中国汽车工程学会战略规划部研究员。
孟圆，中国汽车工程学会战略规划部研究员。
杜书栋，中国汽车工程学会战略规划部研究员。
雷韧，中国汽车工程学会战略规划部部长助理。

（一）全球汽车产业发展历程回顾

纵观130余年的世界汽车产业发展史，当一个国家汽车工业的发展边界全面突破地理界限，在更大范围、更宽领域、更深层级和更多形态上参与全球汽车产业循环，进而对全球汽车市场和行业竞争格局产生重大影响的时候，世界汽车产业会进入一个重心转移的大变革新阶段（见图2-1）。

1. 美国主导的全球汽车产业初步发展阶段（1908—1945年）

从1908年福特发明T型车至第二次世界大战结束是世界汽车工业的初步发展阶段，T型车以及流水线生产的创新使得全球汽车生产和销售中心逐渐转移到美国。在这一阶段，汽车的生产方式发生了巨大变革，汽车的产业结构也随之发生了巨大变化。

1908年，福特发明的T型车开创了汽车工业的批量生产时代。在此之前，汽车生产技术仍然处于初始的摸索和积累阶段，手工和简单落后的机械设备是汽车生产的主要手段，汽车生产的效率低下，导致产量难以迅速提高，很难形成规模效应。第一次世界大战爆发后，欧洲工业相对停滞，美国汽车产业崛起。1913年，福特公司推出了流水线生产方式，第一条汽车生产线在底特律投产，使汽车的生产效率迅速提高、产量大增，从此奠定了美国汽车生产大国的地位。T型车的产量从1909年的1.2万辆提高到20世纪20年代初的100万辆以上[1]。流水线生产大幅提高了生产效率，从而降低了汽车的生产成本和销售价格，将汽车从富有阶层的奢侈品转变为面向大众的标准化商品。

从20世纪初期至20世纪中期，美国完全主导了世界汽车工业。福特进行的生产变革在美国掀起了汽车普及的高潮，以三大汽车公司为代表

1　Jenkins, R., Transnational Corporations and the Latin American Automobile Indusrty, (London: The Macmillan Press), 1987.

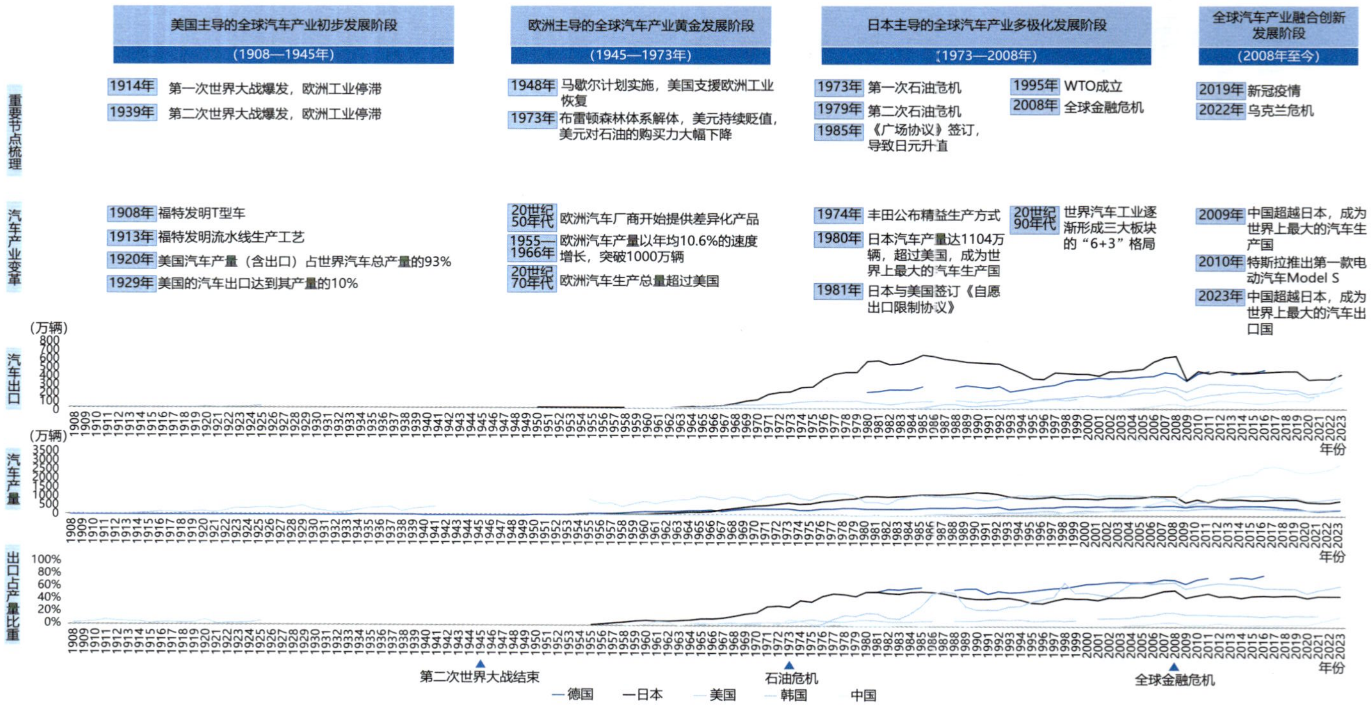

图 2-1　1908—2023 年全球汽车产业发展历程回顾

资料来源：《中国汽车工业年鉴》、中国汽车工业协会、德国汽车工业协会（VDA）、日本汽车工业协会（JAMA）、韩国汽车工业协会（KAMA）、美国国际贸易委员会、德国数据提供商 Automobilia8545、国际汽车制造商协会（OICA）。

注：1908—1925 年的美国出口为乘用车出口，其余均为整车出口。

的美国新生制造业力量，利用现代化大机器工业、流水线规模化生产和泰勒科学管理等手段迅速建立起强大的工业体系，继而成功地超越德国、英国、法国、意大利等老牌汽车强国。世界汽车工业中心从欧洲转移到美国。据统计，到 1920 年，美国汽车产量（含出口）占世界汽车总产量的 93%[1]。

20 世纪 20 年代，规模经济带来的竞争压力导致汽车生产迅速集中在少数的大厂商手中，而许多小规模的企业破产或被兼并。在美国，1921 年尚有 88 家汽车生产厂，10 年之后则仅余 35 家，1941 年只剩下 12 家。而且，到 1930 年为止，福特、通用、克莱斯勒的产量之和占美国汽车生产总量的 90%[2]。

在大量生产体制建立之后，产量的扩大促使美国汽车厂商开拓海外市场，从而进一步推动了汽车消费和汽车文化在全球范围内的传播。美国汽车厂商主要采取两种方式加大对海外市场的渗透，一是扩大出口，二是在国外建立汽车装配厂。到 1929 年，美国的汽车出口量达到其产量的 10%[3]，美国在欧洲建有 30 个整车组装厂和 13 个零部件厂，其汽车工业已远超过欧洲，并逐渐成为美国的支柱产业[4]。

2. 欧洲主导的全球汽车产业黄金发展阶段（1945—1973 年）

第二次世界大战后的 20 世纪 50 年代，欧洲在美国流水线批量生产方式的基础上实施产品差异化战略创新，从而引发了世界汽车工业中心的第二次转移——从美国转移到欧洲。20 世纪 50—70 年代，欧洲汽车厂商

1　工业和信息化部装备工业发展中心：《中国汽车工业现代化发展》，电子工业出版社 2003 年版。

2　Jenkins, R., Transnational Corporations and the Latin American Automobile Indusrty, (London: The Macmillan Press), 1987.

3　李洪：《中国汽车工业经济分析》，中国人民大学出版社 1993 年版。

4　工业和信息化部装备工业发展中心：《中国汽车工业现代化发展》，电子工业出版社 2003 年版。

通过提供差异化的产品满足了不同客户的各种需求，以多品种和轻便普及型的新产品与美国汽车企业进行竞争，如意大利的菲亚特轿车、德国大众的甲壳虫轿车等，大大促进了欧洲汽车的普及。同时，面对美国汽车工业的海外扩张，欧洲国家为保护本国汽车产业，开始对进口汽车提高关税，特别是对汽车零部件进口加以重税，并降低本国汽车税率，迫使美国将位于欧洲各国的汽车总装厂改造成为整车制造厂，也由此将先进的流水线生产模式和管理经验带到欧洲，加快了欧洲汽车工业的发展。欧洲经济进入“黄金二十年”，西欧主要的汽车生产大国如德国、法国、英国和意大利都迅速发展。

随着世界各国关税的进一步降低和美国生产技术在欧洲的扩散，从1955年到1966年，欧洲汽车产量以年均10.6%的速度增长，一举突破1000万辆[1]，欧洲超过北美成为又一个世界汽车工业中心。到了20世纪70年代初期，欧洲汽车市场规模与美国相匹敌，汽车生产总量甚至已经超过了美国。1972年2月17日，大众汽车第15007034台甲壳虫下线，比福特T型车多一辆，打破了福特T型车的产量纪录。20世纪70年代由于受到两次石油危机的冲击，欧洲汽车工业和美国汽车工业一样都进入了长期的徘徊和低速增长时期。

3. 日本主导的全球汽车产业多极化发展阶段（1973—2008年）

20世纪80年代以来，日本丰田的精益生产方式是世界汽车工业的又一次重大创新，带来了世界汽车工业中心的第三次大转移——从欧洲转移到日本。

第二次世界大战后，日本工业体系受到严重破坏，阻碍了汽车工业的发展。从20世纪60年代开始，日本的汽车工业进入快速扩张时期，直至

1 张仁琪、高汉初：《世界汽车工业：道路、趋势、矛盾、对策》，中国经济出版社2001年版。

1980 年，日本的汽车产量达到 1104 万辆，超越美国成为世界上最大的汽车生产国。同时日本的出口量也大幅增加，20 世纪 70 年代的两次石油危机期间，日本的低油耗小型车在国际市场上大受欢迎，汽车出口量激增。1980 年，日本的汽车出口从 1973 年的 200 万辆激增至 600 万辆。

日本汽车工业的迅猛发展得益于丰田开创的灵活、高效的精益生产方式。20 世纪 80 年代的两次石油危机推动燃油成本高涨，大众消费者开始追求燃油经济性和车辆耐用性，使得精益生产方式得到追捧。以丰田、本田、日产三大汽车公司为代表的日本汽车厂商，抓住石油危机、汽车小型化革命契机，凭借低成本竞争优势和精益生产方式受到欧美市场的欢迎。面对日本汽车巨头全球扩张的猛烈攻势，欧洲和美国汽车厂商几乎难以招架。在贸易方面，欧洲和美国汽车厂商一方面改进自身汽车设计，另一方面游说政府出面迫使日本签订《自愿出口限制协议》和强迫日元升值，从而抑制日本的汽车出口。为了绕开欧美设置的贸易壁垒，日本汽车公司加大了海外投资建厂的力度，本田、日产、三菱等公司相继在美国设厂。

20 世纪 90 年代以来，全球汽车工业进入了欧美日三大成熟市场“三足鼎立”的时代，欧美日的跨国汽车公司以前所未有的力度推进全球战略，汽车工业兼并、重组浪潮迭起，世界汽车工业的全球化和多极化特征日益明显。1998 年，戴姆勒－奔驰与克莱斯勒两大巨头合并，涉及金额为 495 亿美元，成为迄今为止世界汽车工业史上最大的并购案例。其后不到一年，宝马汽车公司并购了劳斯莱斯公司，大众汽车公司兼并了本特利公司，福特汽车收购了沃尔沃公司轿车部。随着雷诺和日产联手，通用控股日本五十铃、铃木和富士重工等，经过多轮兼并重组，世界汽车工业逐渐形成三大板块的“6+3”格局。三大板块即以福特、通用、克莱斯勒为代表的美国板块，以丰田、本田、日产为骨干的日本板块，以及包括戴姆勒、大众、雷诺、宝马等在内的欧洲板块；“6+3”格局中，“6”即六大集团，分别为通用－菲亚特－铃木－富士重工－五十铃集团、福特－马自达－沃尔沃轿车集团、戴姆勒克莱斯勒－三菱集团、丰田－大发－日野集团、大众－斯堪尼亚集团、雷诺－日产－三星集团；“3”即宝马、本田和雪铁龙。1998年世界汽车工业发生了618件兼并收购案，交易金额总计达806亿美元。1999年，六大集团的产量之和为4629万辆，占全球总产量的84.6%。

随着跨国公司全球生产布局的调整和发展中国家的顺势而为，新兴汽车市场成为全球汽车工业的重要推动力，国际汽车市场的多极化趋势成为必然。中国、印度、巴西、墨西哥和西班牙等国家在发展初期采取了“以市场换资金”和“以市场换技术”的战略来促进本国汽车工业的发展，都已经成为全球重要的汽车工业国。在欧美日三大传统市场占主导地位的情况下，以中国和印度为中心的亚太地区、以巴西和阿根廷为中心的南美地区，以及以波兰、捷克和斯洛伐克为中心的中东欧地区等新兴市场迅速崛起。

4. 全球汽车产业融合创新发展阶段（2008年至今）

21世纪以来，汽车行业面临百年未有之大变局，新一代移动通信技术、互联网技术、大数据、云计算、人工智能技术与传统汽车工业的融合发展越来越明显，推动汽车产业由“制造”向“制造+服务”转变。在技术革新和应用的引领下，世界汽车工业的技术含量不断提高，向着低碳化、智能化、数字化等趋势发展。未来的汽车产品将更加智能化和便利化，成为可移动的智能网联终端，必将带动信息通信、人工智能、交通服务、新能源等不同领域的产业直接参与到汽车工业中来。

伴随着以人工智能、新能源为主战场的第四次科技革命和产业变革，以美国特斯拉和中国新能源汽车为代表的新势力推动汽车向电动化、智能化转型过渡。麦肯锡未来出行中心统计显示，2023年全球新能源乘用车销量超1300万辆，同比增长约30%，渗透率近20%。全球新能源汽车销售集中在中国、欧洲和美国三大市场，其中中国市场2023年新能源汽车销量占全球的比重约为60%；美国新能源乘用车销量超过140万辆，同比增长约45%，渗透率约10%；欧洲七国（德国、法国、英国、意大利、西班牙、瑞典、挪威）销量超过200万辆，平均渗透率超过20%；印度、印度尼西亚新能源乘用车销量同比增加70%以上，泰国销量翻番。

中国作为全球最大的汽车生产国和消费国，已经连续15年位居全球第一。受益于中国大市场和领先全球的电动化进程，中国汽车产业迎来“弯道超车”的重要机遇。中国新能源汽车产业发展已经从培育期进入快速成长期，在全球范围内形成了一定的先发优势。中国汽车工业协会数据显示，2023年中国新能源汽车产销量分别为958.7万辆和949.5万辆，同比分别增长35.8%和37.9%，连续9年居全球首位。尽管中国本土厂商在车载芯片、车载操作系统、动力电池上游关键原料等环节还面临较大的供应链压力，但是中国车企紧紧抓住电动化、智能化、网联化等重大变革带来的历史性契机，以持续而高强度的研发投入、庞大而多元的国内市场、灵活而高效的商业模式、完备而稳定的产业配套和供应链体系，以及特斯拉中国超级工厂所带来的“鲇鱼效应”，成功地在新赛道上开始历史性超越，新一轮的产业格局再调整已经开始。

（二）全球汽车产业国际化发展回顾

产业规模化发展和全球市场一体化运行是汽车产业发展的基本特征与必然趋势，因此汽车产业是国际化程度最高的产业之一，是各国推进国际化的重点产业。产业的国际化是一个双向的过程，包括内向国际化和外向国际化两个方面。内向国际化主要体现在“引进来”，是通过吸引国外跨国公司投资国内产业，引进先进技术、管理经验和竞争机制，带动本国企业向国际化发展的过程；外向国际化主要体现在“走出去”，是指一国企业积极向外扩张，把生产、经营等环节延伸至国外，开辟国外市场和原料来源地，以国内为基础，在国际市场上开展竞争的过程。内向国际化是外向国际化的基础和条件，而外向国际化的发展水平也在一定程度上影响内向国际化的深度和广度。从动态的角度看，内向国际化和外向国际化贯穿于国际化发展的整个过程，两者互相促进，互相影响。

根据先导国家的国际化经验，汽车产业国际化会经历两大阶段，分别为国产与内向国际化以及外向国际化两个阶段，其中外向国际化阶段又分为产品出口、产能出海、全球化经营三个阶段。回顾德美日韩四国的汽车国际化发展历史，可以看到其国际化步骤基本趋同，整车出口、产能出海、全球化经营逐步推进，但是各国由于国情及所处历史阶段的独特性，步入新阶段的驱动因素不尽相同。德国和美国汽车国际化发展的驱动因素较类似，在最初整车出口阶段，主要是因为其领先的汽车技术以及其他国家对其产品的引进需求，更多来自其他国家的需求驱动。而在产能出海阶段，主要的驱动压力来自日本小型车在全球的竞争压力，德国和美国通过海外建厂来进一步提升产品的成本竞争力，同时学习日本的技术来提升产品的技术竞争力。日本和韩国汽车国际化发展的驱动因素较类似，相比于德国和美国，在产品出口阶段，两个亚洲国家都属于后起之秀，两国国情的共同特点是国土面积小，人口密度高，人均道路资源、能源匮乏，国内汽车市场容量较为有限，只能依靠海外市场释放其不断增长的汽车产能，出口成为其扩大市场规模、提升市场占有率的重要选择。在产能出海阶段，日韩汽车产品出口量迅速上升，两国均不同程度遭遇了贸易摩擦、本币升值等困境，在国际市场上，两国相对比较优势日益丧失，为了扭转出口下滑趋势，日韩车企纷纷转向在主要目的地国家投资建厂。全球化经营阶段，是产能出海后逐步开始实现的阶段，是整体汽车国际化市场发展成熟的一个共同表现。各国汽车出口不再局限于简单的汽车出口和海外建厂，目的地国家汽车产业的成熟和消费的迭代升级，让汽车国际化企业必须正向且更积极地应对全球的汽车需求，此时全球化经营成为各国的必然选择（见图 2-2）。

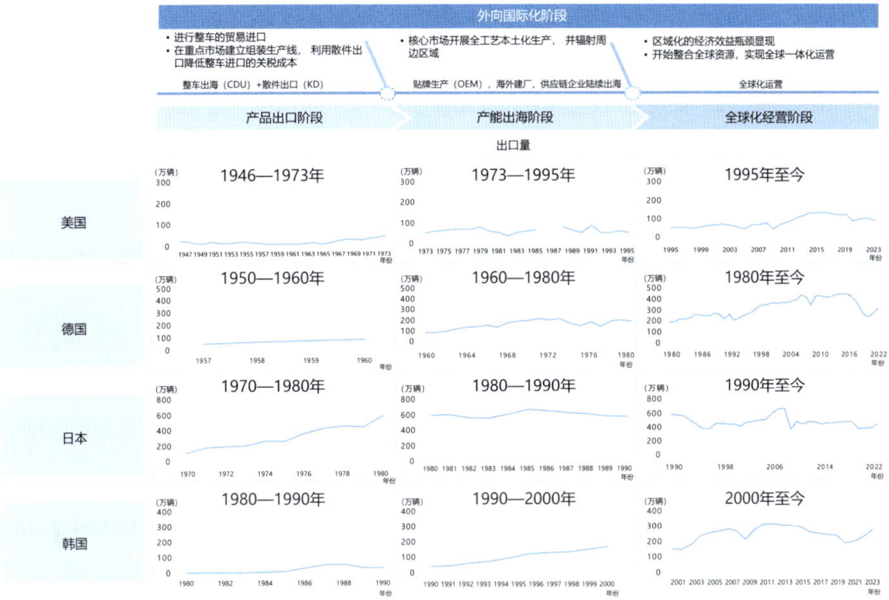

图 2-2　德美日韩四国外向国际化阶段出口表现

资料来源：美国经济分析局（BEA）、德国汽车工业协会、日本汽车工业协会、韩国汽车工业协会。

注：美国、德国的数据为乘用车出口数据。德国 1950—1956 年数据不可得。

1. 国产与内向国际化阶段

国产与内向国际化阶段多为一个国家的汽车产业的起步和初步发展阶段，此阶段政府的政策引导与扶持对汽车产业影响较大。政府会在这一时期采取扶持本土汽车的产业政策，主要通过吸引国外先进技术来促进本土汽车产业发展。从汽车市场国际化发展来看，内向国际化阶段虽然产能成长较快，但主要用于满足国内需求，较少用于出口。

对于后起国家来说，都会经历国产与内向国际化阶段。以日本为例，1964 年以前是日本汽车产业国产与内向国际化阶段。第二次世界大战以前，伴随日本汽车制造行业法的正式实施，日本汽车国产化开始快速发展；第二次世界大战后，日本政府为扭转战后经济贫困与停滞的局面，提出重点发展资本和技术密集型产业，汽车产业被作为日本经济的主导产业开始重点发展。在研发车型选择上，日本政府考虑到本土资源匮乏、道路水平相对较差，同时在大型车方面面临美欧系等外国车企的竞争，因而将小型车确定为未来日本汽车产业的发展重点。在此期间，日本汽车产能主要用于满足国内需求，汽车出口量年均不足 10 万辆。

2. 外向国际化阶段

（1）产品出口阶段

产品出口阶段是外向国际化的第一个阶段，在此阶段，车企主要以整车出口的方式进行国际化贸易，主要强调自身产品力和性价比优势。进入这一阶段，汽车产业往往伴随着汽车生产的迅速发展以及汽车千人保有量的迅速上升，同时国内汽车需求日趋饱和，汽车出口成为释放国内产能的关键途径（见表 2-1）。

表 2-1　德美日韩四国汽车产业产品出口阶段主要特征

国家	产品出口阶段主要特点及产销量与出口量分析
德国（1950—1960 年）	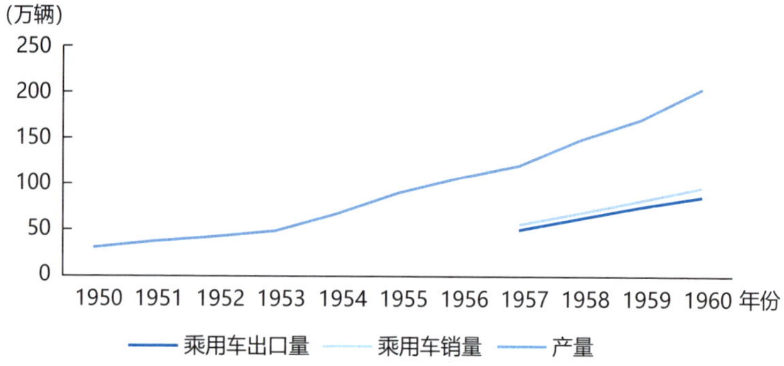

续表

<table>
<tr><th>国家</th><th>产品出口阶段主要特点及产销量与出口量分析</th></tr>
<tr><td>德国
（1950—1960 年）</td><td>第二次世界大战后，德国汽车工业迅速重建并崛起，汽车产量从 1950 年的 31 万辆迅速增长至 1960 年的 205 万辆，10 年间增长了约 6 倍。到 1960 年，乘用车内需和出口量达到 97 万辆和 87 万辆，基本各占产量的一半。德国汽车以优秀的工艺和卓越的品质，跃居欧洲最大的汽车生产国和汽车出口国</td></tr>
<tr><td>美国
（1946—1973 年）</td><td>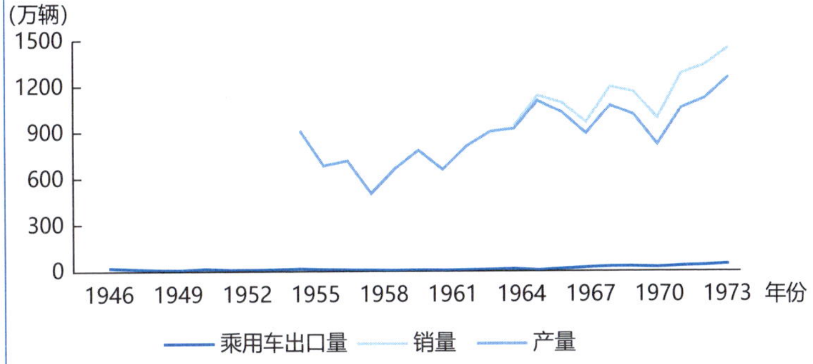

第二次世界大战后，美国经济快速复苏，满足了战后重建国家对汽车的市场需求。美国汽车产量从 1955 年的 920 万辆波动提升至 1973 年的 1267 万辆，美国成为这一时期最大的汽车生产国。20 世纪 60 年代后期，美国乘用车出口量开始加速提升，从 1966 年的 18 万辆增至 1973 年的 51 万辆，销量也基本稳定在 1150 万辆以上。国内需求日渐饱和，美国开始将目光转移至开拓海外市场</td></tr>
<tr><td>日本
（1970—1980 年）</td><td>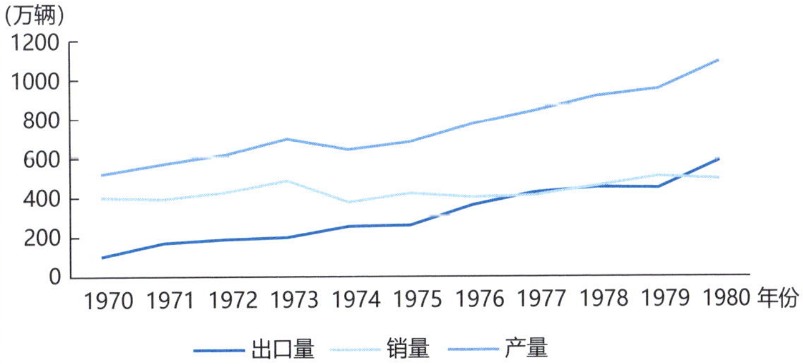

日本抓住 20 世纪 70 年代两次石油危机的发展机会，凭借低油耗的小型车大幅提升了其在全球的汽车产品出口量。日本汽车出口量从 1970 年的 109 万辆大幅提升至 1980 年的 597 万辆，10 年间增长了约 4.5 倍。产量从 1970 年的 529 万辆增至 1980 年的 1104 万辆，到 1980 年日本超越美国，成为全球第一大汽车生产国，同时出口量超过内需，以汽车出口带动产业转型升级</td></tr>
</table>

续表

国家	产品出口阶段主要特点及产销量与出口量分析
韩国 （1980— 1990年）	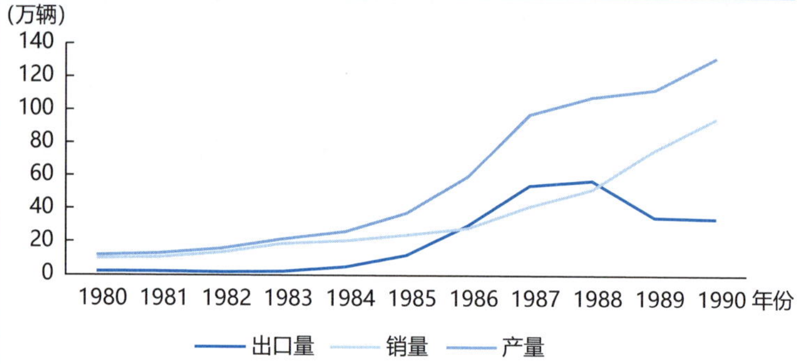 韩国汽车产量从1980年的12.3万辆增长至1990年的132.2万辆，增长了约10倍。销量在此期间也稳步增长，20世纪80年代中期汽车出口量迅速提升，内需与出口基本各占韩国汽车产量一半，后有短暂下降。由于本土市场较小，韩国在汽车产业发展初期就将目标定位在海外市场，此阶段已开始对全球市场的出口布局，包括现代和起亚先后进军美国市场、积极拓展东欧市场等

资料来源：美国经济分析局、德国汽车工业协会、日本汽车工业协会、韩国汽车工业协会。

（2）产能出海阶段

比较优势的日益丧失是车企从整车出口转向海外投资设厂的最主要因素。随着汽车出口不断增长，汽车出口国往往面临地缘政治、贸易摩擦等挑战，直接出口受到限制，对外直接出口的成本逐渐上升，车企开始在核心市场投资建厂，并推进全工艺本土化生产，并辐射周边区域（见表2-2）。

表2-2　德美日韩四国汽车产业产能出海阶段主要特征

国家	产能出海阶段主要特点及产销量与出口量分析
德国 （1960— 1980年）	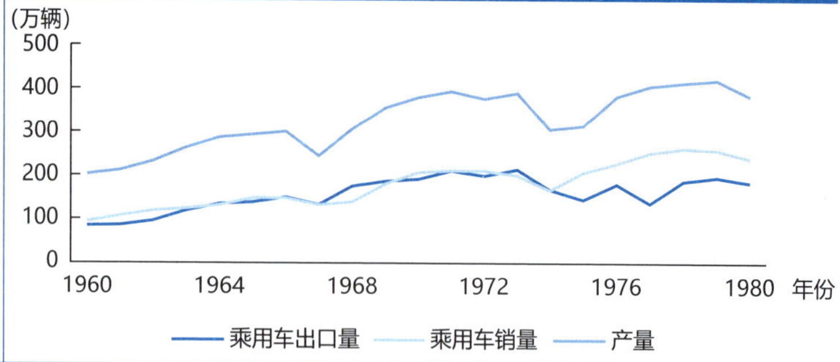

续表

<table>
<tr><th>国家</th><th>产能出海阶段主要特点及产销量与出口量分析</th></tr>
<tr><td>德国
（1960—1980 年）</td><td>这一时期，德国汽车工业进入快速增长期，德国汽车产量从 1960 年的 206 万辆提升至 1980 年的 388 万辆，乘用车出口量从 1960 年的 87 万辆提升至 1973 年的 217 万辆，乘用车出口量约占产量的一半。受石油危机背景下来自日本低油耗小型车的冲击，20 世纪 70 年代后期出口量呈现明显下降趋势，产品的成本优势及技术优势进一步被挤压。德国企业通过海外建厂来优化供应链成本，通过学习日本汽车技术来进一步提高其产品竞争力</td></tr>
<tr><td>美国
（1973—1995 年）</td><td>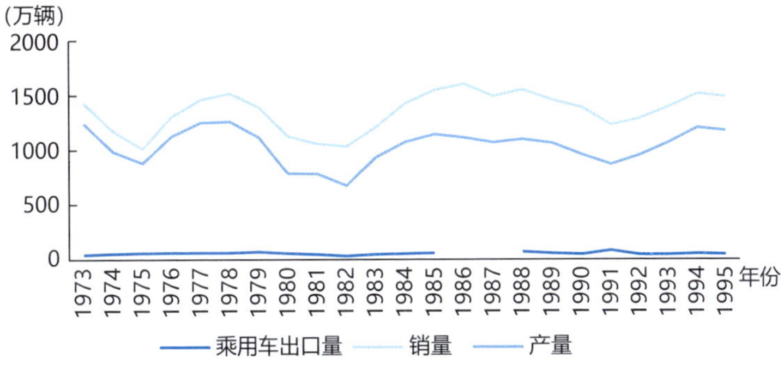

美国乘用车出口量平均在 60 万辆，产量和销量呈现波浪式发展。在这一阶段，产量和销量的平均值分别为 1055 万辆和 1380 万辆，产量始终低于销量。原因在于 1973 年石油危机爆发后，美国在本土市场受到日本低油耗小型车的冲击，因此美国开始通过设立海外生产基地等方式，拓展国际汽车消费市场</td></tr>
<tr><td>日本
（1980—1990 年）</td><td>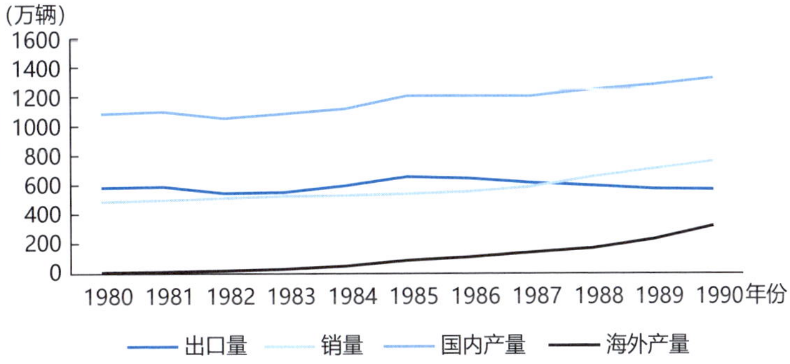
</td></tr>
</table>

续表

<table>
<tr><th>国家</th><th>产能出海阶段主要特点及产销量与出口量分析</th></tr>
<tr><td>日本
（1980—
1990 年）</td><td>1980—1990 年日本汽车出口量平均稳定在 600 万辆左右，国内产量从 1104 万辆提升至 1349 万辆，出口量占产量的比例逐渐从 50% 下降至 43%。在此阶段，海外产量开始迅速提升，从 1980 年的 9 万辆提升至 1990 年的 327 万辆，全球化发展开始从产品出口向产能出海转型。背后原因在于 1985 年《广场协议》的签订引导日元升值，日本对外投资开始繁荣，日企开始在海外建厂，供应美国、亚洲、欧洲等地区</td></tr>
<tr><td>韩国
（1990—
2000 年）</td><td>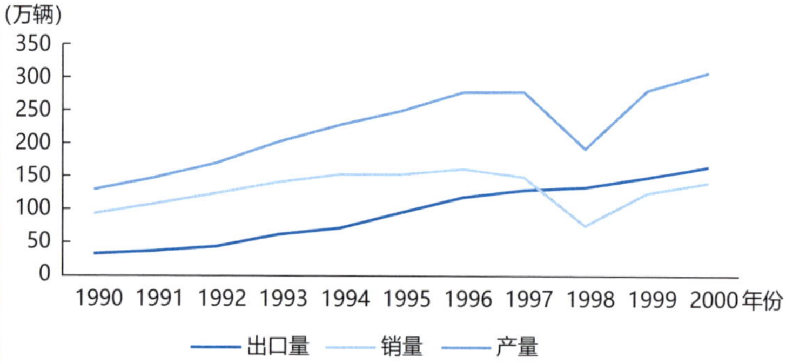

韩国汽车出口量从 1990 年的 35 万辆大幅提升至 2000 年的 143 万辆，增长了约 3 倍。20 世纪 90 年代初期，韩国汽车产销量稳步提升，国内销量占总产量的比例约为 70%。在此阶段，受亚洲金融危机的影响，国内产销有所放缓，韩国进一步开拓在海外市场的多元化布局，先后在世界各地设立了生产基地，进行本地化生产</td></tr>
</table>

资料来源：美国经济分析局、德国汽车工业协会、日本汽车工业协会、韩国汽车工业协会。

（3）全球化经营阶段

随着海外投资建厂的加快，区域化的经济效益瓶颈显现，此时期的车企开始整合全球资源，从生产全球化到实现策划、设计、研发、生产、采购和营销等职能全球一体化运营。在这一阶段，企业开始推行研发本地化，高度本地化的研发能够助力出海车企打造贴合本地需求的产品并形成全面的产品矩阵（见表 2-3）。

表 2-3 德美日韩四国汽车产业全球化经营阶段主要特征

<table>
<tr><th>国家</th><th>全球化经营阶段主要特点及产销量与出口量分析</th></tr>
<tr><td>德国
（1980 年至今）</td><td>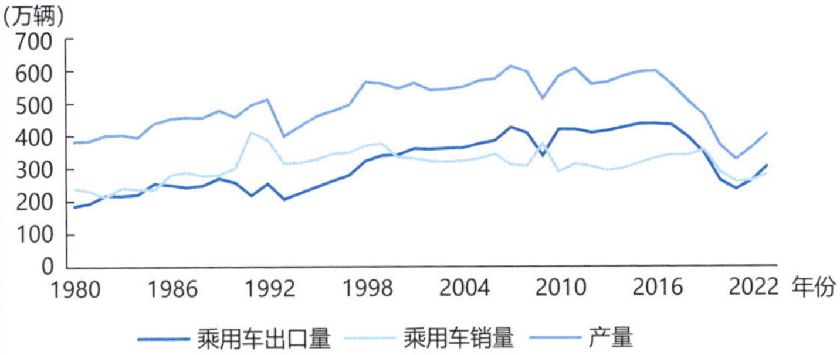

德国汽车产业的供应链管理日益全球化，通过全球采购和生产布局，优化成本和提高效率，进入深度全球化阶段。德国乘用车出口量呈现小幅提升，从 1980 年的 180 余万辆波动增至 260 万辆以上。产量从 1980 年的 388 万辆一度提升至 2016 年的 606 万辆</td></tr>
<tr><td>美国
（1995 年至今）</td><td>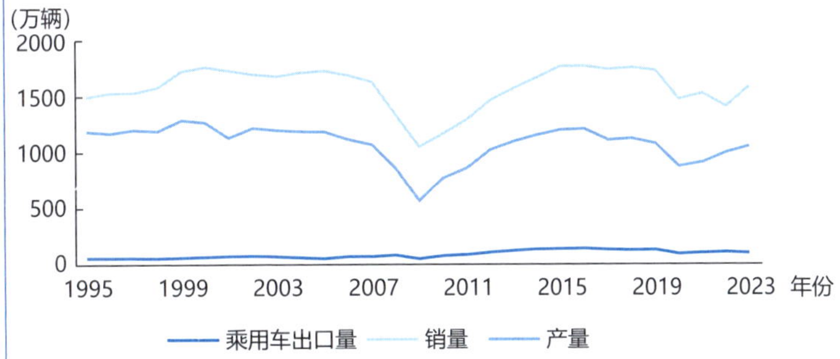

美国乘用车出口量自 1995 年以来呈现小幅稳步增长，从 52 万辆提升至 2023 年的 92 万辆，产量和销量基本稳定在 1100 万辆和 1600 万辆。在这一阶段，美国与欧洲、日韩等竞争激烈，在守住国内市场的同时，也积极拓展国际市场，通过出口以及设立海外工厂、合资企业、海外研发中心等多种方式，提升在全球市场的竞争力</td></tr>
</table>

续表

国家	全球化经营阶段主要特点及产销量与出口量分析
日本 （1990 年至今）	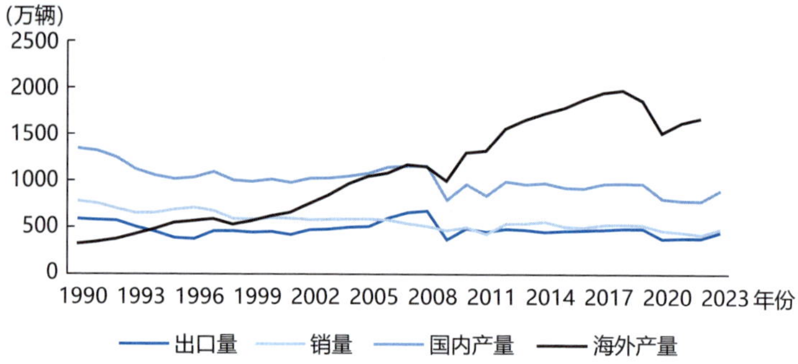 日本的全球化发展继续深化，海外发展由单个海外市场按区域运作转变为全球配置资源（包括生产体系、研发体系和管理体系），在欧美亚多地设立了研发中心和地区总部。在此阶段，日本海外产量持续增长，国内产销量有明显下降，到 2022 年，海外产量（1696 万辆）达到国内产量（784 万辆）的 2.2 倍，达到出口量（381 万辆）的 4.5 倍，日本汽车产业逐步将经营重心转移至全球化生产经营
韩国 （2000 年至今）	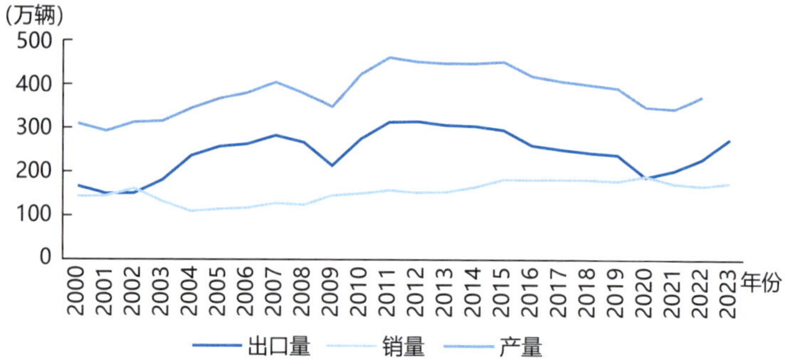 2000 年后，韩国汽车国内销量基本稳定在 155 万辆左右，汽车出口量平均在 250 万辆，韩国在经历亚洲金融危机后迅速进行产业结构调整，逐步从低端定位转向高品质路线，在美洲、东南亚、欧洲等地的工厂也开始陆续投产，启动新一轮全球扩张

资料来源：美国经济分析局、德国汽车工业协会、日本汽车工业协会、韩国汽车工业协会。

二　我国汽车产业国际化发展历程回顾

改革开放让我国的面貌焕然一新，也为汽车产业注入了新的活力。自改革开放以来，我国的汽车产业经历了翻天覆地的变化，从封闭走向对外开放，从引进走向自主创新，在改革开放的浪潮中实现了跨越式的发展，成为国民经济的重要支柱产业之一。我国汽车工业从改革开放至今，发展 40 余年，经历了从起步、成长到高速发展，再到如今的腾飞阶段的发展变革，取得了令人瞩目的成就，成功实现从仿造到跨越创新，成为全球汽车市场的重要力量之一（见图 2-3）。

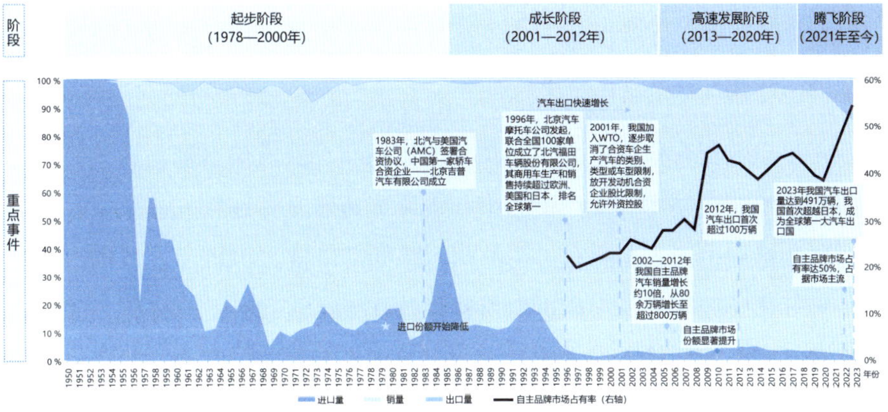

图 2-3　1950—2023 年我国汽车产业国际化发展历程

资料来源：中国汽车工程学会整理。

（一）以“引进来”为核心的起步阶段（1978—2000 年）

1978—2000 年，我国汽车产业处于以“引进来”为核心的起步阶段。1978 年，改革开放政策的实施为我国汽车工业的发展提供了良好的机遇。我国开始大规模引进国外先进技术，加速发展我国汽车工业。我国汽车产业通过“以市场换技术”“以市场换资金”的合作模式，大规模引进外资和技术，与世界汽车巨头合作建立合资企业，通过合资的合作模式，不仅带来了先进的技术和管理经验，还推动了国内汽车产业的现代化进程。与此同时，国家也出台了一系列政策支持汽车工业的发展。“七五”计划将汽车制造业作为重要的支柱产业，并提出“三大三小”的格局，进一步促进了汽车工业的全面发展。

自此，我国汽车市场不断壮大、产量持续扩张并开始形成汽车工业体系。1978 年我国汽车产量仅为 14.9 万辆，到 2000 年已增加至 206.8 万辆，增长了约 13 倍。1978 年，我国汽车产量只占全世界汽车市场的 3.5‰，到 2000 年占比达到 3.5%，彻底扭转了产业“缺重少轻，轿车空白”的发展窘境，逐步形成了竞争主导的汽车市场。在此阶段，我国汽车产业的国际化发展呈现出以下特征。

一是以合资合作模式为主，奠定我国汽车产业发展基础。这一时期，我国汽车工业在技术和生产能力上与国际先进水平存在较大差距，合资的主要目的是让中国人在有车可用的同时降低进口量。1996 年，我国汽车进口份额开始大幅降低，之后进口份额保持在 5% ～ 10%。1983 年，北京吉普汽车有限公司的成立标志着我国汽车工业合资模式的开启，此后，我国又先后成立上海大众、广州标致、一汽大众、神龙汽车等合资企业。通过合资的合作模式我国汽车工业既引进了技术，也全面学习了跨国公司的生产管理制度和经验，加速了轿车工业发展进程。

二是政府主导，有计划地开展技术引进。在此阶段，我国确定了汽车工业“技贸结合”引进技术的发展路径，并非直接将市场份额送给外方，而是通过开放市场，引进外商投资，引导其技术转移，通过消化吸收，最终提升我国独立自主的研发能力。此阶段的技术引进主要由政府、行业管理部门统一对外谈判。据统计，从 1978 年到 21 世纪初，我国汽车工业共引进1000余项整车、零部件工艺及开发技术[1]，基本涵盖了汽车工业主要领域，其中包括斯太尔重型系列车型、依维柯轻型系列车型以及德国的奥迪、大众轿车和法国的雪铁龙、标致轿车等整车制造技术，美国的康明斯N、B系列发动机，德国的采埃孚变速箱，日本的汽车化油器、电子式汽车仪表等关键汽车零部件技术，使我国汽车工业与国际先进水平的差距由30年左右缩小到15年左右。

三是外方掌握重要话语权，引进的技术、产品相对落后。合资初期，我国引进的技术大多是国外汽车厂商认为过时的技术。20世纪90年代后期，在市场竞争的推动下，合资企业的车型在国内外投产的时间差才大幅缩短，个别车型逐步实现同步上市。尽管我国政府在政策上要求外国合作伙伴向国内企业转让技术知识，并优先考虑本地供应商，但在实际操作中，由于我国缺乏自主开发能力和知识产权，核心技术仍由外方主导。新产品开发和推出的重要环节基本被合资方控制，80%的新车型是从国外汽车公司直接引进的。尽管中方在合资企业中拥有资本控股权或对等控股权，却基本没有产品决策权和经营决策权，利益分配也取决于外方。

四是形成了一批满足跨国企业标准要求的本土供应链企业。桑塔纳的国产化是我国本土供应链崛起的代表性案例。上汽大众成立后的第一年，桑塔纳国产化率仅有2.7%，经过各方不懈努力，1990年桑塔纳国产化率上升到60%，1991年达到了70%。自1996年开始，桑塔纳的国产化率已达到90%，关键零部件如车身、发动机、变速箱三大总成和前后桥总成相继实现国产化，并在上海嘉定带动形成了包含采埃孚、舍弗勒、延峰等300多家零部件企业的集群。桑塔纳的国产化不仅奠定了我国汽车工业零部件供应链的基础，也健全了国内汽车供应链零部件质量保障管理系统。在此时期，公务车奥迪100国产化率达到93%，捷达国产化率达到84%，

1　王丹莉：《新中国技术引进的历史检视》，《中共党史研究》，2019年第7期。

神龙富康国产化率超过 80%。截至 1995 年底，全国成立零部件三资企业 260 家，总投资 32 亿美元。

（二）“引进来”与“走出去”并举的成长阶段（2001—2012 年）

2001—2012 年是我国汽车产业“引进来”与“走出去”并举的成长阶段，我国汽车产业快速发展，并初步开始全球化布局。加入世界贸易组织（WTO）后，我国汽车产业外资政策进一步放宽，为外资进一步进入我国创造了良好条件。随着经济快速发展，国民收入水平提升，我国逐渐成为全球汽车市场的重要增长点，各大海外车企为抢占我国市场，纷纷涌入中国开展合资合作。与此同时，我国汽车工业开始探索融入世界汽车工业体系，产业对外出口快速增长，企业积极拓展海外发展方式，在收购国外汽车企业品牌、技术资源等方面开启了前瞻布局。

这一阶段，得益于经济的市场化改革以及对外开放程度的不断加深，我国汽车市场实现高速增长。我国成为全球第一大汽车产销国，自主品牌竞争力大幅提升。2001 年，我国汽车总销量为 234 万辆，其中合资生产的轿车占 70 万辆，市场份额达到 30% 左右。2012 年，我国汽车产销量接近 2000 万辆，居全球首位，保有量超过 1 亿辆，仅次于美国。10 年间，我国汽车市场保持了超过 20% 的年均复合增长速度，2012 年我国汽车出口达 105.6 万辆，比 2001 年的 2.6 万辆增长了约 40 倍。此外，我国自主品牌市场竞争力明显提升。在此阶段，我国汽车产业的国际化发展呈现出以下特征。

一是汽车贸易、投资政策大幅放宽。在这一阶段，我国加入了世界贸易组织，随之汽车贸易与投资政策大幅放宽，为汽车产业的发展提供了更为宽松的外部环境。主要包括以下四个方面。

第一，降低关税。我国逐步降低汽车及零部件的进口关税，为外资产品进入我国市场提供了便利。乘用车进口关税由2001年的70%～80%降低到2006年下半年的25%。商用车进口关税由2001年的25%～65%下降到2006年下半年的15%～25%。零部件平均关税由2001年的22%左右下降到2006年下半年的10%。

第二，逐步提升直至取消进口配额限制。从2000年开始，汽车及关键零部件的进口配额量由60亿美元每年递增15%，至2004年增长到105亿美元。同时，受进口配额限制的汽车及关键件产品目录从2002年起逐年减少，2005年取消进口配额限制，自此我国开始实行汽车产品自动进口许可管理。

第三，调整汽车产业政策，与世界贸易组织接轨。加入世界贸易组织后，我国取消外汇平衡要求、贸易平衡要求、当地含量（国产化）要求和出口实绩要求；逐步取消生产汽车的类别、类型或车型的限制措施；严格执行世界贸易组织《与贸易有关的知识产权协定》和《与贸易有关的投资措施协定》；放开发动机合资企业的股比限制，允许外资控股等。

第四，开放包括汽车金融在内的汽车服务贸易领域。逐步放开佣金代理、批发、零售、特许经营服务，5年内取消超过30家分店的股比限制，逐步开放汽车辅助分销服务等；允许外国非银行金融机构在我国设立企业或代表处从事汽车消费信贷业务；逐步放开交通服务、维修服务、货运代理服务等。

二是合资和外商投资规模不断扩大。在这一阶段，大量跨国公司开始在我国设立独资或合资企业，为汽车行业带来了新的发展机遇。整车方面，长安福特、东风日产、一汽丰田、东风本田、东风悦达起亚、华晨宝马、北京奔驰、长安标致雪铁龙、福田康明斯等合资企业快速发展；零部件方面，博世、戴姆勒、博格华纳、采埃孚和舍弗勒等国际知名汽车零部件供应商纷纷加大对华投资。2006年，全球排名前100位的汽车零部件供应商中有70%已来华开展业务，中国内地的外资汽车零部件企业超过1200家。汽车产业外商投资数量和金额保持较高水平，其中2008年外商投资金额达149.7亿美元，外商投资整体呈上升态势（见图2-4）。

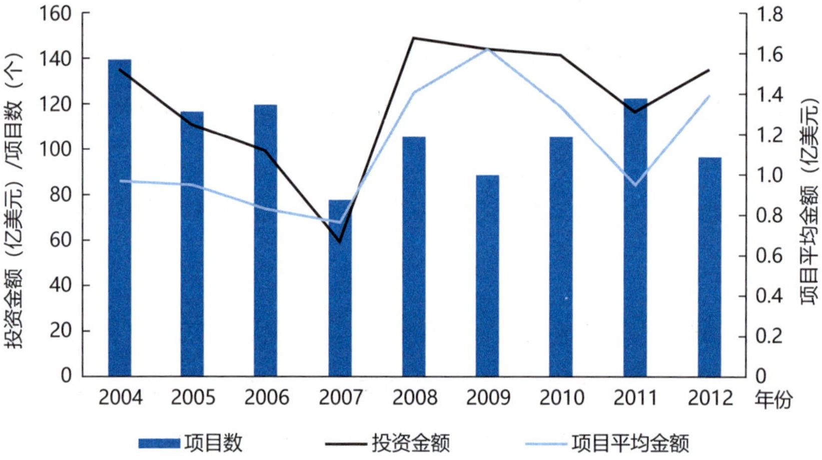

图2-4　2004—2012年我国汽车行业外商投资项目数量及金额

资料来源：商务部投资促进局、德勤《2014中国汽车产业投资促进报告》。

三是国际合作模式趋于多元，整车零部件合作进一步加深。与上一阶段政府主导的合资模式有所不同，此阶段我国汽车产业与外资合作模式进一步多元化和深化。除了传统的合资企业，还出现了技术共研、股权投资、战略合作等合作形式。上汽、吉利、潍柴动力、北汽纷纷开始探索收购国外汽车品牌、技术资源和股权等模式，此后我国汽车及零部件企业积极开展海外收并购。2002年，上汽开始收购大宇汽车10%的股份，此后收购韩国双龙汽车股权和罗孚汽车部分知识产权；2010年，吉利收购沃尔沃，成为我国汽车企业收购国外豪华汽车品牌的先例，此外，吉利还收购了英国锰铜、DSI变速器等外资企业，进一步加速海外布局。汽车零部件方面，圣龙集团、京西重工、宁波韵升等企业纷纷开始并购。合资企业开始加速布局本地化研发，广汽丰田全新一代雅力士（YARIS）就是中日双方基于中国本土化进行二次研发的典型代表，充分考虑了中国市场的特点进行产品设计。合资企业开始在华推出自主品牌，广汽本田成为我国首家启动自主品牌战略的合资企业并推出“理念”系列车型，而后上汽通用“五菱宝骏”、东风日产“启辰”等合资企业自主品牌相继诞生。

四是汽车出口快速发展。得益于我国加入世界贸易组织以及《汽车产业发展政策》鼓励自主品牌出口的政策，汽车出口迅速发展，我国开始向欠发达国家或地区出口紧凑型轿车。奇瑞在 2001 年向叙利亚出口了首批风云轿车，开创了中国汽车品牌走向国际市场的先河。吉利在 2004 年向埃及、叙利亚、苏丹、马来西亚等 30 个国家和地区总计出口 4846 辆整车，占全国出口总量的一半以上。宇通也紧抓鼓励自主品牌出口的机遇，大规模进入伊朗等中东市场，2005 年宇通出口 2400 多辆客车，合同总金额达 1.4 亿美元，较 2004 年增长 310 倍。此外，我国也着力培育汽车及零部件出口基地，并于 2006 年正式授牌建立长春、上海、天津、武汉等 8 个国家汽车及零部件出口基地，一汽、奇瑞等 160 家企业成为国家汽车及零部件出口基地企业。截至 2011 年，我国累计向欧美地区出口汽车超过 20 万辆。2004—2012 年，自主品牌汽车的出口量突破 100 万辆大关，并且此后保持每年 100 万辆的出口规模。2012 年，我国汽车出口量首次突破百万辆，达 105.6 万辆，同比增长 29.70%，其中，奇瑞出口量居第一位，共出口 18.48 万辆，同比增长 16.26%；排名第二至第五位的吉利、长城、上汽、力帆分别出口 10.08 万、9.65 万、9.56 万、8.70 万辆。

五是逐步加速海外建厂，探索多元化出海模式。2003 年奇瑞率先在伊朗建厂，此后长城也开始在津巴布韦、菲律宾、伊朗等国家设厂，国产品牌开始在海外布局建厂，“十一五”期间，我国 10 多家汽车企业在亚非拉等地加速海外扩张。截至 2010 年，长城已建立 14 家海外装配基地；“十一五”期间，华晨集团海外建厂 7 家；2006 年，东风在乌克兰建厂，生产轻型商用车系列车型；力帆汽车于2007年开始进军海外并在越南、俄罗斯、埃塞俄比亚、阿塞拜疆、乌拉圭、伊拉克等地建厂；一汽在俄罗斯、中亚和非洲建立多处商用车基地，并于2007年在墨西哥建立首个乘用车海外制造基地。吉利在此阶段已经迈入跨国经营阶段，在俄罗斯、乌克兰、乌拉圭等国建立装配基地，并在海外布局4S店、设立印度尼西亚分公司等。

（三）深度融入全球产业体系的高速发展阶段（2013—2020年）

党的十八大以来，以习近平同志为核心的党中央高度重视汽车产业发展。国务院印发《节能与新能源汽车产业发展规划（2012—2020年）》，提出积极发挥国际合作的作用，支持车企、高校和研究机构在节能与新能源汽车领域开展国际合作研究，支持设立境外研发机构，支持企业以境外注册和境外收购等方式培育国际化品牌，加强技术标准、政策法规方面的国际交流与协调，加快我国汽车产业国际化发展步伐，引导我国进一步融入全球汽车产业体系，提升汽车产业国际竞争力。2013年，“一带一路”倡议的提出为我国在共建“一带一路”国家拓展海外汽车市场、资源互补、缓解贸易摩擦、互利共赢发展等方面提供了更多便利和发展空间。2020年11月，东盟十国以及中国、日本、韩国、澳大利亚、新西兰共15个国家正式签署《区域全面经济伙伴关系协定》，在市场准入、关税减免等方面为我国汽车产业的国际化发展提供多维度机遇。

在此时期，我国汽车出口量基本稳定在一百万辆级别。新能源汽车销量从2012年的1.3万辆提升至2020年的136.7万辆，增幅超过100万辆，新能源渗透率从0.1%增至5.4%，电动化进程起步提速。在这一阶段，我国汽车产业国际化发展呈现出以下特征。

一是外贸、投资政策进一步开放。在“一带一路”倡议的引领带动下，车企纷纷加快“走出去”步伐，共建“一带一路”国家成为海外发展重要目的地。2012 年，上汽与泰国正大集团合资成立上汽正大汽车有限公司并投资建厂，生产和销售名爵品牌汽车。2013 年，比亚迪以电动大巴起步，进入东盟市场；长城宣布在泰国建厂，对东盟国家出口汽车。2014 年，重庆获批汽车整车进口口岸，大幅提升中欧班列（重庆）整车进出口数量。2016 年，江淮汽车哈萨克斯坦科斯塔奈项目成功落地，成为中亚地区首个汽车方面的国际产能合作项目。2017 年，吉利成为首个在海外“以技术换市场”的中国车企，收购了马来西亚宝腾汽车 49.9% 的股份。2019 年，首个海外全工艺整车厂（长城汽车俄罗斯图拉工厂）下线首车，实现“自主品牌 + 俄罗斯制造”的新模式。2020 年，蔚来、小鹏等新势力车企加速布局挪威等欧洲市场，开启我国汽车出海新阶段。在此阶段，我国对共建“一带一路”国家进出口总额从 2016 年的 62517 亿元提升至 2020 年的 93696 亿元，其中，汽车产品出口额从 709 亿元增至 1090 亿元，增长了约 0.5 倍。

《区域全面经济伙伴关系协定》的签署促进了成员方之间的贸易和投资，有利于我国汽车零部件企业“走出去”、降低汽车零部件的流通成本，有助于我国进入东盟市场。《区域全面经济伙伴关系协定》规定，东盟国家对我国生产的发动机和零部件的减税政策为第一年降低至 9%，后续九年逐年线性降低至 0%，变速箱和零部件从第十一年起降税，十年内从 9.8% 降低至 8.5%，相较于之前的《中国—东盟自贸协定》关税进一步降低。《区域全面经济伙伴关系协定》中的原产地累积原则，允许商品在满足一定增值标准后享受优惠关税，相较于以往其他自由贸易协定，所有成员的原产材料可以实现完全累积，计入原产国的增值范围，此规则促进了《区域全面经济伙伴关系协定》成员方范围内生产要素的优化配置，降低了我国作为原产国获得关税优惠的难度。商务部统计数据显示，2020 年前三季度，我国与其他《区域全面经济伙伴关系协定》成员方贸易总额达到10550亿美元，在我国对外贸易总额中占比约1/3。

我国在这一阶段进一步放开外资准入限制。2018年，我国取消了专用车和新能源汽车的外资股比限制。2020年，我国进一步取消了商用车领域的外资股比限制。政策的开放为我国汽车产业带来了更多国际合作机会。2019年，特斯拉以独资车企的身份成功在上海建立了其首家在美国之外的海外超级工厂，也是其最先进的电动汽车工厂。特斯拉上海超级工厂不仅促进了当地就业和产业链的发展，也带动了我国新能源汽车产业的整体进步。特斯拉上海超级工厂的建设运营，展示了我国进一步扩大开放、积极吸引外资的决心，也为特斯拉等外企提供了更广阔的市场和更良好的营商环境。

二是启动电动化进程，深度融入全球产业体系。从整车企业来看，2010年，比亚迪与戴姆勒双方以50：50的股比分配，共同成立了新能源技术性合资车企腾势，由比亚迪提供电池、电机和电控三电核心技术，戴姆勒负责整车生产制造，成为我国第一批专注于新能源赛道的先锋车企，为中外汽车企业在电动化方面的深度合作奠定基础，也标志着我国汽车产业在电动化转型方面迈出了重要步伐。特斯拉上海超级工厂的建成使特斯拉能够更快速响应中国市场的需求，同时也为特斯拉辐射全球市场打开了更广阔的空间。据相关数据，2020年，特斯拉全球交付量约为50.0万辆，产量为50.9万辆，其中特斯拉上海超级工厂的产量为14.4万辆，占全球产量约1/3。到2020年10月，特斯拉上海超级工厂已启动包括德国、法国、瑞士等十几个欧洲国家的整车出口业务，推动了我国制造的电动汽车踏入国际市场。特斯拉建立的高本地采购率的零部件本地采购体系，促进了我国新能源汽车产业链的技术进步和完整。

从零部件企业来看，韩国新能源市场分析公司SNE Research的数据显示，2020 年，全球动力电池装机量达到 137 吉瓦时，其中宁德时代自 2017 年起连续四年排名第一，以 34 吉瓦时的装机量（占比约 24.82%）成为全球最大动力电池供应商，供货给特斯拉、蔚来、小鹏、理想、广汽等头部电动车企。精进电动供应大众、宝马、现代等外资企业。新能源零部件企业的崛起和供货合作构建了更加紧密的全球汽车产业链合作体系，帮助我国零部件企业深度融入全球汽车市场，逐步形成具有全球竞争力的汽车产业生态，提升中国品牌的国际影响力。

在这一阶段，我国新能源汽车产销量自 2015 年以来一直位居全球第一，占全球的 50% 以上。2020 年，在全球动力电池装机量排名前 10 位企业中，我国动力电池企业占有 6 席，分别是宁德时代、比亚迪、中航锂电、远景动力、国轩高科和亿纬锂能，市场份额在全球的占比约为 41%。我国逐步成为全球新能源汽车产业体系的重要组成部分。

三是形成多元化海外发展格局。我国车企通过扩大出口、海外建立研发中心和生产基地、投资收购等多元化海外发展方式积极参与国际合作与贸易，成功投身全球汽车产业体系建设。2020 年上半年，我国新能源汽车出口量达 1.4 万辆，同比增长 3.4 倍，其中对发达国家出口增长达到 4 倍，新能源汽车出口单价是传统汽车的 3 倍，平均出口单价超过 4 万美元。2020 年下半年，汽车出口量在新冠疫情的影响下依旧呈现逆势增长，11 月汽车出口量为 12.2 万辆，同比增长 46.7%，创历史新高。

自 2001 年我国加入世界贸易组织以来，国内车企便逐步迈出了出海发展的步伐，进一步融入全球汽车产业体系。这一阶段国内车企海外布局呈现两个特点：一是在目标市场建立四大工艺齐全的工厂，二是通过收购方式快速进入目标市场，这不仅有助于降低成本，提高供应链效率，也促进了当地的就业和经济发展。长安、长城、吉利、上汽、蔚来和奇瑞等自主品牌车企在全球多地设立研发中心，涵盖发动机和底盘开发、内外饰设计、交互体验、工程技术、智能汽车等多个专业领域，形成国际化研发网络，加快融入全球化发展布局。吉利通过投资收购和海外建厂方式开展海外布局。2010 年，吉利收购沃尔沃汽车全部股权，双方共同开发多个车型平台并成功推出领克品牌；2017 年，吉利在白俄罗斯建立新工厂，同年收购了马来西亚品牌宝腾及旗下豪华汽车品牌路特斯；2018 年，吉利获得戴姆勒 9.69% 的股权，成为戴姆勒最大股东。上汽在泰国、印度尼西亚和印度建厂，长城收购通用汽车在印度和泰国的工厂。

（四）迈入全面实现高水平国际化发展新征程的腾飞阶段（2021 年至今）

"十四五"以来，在《新能源汽车产业发展规划（2021—2035 年）》的引领下，我国新能源汽车发展优势日益突出，在产业规模、市场销量等方面连续稳居世界第一，构建了上下游贯通、产学研协同、跨领域融合的产业链及产业生态，成为引领全球汽车产业转型升级的重要力量，推动和支撑我国汽车产业与全球产业体系的交融互动更加紧密，迈入了全面实现高水平国际化发展的新征程。

在高水平国际化发展新阶段，中外企业在合资合作模式上实现了反向输出，形成以中方主导汽车软件、产品和平台等相关定义，而外方则提供品牌、造型设计及硬件开发的合作模式，实现关键技术从"引进来"到"走出去"的转变，既体现了我国汽车工业自主创新能力的提升，也为全球汽车产业下一步转型升级提供了新思路和新模式。尽管海外市场进入壁垒日益提高，我国汽车出口量增幅仍连续超过百万辆，汽车产业"走出去"实现了从量变到质变的重大跨越。

我国汽车出口量从 2021 年的 201.5 万辆提升至 2023 年的 491 万辆，年均增幅超过百万辆，出口总额（包括底盘）从 2227 亿元增长至 7165 亿元，增长了 2 倍以上，我国跃居全球第一大出口国。我国新能源汽车销量从 2021 年的 352.1 万辆提升至 2023 年的 949.5 万辆，新能源市场渗透率从 13.4% 增至 31.6%，新能源汽车销量和市场渗透率均大幅提升。这一阶段，我国汽车产业国际化发展呈现以下特征。

一是合资合作模式从以产品生产销售为主拓展至以技术合作牵引的研发、生产、销售、服务全链条合作，实现关键技术从“引进来”到“走出去”的跨越。从早期的仿制设计、逆向设计，到如今的自主创新和原创设计，我国汽车产业已经形成了完整的产业链，并且在核心三电等多个技术领域达到国际领先水平，智能驾驶、智能座舱等技术的量产水平和迭代速度也展现出优势，实现了从技术引进到自主创新、从追随者到部分领域引领者的转变。在以我国为引领的电动化、智能化浪潮下，我国与合资、外资企业的合作纷纷转向以中方先进电动智能技术为主导的模式。小鹏汽车的 800 伏高压平台、智能驾驶等先进技术，成功吸引外资以中方电动化技术为主导开展高水平开放合作。2023 年 7 月，大众汽车以 7 亿美元购入小鹏汽车 4.99% 的股份，计划与小鹏共同开发基于区域控制及准中央计算的电子电气架构（China Electrical Architecture，CEA），并以此开发面向中国市场的两款中型电动车；奥迪与上汽合作，联合开发专注中国市场的全新平台——智能数字平台（Advanced Digitized Platform），并基于该平台打造全新一代高端智能网联车型，实现以国际品牌换中国技术；雷诺与吉利成立合资公司，合力研发高效、节能混合动力技术，并拟将新公司总部落地英国以整合运营，为世界输送中国的混合动力技术，满足全球市场对绿色出行的需求；斯泰兰蒂斯集团与零跑汽车成立合资公司零跑国际（Leapmotor International），计划在斯泰兰蒂斯波兰工厂生产零跑 T03 车型，进一步将中外技术合作拓展至研产供销服全链条的合作。

二是汽车出口跃居世界第一，欧洲成为我国新能源汽车第一大出口市场。2023 年，我国汽车出口量达到了 491 万辆，同比增长 57.9%，首次超越日本成为全球第一大汽车出口国。汽车出口量的增长得益于多方面因素，其中新能源汽车出口的快速增长有突出贡献。2023 年，我国新能源汽车出口量达到了 120.3 万辆，同比增长 77.6%，创历史新高。其中，新能源汽车对欧洲市场出口量占我国整体出口量的比重达到 38%，远超其他国家和地区，成为我国新能源汽车第一大出口市场。我国新能源汽车对欧洲出口量的猛增，源于我国对电动化、智能化、低碳化转型窗口期的把握。欧盟提出乘用车和轻型商用车到 2035 年实现零碳排放，为我国新能源汽车进入欧洲市场提供了良好的战略机遇。同时，我国车企在欧洲的投资布局也在加速，如宁德时代在德国建立电池工厂，比亚迪在匈牙利塞格德市建设其在欧洲的首个新能源乘用车整车生产基地，上汽名爵、长安汽车、长城汽车等自主品牌，蔚来汽车、哪吒汽车等造车新势力也筹划在欧洲建厂。海外投资建厂、产业链海外扩张均为我国汽车产业高质量“走出去”、高水平国际化发展奠定坚实基础，也为全球汽车产业电动化转型贡献了重要力量。

三是牢牢把控全球新能源汽车产业链关键环节，产业地位进一步巩固。动力电池关键原材料全球供货量占比接近 70%。动力电池是新能源汽车产业链中游最重要的零部件，我国动力电池企业不仅在国内市场占据领先地位，还通过在海外建立工厂来满足不断增长的国际需求，在技术、产业链方面进行全球布局，以实现产能的国际化配置，增强全球市场的竞争力。2023 年，全球动力电池装机量为 707.2 吉瓦时，其中宁德时代和比亚迪市场占比合计为 52.9%，占据全球市场半壁江山，来自我国动力电池企业的装机占比约为 63.3%，在新能源汽车产业链关键环节占据重要地位。宁德时代在德国、匈牙利、印度尼西亚、美国等国家均有建厂计划或已经投产的工厂，其海外产能规划接近 145 吉瓦时。国轩高科也在摩洛哥、美国、越南、德国、阿根廷和泰国等国家进行了产能布局，海外规划产能约为 85 吉瓦时。远景动力在法国、英国、西班牙、美国和日本等国家建设了电池生产基地，海外规划产能已突破 150 吉瓦时。蜂巢能源在德国和泰国均有建厂计划，其中在德国的规划产能为 24 吉瓦时。我国动力电池企业技术实力不断提升，海外布局持续扩张，稳固了全球新能源汽车及产业链关键环节的主导地位。

三　国际汽车产业的全球化发展经验借鉴

（一）主要汽车强国国际化经验与启示

根据主要汽车强国历史经验分析，德国、日本等汽车强国的国际化发展均经历了产品出口、产能出海和全球化经营三个阶段。汽车产业的发展与国际化离不开政府的支持，政府在保护本国市场、营造创新环境和加强政策引导等方面均发挥着重要作用。

1. 德国汽车国际化经验

德国是现代汽车的发源地，是生产汽车历史最悠久的国家。1886 年卡尔·本茨发明第一辆汽车至今，德国汽车产业在早期蓬勃发展后就因两次世界大战及大萧条进行了深度的重组整合，第二次世界大战后德国汽车工业快速恢复，欧盟统一大市场的设立和合理的全球化布产使德国汽车产业在全球汽车产业竞争中保持优势地位（见图 2-5）。

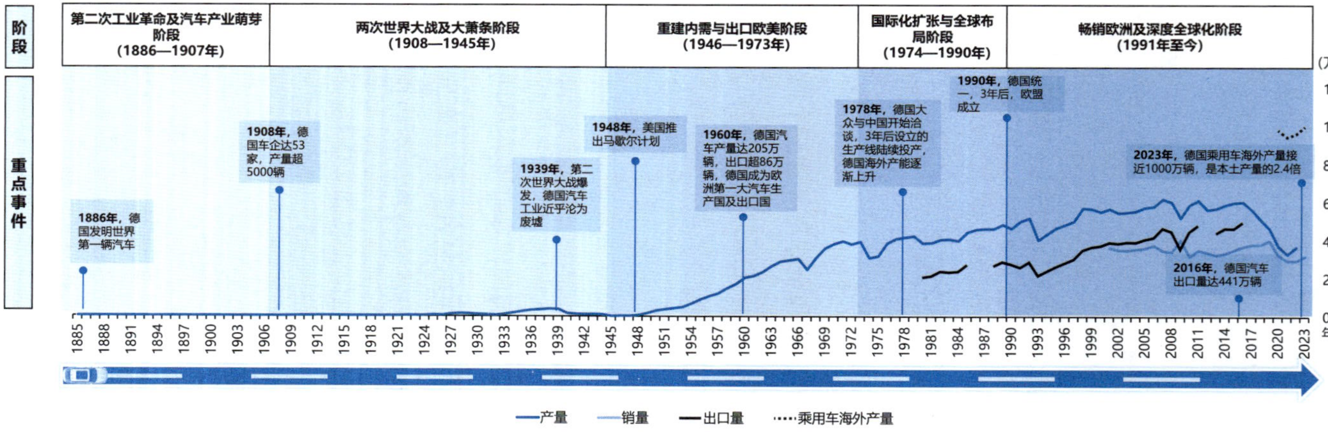

图 2-5　1885—2023 年德国汽车发展历程

资料来源：1993—2011 年《中国汽车工业年鉴》、国际汽车制造商协会、德国联邦政府。

（1）德国汽车产业国际化发展历程

第二次工业革命及汽车产业萌芽阶段（1886—1907 年）。自 1886 年起，德国汽车产业逐渐起步，得益于第二次工业革命的弯道超车，德国用 30 年快速完成了工业化，跻身世界工业强国之列。在此期间，德国汽车制造商在内燃机、制动系统等关键技术上取得了重要突破，在汽车制造技术和品质上建立了独特优势。德国汽车产量及厂商数量也快速提高，如图 2-6 所示，汽车产量从 1901 年的年产 845 辆增至 1907 年的年产近 5000 辆。梅赛德斯 - 奔驰、戴姆勒等品牌在此阶段也逐渐崭露头角，并以高品质和独特设计赢得了市场的认可，为此后德国汽车公司的国际化发展奠定了基础。

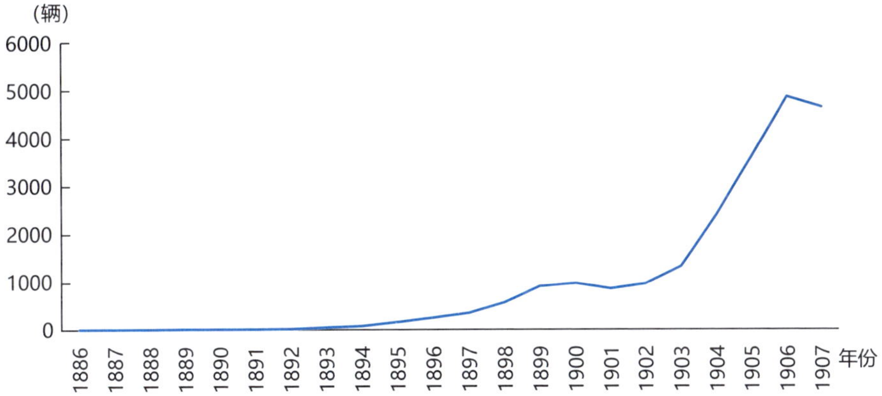

图 2-6　1886—1907 年德国汽车产量

资料来源：Automobilia8545。

两次世界大战及大萧条阶段（1908—1945 年）。在这一阶段，德国的汽车技术持续改善，德国政府通过兴建公路等基础设施和财政刺激增加了德国本土对汽车的需求，但因两次世界大战和大萧条的影响，德国汽车产业也数次受到重创。第一次世界大战结束后，经过短期调整，德国汽车工业在 1923—1927 年迎来了“黄金般的二十年代”，德国汽车工业发展迅猛，相关技术也快速成熟，德国在汽车设计和制造工艺上均建立了良好的口碑。1933 年德国高速公路建设计划被提上国家日程，叠加财政赤字和经济刺激政策，德国汽车消费市场迅猛成长，德国汽车工业进入快速发展阶段，多家汽车制造商纷纷成立，产品种类逐渐丰富，品质不断提升。例如，大众汽车的前身“沃尔夫斯堡工厂”在这一时期建立，并推出了著名的“甲壳虫”车型，该车型一度成为经济实惠、结实耐用的代名词，此后广为人知的德国汽车公司奔驰、宝马、大众也均在此时期形成了一定的生产规模。此阶段德国汽车产量由 1911 年的 1.5 万辆增至 1939 年的 37.29 万辆。1939 年第二次世界大战爆发后，德国汽车工业受到军工需求的挤占，产量一路下滑。1945 年德国战败，德国汽车产量跌至冰点 0.86 万辆。

此阶段，德国汽车工业面临的最大问题是两次世界大战造成的创伤和各国在大萧条后设置的关税壁垒。英国 1932 年颁布的《进口关税法》规定对工业品实际征税 20%，法国在提高关税的同时还大规模实施进口配额制度，仅 1932 年就有 10 个国家紧随英法实行完全配额或许可证制度。大萧条给德国汽车工业带来了沉重的打击，德国车企在经历了新一轮并购重组后，汽车企业数量由 1920 年的 86 家降至大萧条结束后的 12 家。面对外国高昂的关税，德国同样设置关税保护本国汽车市场，并开始兴建高速公路等基础设施，培育、拓展本国汽车消费市场（见图 2-7）。

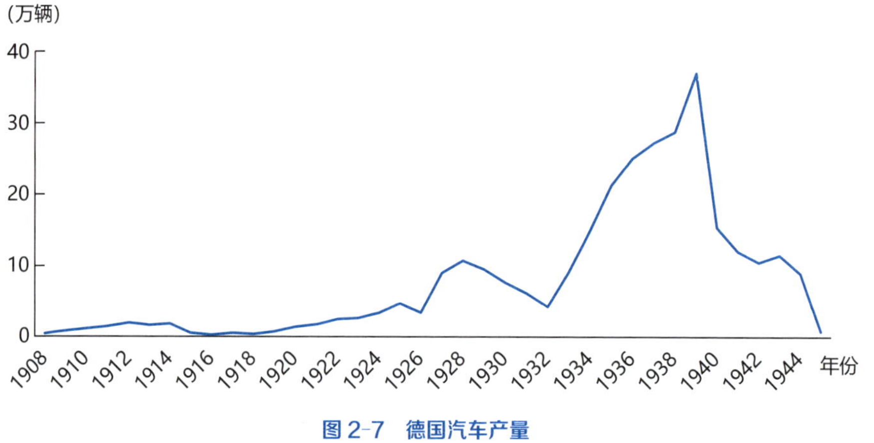

图 2-7　德国汽车产量

资料来源：Automobilia8545。

重建内需与出口欧美阶段（1946—1973 年）。第二次世界大战后，德国汽车工业在废墟中重建并再次崛起。得益于政府的大力支持、企业的技术创新及美国马歇尔计划对欧洲的工业援助，德国汽车制造商逐渐恢复了生产能力并扩大了市场份额。德国政府向大众及 BMD 公司分别注入 40% 和 150% 的资本，加速这些企业从困难中恢复。至 1950 年，仅 5 年，德国汽车工业就近乎从废墟中再次崛起，产量由 1945 年第二次世界大战结束时的 8600 辆增至 1950 年的 30 万辆，德国汽车品牌在国内快速普及，到 1960 年汽车产量已达 205.46 万辆，10 年间增长了约 6 倍，年均复合增速约 21%，一跃成为欧洲最大的汽车生产国。此外，德国汽车依靠其工艺和品质在欧洲范围内迅速扩张。德国汽车的国际竞争力稳步提高，汽车出口量不断增加。至 1960 年德国汽车出口量已达 86.53 万辆，成为欧洲最大的汽车出口国。国际化方面，1960 年奔驰、宝马、大众等德国企业先后登陆美国市场，在 20 世纪 60 年代一度成为美国市场最受欢迎的外国汽车，1973 年德国汽车出口量已高达 217.32 万辆。同时，德国还开始在海外布设工厂，1953 年及 1954 年大众和奔驰先后在巴西和阿根廷设厂生产汽车，布局拉美市场（见图 2-8）。

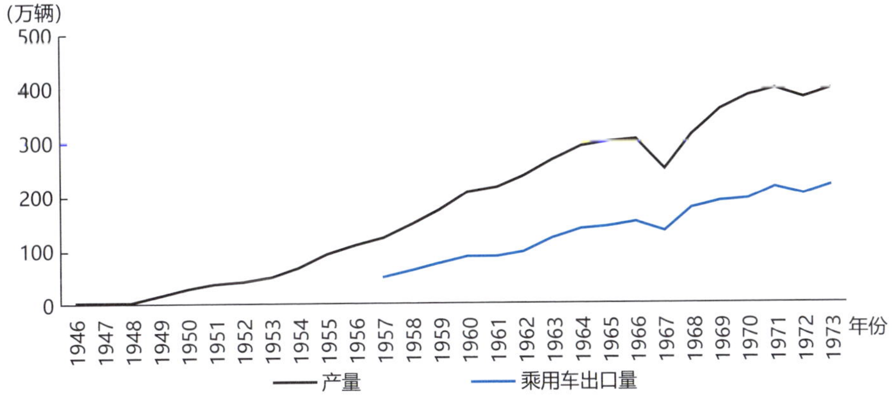

图 2-8　1946—1973 年德国汽车产量及乘用车出口量

资料来源：Automobilia8545、《中国汽车工业年鉴（1993）》、德国汽车工业协会。

国际化扩张与全球布局阶段（1974—1990 年）。1973 年石油危机爆发后，德国汽车出口受阻，国内市场也逐渐饱和，为寻求新的增长，德国车企开始在海外寻找合作伙伴。如图 2-9 所示，1974 年德国汽车年产量已达到 309.98 万辆，此时德国家庭已基本普及了汽车，随着石油危机后的全球经济放缓，德国汽车出口也止步不前，为了应对危机，德国车企快速向日本学习，开发低油耗的小型车。为了与日本在国际市场竞争，德国车企开始在亚洲寻求合作伙伴，在与韩国洽谈无果后，德国大众与中国达成了合作意向，希望通过在中国合资设厂拓展亚洲尤其是中国的新兴市场。同时，为了应对日本汽车带来的冲击，德国及欧洲其他国家均对日本汽车设置了关税或配额等贸易壁垒以保护本国汽车企业。车企方面，宝马、奔驰、大众等德国汽车品牌在此阶段凭借定制化营销及良好的售后，在全球范围内享有较高的声誉。

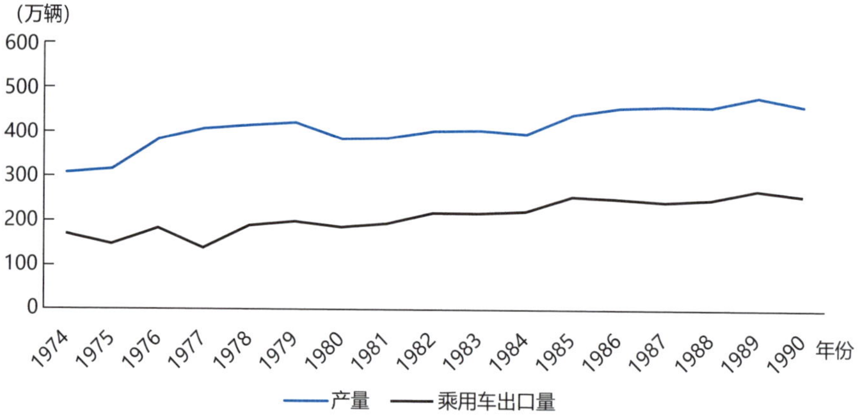

图 2-9　1974—1990 年德国汽车产量及乘用车出口量

资料来源：《中国汽车工业年鉴（1993）》、德国汽车工业协会。

此阶段，德国汽车受到的最大冲击是石油危机后日系车在全球范围内的畅销。为了应对此冲击，德国与中国合作，通过与中国车企组建合资企业率先进入中国市场，希望在亚洲与日本竞争；对内针对日本进口汽车采取了进口配额等制裁措施，直接限制从日本进口汽车的比例。此外，德国车企也加紧向日系车学习，转而开发低油耗、高能效的汽车。

畅销欧洲及深度全球化阶段（1991 年至今）。1990 年德国正式统一，1993 年欧盟组建，带来本土市场扩大和欧洲大市场统一，德国汽车工业进入又一快速发展期。德国汽车本土产量在 2011 年达到 587 万辆的历史最高水平。此后，欧元开始走低，德国汽车出口竞争力有所增强。2016 年德国汽车出口量达 441.12 万辆，创历史新高。不过，面对愈加激烈的竞争，德国车企也不得不深度优化其供应链成本，加大了海外市场供应链的本土化程度，降低了其供应链中的供应商和雇员比例。为了进一步优化成本，提高规模效应，德国车企还开创性地使用了模块化、平台化的生产方式，使其供应链成本再度改善。2023 年德国乘用车出口 311 万辆，其中一半出口至欧洲，美国、中国也均是德国乘用车出口的主要目的地。海外产量方面，2023 年德系车全球产量已超 1400 万辆，其中本土产量 411 万辆，海外产量近 1000 万辆，海外产量约为其本土产量的 2.4 倍（见图 2-10、图 2-11）。

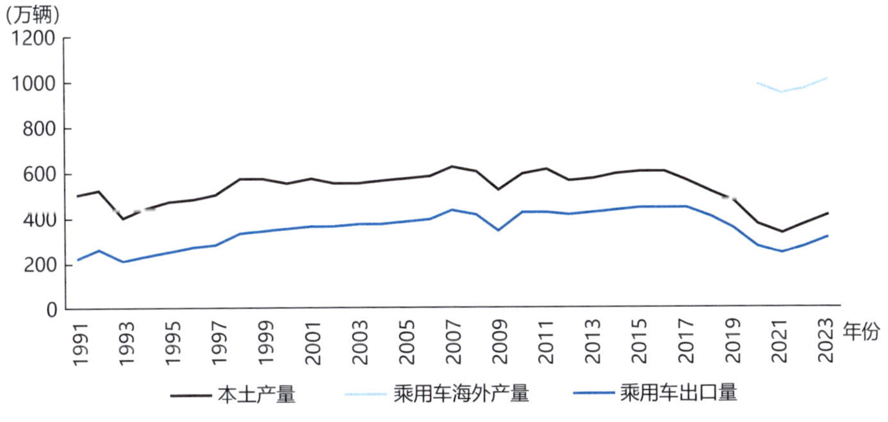

图 2-10　1991—2023 年德国汽车本土产量、乘用车海外产量及乘用车出口量

资料来源：国际汽车制造商协会、1993—2001 年《中国汽车工业年鉴》、德国汽车工业协会、德国联邦政府经济与气候保护部。

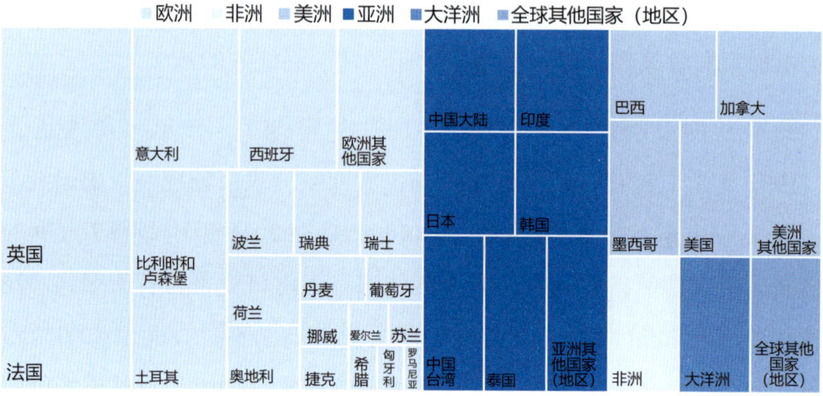

图 2-11　2023 年德国乘用车出口目的地分布（按数量）

资料来源：德国汽车工业协会。

（2）德国支持汽车产业发展的政策和措施

在汽车产业起步阶段及新兴产业发展阶段提供大力扶持。20 世纪 30 年代，美国汽车保有量已经达到 1750 万辆，德国只有 17 万辆，年产量更是仅有不到 6 万辆。为了大力发展汽车工业，德国宣布取消制约汽车发展的汽车消费税，德国消费者购车成本大幅降低，政府财政收入也因汽车消费的增加而有所增长。1934 年，德国政府出台了各种鼓励、促进开发经济型轿车的政策，并积极加强公路网线的建设。随着全球汽车发展逐渐向电动过渡，为提高电动汽车的市场占有率，德国出台政策为 2015 年底前购买电动汽车的用户提供为期 10 年的机动车行驶税免征优惠；从 2013 年起，为用户提供 2000 ～ 3000 欧元的购车补贴。此外，德国还规定联邦政府每购置或租赁 10 辆公务车，应至少有 1 辆电动汽车或每公里碳排放低于 50 克的汽车。

在石油危机、电动化转型等关键节点设置贸易壁垒并为德国车企发展提供财政支持。20 世纪 30 年代，面对各国出台的贸易保护政策，德国同样设置高额的关税来保护本国汽车产品。20 世纪 70 年代初，由于世界性石油危机加剧经济衰退，除日本汽车因此受益外，全球汽车行业都在油价上涨和日系车挤占市场份额的双重打击下陷入停滞乃至衰退。德国政府及时采取了一系列短期调整措施，为日系车设置进口配额，并主动减少对汽车行业的投资，保留了其汽车工业发展的后续潜力。

引导技术进步，主动调节产业结构。德国政府非常注重引导汽车工业的技术进步，调整产业结构，提高本国汽车的国际竞争力。从 20 世纪 80 年代开始，德国政府就重视汽车排放性能，关注燃料效率，制定了严格的排放法规，希望推动汽车技术进步。德国政府还通过控制车型投资推动汽车产业进行结构调整，减少每个车型系列的投资费用，提高汽车工业的增加值，增强灵活性，提高产品质量。此外，德国车企创造性地将模块化、平台化引入汽车生产，使德国汽车得以通过模块化实现规模效应从而降低成本。德国政府非常重视电动汽车技术的研发与产业化，希望引导德国汽车在电动汽车技术和动力电池技术的研发与产业化方面走在世界前列，并吸引特斯拉赴德国投资设厂。

加入欧盟，推动建立欧洲大市场。德国汽车工业的成功最重要的原因是 20 世纪 90 年代德国统一和欧盟的成立。欧盟的成立免去了成员国跨境贸易复杂的程序，欧盟成员国的商品交易和流通都被视为内部贸易流通，免征关税。随着加入欧盟的国家越来越多，德国汽车在欧洲市场份额也随之增大。由于其工业体系在集约化的生产模式下生产效率较高，成本及工艺相较于欧洲其他国家更具优势，在欧盟对成员国免征关税并对中美日韩设置税率为 10% 的关税政策下，德国汽车得以畅销整个欧洲，2023 年德国汽车产量约占整个欧洲的 27.69%，约是法国的 4 倍、西班牙的 2 倍。

2. 美国汽车国际化经验

在美国汽车产业发展初期，由于起步较早，进入汽车产业的国家限于美国和欧洲的少数国家，美国政府并未像日韩等后发汽车强国一样在发展早期就对本国汽车工业进行保护。第二次世界大战结束时，美国工业品主导全球，即使未制定扶持汽车出口的政策，美国汽车仍在战后的十年内近乎主导全球汽车市场。而在石油危机下日系车兴起时，以及在汽车电动化趋势下中国电动汽车兴起时，美国政府及时出面，通过关税、配额等贸易保护手段，限制日本和中国汽车进入美国市场。以特斯拉为首的美国电动车企业也凭借先发优势，帮助美国汽车产业进行新一轮的国际化扩张。

（1）美国汽车产业国际化发展历程

1901 年美国超越德国成为全球第一大汽车生产国，经过 20 世纪初期的兼并重组和福特首次将流水线引入汽车生产中，美国汽车产业通过规模效应大幅降低了汽车的生产成本。第二次世界大战结束后，美国汽车产业产销量快速增长，德日韩等国的汽车企业均积极布局美国市场，其中日本最为成功，日系车至今仍占据美国 35% 左右的市场份额。如图 2-12 所示。

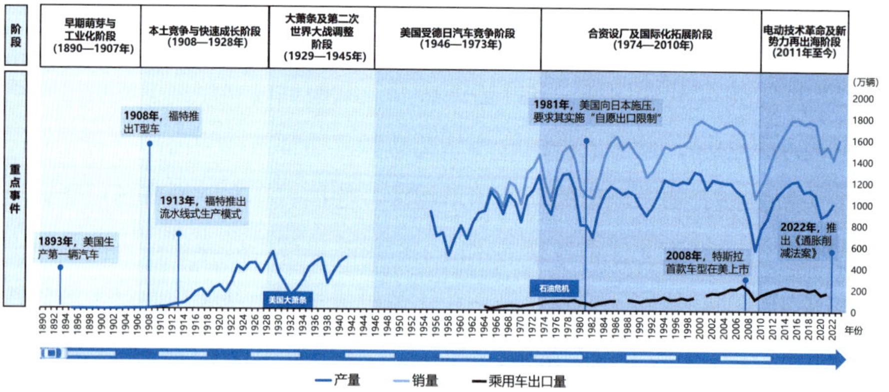

图 2-12 美国汽车发展历程

资料来源：Automobilia8545、美国国际贸易委员会、美国经济分析局、1993—2001 年《中国汽车工业年鉴》、国际汽车制造商协会、《中国汽车产业发展报告（2022）》。

早期萌芽与工业化阶段（1890—1907 年）。1893 年，继德国生产第一辆汽车后，美国生产了其第一辆汽车，美国汽车工业进入起步发展阶段。1899 年，约 30 家美国制造商生产了 500 辆汽车，美国汽车产业逐渐壮大，1901 年美国汽车产量达 4000 辆，超过德国成为汽车产量第一大国，并在 1980 年之前长期保持这一地位。1907 年美国汽车产量已超 4.4 万辆。美国汽车的国际化也萌芽于此阶段，1907 年美国共出口 2900 辆汽车，当年出口量就已是同年德国汽车产量的 50%。

此阶段大量企业进入汽车市场，但由于此时的汽车生产还处于手工制造阶段，尚未形成规模效应，整体产量有限，汽车价格也十分昂贵。同时，由于汽车刚刚被发明，其应用场景还未明确，美国汽车市场整体还处于开拓期（见图 2-13）。

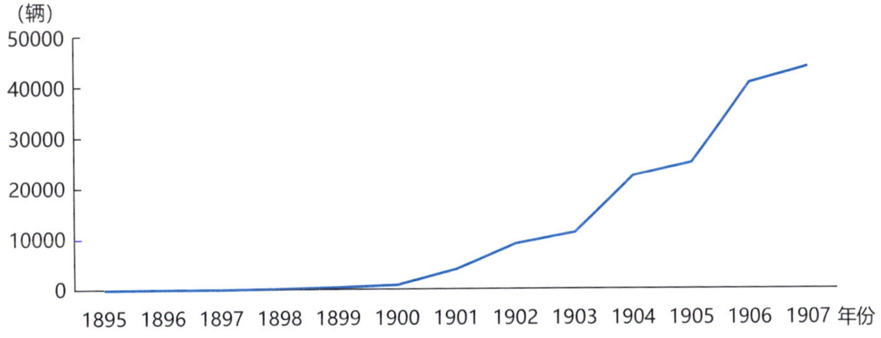

图 2-13　1895—1907 年美国汽车产量

资料来源：Automobilia8545。

本土竞争与快速成长阶段（1908—1928 年）。早期美国大量企业进入汽车行业后，美国汽车行业竞争日益加剧，相关技术也在竞争中快速成熟。在历经不断的收购和合并后，美国汽车行业产能逐渐集中，汽车制造商数量从 1908 年的 253 家降至 1929 年的 44 家，美国汽车三大企业（福特、通用、克莱斯勒）产量约占全美汽车产量的 80%。这一时期，美国汽车销量持续增长，汽车成为美国文化的重要组成部分。1908 年，福特发明了 T 型车，1913 年，福特汽车公司建立了流水线式的汽车生产模式，极大提高了生产效率，并降低了生产成本，使得汽车开始进入普通家庭。福特汽车公司生产的 T 型车也以其低廉的价格和可靠的品质赢得了消费者的青睐，使汽车成为美国甚至是全世界大众交通工具的优先选择。在此背景下，美国汽车快速普及，千人保有量从 1910 年的 10 辆增至 1930 年的 200 辆以上。

此阶段美国汽车市场面对的最大问题仍是居高不下的汽车生产成本。1913 年福特引入流水线后，生产效率大幅提高，美国汽车企业也在愈加激烈的竞争中逐渐成熟。如图 2-14 所示，到 1928 年美国汽车产量已达到 437.12 万辆。

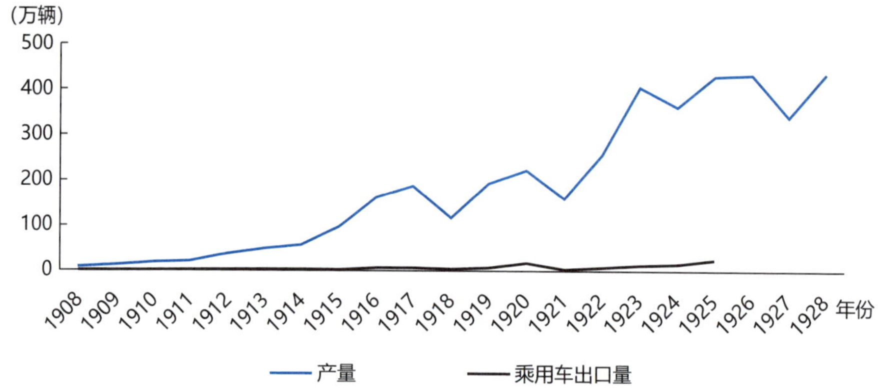

图 2-14　1908—1928 年美国汽车产量及乘用车出口量

资料来源：Automobilia8545。

大萧条及第二次世界大战调整阶段（1929—1945 年）。大萧条和第二次世界大战对美国汽车产业影响极大，受需求下降和军工挤占的影响，美国汽车产业在此阶段陷入调整期。随着 1929 年美国股市崩盘，1929—1933 年共 1500 万名美国人失业、2 万家公司破产。汽车工业在此阶段也受经济衰退影响发展缓慢甚至陷入衰退。美国汽车产量在大萧条前的1929年达到535.84万辆后快速下降至1932年的137.07万辆，仅是其巅峰产量的25.58%。第二次世界大战期间，美国汽车制造厂商开始大量生产军用车辆和机械，虽然在一定程度上增加了汽车行业的总体需求，但还是无法弥补民用汽车受到的负面影响。1941年，美国汽车产量虽恢复至490.4万辆，但仍未恢复至大萧条前的巅峰水平。

此阶段，美国汽车产业面临的最大问题是大萧条后经济衰退造成的汽车需求骤降，以及战争期间军用生产对民用生产的挤占。尽管军用生产挤占了民用汽车工业的需求，但仍给美国汽车行业提供了大量的订单，使美国汽车行业从大萧条的衰退中逐步恢复，为美国汽车工业此后的发展奠定了基础（见图2-15）。

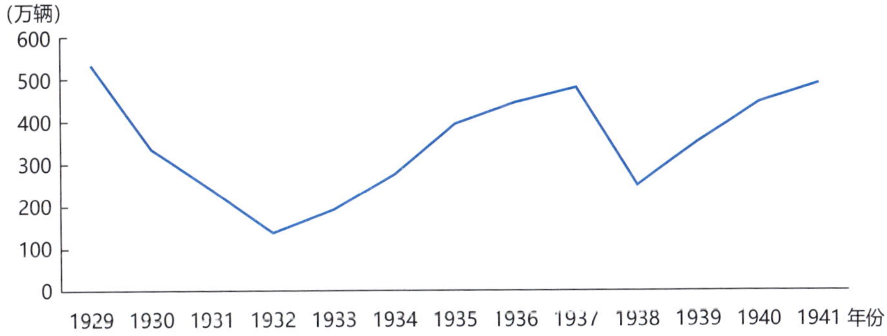

图2-15 1929—1941年美国汽车产量

资料来源：Automobilia8545。

美国受德日汽车竞争阶段（1946—1973年）。1945年第二次世界大战结束后，美国汽车需求快速复苏，美国作为唯一本土未受战争太大波及的战胜国，短期内其汽车产业在国际市场上处于近乎垄断的地位，大量的需求直接刺激美国汽车产业快速发展。1950年美国汽车产量在全球的占比超75%。得益于经济的稳定繁荣，美国汽车产业也迎来了战略机遇期，汽车销量由第二次世界大战结束后的 400 万辆增至 1973 年石油危机前的近 1400 万辆，汽车产量也由 1955 年的 920 万辆增至 1973 年的 1267 万辆（见图 2-16）。在此期间，汽车所需的配套基础设施也开始大规模兴建，从 20 世纪 50 年代中期开始，美国大力发展高速公路网络，为汽车的普及和长途行驶提供了便利条件。随着科技的进步，美国在汽车制造技术、安全性能、燃油效率等方面均取得了重要突破。由于一些国家或地区在战后百废待兴，美国汽车在此阶段初期可以毫无阻碍地进入欧洲、加拿大、拉美等地，1947 年美国共向全球出口 26.86 万辆汽车。

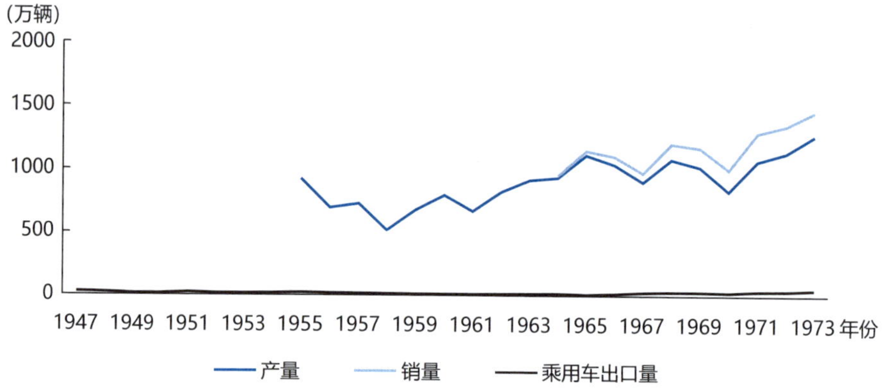

图 2-16　1947—1973 年美国汽车产销量及乘用车出口量

资料来源：《中国汽车工业年鉴（1993）》、美国国际贸易委员会。
注：因数据不全只显示 1955—1973 年的产量及 1964—1973 年的销量。

此阶段，美国汽车产业虽然在需求的刺激下市场迅速扩大，但随着进入汽车产业的国家越来越多，美欧市场趋于饱和。在德国和日本汽车产业发展壮大后，美国汽车在欧洲和日本等消费市场的竞争力逐渐下降。德国和日本车企在寻求全球化发展时，将美国作为出海的首要目的地，德日及后续韩国汽车的进入使美国汽车本土市场的竞争变得更加激烈。

合资设厂及国际化拓展阶段（1974—2010 年）。石油危机近乎重塑了美国市场对汽车的需求，由于石油供应减少、价格上升，美国政府在 1975

年制定了《燃油经济性法规》，1978 年又公布了《能源税法案》，对没有达到规定燃油效率的汽车制造商额外进行税收惩罚，规定每加仑行驶量应从 1978 年的 18 英里提高至 1985 年的 27.5 英里。美国的环境和能源政策使小型低油耗的日系车在美国本土占领了大量的市场。美国车企除了寻求政府保护，也不得不进行大规模的并购重组，并加大提高燃油效率技术的研发投入，其中通用和克莱斯勒进行了管理变革，削减了工厂产能和人员，使企业在竞争日益激烈的市场中仍能维持利润。同时，美国车企也开始积极开拓国际市场，通过出口和设立海外生产基地等方式，将美国汽车推向全球。美国政府为了逼迫日韩放宽对本国的进口关税保护政策，频频向日韩施压。在美国的压力下，日本和韩国逐步取消整车进口关税，日本还与美国签订了自愿进口一定数量美国汽车的协议。如图 2-17 所示，这一阶段，美国汽车年产量多集中在 1000 万～ 1200 万辆，但受 2008 年全球金融危机的影响，2009 年美国汽车产量快速下降至 571 万辆，仅为 2008 年的 52.97%。

此阶段，美国汽车产业无论在本土还是海外市场均面临着来自日韩等后起之秀的挑战和冲击，1980 年日系车凭借小型、低油耗的优势向美国出口 182 万辆，在美国的市场占有率达到了 24%。美国三大车企之一克莱斯勒甚至不得不向美国政府寻求贷款以避免倒闭，福特更是希望美国政府出台配额制度，将进口的日系车数量控制在 100 万辆。美国政府对日系车出台限制措施及此后美日德英法五国签署《广场协议》，使得日元和德国马克大幅升值，略微减轻了日本对美国本土汽车市场的冲击，日元及德国马克的升值，也促使日本和德国在海外进行新一轮的设厂布产。此外，1973 年、1979 年两次石油危机和 2008 年全球金融危机也对美国汽车市场产生了短暂的冲击。

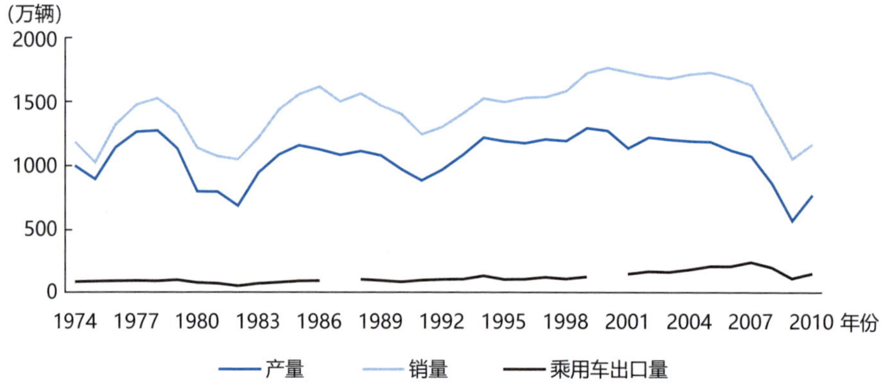

图 2-17　1974—2010 年美国汽车产销量及乘用车出口量

资料来源：国际汽车制造商协会、1993—2001 年《中国汽车工业年鉴》、《中国汽车产业发展报告（2022）》、美国国际贸易委员会。

电动技术革命及新势力再出海阶段（2011 年至今）。全球清洁能源转型对汽车行业提出了新的要求，促使汽车向电动化、清洁化发展。面对全球对节能环保的需求，美国政府也出台了一系列政策，鼓励电动汽车产业的发展。美国汽车企业积极投身于新能源汽车的研发和生产。得益于对新技术的研究和应用，特斯拉等新型车企快速崛起，不仅改变了汽车产业的竞争格局，也直接加速了美国汽车制造中心从底特律向以硅谷为代表的技术创新中心的转移。其中特斯拉凭借先发优势，在国际电动汽车竞争中长期占据竞争优势，欧洲、亚洲的多个国家纷纷邀请特斯拉赴当地设厂，特斯拉也根据其市场情况进行合理布局，先后在美国、中国、德国、墨西哥等地设厂，2023 年特斯拉年产 184 万辆，其中在中国生产 95 万辆，在美国生产 70 万辆，在德国生产 19 万辆。

此阶段，美国汽车企业面临的最大问题是向电动化转型及国际市场上愈加激烈的竞争压力。随着韩系车在美国的品牌形象逐渐扭转、中国车企产能逐渐释放，美国汽车企业即使通过合资等方式，在人工成本居高不下的情况下，其本土车企状况也不容乐观。不过，以特斯拉为首的新势力汽车品牌的崛起和美国政府对电动汽车的税收抵免政策也让大量企业加入电动汽车研发制造的行列，美国汽车产业在国际市场竞争中再次拥有了一定的竞争优势。此阶段，汽车销量维持在 1500 万辆，产量维持在 1000 万辆水平，出口目的地仍主要以美洲为主（见图 2-18、图 2-19）。

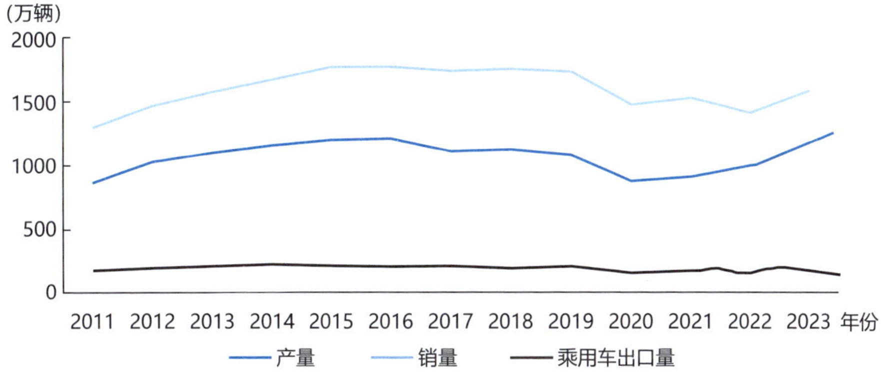

图 2-18　2011—2023 年美国汽车产销量及乘用车出口量

资料来源：2012—2023 年《中国汽车工业年鉴》、国际汽车制造商协会、《中国汽车产业发展报告（2022）》。

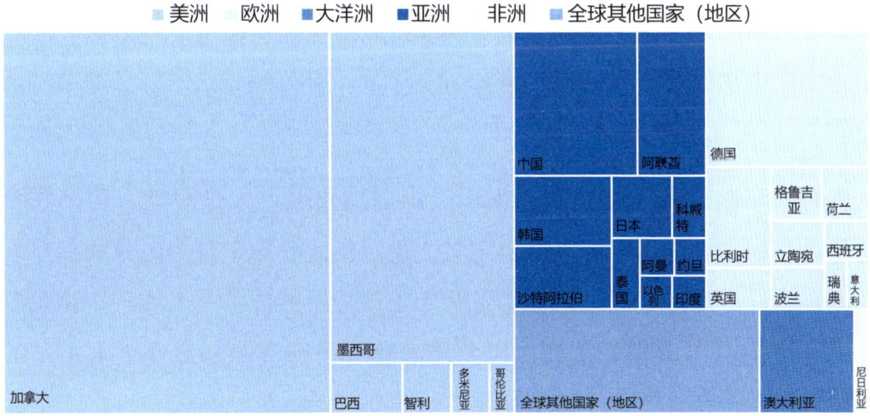

图 2-19　2023 年美国汽车出口目的地分布（按金额）

资料来源：联合国商品贸易统计数据库（UN Comtrade）。

（2）美国支持汽车产业发展的政策和措施

关键节点的产业保护。汽车产业作为提供最多就业岗位的行业之一，在关键时期均能得到美国政府的倾力支持。1930 年，美国及时推出《1930 年关税法》，将 2 万多种商品进口关税的平均水平陆续提高了近 60%。1973 年石油危机后，美国汽车受到来自日本车企的冲击，美国又向日本施压迫使其“自愿减少对美出口”，并在几年后与日本、德国等国签署《广场协议》，迫使日元和德国马克升值，进一步打压日本和德国出口汽车在美国的竞争力。2017 年，特朗普上任后，美国政府重新要求对中国和日本汽车征收关税，日本通过追加对美投资和零部件本土化等措施让美国取消了对其征收关税的计划，但美国最终仍对中国汽车征收了相应的关税并限制中国汽车进入美国市场。

对新技术的产业补贴。随着全球汽车行业向电动化、智能化快速过渡，2022 年美国政府推出《通胀削减法案》，为在北美生产符合条件的电动汽车提供最高 7500 美元的税收抵免，并对汽车及电池制造设备和厂房建设提供相应的税收抵免。此外，美国各州也推出了相应的补贴措施，例如，加利福尼亚州推出“碳积分”政策，通过市场自由调节的方式，鼓励车企生产电动汽车。仅通过“碳积分”政策，加利福尼亚州就已补贴特斯拉数 10 亿美元。

对汽车制造人才的虹吸。由于美国制造业工人大量短缺，美国联合墨西哥和加拿大推出《美墨加协定》，美国借此吸纳来自墨西哥和加拿大的汽车研发、制造人员。只要具备两年工厂经验的技术工人或汽车相关专业的学生均可申请相关签证，极大地解决了美国汽车制造业工人不足的问题。

3. 日本汽车国际化经验

（1）日本汽车产业国际化发展历程

第二次世界大战后，日本汽车在经过短期的限制后，开始引进美欧先进技术，日本车企快速发育成长。石油危机的爆发，使日本的小型低油耗车型得到了全球市场的广泛青睐，日本车企凭借此优势和精益生产，进一步控制了汽车的成本，汽车产量、出口量快速提升。《广场协议》后，日元购买力相对提升，也为日本布局全球产能带来了短期优势，日本汽车产业国际化发展至今，对外出口与海外产能并举，低端、中高端品类完备，在国际市场上拥有极强的竞争力（见图 2-20）。

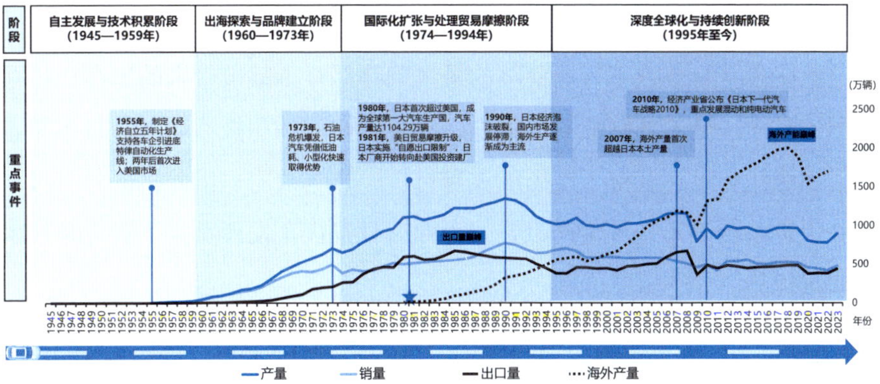

图 2-20　1945—2023 年日本汽车发展历程

资料来源：日本汽车工业协会、根据公开资料整理。

自主发展与技术积累阶段（1945—1959 年）。这一阶段，日本车企在美国军事订单的帮助下快速恢复，并为日本车企引入西方先进技术，完成了初步的资金和技术积累。第二次世界大战结束后，日本通商产业省即为日本确立了以小轿车为首的工业发展计划。1950 年，朝鲜战争爆发，美国为就近补给，向日本大量采购汽车及零部件，为日本汽车市场提供了大量的订单。为提升汽车的产品竞争力，此阶段一些日本车企开始与欧美车企签订技术引进合同，日本政府也开始通过税收、信贷等方式加速新技术落地，并通过开发银行提供政策支持。1951—1955 年，日本政府为丰田、日产、五十铃、日野四家公司提供了设备投资的 10%，并实施了特别折旧政策，将设备的折旧年限大幅缩短至 3 年。为保护本国汽车市场，除了高关税外，日本政府还实施了更为严厉的外汇分配制度，限制美欧汽车大规模进入日本市场。1955 年日本制定《经济自立五年计划》支持各车企引进底特律自动化生产线，并进行大规模投资，此时日本汽车产量仅为 6.89 万辆；4 年后的 1959 年日本汽车产量已达 26.28 万辆。日本车企在此阶段末期也开始初步探索海外市场，1957 年日本车企丰田首次将皇冠出口至美国，但因合规问题及定价过高，皇冠在美国滞销，并在 1961 年停止在美销售，到 1959 年日本出口 1.9 万辆汽车（见图 2-21）。

此阶段，日本汽车行业面临的最大问题是日本战败带来的库存积压及美国的打压。随着朝鲜战争的爆发，在日本政府的积极活动下，日本车企凭借地缘优势迅速获得了美国的大量订单，日本政府也借此机会号召日本车企引进欧美汽车先进生产工艺，为此后日本汽车发展奠定了资金和技术的双重优势。

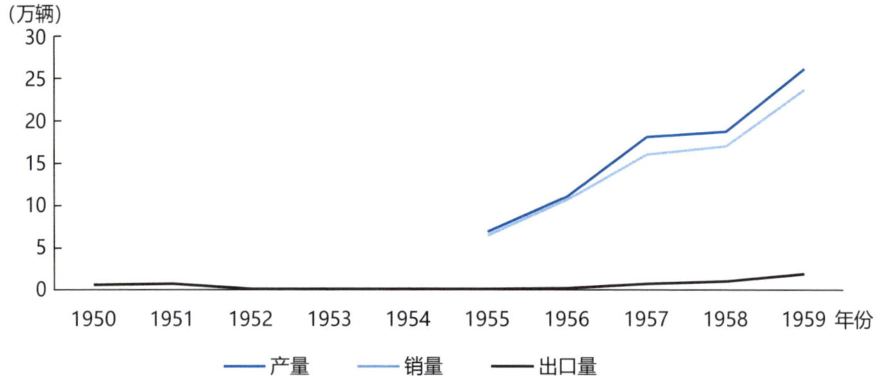

图 2-21　1950—1959 年日本汽车产销量及出口量

资料来源：日本汽车工业协会、《中国汽车工业年鉴（1993）》。

注：因数据不全只显示 1955—1959 年的产销量。

出海探索与品牌建立阶段（1960—1973 年）。此阶段，日本车企再度进入美国，并最终站稳了脚跟。日本汽车企业以石油危机为契机，在国际市场打开局面。20 世纪 60 年代，日本汽车产业再次尝试进入美国市场，并取得初步成功，日系车开始大规模进入北美及其他海外市场。1966—1968 年，日本汽车产量已接连超过法国、英国和德国，成为仅次于美国的世界汽车产量第二大国。1970 年后，汽车排放污染成为突出矛盾，尽管遭到部分日本车企反对，日本仍积极推行比美国更为严格的排放标准。1973 年石油危机的爆发使得日本汽车凭借其省油、耐用的特点获得了市场的青睐，进一步扩大了国际市场份额。此后，日本政府为使其出口汽车保持优势，仍以政策法规引导产业向节能环保方向继续发展。

此阶段，日本车企产量、销量及出口量均稳定上升（见图 2-22），日本汽车企业吸取首次进入美国的教训，为美国市场推出符合美国行业要求和消费习惯的产品，同时日本还在此阶段将汽车出口至欧洲、加拿大和东南亚等地，初步将日本汽车出口至全球市场。

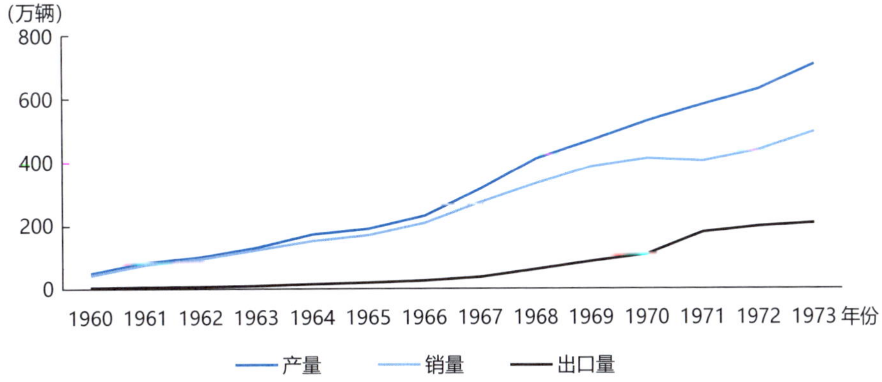

图 2-22　1960—1973 年日本汽车产销量及出口量

资料来源：日本汽车工业协会、《中国汽车工业年鉴（1993）》。

国际化扩张与处理贸易摩擦阶段（1974—1994 年）。20 世纪 80 年代，由于日本车企在石油危机中市场份额快速扩大，1980 年日本汽车国内产量达 1104 万辆（见图 2-23），首次超过美国成为全球第一大汽车生产国，日系车在此后长达 40 余年的时间中在全球的市场份额均保持在 30% 左右。在美国车企的游说下，美国政府开始限制日本汽车对美出口，日本在美国的压力下也实施“自愿出口限制”，1981 年将对美汽车出口从 1980 年的 182 万辆降至配额规定的 168 万辆，加拿大和欧洲多国也对日系车进行配额限制；1985 年美日等五国签署《广场协议》后，到 1986 年底，仅一年多时间，日元对美元汇率即升值了 46%，日本出口汽车的价格竞争力大幅下降。在出口限制和日元升值的双重压力下，日本车企开始布局海外产能，丰田、本田、日产等日本汽车品牌逐渐在国际上崭露头角。总的来说，在此阶段，日本汽车产业继续保持强劲的增长势头，不仅在北美市场占据重要地位，还开始在欧洲和亚洲等地逐步建立生产基地和销售网络。20 世纪 70 年代，日本丰田还在汽车生产中引入了精益生产的理念，将供应商的原材料订单与生产计划直接结合起来，降低库存成本，提高效率并减少浪费。

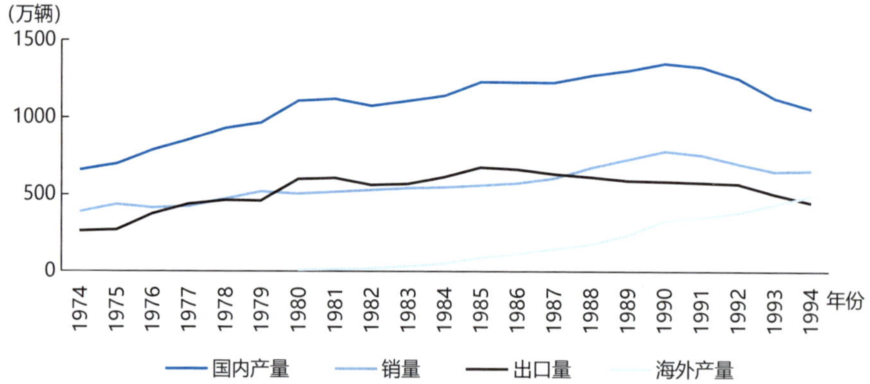

图 2-23　1974—1994 年日本汽车产销量、出口量及海外产量

资料来源：日本汽车工业协会、1993—1996 年《中国汽车工业年鉴》。

此阶段日本汽车产业面临的最大问题是美国及欧洲国家对日本的出口制裁。日本汽车出口数量的激增使日本汽车被美欧政府所抵制，美国政界及企业界纷纷要求对日本汽车进行强制配额限制，英法等欧洲国家也开始规定日系车在本国的市场份额。为应对新的危机，规避美国和欧洲国家的关税壁垒，日本对美国实施“自愿出口限制”，开始从出口转向海外布产，并配合美国将在美产能的供应链逐渐本土化。此外，由于配额仅限制数量但并未限制金额，日本车企纷纷推出豪华品牌，将有限的配额分配给豪华车型，以提高出口利润率。例如，丰田 1989 年推出了豪华品牌雷克萨斯，并在美国取得成功，该车型自 2000 年起连续 11 年成为美国最畅销的豪华车品牌。

深度全球化与持续创新阶段（1995 年至今）。20 世纪 90 年代，日本汽车企业在面对日元升值和美欧制裁的双重打压下，将汽车产线逐步向海外转移。丰田、本田、日产等品牌成为全球知名的汽车品牌。如图 2-24 所示，日本自 1980 年在海外布局的生产基地也陆续开始生产，日系车海外产能逐年增加，2007 年日系车海外产量达 1186 万辆，首次超过日本本土，此后依旧保持稳定增长。2022 年，日系车的海外产量已达 1696.2 万辆，占其全球产量的 68.4%，是其本土产能的 2 倍。日本车企依旧在研发上持续投入，推出了一系列具有创新性和竞争力的新产品。随着世界主要国家提出能源转型倡议及制定减排目标，日本车企开始关注新能源汽车、自动驾驶等前沿技术领域的发展，特别是混合动力汽车和氢燃料汽车，近几年日本混合动力汽车已发展较成熟，且正加大对氢燃料汽车的投入。为更好地贴合海外汽车市场需求，日本车企在欧美等主要市场实施定制化营销策略，部分企业还将技术与研发中心落地海外，通过灵活的市场策略、优质的产品和服务以及持续的创新来保持其竞争力，使其一直在全球汽车市场中保有大量份额。2023 年日本共向海外出口 442 万辆汽车，美国仍是日本最大的出口目的地，约占日本出口总量的 33.59%（见图 2-25）。

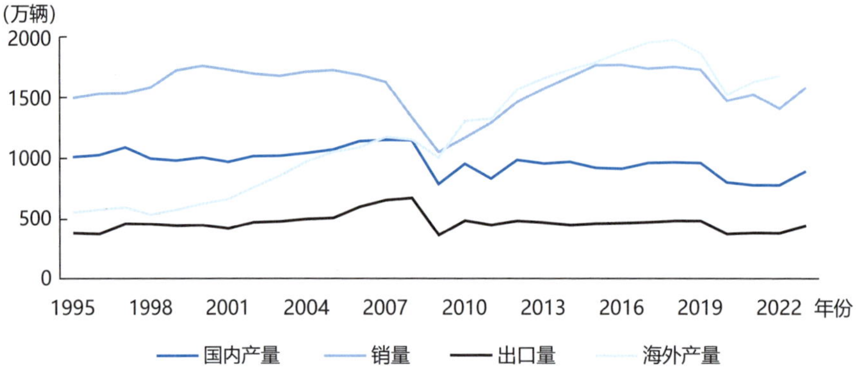

图 2-24 日本产销量、出口量及海外产量

资料来源：日本汽车工业协会。

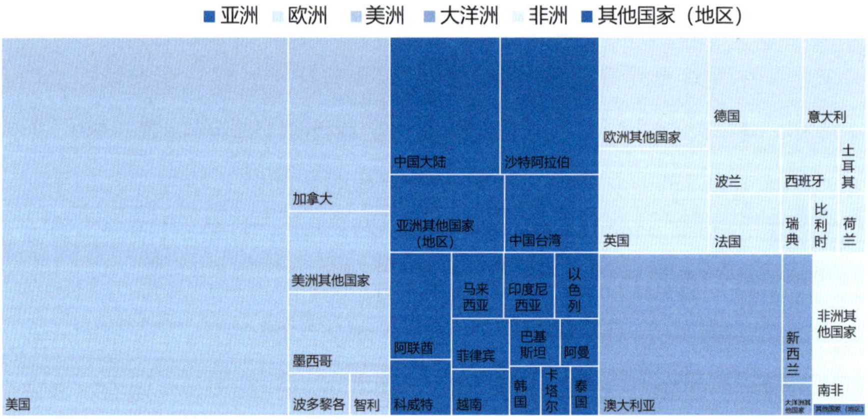

图 2-25 2023 年日本汽车出口目的地分布（按数量）

资料来源：日本汽车工业协会。

深度全球化阶段，日本虽然凭借其汽车低油耗和海外布局仍具备竞争优势，但随着多国着力发展汽车产业，日本同样面临着残酷的市场竞争环境和新的贸易摩擦。1994 年由于日本在美国的工厂大量进口日本的零部件到北美组装，因汽车造成的美日贸易逆差并未得到缓解。美国再次威胁日本放宽市场准入，加大从美国的汽车进口，日本车企为缓和美国对日本

的制裁，不得不扩大在北美的产能并提高北美产能的供应链本土化比例。2007 年后，日元再次持续升值，进一步弱化了日本汽车的出口竞争力。2008 年全球金融危机爆发后，美国消费能力有所下降，日本汽车产业受到多重因素的冲击。日本开始积极在东南亚和拉美等地的新兴经济体投资设厂，在亚洲（除日本）和拉美的海外产量快速提高。2022 年日本在亚洲（除日本）的产量达 1051 万辆，较 2000 年增长 530%。此外，为了提升日本的产业竞争力，多任日本首相相继推出降息、零利率甚至负利率的货币宽松政策，迫使日元贬值，以提振日本出口。

（2）日本支持汽车产业发展的政策和措施

日本汽车的成功离不开政府对汽车产业的大力扶持和汽车企业对于国际市场变化的精准把握。此外，日本车企合理的海外布局和品牌经营也是其成功的重要原因。

因时制宜的政府大力支持。日本汽车的成功离不开政府对产业的大力扶持，第二次世界大战结束后，日本政府就将汽车作为工业发展重心开始陆续出台产业扶持政策，如表 2-4 所示。20 世纪 50 年代日本政府先后出台了数项针对或涉及汽车产业的扶持政策，把汽车工业作为幼稚产业进行重点扶持。20 世纪 60 年代日本汽车销量进入高速增长阶段，日本政府又指导汽车企业建立集约化大规模生产体系以降本增效，进一步提高日本汽车的产业竞争力。石油危机及《广场协议》后，由于美国对日本汽车产业的制裁和日元升值，日本政府又开始支持及鼓励车企进行技术研究及开发，引导车企研发新技术保持技术优势。2010 年在全球主要国家加速能源转型的重要节点上，日本政府又在数年内出台多个汽车产业的战略指导方案，着力发展氢能即燃料电池汽车，并对混合动力及纯电动汽车的市场占有率提出相应要求。

表 2-4　第二次世界大战后日本汽车的产业扶持政策

年份	政策	内容
1952	《企业合理化促进法》	明确规定汽车工业、钢铁制造业、通信技术要建设成为国家的支柱产业，并明确提供包括税收优惠、低息信贷和鼓励对外合作引进新技术等多项扶持政策
1955	《经济自立五年计划》	从资金、税制、外汇等多方面支持各汽车企业引进国外先进自动生产线，进行大规模投资
1956	《机械工业振兴临时措施法》	对迅速发展起来的日本汽车工业实行合理化整合和规格标准统一化，降低成本，提高质量，力争在 20 世纪 60 年代形成具有国际竞争力的日本汽车工业，重点整顿当时低效率、小规模、低水平、数量多的日本汽车工业状况
1961	《集团化设想》	将汽车制造厂商重组成 3 个集团，各自从事大型车、小型车和特种车的生产，以市场差异化发展来避免无序竞争。最终，丰田、本田、日产 3 家汽车企业获得了集团化重点扶持
2010	《日本下一代汽车战略 2010》	重点发展混合动力汽车和纯电动汽车，到 2020 年将市场比例提升 20% ～ 50%，到 2030 年提升 50% ～ 70%
2014	《汽车产业战略 2014》	明确为了维持汽车产业的支柱产业地位，推动实施四大战略：全球化战略，研究开发及人才战略，系统战略，双轮车、公共汽车、卡车、叉车及运输车辆机械战略
2014	《氢能 / 燃料电池战略路线图》	将氢燃料电池汽车作为日本汽车工业的重点进行规划发展
2016	《氢能 / 燃料电池战略路线图》（修订版）	修订目标：到 2020 年普及燃料电池汽车 4 万辆，到 2025 年普及燃料电池汽车 20 万辆，到 2030 年普及燃料电池汽车 80 万辆
2023	《促进电动汽车充电基础设施发展指南》	为配套 2035 年新销售汽车均为电动汽车，明确将电动汽车充电桩的数量增加 1 倍，并提高充电功率

资料来源：根据公开资料整理。

把握国际环境及主要市场变化。第二次世界大战后，国际环境发生复杂变化。日本汽车行业在战后发展的新阶段得到了来自美国等国家的额外订单，仅丰田一家公司就接收到来自美国的特需订单，订货额为 36.27 亿日元，使日本汽车行业快速从战后恢复，也为日本汽车行业未来能够继续生存及发展提供了资金支持。石油危机爆发后，油价的上涨不仅使全球经济增长放缓，还对汽车市场需求产生了直接的影响，油耗低、小车型的日系车在全球汽车市场的份额迅速扩大，日本政府在日系车已有巨大优势的情况下，又出台了相应的政策，对汽车的排放和噪声作了进一步的要求。《广场协议》后，日本汽车行业开始加速由出口向海外生产转型过渡，为日本车企出海提供低息贷款和财政支持。同时为了进一步增强竞争优势，日本还逐渐将产能向东南亚等低成本地区转移，通过控制成本，进一步抵消了日元升值对日本汽车出口的不利影响。此外，日本车企还主动把握其重点海外市场的政策变化。2017 年，美国政府意图对日本汽车征收关税，为避免关税，日本车企主动追加对美投资，在美雇用更多工人，并加大汽车零部件的美国本土化力度。拜登上任后，日本车企及时响应美国政府大力推动电动汽车的号召，迅速在美国推出电动汽车车型。

合理的海外市场布局。《广场协议》后，日本车企在亚非拉多个国家（地区）积极设厂布产。日本汽车工业协会数据显示，日本除了在较大的汽车消费市场设立生产基地，还在消费市场较小但是生产成本很低的国家（地区）设立汽车生产厂，再将这些低成本生产的汽车出口到其他国家（地区）。如表 2-5 所示，截至 2023 年 5 月，日本在除大洋洲的各个大洲建立了整车厂，其中中国大陆 25 家，美国和泰国均为 15 家、印度尼西亚 13 家、马来西亚 12 家、印度 11 家。以丰田为例，2023 年丰田在中国大陆的产量为 175.27 万辆、在美国的产量为 122.95 万辆、在泰国的产量为 62.12 万辆，其中在中国大陆的海外产量约是对中国大陆出口的 8.63 倍，在美国的海外产量约是对美国出口的 1.21 倍。

表 2-5　日本车企整车厂海外工厂布局

亚洲	数量（家）	北美	数量（家）
中国大陆	25	美国	15
中国台湾	7	加拿大	5
韩国	1	**欧洲**	**数量（家）**
泰国	15	英国	3
菲律宾	4	法国	1
越南	6	葡萄牙	2
印度尼西亚	13	捷克	1
巴基斯坦	4	匈牙利	1
印度	11	意大利	1
孟加拉国	2	俄罗斯	3
缅甸	4	**非洲**	**数量（家）**
马来西亚	12	摩洛哥	1
土耳其	4	阿尔及利亚	1
沙特阿拉伯	2	加纳	2
拉美	**数量（家）**	埃及	5
墨西哥	9	尼日利亚	2
哥伦比亚	1	南非	5
委内瑞拉	1	肯尼亚	4
巴西	6		
阿根廷	2		

资料来源：日本汽车工业协会。
注：数据截至 2023 年 5 月。

持续培育汽车品牌价值及影响力。石油危机后，日系车凭借轻量化、低油耗优势初步在全球市场建立了不错的品牌形象，促成了 20 世纪七八十年代以节能减排为特色的日本小轿车的辉煌时期。在日本车企转向海外生产后，通过本地化设计和开发，尽量满足和迎合当地消费者偏好，让日系车品牌成为当地消费者选择时的优先选项，并为消费者提供高质量的售后和客户关系管理，增强客户的信任和忠诚度。同时，日本汽车企业还不吝在广告和营销上投入重金，通过体育赛事、广告推广提升日系车的品牌知名度。此外，日本汽车还数次汲取失败教训，1957 年，丰田的皇冠汽车进入美国市场时因车辆合规问题及定价过高铩羽而归，仅几年后，丰田就根据美国用户的使用习惯再次设计出一款车型重返美国市场，并获得初步成功。2010 年丰田汽车因加速踏板卡滞问题被曝光，时任丰田 CEO 丰田章男迅速公开道歉，并在全球范围内展开大规模召回，定期更新事件处理进展，通过果断和透明的处理方式，部分挽回了丰田受冲击的品牌形象。

4. 韩国汽车国际化经验

（1）韩国汽车产业国际化发展历程

作为后起之秀，韩国汽车产业在美日德三国牢牢掌握市场后仍能打破原有市场格局，在国际汽车市场脱颖而出。韩国汽车产业一方面抓住了日本汽车被美欧进行配额限制的窗口期，韩国车企凭借比日本汽车更具性价比的价格优势在群强环伺的汽车国际市场中赢得一席之地；另一方面也离不开韩国政府及高层自 1962 年以来对汽车产业的顶层设计及体系化的政策支持。如图 2-26 所示，韩国汽车经历了四个阶段的发展历程。

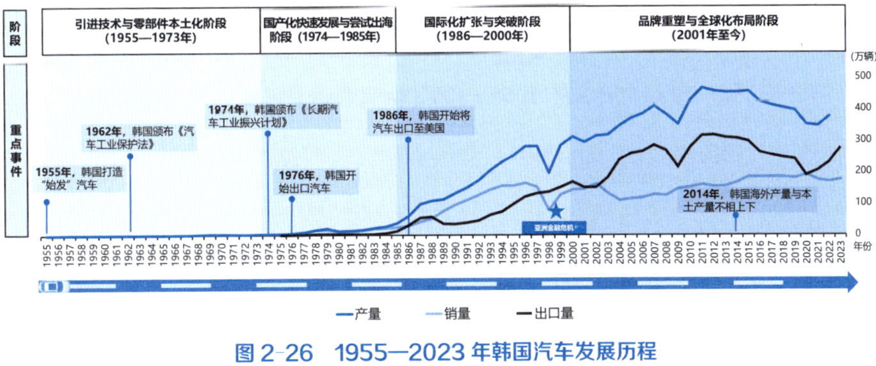

图 2-26　1955—2023 年韩国汽车发展历程

资料来源：《中国汽车工业年鉴（1993）》、《中国汽车产业发展报告（2022）》、国际汽车制造商协会、韩国汽车工业协会。

引进技术与零部件本土化阶段（1955—1973 年）。1953 年，韩国开始战后重建与恢复，开始为汽车产业引进先进技术，韩国汽车产业发展进入萌芽阶段。1955 年，大宇汽车前身新进工业社以美军威利吉普车为基础手工打造“始发”汽车，这一事件被视作韩国汽车工业起点。20 世纪 60 年代，随着韩国经济的快速发展，汽车需求逐渐增加，为汽车制造业提供了新的发展机遇。韩国政府在《第一次经济发展五年计划》中将汽车作为重点发展产业。1962 年，韩国制定汽车工业发展五年计划，颁布《汽车工业保护法》，限制外国汽车和零部件进口。1966 年，韩国制定国产化计划，将外汇优惠分配与国产化程度挂钩，并在当年实现 21% 的国产化率。韩国现代汽车公司推出第一辆国产汽车“珍妮特”，标志着韩国汽车品牌的诞生。1970 年，汽车产量已接近 2.9 万辆（见图 2-27）。

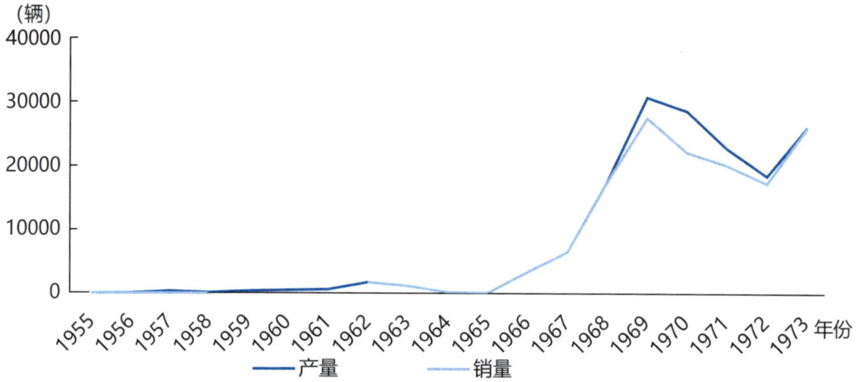

图 2-27　1955—1973 年韩国汽车产销量

资料来源：《韩国汽车工业五十周年》《中国汽车工业年鉴（1993）》。

此阶段，韩国汽车产业面临的最大问题是本土汽车产业刚刚起步，市场被进口汽车大量占据。为了保护本土汽车产业，韩国政府实施关税等贸易保护措施，并强制要求汽车零部件满足一定的本土化比例。

国产化快速发展与尝试出海阶段（1974—1985 年）。这一阶段，韩国出台了多个汽车产业的关键政策文件，汽车国产化比例迅速提高，并将重心放在出海上。20 世纪 70 年代，韩国政府实行“汽车国产化”政策，推动汽车产业快速发展。1974 年，韩国政府推出了《长期汽车工业振兴计划》，支持汽车产业的自主研发与国产化，这也成为韩国车企走向独立自主发展的重要转折点。该计划要求，不再引入国外车型，提高韩国的独立开发能力，在引进技术的基础上，开发出具有韩国特点的新车型，从而从根本上提高国际竞争力、扩大出口；重点发展零部件工业，尽快全部实现国产化；不再新建汽车组装厂和新的合资项目，对现有组装厂进行合并或整顿；建立汽车及零部件出口基地，以期逐步扩大出口。1975 年，韩国又推出《系统化发展法案》，促进汽车零部件企业专业化发展，进一步布局汽车零部件供应链。1976 年，韩国开始对外出口汽车。1979 年，韩国更是将汽车列为十大出口战略产业之一。在政府的支持下，韩国各汽车公司开始大规模引进国外生产技术，提高零部件国产化率。20 世纪 80 年代，韩国汽车产量开始快速增长。1981 年，韩国政府颁布了《汽车工业合理化措施》，对各汽车企业生产的车型进行调整，规定现代、大宇生产轿车，起亚生产商用车，现代和大宇通过规模效应初具国际竞争力。此外，由于韩国本土汽车市场较小，韩国汽车发展初期就将目标放在海外市场，韩国在此阶段开始布局全球市场。1984 年，韩国将汽车出口至加拿大，出口总量在 1985 年达到 12.3 万辆（见图 2-28）。

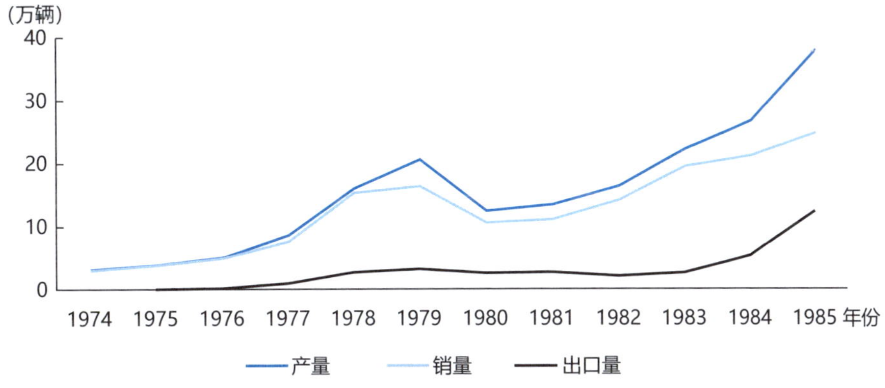

图 2-28 1974—1985 年韩国汽车产销量及出口量

资料来源：《韩国汽车工业五十周年》《中国汽车工业年鉴（1993）》。

此阶段，韩国汽车产业面临的主要问题是与外资车企的合作摩擦，例如现代与福特的合作关系破裂。不过韩国在此阶段也积累了汽车组装等方面的生产技术，汽车零部件国产化比例也在稳步提高。

国际化扩张与突破阶段（1986—2000年）。在本土市场快速饱和后，韩国初步制定了以低价抢占海外市场的策略，并完成了出海的初步布局。20世纪80年代，韩国车企的国际化步伐加快。1986年，韩国现代将汽车出口至美国，起亚等韩国车企也先后进军美国市场，韩系车凭借性价比优势成为国际市场上的有力竞争者。在出口困难时期，韩国政府不惜出台提高本国汽车售价、以国内利润补贴出口亏损的政策。同时，韩国为出口汽车所需进口的零部件进行关税减免，并免去出口所得税，鼓励各个汽车公司在国外开拓市场，最终达到了大量出口汽车的目的。韩国汽车企业在政府的支持下，通过不断改进产品质量、降低成本、加强品牌推广等方式，成功突破了国际市场的壁垒。20世纪80年代中后期，韩国为加入世界贸易组织逐步降低了汽车整车的关税保护政策。随着美欧及日本汽车进入韩国市场，韩国汽车企业在竞争中快速成长。此后韩国车企积极扩张，韩国汽车产业发展提速。1989年，韩国已开始多元化布局海外市场，积极开拓东欧等市场。20世纪90年代末，韩国汽车出口已超过国内销售数量，实现了从内销到外销的转变（见图2-29）。1992年，韩国政府为了进一步提高汽车产业的国际竞争力，先后推出了X-5和G-7计划，通过发展安全环保技术、关键零部件技术及电子技术，开发新一代低污染汽车和电动汽车，为韩国汽车后续的国际化发展打下了坚实的基础。

虽然韩国已开始汽车国际化布局，并将汽车批量出口到南美和北美，但是其海外扩张主要依靠价格低廉吸引购车者，车辆品质难以保证，需要随时更换零部件。在美国消费者心中，韩国现代汽车成了“故障车”的代名词。1988年，韩国汽车在北美市场的质量问题频发，销量也因此一路走低。为此，韩国政府在20世纪80年代拿出30亿韩元，优先支持汽车零部件的研发和工艺改进，持续整顿汽车零部件供应链和开展相应的技术研发，韩国车企还将精益生产理念引入汽车生产中，努力减少汽车生命周期中遇到故障的概率。韩国出海企业为在美国销售的汽车提供10年或10万英里的保修期，逐渐打破了海外消费者对韩国汽车廉价、品质差的不佳印象。

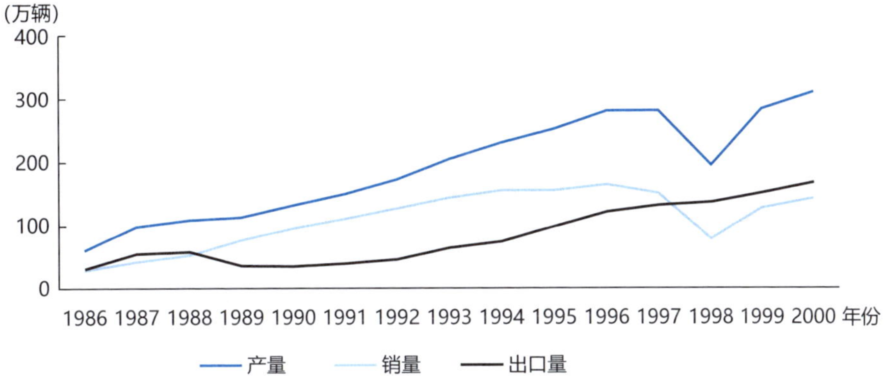

图2-29 1986—2000年韩国汽车产销量及出口量

资料来源：《韩国汽车工业五十周年》。

品牌重塑与全球化布局阶段（2001年至今）。此阶段，韩国政府通过供应链优化和技术研发，不断重塑其品牌，逐渐从亚洲金融危机中恢复并开启了新一轮国际化扩张。20世纪90年代，韩国汽车产业在技术研发上取得显著进步，现代汽车公司在混合动力、燃料电池和电动车等新技术方面取得长足的发展，起亚也在智能驾驶、车联网等领域展现出强大的创新能力。韩国汽车企业还通过兼并重组，提高产业集中度，进一步增强了国际竞争力。1997年的亚洲金融危机虽然对韩国汽车产业造成了巨大的冲击，但也加速了其产业结构的调整和优化。韩国车企也在此阶段逐步摆脱了廉价劣质标签，从低端廉价定位逐渐走向高品质高质量路线。如图2-30所示，2023年，韩国汽车出口276.63万辆，其中北美尤其是美国是韩国汽车出口的主要目的地，韩国汽车对美国的出口额约占其出口总额的 44.16%。同时，韩国车企积极在海外布产，其在美国、墨西哥、中国、印度尼西亚、越南、印度、捷克、俄罗斯、土耳其和斯洛伐克等地的工厂也开始陆续投产（见图 2-31）。

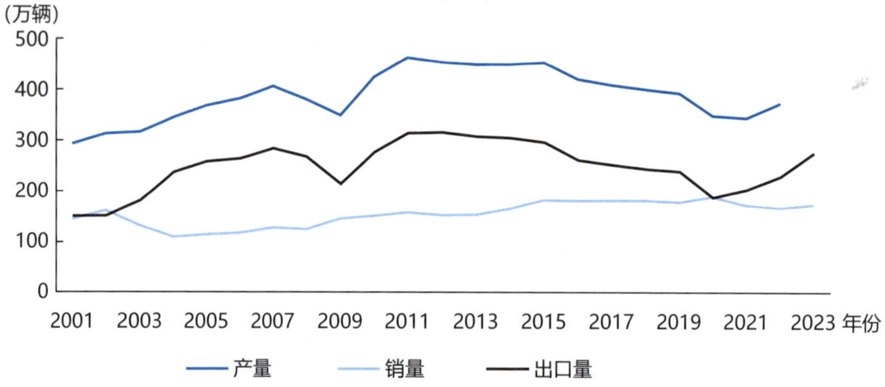

图 2-30　2001—2023 年韩国汽车产销量及出口量

资料来源：国际汽车制造商协会、万得（Wind）。

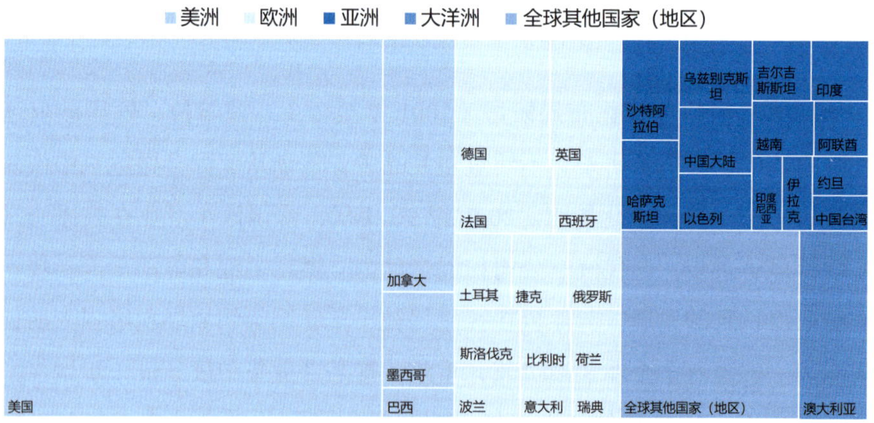

图 2-31　2023 年韩国汽车出口目的地分布（按金额）

资料来源：TradeMap。

虽然韩国汽车企业在此阶段已初步完成了品牌重塑和全球化布局，但亚洲金融危机使韩国汽车产业进入前所未有的寒冬。韩国车企因经营问题进行新一轮的并购重组，大部分韩国车企均不得不接受外国车企注资，成为合资企业。虽然大量韩国车企在亚洲金融危机后丧失部分自主性，但是辩证地看，这也为韩国汽车的海外出口和海外布产降低了一定的准入门槛。

（2）韩国支持汽车产业发展的政策和措施

如图 2-32 所示，韩国汽车产业政策历经了以下变化。

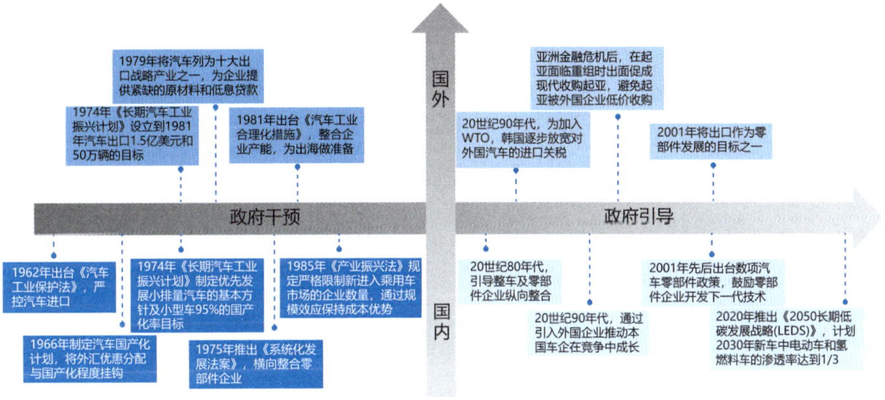

图 2-32　韩国汽车产业政策梳理（1962—2020 年）

资料来源：根据公开信息整理。

基于自身情况，制定积极稳妥的本国汽车发展规划。由于自身汽车市场和能源禀赋的限制，韩国汽车发展之初，政府就引导韩国车企将有助于出海的小型车作为主要的生产车型。1974 年，韩国最为重要的《长期汽车工业振兴计划》规定，到 1975 年气缸容量在 1500 立方厘米以下的汽车零部件国产化比例应达到 95% 以上，并制定到 1981 年出口量达到 50 万辆、出口额达到 1.5 亿美元的目标。1977 年，韩国出台《振兴出口综合政策》，对汽车出口实行外汇贷款、设备融资、援助技术引进等优惠措施，同年韩国将汽车产业选定为出口战略产业，向现代、起亚等汽车出口企业提供紧缺的原材料和低息长期贷款。1979 年，韩国又将汽车列为十大出口战略产业之一。1981 年韩国实施出口导向政策，出台《汽车工业合理化措施》，通过整合企业产能，实现生产的专业化，增强竞争力，提高汽车的生产能力和质量。同时，为了避免大量企业涌入汽车行业后造成的产能分散，韩国政府在 1980 年就开始引导汽车企业进行整合，努力减少汽车企业的数量，并于 1985 年制定了《产业振兴法》，严格限制新进入乘用车市场的企业数量，保持韩国车企的规模效应。在满足本国市场需求后，韩国政府开始引导车企出海，鼓励企业积极扩张和对外出口。2014 年后，韩国海外产能已与本土产能不相上下。

早期技术引进注重零部件本土化。相较于日本汽车产业在第二次世界大战后逐渐恢复，韩国汽车产业的发展落后日本 10 ～ 20 年。在汽车产业起步之初，韩国政府就出台了保护汽车工业的法律，包括 1962 年的《汽车工业保护法》和 1970 年的《汽车工业育成计划》，严控汽车及零部件的进口和本土化比例，为此后汽车工业的发展提前布局了相应的零部件供应链。1974 年韩国又制定了对其汽车产业具有重要意义的《长期汽车工业振兴计划》，着力提高汽车的国产化比例，其组装技术和维修技术稳步提高，韩国先后推行了汽车零部件的横向整合和纵向整合政策，核心零部件逐渐实现国产化。2001 年，韩国又推出了《零部件产业发展基本计划》，通过维持汽车零部件的优势，为韩国汽车产业在 21 世纪的发展打下坚实的基础。

从政府干预到政府引导，通过竞争提升韩国汽车的竞争力。1987 年，为加速本国车企的技术进步以及为韩国加入世界贸易组织做准备，韩国逐步放开对汽车市场的关税保护，将整车关税由 1986 年的 60% 降至 1995 年的 8%。同期，韩国首款 100% 国产化汽车问世。不过，在放宽对整车的进口保护后，韩国开始对汽车零部件进行新一轮的整合，由横向整合逐渐演变为“车企、零部件企业”的纵向整合，允许韩国车企培育所需的零部件企业，并拿出30亿韩元优先资助汽车零部件企业进行研发生产。1997年亚洲金融危机后，韩国政府再次挺身而出，对韩国汽车工业进行大规模的结构性调整，对破产的汽车企业实施兼并重组，使韩国汽车生产的集中程度进一步提高。1998年韩国政府推动现代以最优惠的条件收购起亚，避免了起亚被福特等外资公司收购。

抓住机遇，通过低价抢占美国市场。《长期汽车工业振兴计划》使韩国在石油危机后的数年内快速学习日本先进经验，并在小型车上初步拥有了一定的竞争力。1982年后，由于美日汽车贸易摩擦，日本实施“自愿出口限制”，美国车企的小型车转型又未及时填补日系车让出的市场份额，韩国汽车借此机遇在1986年进入美国市场，以低价策略和性价比优势迅速拓展出一定的市场份额。

引导建立保障体系扭转韩系车低端廉价定位。为了扭转此前韩系车在海外的低端廉价形象，韩国政府在2001年先后出台了《关于促进材料和零部件专业化企业的特别措施》和《零部件产业发展基本计划》，支持汽车零部件的发展，并为其建设配套的基础设施。韩国为实现世界一流零部件和材料供应中心的目标，制定培育零部件和材料企业、开发新一代技术和加大零部件出口力度三个目标。此外，在政府的引导下，韩国车企在美国市场实施10年或10万英里的保修制度。2008年全球金融危机后，韩国车企快速恢复，彻底扭转了品牌“低廉、品质差”的口碑，完成了出海汽车由低端向中高端的突破。

5. 对我国的启示和建议

德、日、美、韩四国汽车工业发展及国际化布局虽然发展时代不同、起步条件相异，但均对我国汽车工业发展及国际化有极具价值的参考意义。当前，我国汽车工业已进入新能源汽车加速取代传统燃油车的新阶段，新能源汽车销售占比及保有量显著提高。2023 年我国汽车出口量首超日本，成为全球第一大汽车出口国。正如日系车在 20 世纪 80 年代遇到的危机，美欧也纷纷对我国汽车征收关税，设置贸易壁垒。前事不忘，后事之师。在逐一盘点前述四国汽车产业国际化经历及政策措施后，经过综合分析，我们形成了对我国汽车产业的启示和建议，以期能为我国汽车产业发展和出海提供一些思路。

（1）战略方面：做好汽车产业国际化的顶层设计，美国汽车产业注重国内市场，德国着力布局欧洲市场，日韩在出海早期即将重心放在海外市场

相比德国、美国汽车产业发展初期相对自由的探索发展，日本、韩国政府在发展汽车产业早期就对汽车产业的本土竞争及出海及时制定了顶层设计。

一是鼓励本国车企产能相对集中。日本和韩国先后推出“集团化设想”，严格控制汽车企业数量，使产能高度集中在头部企业，保持本国车企的规模效应以提高本国汽车的价格竞争力。日本将本国汽车产能整合到丰田、本田、日产三家企业。韩国主要将产能集中在现代、起亚、大宇，亚洲金融危机后，起亚经营不善，韩国政府又出面促成现代收购起亚，进一步提高了韩国汽车产业的集中度。美国、德国在大萧条期间就经历了数次深度重组，其中美国在 1920 年就将主要产能集中至通用、福特和克莱斯勒三家，该格局时经百年仍大体维持，通用、福特和克莱斯勒的产能在美国本土企业中的占比仍超 80%；德国汽车产业则在两次世界大战和大萧条中数次摧毁重组，使产能最终逐渐向大众、奔驰、宝马等企业聚拢。汽车产能的高度整合，使上述四国汽车的生产成本较低，在出海时具有较强的价格竞争力。当然，政府对产业直接的行政干预在目前的贸易体系下容易受到他国挑战，或引起外资企业对投资保护

和公平竞争等方面的担心。因此，需要采取更加市场化的手段，提高产业集中度，例如完善整车生产企业的退出机制、为盘活闲置产能使用权或产权提供便利。

二是国家在顶层设计和产业政策方面给予企业明确的发展方向，为企业提供良好环境，同时注重不同时期的相应政策引导，扶持企业，并且有强有力的操作手段。观察德、美、日、韩四国的汽车发展经历，他们均在汽车产业发展的关键节点对本国汽车产业进行干预或引导。日本政府自 20 世纪 30 年代通过引入美国福特和通用的组装厂来培植本国汽车产业；20 世纪中叶，在日本政府的鼓励下，日本车企进行了新一轮的兼并重组，形成了以丰田、本田、日产为首的几大汽车集团，在利用规模效应取得成本优势后，日本政府又为日本车企简化外汇兑换手续、提供低息贷款，提速日本车企的海外扩张步伐。韩国政府自 1962 年发展汽车产业至今，经历了从初期的直接干预到发展壮大后的积极引导的转变。1962 年，韩国政府制定了《汽车工业保护法》。1974 年，韩国政府出台《长期汽车工业振兴计划》，将本国汽车工业发展方向落在小型及低油耗汽车，并在韩国的“四五”计划中，将汽车产业作为本国支柱产业之一，以促进本国汽车企业形成规模效应。韩国政府还直接出台行政命令，将数 10 家企业合并重组。为保护本国汽车市场，韩国从 20 世纪 60—90 年代的近 30 年中，始终对进口汽车征收 60% 的关税。1995 年，韩国为加入世界贸易组织，才陆续将关税降至 8%。为了协同韩国车企扭转廉价、劣质的海外定位，韩国政府在受到世界贸易组织整车关税约束的背景下，开始大力扶持本国的汽车零部件产业，在 2000 年前后投入了数 10 亿韩元鼓励韩国零部件企业高质量发展。

三是积极引导本国出海整车及零部件企业的协同发展。政府对整车企业和零部件企业的协同整合也对本国汽车出海起着至关重要的作用。日本在汽车产能出海早期仍主要在海外组装并进口本国生产的零部件，使零部件成为20世纪90年代美日贸易逆差的主要来源之一。在美国对日本施压后，日本政府才开始推动丰田、本田等赴美车企在美国进行零部件本土化。韩国因加入世界贸易组织降低对外国汽车的进口关税后，开始对汽车零部件进行横向及纵向整合，提高本国零部件的产品竞争力。20世纪90年代，韩国对汽车零部件投入了数10亿韩元，并在2001年将汽车零部件出口作为发展的主要目标之一。韩国汽车竞争力的提高也为韩国汽车出海打下了坚实的基础。

（2）技术方面：引导汽车的技术变革会引领下一波全球汽车发展趋势，美日德分别抓住流水线、小型化和精益生产、模块化生产的机遇，使本国汽车企业在国际市场上占据更有利的地位

一是紧抓时代变化，推出特定技术。20世纪初期，德国汽车虽然品质较高，但由于几乎是纯手工制作，产量一直难以提升。福特将流水线引入汽车生产后，汽车产量开始大幅增长，美德两国的汽车产业也迎来了一轮黄金发展期。20世纪70年代，日系车凭借小型车、低油耗和精益生产在石油危机中快速在全球市场占据大量份额。日本汽车仍然严控排放和噪声标准，凭借对油耗和车型的持续优化，日系车在此后数次石油危机时均在国际竞争中占据有利地位。2010年后，由于欧元陷入疲软，德系车再次面临如何提升市场竞争力的问题。为进一步降本增效，德国将模块化生产引入生产体系中，再次优化其供应链成本。几次技术革新分别让美日德三国汽车生产成本显著下降，竞争力明显提升，对于全球汽车产业发展也近乎起到变革重塑的作用。随着各国纷纷提出能源清洁化和交通清洁化转型，汽车的电动化有望引领新一轮的技术变革。各国政府为扶持本国电动汽车，纷纷出台了各项补贴措施，2022年美欧先后推出了《通胀削减法案》和“RePower EU”计划，对购买电动汽车的消费者和投资电动汽车基础设施的企业提供税收抵免等财政支持。

二是维持技术领先，严控技术及人才外流。德、日、美、韩四国在扩张其汽车国际业务时对核心技术的保护和核心人才的留用均有诸多政策法规支撑。德国通过汽车研究和创新联盟（ARA）促进汽车技术的研发，并且实施了严格的专利保护制度，以保护创新成果。韩国政府通过“汽车产业技术开发基金”支持新能源汽车和智能汽车技术的研发。日本车企虽然在20世纪80年代迫于压力在美布产，但是主要将普通车型的组装业务布局在美国，仍大量从日本进口零部件，且始终将应用先进技术的豪华车型的生产基地留在日本本土。

（3）市场方面：早期的市场需求与此后的市场拓展也是德、日、美、韩四国汽车发展成功的重要因素

一是引导车企在本土及海外市场有序竞争。无论是美国、德国等具有先发优势的国家，还是日本、韩国等后起之秀，在产业早期，均有大量企业进入市场，此后历经残酷的市场竞争、并购重组，初步具备产品竞争力。日本、韩国由于本土汽车消费市场十分有限，在汽车产业发展之初就将发展重心定位在海外市场，为车企出口及海外设厂提供出口退税、低息贷款，尽量避免本国企业过度内卷引发的恶性竞争。其中，韩国汽车企业因主打低价策略，韩系车在很长一段时间均被贴上“廉价、品质差”的标签，为扭转劣质口碑，韩国政府引导车企通过引入精益生产、锤炼供应链技术、鼓励自主研发提高出海汽车品质。韩国现代开始对汽车的质量进行研究，2004年，在市场资讯公司J.D. Power and Associates开展的一项调查中，现代在品牌质量方面位列第二，仅次于日本丰田。自此，韩国汽车质量差的口碑有所改观。

二是为缓解贸易摩擦，进行合理的市场布局。日本与韩国车企在进入海外市场后期，为规避制裁、进一步优化成本，逐渐将产能向海外转移。以日本为例，在实施“自愿出口限制”后，日本车企陆续赴美投资设厂，

本田、日产、丰田等车企先后将汽车组装厂及零部件厂迁至美国。1993年，日本在美国的汽车产能已超过对美出口的数量，在美国投产组装成为日本车企在美国经营的主要方式。德国大众为满足中国招商引资要求，规避中国早期对整车设置的高额关税而在中国设厂，在中国的市场占有率一度超过 50%。虽然随着市场的扩大和竞争的加剧，大众在中国的市场份额有所下降，但是大众已将中国视为主要生产基地，甚至将大众在中国生产的汽车反哺至欧洲市场。

开拓新市场也是车企出海的策略之一。第二次世界大战后，美国汽车产业通过合资等方式，开拓了日本、韩国等海外市场，德国在欧盟成立后，也稳定地占据了欧盟成员国汽车市场的大量份额；虽然日本、韩国汽车产业起步较晚，但两国先是选择美国作为出口的主要目的地，在受到关税、配额等制裁后，为了寻找新的增长点，除了维护美欧发达国家市场，还通过合资等方式进入中国、泰国、印度等发展中国家。2000 年，日本车企在北美的产量约为 300 万辆，随着亚洲、拉美等新兴经济体市场需求的扩大和美欧市场需求的饱和，日本车企开始着力在亚洲和拉美等地布设产能。2022 年，日本在亚洲（除日本）和拉美的海外产能分别达到 1051 万辆和 148 万辆，较 2000 年分别增长 530% 和 281%，远高于其在北美（17%）和欧洲（27%）的增速。

三是树立优质品牌形象。凭借过去大众、奔驰等车企的良好口碑，德国汽车产业在第二次世界大战后快速恢复。日本政府在 1961 年将汽车制造厂商重组为丰田、本田和日产，并进行集团化重点扶持，为其出海提供外汇和低息贷款。丰田等日本车企在经营美国市场时十分重视品牌造势，丰田豪华车品牌雷克萨斯自 2000 年起连续 11 年问鼎美国最受欢迎的豪华汽车品牌。持续的品牌建设和宣传，让日系车和德系车近年来的海外年产量均保持在千万量级，在全球汽车市场长期占据大量份额。中国企业在出海过程中也应注重品牌形象的构建与维护，为中国汽车赢得“质量优良、做工精美、故障极少、价格实惠”的良好口碑。在出海过程中，培育3～5个丰田、大众级别的国际化汽车品牌。

四是构建战略自留地。美国和德国分别将美洲和欧洲设为战略自留地。在美国汽车的出口目的地中，仅加拿大一国就占美国出口份额的37.99%。根据《美墨加协定》，美国的货物能够无限制地在三国内流通，且享受关税减免，美国对加拿大和墨西哥的汽车出口金额就已达到其汽车出口总额的56.33%。德国汽车产业在1980年陷入瓶颈后，同样因为德国统一和欧盟的成立得以继续发展。由于享有在欧盟内部商品流通零关税的政策，德国汽车产业立足于欧洲的基本盘，拥有4.5亿人口的稳定市场需求，从而形成了较稳定的规模效应。

（4）产业链方面：德、日、美、韩四国在发展汽车工业早期均着力发展自主可控的产业链，但随着车企走向国际化以及全球汽车产业竞争加剧，现在四国出海汽车均寻求将海外产能的产业链深度本土化，以持续降本增效

一是构建自主可控的零部件供应链。美国、德国汽车工业起步较早，其产业链在早期较为完整。日本、韩国车企则因起步较晚，发展前期均引进先进汽车生产工艺。尽管如此，日本、韩国在发展初期，仍对供应链国产化程度设置了严格要求，并将提升供应链国产化比例作为早期的发展目标。例如，韩国1962年出台的《汽车工业保护法》限制外国整车及零部件进口，1966年制定的国产化计划将外汇优惠分配与国产化程度挂钩，1974年出台的《长期汽车工业振兴计划》要求现代、起亚和大宇必须自主开发设计汽车，至1991年韩国现代正式推出了首款国产化率100%的车型。

二是优化供应链结构，控制整车供应链成本。尽管美国、德国汽车工业起步较早，具有一定的先发优势，但随着竞争的加剧及能源使用的变

化，美国、德国汽车面对日本、韩国以及中国汽车的竞争，也被迫多次优化成本，开始向日本学习，逐渐去掉一些多余配件，并对其供应链进行深度整合。由于欧元的疲软，德国汽车的竞争力也有所下降，为了提高自身产品竞争力，德国开始大幅削减其在欧洲本土的供应链成本，部分德企将中国生产的德系车反向出口至欧洲市场，并将其供应链深度中国化，通过收购部分中国电动汽车企业的股权，为其提供相对廉价优质的零部件产品。

三是建立供应链海外保障体系。日本汽车在第一次出海美国时，因合规问题铩羽而归，此后为更贴合美国市场，部分日企将研发与技术中心均落地美国，并搭建完善的保障体系。丰田豪华车型雷克萨斯为美国消费者提供了便捷的购买方式，并构建了完备的售后服务体系。韩国车企在出海前期以牺牲质量、低价打开市场的策略进入美国市场，由于车辆问题频出，且海外保障体系不完善，长期被称为“问题车辆”，直至韩国通过革新其供应链及产品和服务，韩国汽车口碑才得以逐步扭转。

四是培养、吸收产业链相关技术人才及熟练技工。产业发展离不开相应的研发及技术人才。德国、日本企业为汽车产业的发展培育了大量的研发工程师和技术人才。随着汽车发展向智能化、电动化发展，技术迭代的速度呈加快趋势，目前美国已出台行政命令，通过签证、绿卡等方式吸引人工智能领域的专家，可能将对自动驾驶等领域的人才流动产生一定影响。此外，美国还长期为加拿大、墨西哥的熟练汽车技工及研发人员提供便捷的签证，以持续吸引汽车领域的人才向美国流动。韩国为发展汽车产业，实施了国家级人才培训计划，以确保足够的工程师和技术人员支撑行业发展。

（二）日本面对美日汽车贸易摩擦的经验与启示

1980 年，日本汽车产量首次超过美国，成为全球最大的汽车生产国。同年，日本向美国出口 182 万辆乘用车，在美国的市场份额达到 24%，而彼时美国汽车在日本的销售量仅为 1.5 万辆。由于日本汽车的强有力竞争及美国对日本巨大的贸易逆差，从美国国会到美国车企均提出要对日本汽车实施严格的配额制度。时任共和党参议员杰克·丹佛在参议院提出一项法案，要求此后 3 年日本对美国出口的乘用车不应高于每年 160 万辆，时任美国交通部部长刘易斯则认为 3 年内应将数量控制在每年 150 万辆以内，有切身利益的美国车企则更为激进，例如，福特希望能够将配额控制在每年 100 万辆。如表 2-6 所示，美国政府从 1981 年开始要求对日本主动进行汽车配额制管理，直至 1995 年美日汽车贸易摩擦才告一段落。

表 2-6　美日汽车贸易协议及《广场协议》时间线梳理

时间	具体事件及结果
1980 年	美国汽车劳动协会要求日本对汽车实施“自愿出口限制”，并就此对美国政府开展游说
1981 年 1 月	美国参议员提出《汽车配额法案》，通过立法行动向日本施压
1981 年 5 月	在美国政府的压力下，仅 4 个月美日即达成《自愿出口限制协议》：规定 1981 年 4 月至 1984 年 3 月，日本出口到美国的汽车应控制在 168 万辆以内；1984 年 3 月以后，再根据具体情况来决定是否继续实施出口限制 日本车企在《自愿出口限制协议》后开始将产能向北美转移
1985 年	五国集团（G5）成员国联合签署《广场协议》后，日元快速升值，日本车企此后逐渐将对美出口转向海外布产，并加大对美开放
1995 年	日本汽车市场对美国放宽准入条件，且日本汽车在美产量超过对美出口，美国取消对日本汽车的配额管理

资料来源：根据公开信息整理。

石油危机后，日系车凭借低油耗优势，在美国市场快速占据大量的市场份额。美国为保护本国企业，对日本汽车采取了关税、配额等制裁措施，《广场协议》后更是迫使日元升值，进一步降低了日系车的出口竞争力。随着我国汽车出口量超过日本跃升至全球第一，我国汽车也已受到美国和欧洲的关税制裁。学习日本应对美国贸易制裁的相应措施，将会对我国企业出海美欧有所裨益。

1. 政府通过顶层谈判，将贸易摩擦的危害降到最低

面对美国政界及汽车产业界的配额威胁，1981 年 3 月及 5 月，时任日本外相伊东正义与首相铃木善幸先后访美，具体负责谈判的时任日本通商产业省大臣田中六助在谈判过程中对美国贸易代表威廉·布洛克表示，美国的合作伙伴已要求日本三菱等汽车制造商增加某种车型的出货量，且美国汽车市场正处于恢复之中，日本代表团预计美国汽车总销量将由 1980 年的不到 900 万辆快速恢复至 1983 年的 1200 万辆，仅以具体配额管制日本汽车对美出口量极不公平，日本政府也很难说服汽车制造商削减出口。最终，美国首年对日本乘用车的出口配额设定在 168 万辆，尽管低于 1980 年日本在美国的销量，但高于美国国会、内阁及汽车产业界对配额的要求，且未将商用车计算在内。协议中，日本还要求美国根据汽车市场情况放宽对日本的出口限制，最终争取到增量市场 16.5% 的配额。这个配额虽然低于 1980 年日本汽车出口量在美国市场的占比，但也为此后几年配额的提高预留了协议依据。1984 年及 1985 年，配额限制分别提高至 185 万辆及 230 万辆。

如表 2-7 所示，为应对美国的出口具体配额管制，日本通商产业省利用行政措施对各个汽车公司进行具体指示，对出口美国轿车上限给出限额。

表 2-7　日本对美国出口自主限制分配数量（1981—1989 年）

单位：万辆

	1981—1983 年	1984 年	1985—1986 年	1987 年	1988—1989 年
丰田	51.67	55.20	61.69	61.38	61.22
日产	45.30	48.70	54.45	54.18	54.10
本田	34.86	37.20	42.70	42.49	42.41
马自达	15.93	17.30	22.78	22.67	22.68
三菱	11.26	12.30	19.51	19.41	19.26
富士重工	7.00	7.63	10.76	10.71	10.77
五十铃	1.68	5.00	12.04	11.98	11.91
铃木	—	1.70	6.07	6.04	5.96
大发	—	—	—	1.15	1.70

资料来源：日本汽车工业协会。

1985 年，美日等五国签署《广场协议》后，规定美元大幅贬值以尽量控制贸易逆差，并明文要求各国放宽贸易保护主义政策。日本逐步放宽对汽车零部件市场的管制，并增加对美国汽车零部件的采购和对美国的投资，美国最终于 1995 年取消了对日本汽车的配额制度，但 1995 年后日本对美出口乘用车数量多保持在 100 万～200 万辆，仅 2006 年达到 220.63 万辆。

2. 改变出海方式，引导日本车企赴美国本土投资设厂

1980 年美日汽车贸易摩擦之初，日本政府就开始鼓励车企赴海外设厂，先后就《投资促进法》《海外投资补助金制度》《外汇管理法》做出了多次调整，通过为车企在海外设立生产基地提供补贴和财政支持、简化外汇管制、提供低息贷款等方式引导车企将产能转向海外。1985 年签署《广场协议》后，日元升值也使日元在美国拥有更强的购买力。在出口受阻、日元升值和政府倡导的三重有利因素叠加下，赴美设厂逐渐成为日本车企出海的主要方式。

如图 2-33 所示，在日本自愿限制对美汽车出口后，日本汽车出口

数量在 1981 年和 1982 年经历了小幅下跌，到 1983 年就开始企稳回升，1984 年随着美国将日本乘用车配额放宽至 185 万辆，当年日本共向美国出口 185.19 万辆，超过 1980 年创历史新高。1986 年日本乘用车对美出口达 234.85 万辆，至今仍保持着日本对美汽车出口的最高纪录，此后日本汽车对美出口逐渐下降至每年 100 万～ 200 万辆。由于日本车企在美产能逐步释放，日本乘用车对美出口量与日系车在美产量之和在 1990—1994 年多保持在 300 万辆以上。

《广场协议》后，随着日元的升值，日本汽车企业向海外转移产能的步伐逐渐加快，日本企业除了将整车组装厂迁往美国，还开始着手布局配套的零部件供应链。如表 2-8 所示，2000 年之前，丰田、本田、日产在美国的工厂已陆续开始生产汽车。1994 年，日本汽车在美国的产量已达到 179 万辆，约是 1984 年 25 万辆的 7.16 倍。1993 年，日系车在美产量也首次超过日本汽车对美出口量。

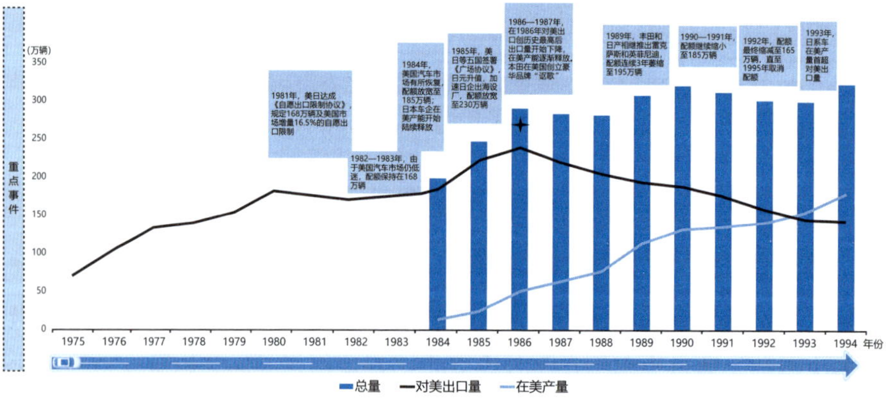

图 2-33　1975—1994 年日本对美国的汽车出口量及在美国的产量

资料来源：日本汽车工业协会；佐竹中号《日美市场准入贸易摩擦：以汽车及汽车零部件为例》。

表 2-8 1980—2000 年日本车企在美国建厂情况汇总

日本车企	工厂类型	美国建厂地点	开始生产时间
本田	汽车	俄亥俄州	1982 年
	发动机	俄亥俄州	1985 年
	汽车	俄亥俄州	1989 年
	变速箱	俄亥俄州	1996 年
日产	汽车	田纳西州	1983 年
	发动机	田纳西州	1997 年
丰田	汽车	肯塔基州	1988 年
	发动机	肯塔基州	1989 年
	发动机	西弗吉尼亚州	1998 年
	汽车	印第安纳州	1999 年
斯巴鲁	汽车	印第安纳州	1989 年

资料来源：日本汽车工业协会、野村东方国际证券。

3. 采取产品升级策略，转变产品结构

在日本实施“自愿出口限制”后，虽然日本车企的出口上限受到了配额限制，但配额并未限制汽车的出口金额。日本车企开始采取产品升级策略，将更多高附加值的豪华车卖往美国，因此在一定程度上抵消了出口数量下降的影响。1986 年本田在美国创立“讴歌”品牌，成为首家在美国建立豪华品牌的日系车厂。此后本田这种分离高端品牌的创新战略加快了日本车企在美国的发展，1989 年丰田和日产相继在美国推出雷克萨斯和英菲尼迪，使日本对美出口汽车的利润率有所提高。其中，雷克萨斯自 2000 年起连续 11 年成为美国最畅销的高端品牌。2005 年，在市场资讯公司 J.D. Power and Associates 的美国汽车可靠性调查（VDS）中，雷克萨斯总体排名和三个分项排名均为第一，其中，旗舰车型 LS430 在顶级豪华轿车

领域排名第一，以每百辆车 90 个故障的水平刷新该榜单纪录，成为美国汽车可靠性调查有记录的 16 年以来第一款每百辆车故障低于 100 个的车型。目前雷克萨斯的绝大多数车型在日本生产再出口至美国，仅 ES 和 RX 两款车型在美国生产。

此外，由于美国制造商对日本商用车的依赖，此次进口配额仅针对乘用车，并未将商用车包含在内。在“自愿出口限制”后，1982 年日本乘用车及商用车对美出口分别萎缩至 169.18 万辆和 41.37 万辆，其中，商用车占比为 19.65%。随着美国汽车市场的恢复，乘用车因配额限制无法大量出口，日本厂商在 1983—1987 年开始大量对美国出口商用车。1986 年，日本对美出口商用车的数量达 108.57 万辆，约是 4 年前的 2.62 倍，占比也提升至 31.61%，相较 1982 年提高了 11.96 个百分点（见图 2-34）。

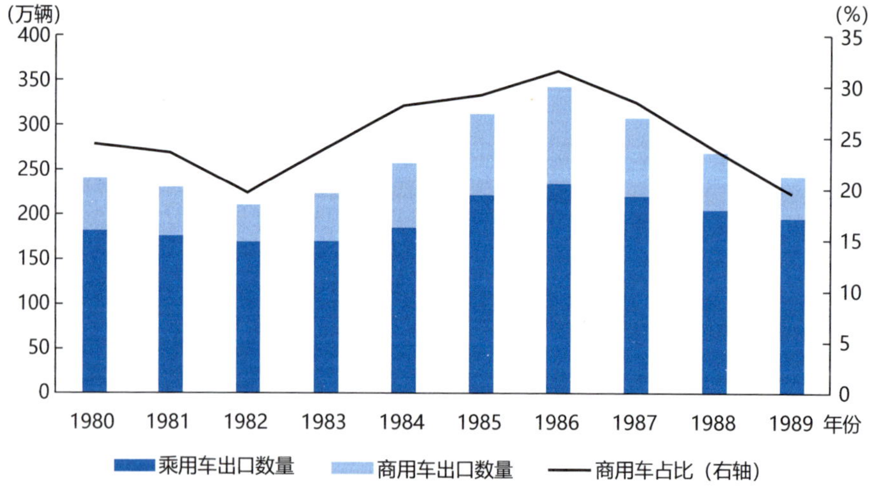

图 2-34　1980—1989 年日本对美汽车出口产品结构及商用车占比

资料来源：日本汽车工业协会。

4. 深度融入美欧市场，通过合资企业与本土企业深度绑定

由于受到美欧多次制裁，日本汽车企业将自身供应链紧密融合进当地

市场，甚至专门为美欧市场设立技术与研发中心，以贴合其需求。在布局海外产能时，日本车企除了考虑供应链成本问题，还着重注意与当地企业及政府的关系，日本车企在美国投资设厂时通常会寻求与美国汽车行业内份额较多的企业进行合作。一方面，日本车企通过与福特、通用等汽车巨头合作，能够利用其品牌影响力，获得不错的销量。据不完全统计，福特利用其在马自达公司 25% 的股份在密歇根州联合生产汽车，丰田、铃木和五十铃先后与通用汽车达成了多项协议，三菱与克莱斯勒在伊利诺伊州成立合资公司。另一方面，日本在面临美国政府制裁时，美国车企会因自身利益而游说美国政府，从而起到帮助日本车企规避或减轻制裁的作用。

此外，如表 2-9 所示，日本车企还积极参与美国公益活动，本田在进入美国市场之初即资助基督教青年会 10000 辆汽车。20 世纪 80 年代，本田与丰田先后在美国成立基金会，用于慈善援助。

表 2-9 日本三大车企与美国车企合作及社会捐助

年份	具体事件
1970	本田累计资助美国基督教青年会 10000 辆 Mini-Trail
1982	日产与美国马丁·玛丽埃塔公司签署航空航天领域技术援助协议
1984	丰田与通用在加利福尼亚州成立合资公司新联合汽车制造公司
	本田在美国成立美国本田基金会，用于慈善捐助
1987	丰田捐赠 1000 万美元成立丰田美国基金会
1992	日产与福特共同开发的多功能车 Quest 在美国销售
1999	丰田与通用达成协议，联合研发具有先进环保技术的汽车

资料来源：日本三大车企网站。

（三）外资企业国际化经验与启示

1. 丰田集团开拓美国市场：贸易政策压力之下的国际化之路

丰田汽车公司自成立以来，以其独特的精益生产方式、有效的经营管理以及明确的国际化发展战略，从日本车企成长为全球汽车巨头的代表，海外产能和销量超过本土。丰田海外销售布局从汽车工业强大的北美（1955 年）以及汽车工业薄弱的拉美、东南亚、中东地区（1950—1955 年）开始，然后向本土汽车工业较强的欧洲（20 世纪 60 年代）拓展，随后进入中国、俄罗斯等市场（21 世纪初）。20 世纪 60 年代，丰田开始加速海外产能布局，在拉美、非洲、大洋洲、东南亚建厂，20 世纪 80 年代在北美建厂，欧洲整体产能布局较少。目前，丰田汽车公司遍及全球 140 多个国家和地区，在全球拥有近 200 家工厂，总产能达 1600 万辆。

美国作为丰田最大的单一市场，在丰田国际化布局中占有举足轻重的地位。2023 年，丰田在美国市场的销量为 224.8 万辆，占其全球销量的 22.00%；在美国的产量高达 123.0 万辆，占其全球产能的 12.25%、海外产能的 18.45%。复盘其在美发展过程，20 世纪 60 年代末至 70 年代初，丰田汽车开始进入美国市场，面对的是一个高度竞争且由美国本土品牌主导的市场，丰田以石油危机为契机成功打入美国市场，之后凭借前瞻的核心技术研发、先进的生产管理体制、因地制宜的本土化产品开发、强大的供应链整合能力、完善的渠道布局在美国市场取得进一步成功。

（1）丰田在美发展历程

如图 2-35 所示，丰田在美国的布局主要经历了四个阶段：从贸易布局到产能布局，之后随着产能和产品体系的不断完善，实现全球化和可持续发展，其中石油危机、全球经济危机以及美日贸易摩擦等外部环境变化也在深刻影响丰田的战略布局。

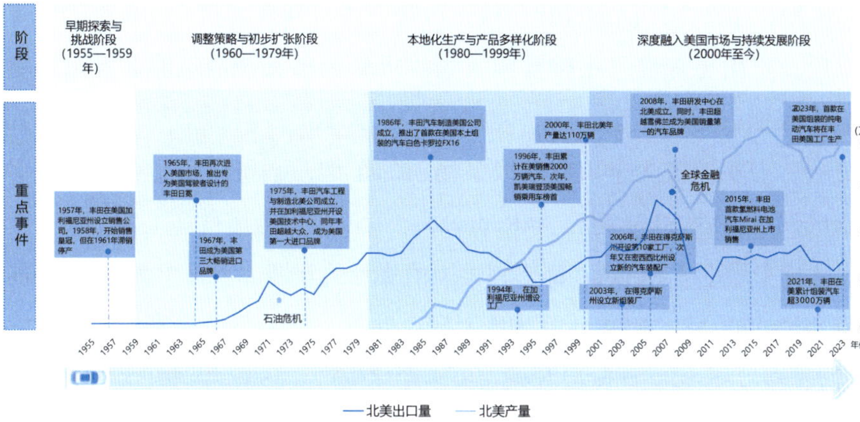

图 2-35 1955—2023 年丰田在美发展历程及主要阶段

资料来源：丰田网站。

早期探索与挑战阶段（1955—1959 年）。1955 年，丰田开始积极开拓海外市场，并将第一个目标市场选定为美国。1957 年，丰田首次向美国出口丰田轿车并设立美国丰田汽车销售公司。1958 年推出皇冠（Toyopet Crown）和兰德酷路泽（Land Cruiser）车型，因动力不足且价格过高，丰田在美国的拓展并不顺利。此后又由于车灯等设计参数不满足美国法规要求、车型不适应美国高速公路驾驶需求等，皇冠车型销售停滞并停产，丰田因此暂时退出美国市场。

调整策略与初步扩张阶段（1960—1979 年）。1965 年，丰田调整策略，重新进军美国市场，基于美国消费者习惯设计的日冕（Corona）在美上市，次年销量达 2 万余辆，成功获得美国市场的认可。1973 年，第一次石油危机也为丰田开拓美国市场提供了契机。在石油危机期间，美国原油和汽油价格飙升，使车型较小、油耗更低的日系车更加受到美国消费者的青睐。丰田利用这一机会，推出卡罗拉（Corolla）等车型，迅速吸引了大量消费者，并在 1975 年超过大众成为美国第一大进口汽车品牌。

本地化生产与产品多样化阶段（1980—1999 年）。进入 20 世纪 80 年代以后，丰田更加注重根据美国市场需求来调整其产品策略，推出了更多适合当地市场的车型。这一时期，丰田继续扩展其轿车和皮卡车型，凯美瑞、卡罗拉成为丰田此阶段最畅销的车型，丰田运动型跑车赛利卡（Celica）、中型 SUV 超霸（4Runner）、紧凑型皮卡塔科马（Tacoma）、全尺寸皮卡坦途（Tundra）都受到美国消费者的欢迎，丰田 1988 年在美国销量超过 90 万辆，1990 年达 105 万辆。此外，受美日贸易摩擦和自身发展需求影响，丰田在此阶段开始在美本地化生产。1981 年时任美国总统里根为保护美国本土汽车产业限制从日本进口汽车，日本为缓和日美关系，实施“自愿出口限制”，1984 年丰田和通用汽车宣布合作在北美建立合资工厂。1985 年，美日等国签署《广场协议》，日元对美元大幅升值，丰田出口美国的产品竞争力相对下降，这也加速了丰田在日本的本地化生产布局。1986 年，丰田在美国的第一家制造工厂——丰田汽车制造肯塔基公司奠基成立，投资高达 8 亿美元，截至 1997 年，丰田在北美的累计产量已超过 500 万辆。

深度融入美国市场与持续发展阶段（2000 年至今）。进入 21 世纪后，丰田继续加速全球化布局，包括在美国进一步投资和拓展市场。2008 年丰田超过通用，首次成为全球最大的汽车制造商，同时也超过雪佛兰成为美国销量第一的汽车品牌。除了对美销售和在美制造外，2008 年丰田还成立了北美丰田研究所，2011 年，在美国成立协作安全研究中心，深度融入美国市场，开展多元化布局。2021 年，为满足美国对低碳环保的要求，丰田向美国市场推出两款电动汽车丰田 bZ4X 和雷克萨斯 RZ，并宣布在美国设立汽车电池厂。2007 年，丰田在美销量进一步增长至 262 万辆，市场份额也迅速上升，从 1988 年的 6.1% 上升到 2001 年的超过 10.0%，并在 2007 年达到 16.1%。2023 年，丰田在北美市场售出 267.1 万辆，同比增长 7.0%，其中在美国售出 224.8 万辆，同比增长 6.6%。

（2）成功经验

一是精准把握市场需求，因地制宜开展本土化产品开发。传统美国主流市场崇尚“大型车、大排量、大马力”，与丰田原有小性能车产品布局并不匹配。1973 年石油危机使消费者开始关注燃油经济性更好的小型车，丰田凭借制造省油的紧凑车型的丰富经验，牢牢把握石油危机背景下小型车的优势，成功打开美国市场。此外，丰田还投入巨资单独开发适应美国市场需求的产品，诞生了全尺寸皮卡坦途和全尺寸 SUV 红杉，以及雅力士、卡罗拉等适应当地消费者需求的小型车，这些都是丰田深度践行“本土化”战略的重要举措。除了产品本土化，丰田在广告宣传、人力资源、管理等方面全面实施本土化战略，全面支持在美本土化产品布局。

二是完善自身精益生产、服务管理、技术研发等核心能力建设。丰田的精益生产方式是其在全球范围内取得成功的重要因素之一，丰田的精益生产方式强调及时化、自动化、看板方式、标准作业和精益化等核心理念，旨在消除所有环节上的浪费，缩短产品从生产到交付客户的时间，从而提升企业竞争力；丰田还凭借高质量和可靠性提升品牌形象，通过持续的质量改进和严格的质量控制流程，丰田在美国从廉价品牌形象成功转型为高质量、受信赖的全球品牌。丰田公司还实施经营、售后服务和零配件供应一体化，以优质的服务来打消客户对使用丰田车的顾虑，通过高效的零部件供应网络满足维修和保养的需求、提供全面的售后服务。

三是紧跟政策趋势调整战略布局，妥善应对美国关税壁垒及《广场协议》影响。在《广场协议》和日元升值的双重影响下，丰田加大了对美国的投资，1984 年先与通用成立合资公司，1986 年成立丰田汽车制造美国公司。为了完善其供应链体系，1990 年丰田还收购了位于密苏里州圣路易斯市和特洛伊市的 Bodine Aluminum 公司，用于生产发动机零件。丰田还结合美国政府政策变化调整对美业务。2017 年，美国政府不满日本对美巨额贸易顺差，威胁对日本商品征收关税，丰田承诺到2020年将在美国额外投资130亿美元，并增加在美国本土的业务。2021年拜登上台后，美国政府力推电动汽车，丰田又迎合美国政策导向，于2021年在美国推出两款电动汽车，并追加80亿美元用以支持纯电动和混合动力汽车生产线。

2. 大众汽车集团：从技术引进到本土化生产

大众汽车集团一直在积极推进全球化发展战略，通过收购、合资和自主研发等方式，不断提升全球市场竞争力。大众自20世纪50年代初开始实施国际化战略，逐步扩展到全球市场。截至2023年底，大众汽车集团在全球共有114家生产工厂，遍布欧洲19个国家及亚洲、美洲和非洲的10个国家，共拥有员工68.4万人，产品销售与服务遍及全球150个国家和地区。

中国是大众最大的海外市场。2023年，中国市场占大众全球销量的比重达35%。大众在华发展由来已久，1973年，全球石油危机使日系车在全球的份额迅速扩大，大众在美业务也受到日系车的影响，于是决定在亚洲寻找合作伙伴。20世纪70年代中后期，在与韩国接触无果后，1978年，大众转向刚刚改革开放的中国，决定与中国本土车企合资设厂。1986年，在大众与上汽合资之初，上汽大众轿车年产量就已超8000辆，一度占当时中国轿车产量的65.31%。2012年，大众在中国的销量正式超过德国，中国首次成为大众最大的市场。2022年，大众更是决定将中国生产的汽车反向出口到欧洲以弥补欧洲产能的不足。

（1）大众在华发展历程

如图2-36所示，大众汽车是最早进入中国市场的国际汽车制造商之一，主要分为四个阶段：早期接触与合资企业成立阶段、本地化生产与产品多样化阶段、本土化深入与品牌提升阶段、本土化战略再深化与新能源转型阶段。

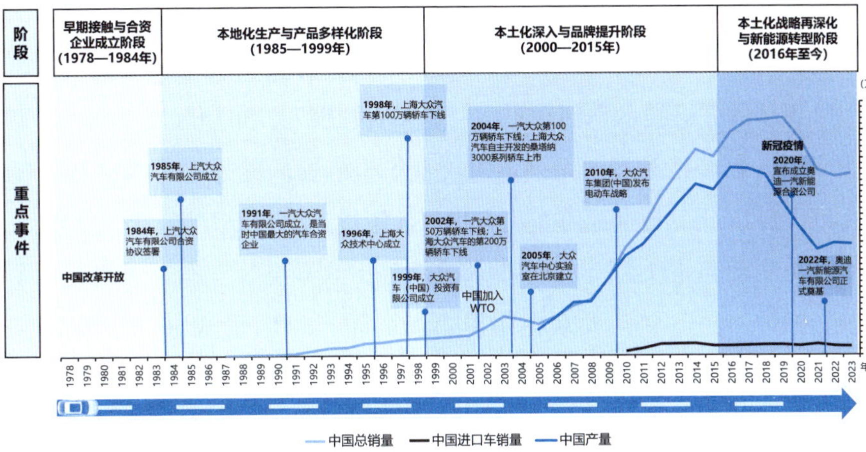

图 2-36　1978—2023 年大众在中国发展历程及主要阶段

资料来源：CEIC。

早期接触与合资企业成立阶段（1978—1984 年）。自 1978 年起，大众开始与中国政府接触，并于 1984 年成立了上汽大众，这是大众在中国的第一家合资企业。1985 年，在上汽大众成立的第二年，年产量就已达 1733 辆，占当年中国轿车产量的 33.28%。此外，大众与中国政府一同探索中外双赢的合作模式，其合作模式也为《中华人民共和国中外合资经营企业法》的出台提供参考。

本地化生产与产品多样化阶段（1985—1999 年）。在上汽大众合作的基础上，1991 年一汽大众成立，作为当时中国最大的汽车合资企业，一汽大众生产基地包含“冲焊涂总”四大工艺生产线。第一期整车年产能为 15 万辆，发动机年产能为 27 万辆，项目总投资达 89 亿元；1995 年 12 月 18 日，一汽大众与奥迪签署技术转让协议，开始生产奥迪车型。此后上海大众和一汽大众迅速发展，推出了桑塔纳、捷达等畅销车型，占据了中国轿车市场的大部分份额。1986 年，仅上汽大众就占到中国轿车产量的 65.31%，1996 年，大众在中国的市场份额达到了 58.1%。

本土化深入与品牌提升阶段（2000—2015年）。进入21世纪后，随着中国加入世界贸易组织，大众集团进一步加大在华布局，不断向中国市场引进更多的先进技术和创新车型、加大研发投入、布局区域市场，车型上大众引入帕萨特和奥迪系列，主攻豪华车市场，奥迪A6和A4成为畅销车型。2013年，奥迪品牌车型在华累计销量达到200万辆。这一阶段，大众汽车集团旗下12个汽车品牌都在中国开展业务，汽车销量增速持续增长，2002—2015年，大众在中国市场的轿车年销量从50万辆猛增到350万辆。同时，大众在华本土化进程不断加快，大众汽车集团旗下合资企业在中国各地建立生产基地，且随着培育的本土供应链质量和效率的提高，大众品牌汽车国产化率已接近100%。

本土化战略再深化与新能源转型阶段（2016年至今）。在全球汽车产业向电动化、数字化转型的背景下，大众提出“在中国，为中国”战略，在中国本土积极布局电动出行领域，并将其本土化战略向本地研发等核心领域深化。2016年，大众与江淮汽车签署谅解备忘录，并于次年正式签署协议成立大众在华第三家整车生产企业——大众汽车（安徽）有限公司 。自2018年开始，上汽大众、一汽大众也各自启动了基于MEB平台生产纯电动汽车工厂的建设，并从2019年开始为中国消费者提供大众ID系列全球电动车型。2020年，大众汽车集团、奥迪及一汽宣布将共同成立奥迪一汽新能源合资公司，携手生产基于PPE平台的奥迪纯电动车型。此外，大众汽车集团及其子公司与地平线、小鹏达成技术研发合作，并于2023年宣布在合肥成立大众汽车（中国）科技有限公司，聚焦智能网联电动汽车的研发、创新与采购，这也是大众在德国总部以外最大的研发中心。预计在投入运营后，大众汽车集团的新产品及技术开发周期将逐步缩短约30%。

（2）成功经验

一是利用先发优势和不断深化本土化战略。作为第一家进入中国的外资车企，在其他外企不敢进入中国市场时，大众率先与一汽、上汽等中国本地车企合资成立了上汽大众与一汽大众等合资公司。进入中国市场之初，大众就选择本地化生产整车产品的方式，在取得先发优势的同时，还得到了政策的倾斜。大众借助改革开放的机遇，又坚定地扩大在华投资，成立大众汽车（安徽）有限公司等新的合资公司，引入奥迪等新的品牌。当其他合资车企打算先提供过时车型给中国市场时，大众汽车很快就向中国提供了最先进的车型。同时在开发未来车型时，大众汽车也让中方参与其中，建立更加坚实的互信关系。随着中国汽车市场的竞争发展，大众不断地在中国投产 TSI+DSG 动力总成、MQB 平台等最新的技术和产品，保持其竞争力和市场领先地位。近年来，大众更是积极地深化在华投资，通过在国内设立研发中心、与中国科技企业合作研发，充分利用中国的创新生态、人才资源以及完备高效的产业链，加速其整车开发流程并节约成本，助力其快速高效地完成电动化、智能化转型。

二是精准把握本地市场需求变化。大众通过细致的市场调研和严谨的数据分析，捕捉到了中国消费者的购车偏好、日常用车习惯。这种深入的市场理解，为大众在中国市场的新车型设计、功能配置以及市场推广策略提供了强有力的支撑。大众根据中国国情和消费者需求积极开发了诸如朗逸、宝来、途观等车型，在车型设计上也对中国消费者需求有着深刻理解和精准把握。例如，加长车身以提供更舒适的车内空间，且这种理念在相当长的时间内引领了中国汽车市场的潮流。通过持续的市场调研和数据分析，大众能够紧跟消费者需求的变化，不断推出符合市场需求的优质产品。

三是与中国供应链建立合作共赢的伙伴关系。以上汽大众、一汽大众等合资企业为发端，大众汽车集团与本土供应链企业建立了深度合作关系，培育了一批优质的本土供应商。通过与本土企业的紧密合作，大众能够更好地了解中国市场的需求和变化，从而为其在中国市场的长期发展奠定坚实的基础。2022 年，在中国已经全面取消汽车行业外商股比限制的情况下，大众汽车集团仍选择与中方伙伴一起以合资模式在国内成立奥迪一汽新能源汽车有限公司。大众汽车（安徽）有限公司已建立了包含约 320 家生产材料供应商和 1000 家一般采购供应商的供应链体系，其中 30 多家为新引进的非大众体系供应商，已有 48 家供应商跟随落户合肥及周边区域，建立了全方位协作的产业生态系统，体现了大众汽车（安徽）有限公司与供应商伙伴之间的相互信任和共同愿景。

3. 特斯拉：国际化市场布局

特斯拉于 2003 年成立于美国硅谷，凭借在电动车制造和储能领域的技术优势，成为行业头部企业。2008 年特斯拉首款车上市后，次年着手布局全球化。此时，新能源汽车正处于发展初期，各国相继制定能源转型目标，纷纷出台促进新能源汽车发展的相关政策，将电动车发展上升到国家战略层面，为电动车推广和发展创造良好的环境。特斯拉采用由本土化战略向跨国战略转型的国际化路径，最初在美国本土扩大销售，随后向欧洲、亚洲及太平洋地区扩散并在美国、中国、德国、墨西哥设立超级工厂，2013 年美国工厂正式投产、2019 年中国工厂正式投产、2022 年德国工厂正式投产，墨西哥工厂预计 2026 年投产（见图 2-37）。特斯拉通过在全球多地建立生产基地，并依靠强大的销售网络和产品竞争力，在全球电动车市场中占据了重要地位，2023 年特斯拉总收入达 967.7 亿美元，同比增长 19%，销售网络遍布 40 多个国家，并在美国、中国和德国建立了生产制造基地。

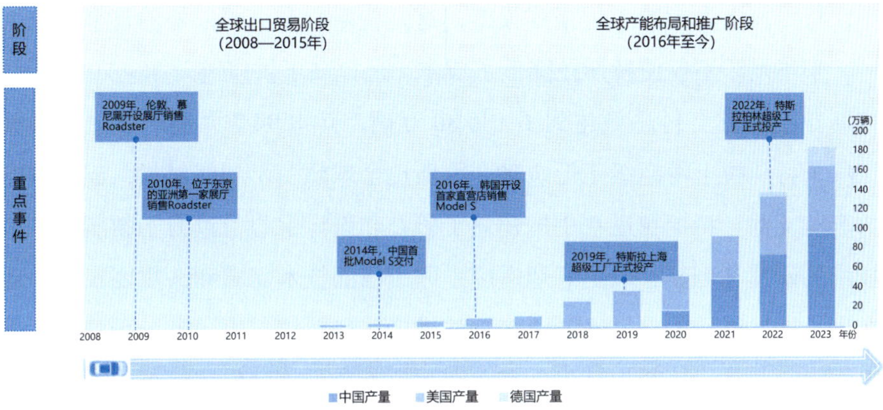

图 2-37　2008—2023 年特斯拉全球布局经验及发展阶段

资料来源：MarkLines。

（1）发展历程

全球出口贸易阶段（2008—2015 年）。特斯拉的全球化布局和国际化发展经历了多个阶段，从 2008 年推出首款车型 Roadster 开始，逐步扩展到全球市场。这一时期，特斯拉销量主要集中在北美市场，通过创新技术和高端的产品定位吸引消费者；在海外市场主要以产品销售和品牌建设为主，不断提升品牌价值并积累消费者群体。为满足市场需求，特斯拉加速产能提升和国际合作，2009 年特斯拉与丰田签订合作协议，为其提供电池组和电动发动机，并购买了位于加利福尼亚州弗里蒙特的工厂用于生产自己的下一代产品。2012 年特斯拉推出了 Model S 轿车，随后在 2015 年和 2016 年接连推出 Model X 和 Model 3 丰富产品线布局。此阶段，除了美国本土市场，特斯拉主要针对欧盟、中国等电动车利好政策较为明显、市场需求旺盛的国家和地区，而日韩等国家市场拓展并不理想。

全球产能布局和推广阶段（2016 年至今）。此阶段特斯拉开始在海外布局产能，通过设立工厂和设计本土化车型深耕当地市场。除了美国本土的主要生产基地，特斯拉逐步开始在中国以及欧洲布局生产基地。2019

年，特斯拉上海超级工厂正式投产，这是特斯拉在美国以外的首个超级工厂。来华设厂不仅使特斯拉降低了成本，还提高了供应链效率。2023 年，特斯拉全球的交付总量达到了 180.86 万辆，其中 94.7 万辆产自上海超级工厂，特斯拉上海超级工厂贡献了特斯拉全球超一半的交付量，成为重要的产能支撑。特斯拉还在中国建立了研发和设计中心，致力于新能源汽车技术的研发和创新，以更好地适应中国市场的技术需求和法规要求，推动在华长期发展。为促进新能源汽车的推广，特斯拉在中国市场积极扩大充电网络。此外，特斯拉还先后在欧洲和拉美布局德国柏林超级工厂和墨西哥工厂，进一步加速了其多元化产能布局（见表 2-10）。

表 2-10　特斯拉全球产能情况

工厂名称	生产车型	已有产能（辆）	产能状态
上海超级工厂（中国）	Model 3/Y	＞ 950000	在产
弗里蒙特工厂（美国）	Model S/X	100000	在产
	Model 3/Y	＞ 550000	在产
得克萨斯州超级工厂（美国）	Model Y	＞ 250000	在产
	Cybertruck	＞ 125000	在产
柏林超级工厂（德国）	Model Y	＞ 375000	在产
内华达州超级工厂（美国）	Tesla Semi	—	试产

资料来源：特斯拉财报。

注：该表数据截至 2024 年第二季度报告期。

（2）成功经验

一是差异化全球化布局策略。特斯拉的全球化布局采用不同模式。由于本地供应链较为成熟，可以有效支撑特斯拉的产能扩张，支持其全球化进程，特斯拉在欧洲和中国市场均以出口贸易的形式切入，并逐渐向本土化生产发展。此外，欧洲和中国市场的销售情况较好，也进一步促使特斯拉加大投入和布局。目前特斯拉超级工厂二期工程接近尾声，上海储能超级工厂即将投产，储能工厂总投资约 14.5 亿元。特斯拉在日韩主要以出口贸易为主，暂未设立生产制造基地。目前日韩汽车巨头纷纷采取海外生产的模式，海外产能高于本土产能，不具备承载在本地设立大规模生产制造基地的条件。特斯拉虽然在日韩两国销量并不理想，但是受到补贴等利好政策的影响，仍有一定的市场机会。

二是与本地成熟供应链深度合作。优质的供应链是保障产能、提升汽车业务毛利率的关键。特斯拉曾深陷“产能危机”，2017 年特斯拉 Model 3 产能只有 2700 辆，Model 3 积压的订单一度达到 50 万辆，马斯克提出特斯拉当下最大的阻碍并非竞争对手，而是来自供应链层面的限制。此后，特斯拉开始寻求与中国供应链深度合作，中国凭借完整、高效、成熟的供应链体系，支撑上海超级工厂实现“当年开工、当年竣工、当年投产、当年上市”的超高效率，仅用 30 多个月就下线 100 万辆整车。作为特斯拉全球的出口中心，上海超级工厂在 2023 年全年出口超过 34.4 万辆电动车，同比增长超 26.9%。特斯拉曾多次公开表示，特斯拉的生产优势及成就离不开和特斯拉一起发展的中国本土供应链。特斯拉上海超级工厂在长三角形成了汇聚电池、汽车芯片、精密加工等新能源汽车零部件的全生态链，零部件本土化率已超过 95%，签约的本土一级供应商超过 400 家，其中 60 家已经进入特斯拉全球供应链体系。通过在中国建厂生产，特斯拉能够削减至少 3600 美元的运输费用，并通过国产供应链和中国劳动力大幅降低成本，从而提高全球竞争力。特斯拉还希望将中国的供应链经验复制到墨西哥等地，动员中国供应商前往当地建厂，进一步扩展其全球供应链体系。

三是以颠覆式创新打造世界级品牌。特斯拉在技术、营销、产品等方面都颠覆了传统汽车固有模式，通过差异化、高端化和高科技的品牌属性，助力特斯拉打造独特的世界级品牌。技术上，特斯拉引领了电动车三电技术的颠覆式创新，在电池能耗管理、一体化压铸、自动驾驶等方面实现技术突破，并通过打造技术品牌，吸引对新技术和高品质汽车感兴趣的消费群体。营销模式上，特斯拉采用奢侈品的高端消费定位，创新开展直营模式进行电动车销售，并大量布局充电网络和服务网络，完善营销服务能力，以优质服务支撑高端定位。产品布局上，特斯拉通过豪华超跑 Roadster 打造高端豪华的品牌形象，而后丰富产品布局。产品设计上，特斯拉是第一个将隐藏式门把手、Yoke 方向盘、中控屏换挡等应用到量产车的乘用车品牌，还取消了格栅这样对电动车来说不需要的配件。通过极简设计独树一帜，Model Y 成为全球最畅销车型，Model 3 也多次成为美国、欧洲等市场最为畅销的电动车。

第三章 国内外汽车产业国际化发展水平与竞争力评价

郝旭　巩富达　郑巧云[1]

一　汽车产业国际竞争力指标体系构建与分析

在《中国汽车产业发展报告（2008）》一书中，课题组构建了“中国汽车产业国际竞争力指标体系”，旨在量化我国汽车产业国际竞争力，分析其变化。历经数年的实践验证，该框架所产出的评估结果与我国汽车产业实际发展状况保持了高度的一致性。由于我国国际化进程进入新阶段，课题组在基本保留原有评估指标的基础上，修订了部分指标以反映我国汽车产业国际化的动态演进趋势。本书继续聚焦产业环境、组织、创新、国际绩效等领域的竞争力。

本次修订引入了若干新指标以反映汽车产业发展的新趋势：在国际绩效竞争力中，我们对“引进来”和“走出去”均给予关注，新增加外商投资与对外环境两项指标，从定量和定性角度衡量我国汽车制造领域外资限

1　郝旭，北京科技大学机械工程学院讲师。
巩富达，北京科技大学机械工程学院。
郑巧云，中国汽车工程学会战略规划部高级研究员。

制全面取消后市场发展的新趋势；为了更好地反映国际化水平和进程，我们增加了国际普遍关注的产业标准化程度、生产成本利润率指标以强化国际横向比较。图 3-1 中阴影所标示的指标为新引进指标。

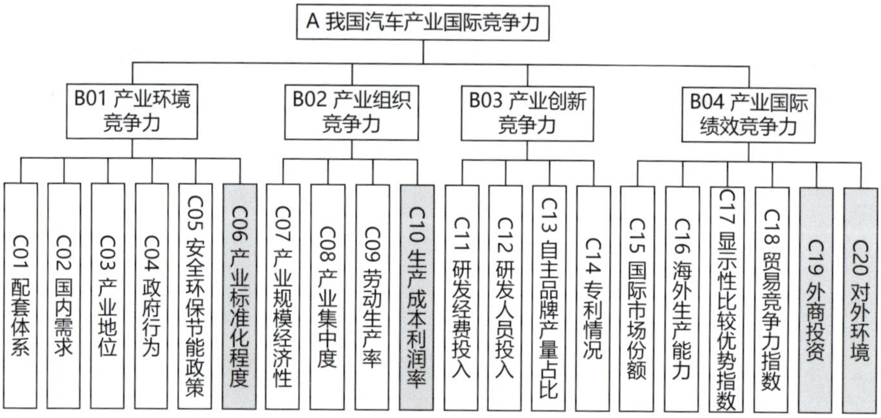

图 3-1　我国汽车产业国际竞争力指标体系（2023 年修订版）

资料来源：笔者绘制。

鉴于当前可获取的汽车行业最新、最全面的年度数据覆盖至 2022 年，课题组将核心聚焦 2022 年我国汽车产业在环境、组织、创新和国际绩效四个关键维度竞争力的发展情况，综合评估 2022 年我国汽车产业国际竞争力的总体水平及变化。指标计算整体延续《中国汽车产业发展报告（2008）》的构建方法：采用因子分析方法量化国际竞争力指标体系及权重；国内量化数据主要来自《中国汽车工业年鉴》、MarkLines 数据库、国家统计局等，国际量化数据主要来自 MarkLines 数据库、国际能源署公开报告等，定性评价数据基于课题组面向行业专家问卷调研得到。指标体系定量计算结果如表 3-1 所示。

表 3-1　2022 年我国汽车产业国际竞争力的计算结果

指标名称	2022 年				
	下限值	上限值	我国指标值	权重（2023 年修订版）	指标得分（分）
A 我国汽车产业国际竞争力					62.68
B01 产业环境竞争力				0.47	71.51
C01 配套体系（新车国内采购零部件的数额占整个汽车零部件采购额的比重）	10.00%	90.00%	61.80%	0.34	64.75
C02 国内需求（国内销量与国际销量的比率）	1.82%	32.42%	32.42%	0.21	100.00
C03 产业地位（汽车产业增加值占国内生产总值的比重）	0.00%	8.00%	1.44%	0.16	18.03
C04 政府行为（综合考虑政府产业政策、关税水平等因素）	0.00	82.30	82.30	0.06	100.00
C05 安全环保节能政策（综合考虑安全、环保、节能政策的制定和执行情况）	0.00	81.00	80.10	0.04	98.89
C06 产业标准化程度（综合考虑行业标准的制定数量与质量）	0.00	88.00	71.35	0.20	81.08
B02 产业组织竞争力				0.28	58.93
C07 产业规模经济性（达到最低经济规模的企业总产量占全国总产量的比重）	0.00%	100.00%	84.61%	0.41	84.61
C08 产业集中度（CR3）	30.00%	96.67%	41.50%	0.20	17.25
C09 劳动生产率（工业增加值与从业人数的比率，万元 / 人）	0.00	41.43	33.85	0.10	81.70
C10 生产成本利润率（营业利润占生产成本的比重）	0.00%	15.00%	6.66%	0.29	44.42
B03 产业创新竞争力				0.18	53.46
C11 研发经费投入（研发费用占销售收入的比重）	0.00%	6.24%	1.83%	0.47	29.33
C12 研发人员投入（研发人员占全部从业人员的比重）	0.00%	21.65%	17.49%	0.28	80.79

续表

指标名称	2022 年				
	下限值	上限值	我国指标值	权重（2023 年修订版）	指标得分（分）
C13 自主品牌产量占比（自主品牌汽车产量占汽车总产量的比重）	10.00%	100.00%	52.35%	0.15	47.06
C14 专利情况（内资企业专利获授权数量与外资企业专利获授权数量的比率）	0.00	1.21	1.21	0.10	100.00
B04 产业国际绩效竞争力				0.07	**42.04**
C15 国际市场份额（汽车出口额与世界汽车贸易额的比率）	0.00%	8.02%	3.95%	0.39	49.25
C16 海外生产能力（企业在国外生产汽车数量与国内外全部生产数量的比率）	0.00%	72.30%	2.58%	0.22	3.56
C17 显示性比较优势指数	0.00	2.89	0.56	0.11	19.33
C18 贸易竞争力指数	-0.80	0.73	0.20	0.07	65.25
C19 外商投资（外商直接投资金额，亿美元）	0.00	71.79	11.93	0.07	16.62
C20 对外环境（综合考虑对外开放政策、市场环境等）	0.00	82.00	79.40	0.15	96.83

资料来源：《中国汽车工业年鉴（2023）》、MarkLines 数据库、国家统计局等。

（一）总体评价变化与指标体系切换说明

基于 2008 年我国汽车产业国际竞争力指标体系及基于 2023 年修订版指标体系计算的结果如图 3-2 所示。修订过程中，新增指标纳入因子分析，基于专家问卷调研结果进行量化，结果均通过一致性检验。2023 年修订版指标体系结果显示，其与 2008 年版指标体系保持了相同的变化趋势。由于引入了新的指标及权重变化，国际竞争力得分较原指标体系计算结果略有下降，将在后续针对二级指标变化情况进行分析时详细说明。如无特殊说明，本章后续指标变化分析基于 2023 年修订版指标体系展开。

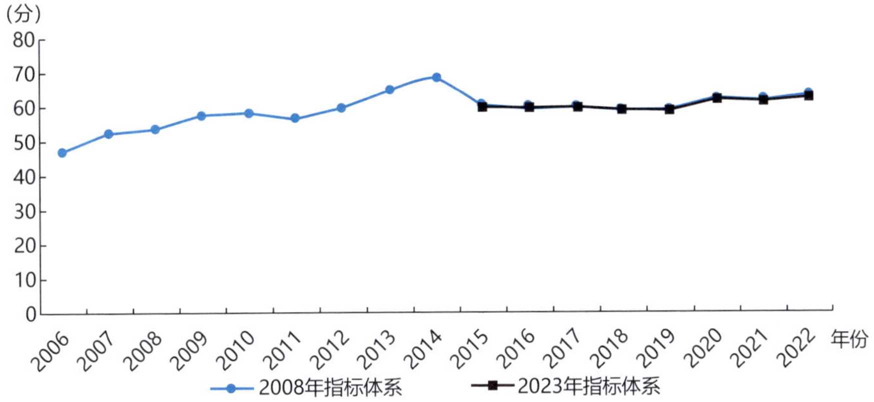

图 3-2　2006—2022 年我国汽车产业国际竞争力得分变化趋势

资料来源：笔者绘制。

总体而言，我国汽车产业国际竞争力呈现曲折上升趋势，正在实现换道发展。2006—2014 年，我国汽车产业的国际竞争力得分呈现出缓慢增长的态势，随后 2015—2018 年略有下降，2018 年国际竞争力得分降至近年来的最低点。然而，自 2018 年以后，我国汽车产业的国际竞争力再次恢复增长。根据 2023 年修订版国际竞争力指标体系，2022 年我国汽车产业的国际竞争力得分达到了 62.68 分，创下近七年的最高分。这一变化趋势反映了我国汽车产业在“新四化”（电动化、智能化、网联化、共享化）的引领下，正经历着一场国际竞争力的换道转型。2006—2014 年，我国汽车产业的国际竞争力上升主要归因于生产规模的扩大以及国内汽车市场的繁荣。这一时期，我国凭借庞大的市场需求和持续扩张的生产能力，在全球汽车市场上崭露头角。然而，2015—2018 年，受到诸多内外部因素的影响，我国汽车产业的国际竞争力得分有所下降。经济增速放缓、市场竞争加剧、外部贸易环境不确定性等因素都对产业发展造成了一定的冲击。2018 年之后，得益于新能源汽车和智能网联汽车等变革性技术的突破以及自主品牌的崛起，我国汽车产业的国际竞争力逐渐恢复。这些技术和市场结构的创新推动了汽车产业从传统内燃机汽车向电动化、智能化方向的转型，重塑了我国汽车产业在全球市场的竞争力，标志着产业发展进入了由技术革新和市场结构调整驱动的新阶段。总体来看，2018 年之后我国汽车产业国际竞争力的主要驱动因素与此前的生产规模增长和市场拓展不同，更多依赖新技术的应用和自主创新能力的提高。因此，本章将重点分析 2018 年后国际竞争力指标的变化，深入探讨这一阶段技术创新和市场结构变化对我国汽车产业国际竞争力的影响，揭示新一轮产业转型背后的驱动因素和未来发展方向。

（二）一级指标变化评价

1. 我国汽车产业国际竞争力稳步提升，产业创新与产业国际绩效表现尤为显著

如图 3-3 所示，2018—2022 年，我国汽车产业国际竞争力一级指标得分整体提升，产业环境竞争力、产业组织竞争力、产业创新竞争力、产业国际绩效竞争力指标有着不同的变化趋势。近五年来产业环境竞争力指标的得分保持相对稳定，产业组织竞争力指标的得分略有下降，产业创新竞争力与产业国际绩效竞争力指标的得分则显著提升。

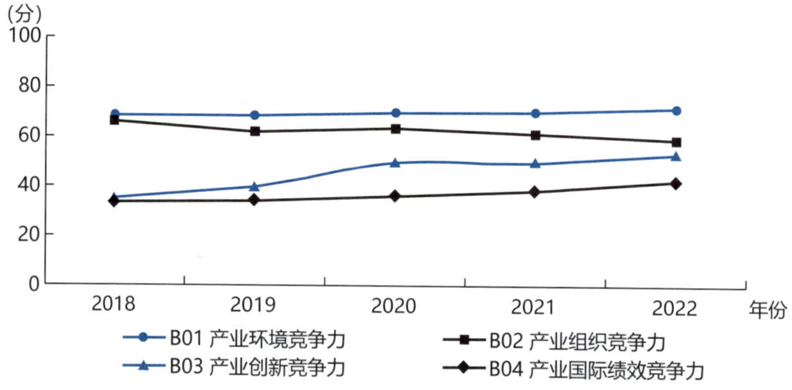

图 3-3　2018—2022 年国际竞争力一级指标得分变化趋势

资料来源：笔者绘制。

产业环境竞争力指标方面，从2018年到2022年这一指标得分稳步上升，我国汽车产业在整体环境中的竞争力不断增强，得分从2018年的68.29分提升至2022年的71.51分。2022年，在相应的二级指标中，我国在国内需求和政府行为方面的得分均为全球领先，达到了100分，充分反映了我国庞大的市场潜力和政府在政策支持上的高度一致性。同时，安全环保节能政策的得分也相当突出，达到了98.89分，表明中国在推行环保和节能政策方面取得了显著进展，为汽车产业的可持续发展提供了强有力的保障。然而，2022年在配套体系和产业地位方面的得分相对较低，分别为64.75分和18.03分，这表明我国在汽车全产业链和汽车产业增加值上与其他汽车强国仍有一定差距。尽管如此，宏观经济环境的波动并未阻碍我国汽车市场的持续拓展，市场需求的强劲增长以及政府的政策支持，特别是安全环保节能政策，为我国汽车产业在复杂的国内外环境中提供了坚实的支持，这也为后续我国产业地位的提升奠定了基础。2023年，我国汽车工业总产值已超过10万亿元，首次超过房地产，成为我国的第一大经济支柱。

产业组织竞争力指标方面，一级指标得分在2018年至2022年呈现持续小幅下降的趋势，从2018年的65.68分降至2022年的58.93分。下降的主要原因是这段时期汽车产业涌现出大量新兴品牌。这些新兴品牌的出现虽然在一定程度上提升了市场的经济活力，带动了技术创新和产品多样化，但也导致了产业集中度（用CR3衡量）的下降。市场竞争的加剧，使得企业之间的竞争压力显著增加，特别是在中低端市场，品牌之间的价格战和成本竞争更加激烈。企业为抢占市场份额，不得不牺牲部分利润，导致整体成本利润率的下降。这种利润压缩与激烈的市场竞争削弱了企业在资源整合和市场拓展方面的能力，从而对我国汽车产业组织竞争力产生了负面影响。

产业创新竞争力指标方面，从2018年到2022年，这一指标呈现平稳上升的趋势。2018年的得分为34.82分，2022年的得分为53.46分，上升了接近20分，显示出我国汽车产业创新能力的显著提升。根据相关二级指标的分析，研发经费投入和研发人员投入的增长尤为突出，这些关键投入为企业的技术创新奠定了坚实基础。自主品牌的市场占有率和专利申请、授权数量均有显著提升，反映出自主创新能力的提升和创新成果的有效转化。自主品牌在这一时期强势崛起，特别是在新能源汽车、智能网联汽车等新兴领域，自主品牌通过不断加大技术研发和产品创新力度，在专利技术和市场份额上都取得了重要突破。

产业国际绩效竞争力指标方面，我国汽车产业得分从2018年的33.06分稳步提升至2022年的42.04分。虽然这一得分仍然是四项国际竞争力一级指标中最低的，但其显示出我国汽车产业在国际市场上的绩效和表现正在逐步改善。特别是在出口额、国际市场占有率等方面的进步为这一分数的提升提供了支撑。然而，在二级指标中，用于衡量我国汽车产品在国际竞争中的地位的显示性比较优势指数指标得分仍不足20分，这表明我国汽车产品在国际市场上仍面临诸多挑战。我国汽车产业在全球范围内的竞争力，尤其是在高端市场和品牌影响力方面尚有待提升。出现这一问题的部分原因在于我国海外生产能力的薄弱，该指标得分仅为3.56分，显示出我国汽车企业在全球生产布局和本地化生产能力上存在明显短板——较低的海外生产能力限制了我国企业在国际市场上的灵活性和竞争力。另外，我国的对外环境得分较高，达到96.83分，反映出我国政府在吸引外资方面的持续努力，特别是在对外开放政策和市场环境上的友好态度。但2021年以来，受到国际经济形势和地缘政治影响，我国汽车产业的外商直接投资出现了断崖式下降。2022年，外商投资指标的得分仅为16.62分，显著低于之前的水平。这种下降在一定程度上削弱了我国汽车产业的国际化拓展能力，限制了其在全球市场上的发展潜力。

2. 我国产业环境竞争力已超其他国家，但产业创新、产业国际绩效竞争力仍是短板

从总体上看，我国的国际竞争力与美国、日本、韩国和德国等主要汽车强国相比仍存在一定差距。2022 年，我国汽车产业的国际竞争力指标总分为 62.68 分，显著低于日本的 74.97 分和德国的 74.57 分。尽管我国的汽车产业国际竞争力不断提升，但在全球汽车产业竞争中仍有较大提升空间。在四个一级指标中，我国的产业环境竞争力指标和产业组织竞争力指标已经接近德国和日本，显示出我国在市场环境和产业结构优化方面的努力取得了一定成效。然而，在产业创新竞争力和产业国际绩效竞争力这两个关键指标上，我国与全球领先国家仍然存在明显的差距（见图 3-4）。德国在产业创新竞争力指标得分为 94.15 分，日本为 85.34 分，而我国仅为 53.46 分，反映出我国在研发投入、技术创新以及自主品牌技术积累方面还有较大的提升空间。在产业国际绩效竞争力指标上，差距更为显著。德国以 91.58 分居于领先位置，日本得分为 73.11 分，而我国仅为 42.04 分。这一差距反映了我国在国际市场份额、出口竞争力和品牌国际影响力方面仍需大幅提升，尤其是在高端市场和全球产业链中的地位还有待突破。

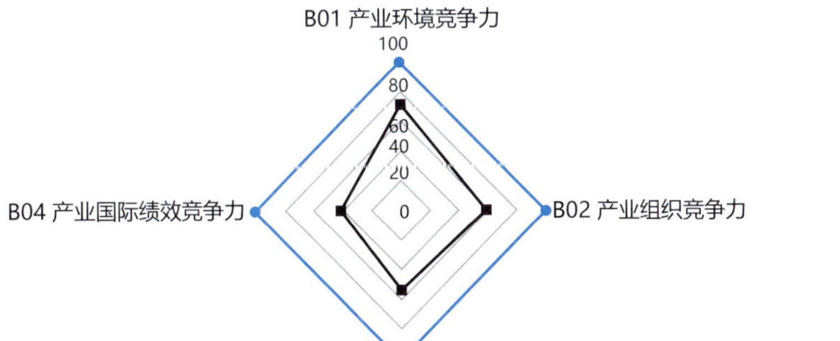

图 3-4 我国汽车产业国际竞争力一级指标国际对比

资料来源：笔者绘制。

具体来看，在产业环境竞争力指标方面，我国的得分为 71.51 分，相较于其他主要国家处于中等水平。我国的得分高于德国（63.22 分）和美国（66.38 分），但仍低于日本（79.35 分）。在与产业环境相关多个关键领域，日本分值高于我国。例如，日本新车采购本国零部件的比重较高，显示出其国内产业链的高度完整性。此外，从汽车产业增加值占国内生产总值的比重以及日本在参与国际标准制定中的主导作用来看，产业地位指标和产业标准化程度指标得分也显著高于我国（见图 3-5）。

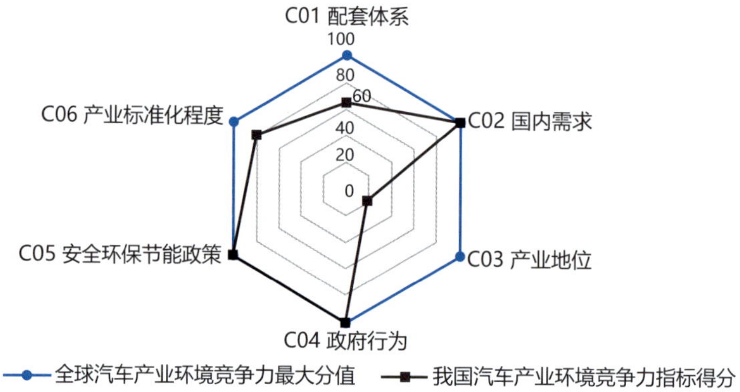

图 3-5　我国汽车产业环境竞争力指标国际对比

资料来源：笔者绘制。

在产业组织竞争力指标方面，我国的得分为 58.93 分，相较于其他主要国家处于较低水平。德国的得分为 76.78 分，而日本为 61.41 分。我国和日本产业组织竞争力指标得分较低的一个共同原因是成本利润率偏低，这可能与经济全球化背景下亚洲制造业整体的成本压力有关。激烈的市场竞争和对成本控制的严格要求，导致了成本利润率的下降，从而影响了产业组织竞争力的整体表现。从图 3-6 中也能看出，我国产业组织竞争力主要在产业集中度、生产成本利润率两个指标上显著低于国际领先水平。

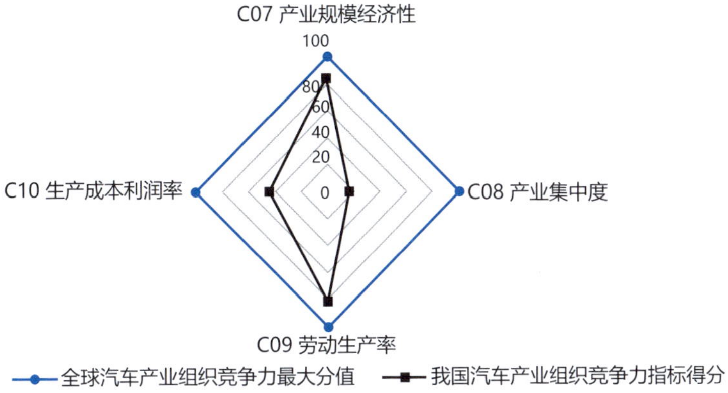

图 3-6 我国汽车产业组织竞争力指标国际对比

资料来源：笔者绘制。

在产业创新竞争力指标方面，我国的得分为 53.46 分，显著低于其他主要国家。尽管近年来我国的产业创新竞争力不断提升，但在技术创新、研发投入和新技术应用方面的进展速度仍不足以满足产业国际竞争力快速发展的需要。德国和日本在该指标上继续保持领先地位，得分分别为 94.15 分和 85.34 分，表明其在创新领域的强大优势。我国汽车产业的创新竞争力正在持续提升，得益于高等教育普及率的提高，我国正逐步将人口优势转化为人才优势，加大研发人员投入。然而，研发费用占销售收入的比重仍低于国际领先水平（见图 3-7），这成为限制我国产业创新竞争力的主要短板之一。此外，尽管自主品牌的发展取得了一定进展，但与其他汽车强国相比，我国自主品牌在国内市场的占有率仍然较低，这也在一定程度上反映出我国整体产业创新竞争力的不足。

在产业国际绩效竞争力指标方面，尽管我国的国际绩效竞争力逐年提升，但受到全球局势的变化和部分发达国家贸易壁垒的影响，2022 年得分仅为 42.04 分，显著低于其他主要国家。德国以 91.58 分位居首位，展现了其在国际市场上的卓越竞争力。日本得分为 73.11 分，同样远超我国，反映出其在出口竞争力和品牌影响力方面的显著优势。韩国的得分为

52.32 分，也高于我国。我国在国际市场上的表现，尤其是在品牌知名度和全球市场拓展能力方面，与这些汽车强国仍有差距（见图 3-8）。

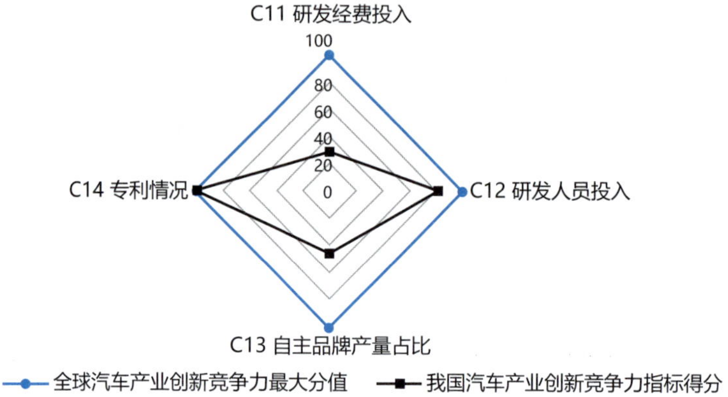

图 3-7　我国汽车产业创新竞争力指标国际对比

资料来源：笔者绘制。

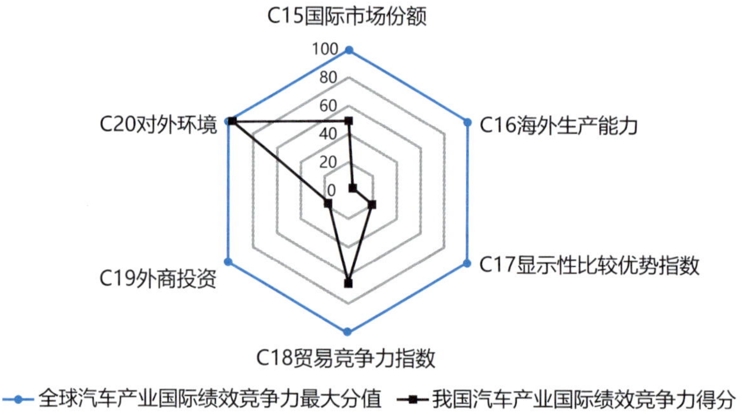

图 3-8　我国汽车产业国际绩效竞争力指标国际对比

资料来源：笔者绘制。

尽管我国 2022 年的汽车产业国际竞争力指标总分与其他主要国家相比仍然靠后，但得分差距已经大幅度缩小，体现了近年来我国汽车工业的迅速发展。《中国汽车产业发展报告（2008）》曾将我国的国际竞争力一级指标与全球汽车行业相应指标的最大值进行了对比，2006年我国汽车产业国际竞争力指标的分值为47.63分，尚不及发达国家汽车产业国际竞争力指标最大值的一半。目前我国国际竞争力指标的分值与发达国家的差距已经大幅度缩小。受到近年国内经济与国际政治环境影响，尽管我国各项指标得分均有大幅度提升，但汽车产业竞争能力的提升还没有突破国际领先国家的界限，将在后续的二级指标变化评价中进行逐项分析。

（三）二级指标变化评价

二级指标按照时间跨度情况可分为三类：大部分指标为《中国汽车产业发展报告（2008）》中2006年数据延续至今；部分指标由于指标切换、更新、统计口径变化等，修改为2016年数据延续至今；本次新增的定性评价指标无法进行回溯打分，因此仅提供2022年的数值。

1. 产业环境整体稳定，受宏观经济环境影响存在波动

我国配套体系指标（新车国内采购零部件的数额占整个汽车零部件采购额的比重）的变化趋势一直较为波动不定。该指标主要衡量我国汽车产业对国内零部件的依赖程度，反映出供应链本地化与国际化的平衡情况。我国新车国内采购零部件的数额占整个汽车零部件采购额的比重在2015—2018年持续下降。据彼得森国际经济研究所统计，自2018年起，随着全球贸易开放度从60.1%下降至57.2%，逆全球化趋势开始显现，全球贸易格局发生了明显变化。因此2018年后，我国汽车产业的新车国内采购零部件的数额占整个汽车零部件采购额的比重出现小幅回升。从国际比较看，尽管我国该指标得分有所提高，但与日本等国家相比仍存在明显差距，且分值波动较大。近年来日本新车零部件的国内采购比例约为89%，而我国在2022年仅约为62%，显示出我国在全球汽车零部件供应链中对进口零部件的依赖程度较高。

国内需求指标主要考虑国内销量与国际销量的比率。自2006年以来，该指标的分值波动上升，2015年后趋于平稳，但整体的上升趋势保持不变。到2022年，该指标得分达到了100分。2022年我国的国内销量与国际销量比率达到了32.42%，这一比例远高于美国的17.17%，并显著领先于日本的5.07%、德国的3.58%和韩国的2.03%。相较其他国家，我国依然是全球最大的汽车消费市场，国内汽车消费保持全球领先地位，凸显出我国市场的广阔容量和强大的内需动力。这种国内需求的持续增长，不仅为我国汽车产业提供了稳定的增长动力，也为全球市场竞争力的提升提供了有力支撑。在全球经济不确定性增加的背景下，我国汽车产业通过稳定的内需表现，展现出了强大的市场韧性和持续增长的潜力。

产业地位指标主要通过汽车产业增加值占国内生产总值的比重来衡量。自2010年以来，这一指标一直保持相对稳定的态势，表明汽车产业在国民经济中的作用相对稳固。2022年，汽车产业增加值占国内生产总值的比重为1.44%，相较2021年的1.43%略有回升，仍低于2020年的1.53%。这一小幅波动反映了汽车产业在经济周期中的调整，总体来看，其在国民经济中的地位保持不变，未受到外部因素的显著影响。尽管汽车产业在我国经济中的地位相对稳定，但与其他主要汽车生产大国相比，汽车产业增加值占比仍处于较低水平。数据显示，日本汽车产业增加值占其国内生产总值的8%～10%，而德国这一比重也高达7%。这表明，尽管我国是全球最大的汽车生产国和消费市场之一，汽车产业自身在国民经济中的贡献比例相对较小。产生这一现象的原因可能与我国经济的多元化结构有关。与高度依赖汽车制造业的日本和德国不同，我国的经济结构更加多元，制造业、服务业和其他产业共同支撑了国民经济的增长。与此同时，2022年我国汽车产业的增加值约为1.73万亿元。如果进一步考虑汽车与上下游产业协同发展的特征，带动从基础材料（如钢铁、塑料）到先进技术（如电子信息、软件、人工智能）的全面发展，那么涵盖整车制造、零部件、销售和相关服务的我国汽车产业总产值超过 9 万亿元，我国汽车产业是国民经济中关键的支柱。随着新能源汽车和智能网联汽车的快速发展，未来汽车产业增加值占国内生产总值的比重有望进一步提升，特别是在产业升级和技术创新的推动下，汽车产业的整体贡献将更加凸显。

政府行为指标为定性评价项，综合考虑了政府产业政策、关税水平等因素。我国政府在汽车产业管理体系和政策方面的表现一直较为出色，2022 年我国政府行为指标值为 82.30，对应的指标得分为 100 分，在国际比较中处于领先地位。政府行为指标得分的高位反映了我国在制定和执行汽车产业政策时的高度稳定性、一致性和持续性。这种稳定的政策环境为汽车产业的长期发展提供了有力支持，使得企业能够在明确的政策框架下制订战略规划，推动技术创新和市场拓展。从国际比较来看，德国、美国、日本和韩国等汽车强国在政府政策制定和执行上也表现不俗，政府行为指标值均接近 75，指标得分均超过 90 分，但低于我国。其他国家的政策受政治、经济等外部因素影响较大，政策的执行力和一致性相对不如我国，这也体现在全球汽车市场中，我国新能源汽车的迅速崛起和市场渗透力的提升。

对安全环保节能政策指标的评价同样是通过定性分析来进行的，定性评分综合考虑各国在这些领域的政策制定和执行情况。我国安全环保节能政策指标值为 80.10，对应的指标得分为 98.89 分，得分略低于德国和日本的 100 分，但高于美国的 96.30 分和韩国的 92.59 分。这一得分反映了我国在安全环保节能方面的政策成果，特别是在新能源汽车领域，展现了我国政府在实现碳达峰、碳中和目标上的坚定决心。我国在 2022 年大力推进新能源汽车发展，出台了一系列与环保节能相关的激励措施。德国、日本在这一领域表现同样突出。例如，德国在 2022 年加速推进《气候保护法》的修订，进一步严格了碳排放标准，推动汽车产业加快向电动化和氢能源转型。此外，德国也在推动汽车制造的碳足迹管理上领先一步，要求汽车制造商在整个供应链中减少碳排放，从生产到报废全周期进行碳核算。日本则加强了对燃油车的限制，积极推进氢燃料电池车的发展，并通过大规模的补贴政策和严格的碳减排标准，使其汽车产业在节能环保领域表现更加突出。

产业标准化程度指标是2023年版新增的衡量指标，2022年该指标值为71.35，对应的指标得分为81.08分。由于缺乏历史数据，暂无法对其进行趋势性分析。然而，通过国际横向比较可以发现，我国汽车行业在标准化方面，尤其是在参与国际标准制定上，仍存在明显短板。与其他主要汽车制造国家相比，我国的标准化程度较低。2023年德国在这一指标上的得分最高，为100分，日本为96.59分，美国为94.32分，韩国则为90.91分，均显著高于我国的81.08分。我国汽车产业标准化水平相对落后，主要体现在国际标准制定的参与度和影响力不足上。德国、日本等汽车制造强国在制定国际汽车行业标准方面拥有强大的话语权，尤其是在汽车制造流程、安全标准、环保规定以及智能网联汽车领域的标准制定中占据主导地位。例如，德国不仅在传统燃油车制造标准上拥有广泛的影响力，还在电动汽车及相关基础设施的国际标准制定上处于领先地位，确保了其技术在全球范围内的普及和应用。相比之下，我国在国际标准化组织中的话语权仍有待提升，尽管国内汽车产业快速发展，特别是在新能源汽车和智能网联汽车领域取得了技术突破，但这些技术尚未被广泛纳入国际标准体系。标准化不足不仅制约了我国汽车企业在国际市场中的竞争力，也增加了出口难度，导致企业在进入国际市场时需要适应不同国家的标准要求，增加了成本和复杂性。此外，标准化不足也反映出我国汽车产业链的成熟度和技术整合能力仍需进一步提升。随着全球汽车产业向电动化、智能化转型，汽车行业标准的制定不仅是技术创新的保障，也是全球市场竞争力的核心。只有积极参与国际标准的制定，才能确保我国技术和产品在全球市场中具备竞争优势。产业环境竞争力各项指标变化趋势如图3–9所示。

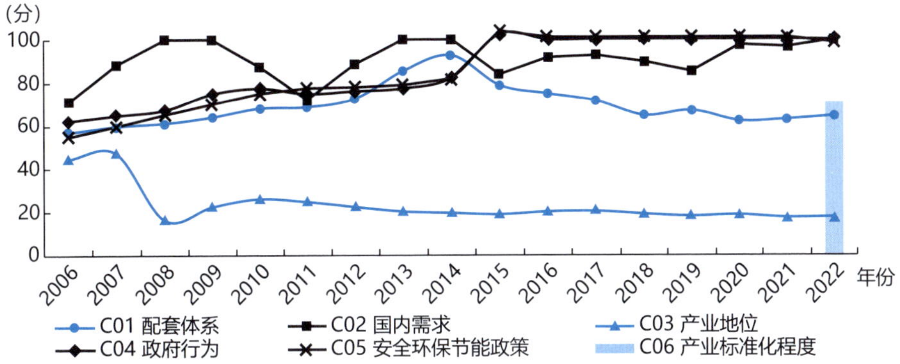

图 3-9　2006—2022 年我国汽车产业环境竞争力指标得分变化趋势

资料来源：笔者绘制。

2. 新能源汽车的快速发展显著重塑我国产业组织集群，需进一步提升精益化生产能力

产业规模经济性指标通过衡量达到最低经济规模的企业总产量占全国总产量的比重来评估。基于《中国汽车产业发展报告（2008）》的标准，汽车企业的最低经济规模定义为每年生产乘用车 25 万辆，对于主要生产商用车的车企，定义为每年生产商用车 10 万辆。对汽车企业最低经济规模的门槛限制通常包括技术设备的先进性、环保达标等多项指标，以确保企业具备足够的市场竞争力，并能够在产业链中发挥更大的作用。达到最低经济规模的企业，能够通过规模效应降低生产成本，并在市场竞争中具备显著的价格优势。2006—2022 年，我国产业规模经济性指标的分值呈现出持续上升后趋于稳定的趋势，尤其是在 2010 年之前，该指标得分从约 40 分显著提升至 80 分左右，反映了我国汽车企业在早期通过规模扩张和生产优化实现了快速增长。然而，2015—2020 年，由于市场结构日渐成熟和竞争格局趋于稳定，分值保持相对平稳。2020 年后，随着部分造车新势力企业进入市场，产业规模经济性指标呈现出一定的下降趋势。2022 年，我国达到最低经济规模的企业总产量占全国总产量的比重为 84.61%，与全球主要

汽车生产国相比，仍有待进一步提高。例如，美国该比重高达95.23%，韩国、德国分别为92.19%和87.97%。我国汽车产业规模经济性较低的原因之一是市场较为分散，企业集中度不高。目前汽车产业仍存在一些中小企业，生产规模相对较小，未能有效利用规模经济效应。此外，随着新能源汽车和智能网联汽车技术的发展，许多新进入者尚未达到最低经济规模的门槛要求，这在一定程度上限制了行业整体的规模经济性提升。

产业集中度指标用市场上前三大汽车企业的市场份额比例（CR3）来衡量。一般而言，产业集中度越高，市场竞争越集中，反之，集中度越低则意味着市场更为分散、竞争更为激烈。该指标在2006年至2010年得分从约50分下降至30分左右，之后保持在这一水平波动，并在2020年后进一步下降。这表明随着时间的推移，我国汽车产业的市场集中度逐渐降低，市场竞争趋向分散，主要厂商的市场占有率有所下降。一般而言，产业集中度较低的行业，市场竞争更为激烈，企业之间的价格战和技术竞争也更加频繁，进而对利润率产生压制作用。企业为争夺市场份额往往需要牺牲部分利润，这也解释了为什么在集中度较低的市场中整体利润水平往往较低。2022年，我国汽车产业集中度（CR3）为41.50%，在国际范围内处于较低水平。相比之下，韩国的产业集中度（CR3）最高，达到96.67%，显示出该国汽车产业的高度集中，完全由现代和起亚等头部企业垄断。德国紧随其后，产业集中度（CR3）达到87.97%；日本和美国的产业集中度（CR3）分别为57.32%和47.29%，同样显示出较高的市场集中度。这种高度集中带来的好处是，大型企业拥有更多资源进行技术研发、全球市场拓展和产业链整合，从而增强全球竞争力。然而，产业集中度指标过高也可能导致市场的垄断性过强，限制中小企业的发展空间，减少创新和竞争的活力。此外，过度依赖少数几家企业的市场结构，在面对经济波动或技术变革时可能更加脆弱。我国相对较低的产业集中度既反映了市场的开放性，也带来了一些挑战。一方面，较为分散的市场结构为中小企业和新进入者提供了更多的发展机会，促进了市场活力和创新。另一方面，过度分散的市场格局也导致了竞争的无序化和利润率的下降，尤其是在新能源汽车市场快速扩张的背景下，企业间的竞争更加激烈，部分企业难以通过规模效应提升盈利能力。

劳动生产率指标通过汽车产业的工业增加值与从业人数的比率计算，单位为万元 / 人。自 2016 年以来，该指标得分显著上升，从约 50 分迅速增长至 2022 年的 81.70 分，反映了我国汽车产业在劳动生产率方面的显著提升。近年来，汽车产业中每单位劳动力所创造的经济价值显著增加，这一增长趋势得益于技术进步、生产效率的提升以及人力资源的优化配置等因素。2022 年我国汽车产业的劳动生产率达到 33.85 万元 / 人，与全球汽车产业领先国家相比仍然存在一定差距，日本的劳动生产率超过 40 万元 / 人。未来，通过进一步推进智能化应用、加强技术型人才培养以及深化产业链整合，我国有望继续缩小与日本、德国等汽车强国在劳动生产率方面的差距，为产业高质量发展提供坚实支撑。

值得注意的是，我国汽车产业的生产成本利润率指标得分近年来呈现出持续下降的趋势。生产成本利润率是指营业利润占生产成本的比重，用于衡量企业在生产过程中实现利润的能力。2022 年，我国汽车产业的生产成本利润率为 6.66%，在全球范围内处于中游水平。相比之下，美国和德国的生产成本利润率较高，为 7% ~ 8%，而日本的生产成本利润率则略低，为 4% ~ 5%。生产成本利润率下降的主要原因在于车辆原材料和零部件成本逐年上涨，使得企业的利润空间不断受到挤压。随着全球新能源汽车产业的快速发展，对锂电池原材料的需求大幅增加，特别是碳酸锂等关键原材料的价格近年波动幅度大，这对电动汽车的生产成本产生了重大影响。此外，钢铁、铝合金等用于车身制造的基础材料成本也在全球供应链紧张的背景下不断攀升。这些成本的增加直接影响了整车制造企业的盈利能力，尤其是在市场竞争加剧的情况下，企业难以将成本完全转移给消费者，从而导致利润空间被进一步压缩。除了原材料成本，零部件价格上涨和全球物流成本的增加也是影响生产成本利润率的关键因素。随着汽车技术的升级，尤其是电动汽车和智能网联汽车技术的发展，车用零部件的复杂性和精密度要求更高，导致制造成本上升。同时，全球运输成本的增加和供应链的中断也进一步推高了汽车制造的总体成本。这些因素使得企业面临更大的经营压力。与美国和德国等汽车产业强国相比，我国企业在利润控制上仍有差距。德国汽车制造商凭借其在高端市场的稳固地位，能够通过高附加值产品有效缓解成本压力。而美国的汽车企业则通过规模效应和全球化布局，有效分摊了生产成本。这些国家通过强大的品牌溢价能力、先进的生产技术以及成熟的供应链管理体系，能够更好地应对原材料和生产成本的波动，从而维持较高的利润率。我国汽车产业组织竞争力各项指标变化趋势如图 3–10 所示。

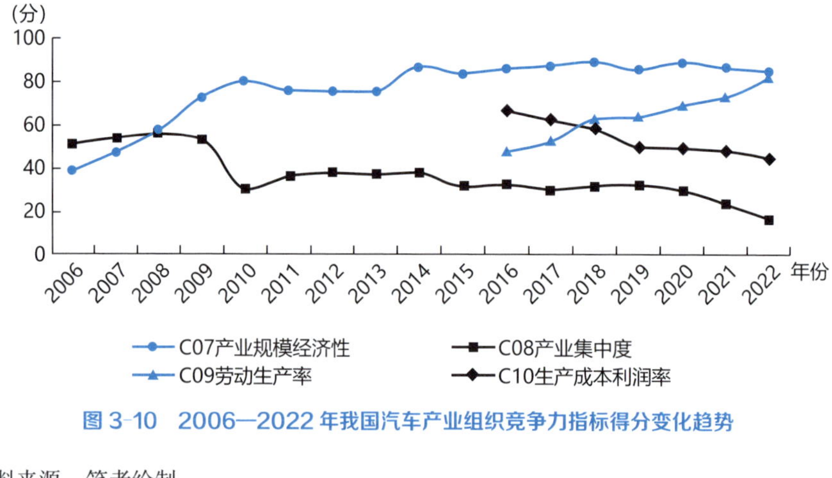

图 3-10　2006—2022 年我国汽车产业组织竞争力指标得分变化趋势

资料来源：笔者绘制。

注：劳动生产率近年公布数值单位由辆 / 人变更为万元 / 人，前后对比不具备可比性，因此只绘制 2016 年及以后数值。生产成本利润率为新增指标，仅分析 2016 年后数值变化趋势。

3. 自主品牌人才红利、科技创新带动产业创新竞争力显著提升

研发经费投入指标（研发费用占销售收入的比重）是衡量一个行业技术创新和长期竞争力的重要指标。我国研发经费投入指标在 2009—2022 年得分整体相对平稳，在 20 ～ 40 分之间波动。然而，自 2018 年后，研发经费投入指标表现出稳中有升的趋势，表明我国汽车产业对研发领域的重视程度有所增强。尽管如此，与全球汽车强国相比，我国的研发投入水平仍显不足。2022 年我国汽车产业的研发费用占销售收入的比重为 1.83%。这一数据虽然显示出近年来的增长，但与其他汽车强国相比，仍然存在较大差距。日本的研发投入占比最高，达到了 6.24%，是我国研发费用占销售收入比重的 3 倍以上。德国紧随其后，为 5.68%，而美国 2021 年这一比例也达到了 4.23%。这些数据表明，全球领先的汽车生产国在研发领域的投入占比均超过我国，这使得其能够在技术创新、产品开发以及市场竞争中保持领先地位。日本的高研发投入与其在高精密制造、自动驾驶技术和氢燃料电池车等领域的持续创新密切相关。德国凭借其强大的工程技术传统和在高端市场的主导地位，也一直维持着较高的研发投入水平，确保汽车制造业在质量、性能和创新上的全球竞争力。美国则依靠其在智能网联汽车、自动驾驶技术和电动汽车领域的持续研发投入，在全球市场中保持强劲的技术竞争力。尽管我国近年来在新能源汽车、智能网联汽车技术等领域取得了显著进展，但整体研发经费的占比仍然较低。低研发投入可能影响企业在高端市场中的竞争力，并限制其国际拓展的技术支撑。要进一步提升我国汽车产业的竞争力，加大研发经费投入将是关键。通过增加研发资金的投入，企业可以推动更多的技术创新，开发具有全球竞争力的产品，尤其是在电动汽车、电池技术和智能驾驶等前沿领域。政府也可以通过政策引导和资金支持，鼓励企业加大研发投入，提高技术水平，推动汽车产业转型升级。

研发人员投入指标（研发人员占全部从业人员的比重）是衡量汽车行业创新能力和技术进步的重要指标。2006—2014 年，我国汽车产业的研发人员投入稳步上升，反映了行业对技术研发的重视。2015—2018 年，该指标得分出现了波动和下降。由于全球汽车市场需求下降，加之经济增长放缓，许多企业在运营成本控制和人员配置方面面临压力，导致研发人员投入相对下降。2020 年之后，随着行业回暖和技术竞争的加剧，企业逐步认识到研发人员对技术创新的核心作用，该指标得分迅速回升，超过 70 分，高于 2006—2014 年的最高水平。《中国汽车工业年鉴（2023）》显示，2022 年我国主要汽车整车生产企业的从业人员为 615926 人，其中研发人员达到了 107728 人，占比为 17.49%，这一比例在国际上处于中等偏上水平。德国在技术研发领域投入更加深厚，并在全球保持领先地位。德国汽车工业协会研究显示，德国汽车产业中的研发人员占比略高于我国，达到 21.65%。当前和今后相当长一个时期，我国仍然具有人口总量规模优势，特别是全民受教育水平持续提高，处于由人口红利向人才红利转变的关键阶段。随着新能源汽车、智能网联汽车技术的快速发展，汽车行业的技术壁垒不断提高，企业逐渐认识到要在国际竞争中保持领先，必须加大对研发人员的引进和培养。这不仅有助于提升产品的技术含量，还能够增强企业的核心竞争力，在快速变化的全球市场中站稳脚跟。为了缩小与全球领先国家的差距，我国汽车产业未来应继续加强对研发人员的引进和培养。通过提供更多的激励政策和人才培养计划，吸引高素质的研发人员投身汽车行业，将有助于进一步推动技术突破。

自主品牌产量占比指标自 2015 年后稳中有升，指标得分从约 40 分逐步提升至接近 50 分。随着自主品牌的崛起，它们在市场中的影响力也逐步增强。2022 年，我国自主品牌汽车产量占汽车总产量的 52.35%，相比 2021 年的 47.81% 提升了近 5 个百分点。这一显著增长不仅反映了自主品牌在市场中的稳步扩张，也展现了其在国内消费者中日益提升的认可度和信任度。从国际比较的角度来看，我国自主品牌产量占汽车总产量的比重在全球范围内处于中等水平。与美国相比，我国自主品牌产量占汽车总产量的比重为 52.35%，已超过了美国的 41.55%，显示出我国自主品牌在本土市场中竞争力的逐渐增强。然而，与日本、德国和韩国等国家相比，我国自主品牌产量占汽车总产量的比重仍有提升空间。德国和韩国保持了较高的自主品牌产量占比，分别为 90.23% 和 85.31%。

专利情况指标用内资企业专利获授权数量与外资企业专利获授权数量的比率衡量。2014 年以来，该指标得分迅速上升，显示出内资企业在专利授权方面取得了显著的进步。《中国汽车工业年鉴（2023）》显示，2022 年我国内资企业专利获授权数量与外资企业专利获授权数量的比率达到 1.21，表明内资企业在专利布局和技术创新上的持续发力。这种增长不仅表明了我国内资企业自主创新水平的提升，还显示出国家对知识产权保护的重视。在过去，外资企业在中国市场上凭借其雄厚的技术积累和丰富的专利储备，长期占据专利授权的主导地位。然而，近年来，内资企业通过加大研发投入、提升技术创新能力，逐步缩小了与外资企业的专利数量差距，甚至在某些关键技术领域实现了专利获授权数量上的超越。不过与日韩相比，我国内资企业在我国的专利授权比例并不高。智慧芽检索的数据显示，2022 年，在全球范围内按照申请人所在地和受理局进行分类，在日本授权的 IPC B60 专利（涵盖汽车的总体结构、部件及系统）中，日本企业与其他国家企业的比例达到了 7.6；韩国相应的数据为 5.05，而美国和德国的比例相对较低，分别为 1.28 和 0.81。日本和韩国在汽车技术领域，尤其是本国市场中的专利布局具有强大优势。从专利授权的绝对数量来看，2022 年全球范围内在 IPC B60 领域共授权 15.3 万件专利。其中，我国共计授权 8.69 万件专利，位居全球第一，远超美国的 1.71 万件、日本的 1.21 万件和德国的 1.07 万件。更为重要的是，在原始申请人所在区域分类中，我国以 8.10 万件专利名列第一，包含自主品牌及合资企业在内的汽车企业在全球专利竞争中占据了绝对优势，远超日本（2.42 万件）、德国（1.21 万件）和美国（1.21 万件）。这充分说明我国企业在全球汽车专利领域的地位日益增强。尤其值得关注的是，大量专利主要集中在新能源汽车、新一代信息技术和高端装备制造业等战略性新兴产业。这些产业的技术突破不仅为我国汽车企业在全球竞争中带来了新的增长动力，也进一步推动了汽车产业向智能化、电动化和绿色化的转型升级。我国汽车产业创新竞争力各项指标变化趋势如图 3-11 所示。

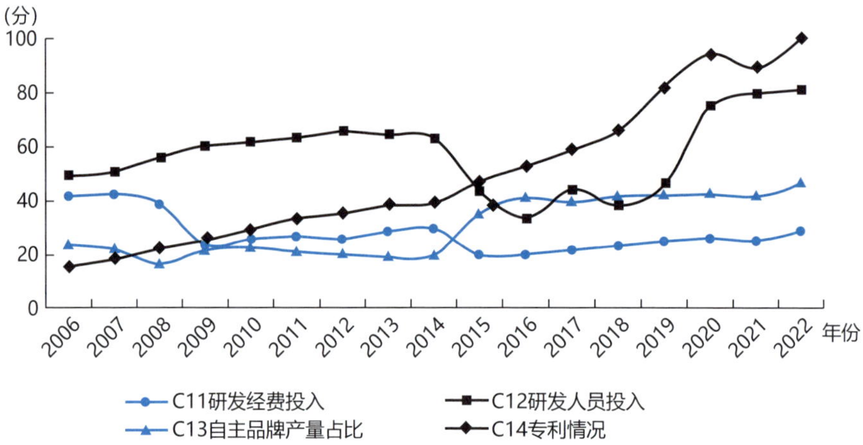

图 3-11　2006—2022 年我国汽车产业创新竞争力指标得分变化趋势

资料来源：笔者绘制。

4.“走出去”成果亮眼，“引进来”受宏观国际形势影响大

国际市场份额指标通过汽车出口额与世界汽车贸易额的比率来衡量，反映了一个国家汽车产业在全球市场中的影响力。2006—2022 年，我国汽车产业的国际市场份额指标得分整体呈现出上升趋势。2006—2014 年，国际市场份额指标得分稳步提升；2015—2019 年，得分出现了波动和停滞，可能受制于全球经济波动、市场竞争加剧以及国内产业结构调整等多方面因素。尽管如此，2020 年以后，我国汽车产业的国际市场份额迅速恢复，

并表现出更快的增长速率，这一趋势清晰地反映了我国汽车产业在全球市场中的影响力逐步增强。2022 年，我国汽车出口额达到了 1241.67 亿美元，占世界汽车贸易额的 3.95%，已经成为全球汽车贸易中不可忽视的组成部分。这一成绩得益于我国汽车企业近年来在技术研发、产品创新和全球市场拓展方面的持续努力，尤其是新能源汽车领域的强劲增长，为我国汽车产业赢得了国际市场的认可。不过，国际市场份额最高的国家依然是德国，德国凭借深厚的汽车制造传统和技术优势，2022 年汽车出口额占世界汽车贸易额的 8.02%，继续保持其在全球汽车贸易中的领先地位。美国和日本的市场份额相近，分别为 4.38% 和 4.30%，显示出其在全球汽车产业中的重要影响力。尽管韩国长期以来是全球汽车出口大国，但近年来市场份额略有下降，2022 年其占比为 2.45%，排名在主要汽车出口国中相对靠后。

我国汽车产业的海外生产能力指标（企业在国外生产汽车数量与国内外全部生产数量的比率）得分整体水平依然较低。这一指标的落后是导致我国汽车产业国际绩效竞争力指标与其他主要汽车强国存在较大差距的关键因素之一。德国海外生产能力比率最高，国外生产的汽车数量占其全部生产数量的 72.30%，显示出德国企业在全球布局中的高度成熟与广泛覆盖。日本紧随其后，其海外生产数量占其全部生产数量的比例也达到了 68.40%。相比之下，我国汽车产业的海外生产能力还有较大的提升空间。不过，近年来我国汽车企业的海外投资与工厂建设在一些地区已经取得了显著进展，尤其是在东南亚、非洲和拉美等新兴市场，海外工厂的产能布局已逐步扩大。如何将这些海外产能转化为实际的海外产量，仍是我国汽车产业当前面临的重大挑战。提升海外生产能力的关键在于将现有的产能转化为市场需求。这一过程不仅需要优化海外工厂的管理和运营效率，还需加强对当地市场的理解，推出符合区域消费者需求的车型与服务。除了产品本地化，企业还需进一步完善全球供应链的管理和协同，确保海外工厂能够高效运作，满足当地市场需求。

显示性比较优势指数是衡量一个国家在特定商品出口中的相对竞争力的重要指标，通过汽车出口额占该国出口总额的比重与全球汽车出口额占全球出口总额的比重的比率来计算。2022 年，我国汽车产业的显示性比较优势指数为 0.56，相比 2021 年的 0.43 有了显著提升，对应的国际竞争力指标得分为 19.33 分，显示出我国汽车产业在全球市场中竞争力的增强。尽管取得了进步，但与主要汽车强国相比，我国的这一指数仍然处于较低水平，存在较大差距。在全球范围内，日本的显示性比较优势指数最高，达到了 2.89。日本凭借强大的汽车产业和全球知名的品牌（如丰田、本田、日产等），不仅在传统内燃机汽车领域保持优势，还通过在混合动力等技术上的领先，进一步巩固了其全球市场份额。德国紧随其后，显示性比较优势指数为 2.40，这主要得益于德国的大众等品牌在欧洲和北美市场受到欢迎，德国汽车的技术优势和品牌认可度帮助其维持较高的国际竞争力。韩国的显示性比较优势指数为 1.80，现代和起亚等韩国品牌凭借高性价比，推动了韩国汽车的出口增长，尤其在亚洲、中东等市场表现优异。美国的显示性比较优势指数为 1.06，其汽车产业更多地服务于国内市场，出口相对较少。尽管如此，美国的特斯拉在全球电动汽车市场的崛起无疑为其全球竞争力增添了新的活力。近年来，我国在电动汽车领域取得了突破性进展，尤其是比亚迪等企业迅速崛起，带动了新能源汽车出口的强劲增长。

贸易竞争力指数反映了一个国家在全球市场中汽车产业的出口竞争力和贸易平衡状况，用一个国家在特定行业的进出口贸易差额占进出口贸易总额的比重衡量，比重越大表明该国在该行业的国际贸易优势越大。在汽车产业中，贸易竞争力指数的高低直接体现了该国在全球市场中的出口能力和进口依赖程度。2017 年之前，我国汽车产业的贸易竞争力指数波动较大，受国际经济形势和贸易环境影响显著。全球金融危机、贸易保护主义的抬头以及供应链的不确定性等因素，都导致这一数值波动较大。然而，2017 年之后，我国汽车产业的贸易竞争力指数呈现出稳定上升的趋势，这与我国汽车“走出去”战略的加速推进密切相关。我国汽车企业通过全球市场布局和出口的增长，逐步增强了在国际市场的竞争力，尤其是在新能源汽车领域。世界贸易组织统计显示，2022 年我国汽车出口额达到 1241.67 亿美元，贸易竞争力指数为 0.20，相比 2021 年的 0.02 有了显著提升。这一增长不仅反映了我国汽车出口量的快速增长，也显示出我国在全球汽车市场的竞争力逐步增强。我国凭借技术优势和高性价比的产品，迅速占领了多个国家的市场，推动了贸易竞争力指数的上升。与其他主要汽车生产国相比，我国的贸易竞争力指数在 2022 年上升至中等水平。其中，日本的贸易竞争力指数最高，达到 0.73，显示出其在全球汽车出口市场的强大竞争优势。日本凭借多年来的技术积累和品牌影响力，继续在国际汽车市场保持强劲的出口能力。韩国的贸易竞争力指数也较高，达到 0.57，这反映了其通过现代、起亚等品牌在全球市场中的快速扩张和稳步增长。相比之下，美国的贸易竞争力指数为 -0.41，表明其汽车进口额远高于出口额，处于贸易逆差状态。尽管美国拥有强大的内需市场以及特斯拉、福特和通用等全球知名的汽车品牌，但其汽车产业的出口能力相对较弱。美国消费者对日系等进口车的需求较大，导致其在汽车贸易上呈现逆差状态。我国的贸易竞争力指数虽然在 2022 年有了显著提升，但与日本、韩国等国相比，仍有提升空间。

外商投资指标（以外商直接投资金额衡量）在 2021 年受新冠疫情和国际形势的双重影响，出现了显著的断崖式下滑。在全球范围内，受电动汽车普及趋势的推动，2022 年电动汽车、新型动力系统和气候变化成为汽车行业外商直接投资的主题。制造业仍是汽车行业海外投资的最主要形式，其次为销售、管理和营销，这两类项目在 2022 年占据了汽车行业外商直接投资项目总数的 2/3 以上。2022 年，我国汽车产业外商直接投资的金额和项目数都不尽如人意。fDi Markets 的数据显示，2022 年整车代工的外商直接投资流入使美国吸引了 71.79 亿美元的投资，而我国仅为 11.93 亿美元。GlobalData 的 FDI Projects Database 的数据显示，2022 年我国汽车产业的外商直接投资项目总数为 39 项，同比增长 77.3%，位居全球第五，落后于美国（94 项）和德国（64 项）。

2022 年，对外环境指标值接近 80，对应的国际竞争力指标得分为 96.83 分。这一指标值在专家的定性评价中仅次于德国的 82 分，高于美国、日本和韩国，表明我国在全球范围内对外商投资依然具有较强的吸引力。我国的对外开放政策和良好的市场环境，尤其在汽车产业中的表现，得到了广泛认可，并为外资企业在我国的经营提供了稳固的基础。我国的对外开放政策长期以来开放、包容，特别是在促进外商投资、优化营商环境方面，政府实施了一系列有利于外资企业发展的政策措施。例如，近年来我国逐步放宽了对外资汽车企业的持股限制，允许外资在新能源汽车领域进行独资经营。这一政策不仅吸引了特斯拉等全球知名企业在我国建立生产基地，还促进了我国汽车产业链的国际化和技术升级。此外，我国庞大的市场规模和快速增长的消费者需求也为外商投资提供了巨大的市场机会。随着我国经济的持续增长和居民收入水平的提高，国内市场对高端、智能和新能源车型的需求日益增强，进一步提升了外资企业对中国市场的信心。正是这种广阔的市场前景和友好的政策环境，使得我国对外商投资的吸引力保持在较高水平。尽管美国、日本、韩国等国家也具有相对良好的外商投资环境，但由于近年来全球贸易保护主义抬头、地缘政治关系紧张等，部分国家的市场开放度和政策稳定性受到了一定影响。相比之下，我国的对外开放政策环境仍然较为稳定和友好，尤其是在支持外资企业投资的各类政策上，保持了较高的一致性和连续性。从未来趋势来看，我国的对外开放政策有望进一步巩固和优化。随着我国持续全面深化改革和扩大对外开放，外资企业将迎来更加透明、公平和高效的市场环境。这不仅有助于提升外资企业在我国市场的竞争力，也将为我国汽车产业的技术创新和全球化发展提供新的动力。尤其是在全球汽车产业向电动化和智能化转型的背景下，我国开放的市场环境为外资企业提供了前所未有的机遇，也推动着中外企业在技术和市场层面的深度合作。产业国际绩效竞争力各项指标变化趋势如图 3-12 所示。

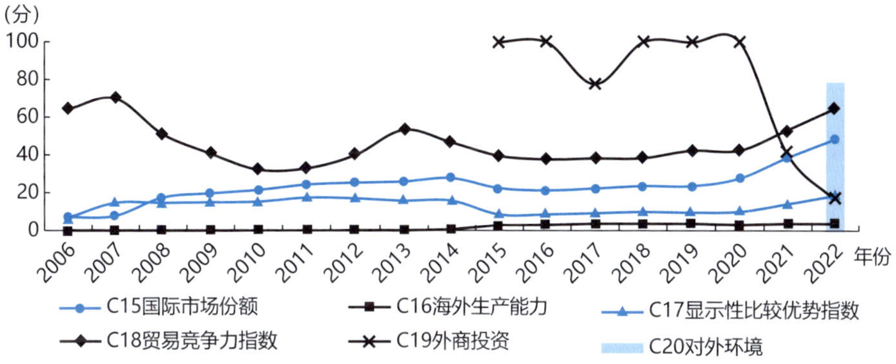

图 3-12　2006—2022 年我国汽车产业国际绩效竞争力指标得分变化趋势

资料来源：笔者绘制。
注：外商投资为新增指标，仅分析 2015 年后数值变化趋势。

二　我国汽车产业国际竞争力的基本变化和评价

（一）我国汽车产业环境竞争力

1. 产业地位

汽车工业产值增速接近全国工业总产值增速，汽车产业作为支柱产业的地位得到巩固。2022 年，我国汽车工业产值升至 9.29 万亿元，实现了 7.14% 的同比增长，这一增长率虽略低于全国工业总产值 7.81% 的增速，但实现了正增长，而全国工业总产值的增长率下降明显。汽车工业产值占全国工业总产值的比重为6.74%，同比降低了0.04个百分点，继2021年受到新冠疫情影响小幅下降后，继续出现下降，但下降幅度大大收窄（见图3-13）。工业总产值反映的是工业企业生产活动的总成果，是工业企业的总产出。汽车产业涉及面广、产业链长、市场规模大，作为国民经济战略性、支柱性产业，新冠疫情后，汽车消费对提振内需消费、稳定工业和经济发展具有重要意义。汽车工业总产值的增加也表明这一时期汽车产业作为支柱产业的地位进一步巩固，2022年12月中共中央、国务院印发的《扩大内需战略规划纲要（2022—2035年）》也将扩大内需、打通经济循环堵点上升到国家战略高度。汽车行业仍然作为重要领域被提出，汽车将持续发挥耐用品的消费引领和带动作用。

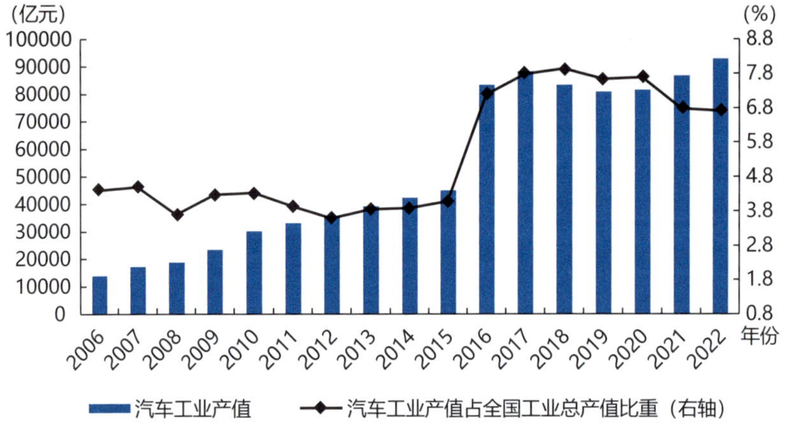

图3-13　2006—2022年我国汽车工业产值及其占全国工业总产值比重的变化

资料来源：2007—2023年《中国汽车工业年鉴》、国家统计局。

汽车工业增加值平稳上升，发挥着工业经济稳增长的“压舱石”作用。与工业总产值不同，工业增加值所反映的是工业生产活动新增加的价值量，是计算工业发展速度所依据的总量指标，是国内生产总值的组成部分。如图3-14所示，2022年，汽车工业增加值达到1.74万亿元，同比增长6%，高于国内生产总值的增长率（4.83%）。2006年至今，我国汽车工业增加值保持平稳上升态势。不过汽车工业增加值占国内生产总值的比重则呈现出曲折发展之势，从近几年来看，虽然整体出现下降，但是2021—2022年有所增长。新冠疫情后全球经济复苏乏力，国内工业经济稳增长压力较大，进一步加快推动新能源汽车等汽车产业高质量发展，对于扩大消费、畅通循环、促进工业经济持续复苏具有重要意义。

图3-14　2006—2022年汽车工业增加值及其占国内生产总值比重的变化

资料来源：2007—2023年《中国汽车工业年鉴》、国家统计局。

在新冠疫情影响与政策激励下，我国汽车产量稳定增长，展现出强大的发展韧性。工业总产值与工业增加值增长的背后是我国汽车产量的稳步增长，如图3-15所示，2022年我国汽车产业克服了诸多不利因素冲击，走出年中波动震荡，保持了恢复增长态势，全年汽车产量稳中有增，主要经济指标持续向好，展现出强大的发展韧性，为稳定工业经济增长起到重要作用。2022年，我国汽车总产量为2702万辆，超过美国、日本、德国和韩国四国汽车产量总和。与往年相比，2022年我国汽车产量保持了稳定增长，增长率为3.6%，比上年提高0.2个百分点，但仍明显低于2016—2018年巅峰时期的产量。

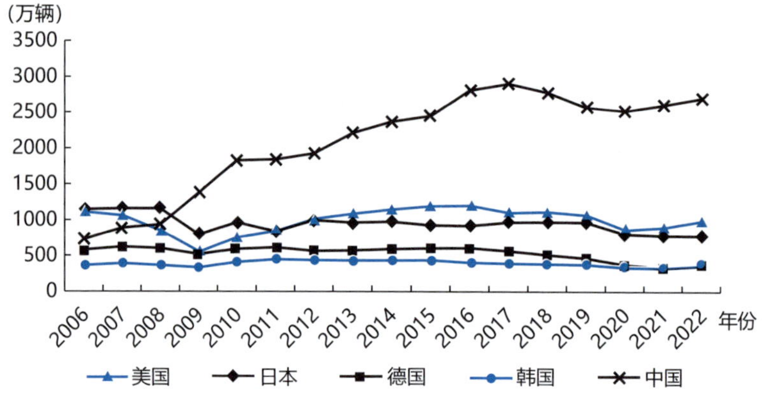

图 3-15　2006—2022 年主要汽车大国产量变化

资料来源：国际汽车制造商协会。

2022 年，我国汽车产量占全球汽车产量的 31.8%。在各汽车大国中，美国达到 1006 万辆，占比 11.8%；日本达到 784 万辆，占比 9.2%；印度达到 546 万辆，占比 6.4%；韩国为 376 万辆，占比 4.4%；德国为 368 万辆，占比 4.3%；墨西哥、巴西、西班牙、泰国的汽车产量也进入了世界前十名。与其他国家相比，我国汽车产量在经历了几年负增长后于 2021 年转为正增长，而美国、日本、德国与韩国汽车产量近些年总体上均呈现下降趋势。其中，美国汽车市场主要受到新车库存紧张、利率上升、车价上涨等多种因素影响；德国等欧洲汽车市场主要受乌克兰危机引发的欧洲能源危机和通胀高企对欧洲经济的冲击影响。

2. 国内需求

国内需求是我国汽车产业竞争力的重要保障，我国汽车保有量迅速增加，私人汽车仍为占比最大部分。从需求侧看，在购置税减半等一系列稳增长、促消费政策的有效拉动下，2022 年，我国完成 2686 万辆的销量，连续 14 年稳居全球第一。我国作为全球最大汽车市场的地位没有改变。如图 3-16 所示，2022 年我国汽车保有量为 31903 万辆，较 2021 年增加

1752万辆，增长率为5.81%，随着近年销量基数变大，增速放缓。我国私人汽车保有量达到27873万辆，增长率为6.2%，占总保有量的87.37%。伴随居民收入水平提高，汽车消费者愈加关注品牌、品质、服务等汽车附加属性。在供需两端共同作用下，汽车消费升级趋势显著增强。首购和换购人群购置高档车型比例不断上升，我国乘用车市场价格区间呈明显结构性向上趋势。年轻一代新消费群体不断壮大，且乐于接受新鲜事物，很大程度上加速了乘用车市场电动化、智能化转型升级趋势。不可忽视的是，2022年，我国汽车的千人保有量仅为215辆，而美国为837辆，德国为637辆，日本为629辆，韩国为472辆。相比之下，我国较发达国家还有较大差距，汽车仍有较大的需求市场。

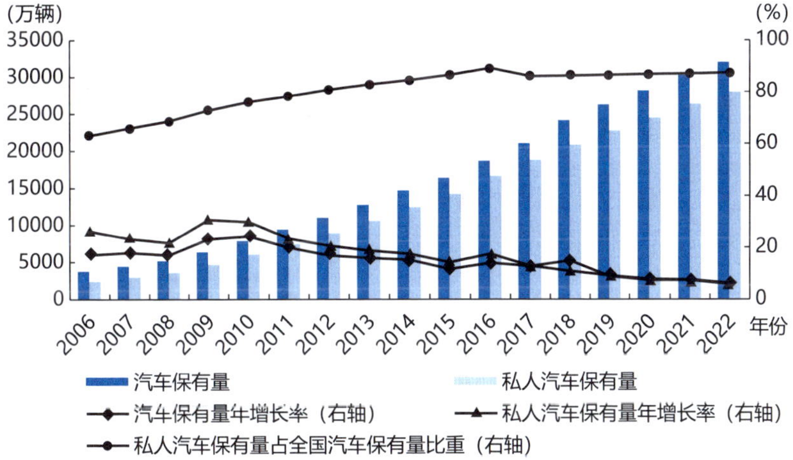

图3-16　2006—2022年我国汽车保有量增长情况

资料来源：2007—2023年《中国汽车工业年鉴》、《国民经济和社会发展统计公报》。

新能源汽车已成为我国汽车销量增长的重要驱动力。2022年，新能源汽车全年产销量迈入700万辆规模，分别达到705.8万辆和688.7万辆，同比分别增长96.9%和93.4%，市场渗透率为25.6%（见图3-17），连续8年保持全球第一。我国新能源汽车市场从“十城千辆”开始进入市场化进程，经历了萌芽期与初步探索期，在政策和市场的双轮驱动下，2022 年新能源汽车持续爆发式增长。其中，纯电动汽车销量为 536.5 万辆，同比增长 81.6%；插电式混动汽车销量为 151.8 万辆，同比增长 1.5 倍。基于汽车产业在国民经济中的重要支柱产业地位与对需求市场的持续刺激作用，2023 年 9 月，工业和信息化部、财政部等七部门联合印发《汽车行业稳增长工作方案（2023—2024 年）》，要求扩大新能源车推广，稳定燃油车消费。在私人汽车领域，积极扩大新能源汽车个人消费比例；在公共领域及商用车市场中，组织开展公共领域车辆全面电动化先行区试点工作，加快城市公交、出租、环卫、邮政快递、城市物流配送等领域新能源汽车推广应用，研究探索推广区域货运重卡零排放试点，进一步提升公共领域车辆电动化水平；在农村市场中，组织开展新能源汽车下乡活动，鼓励企业开发更多先进适用车型，充分挖掘农村地区消费潜力。

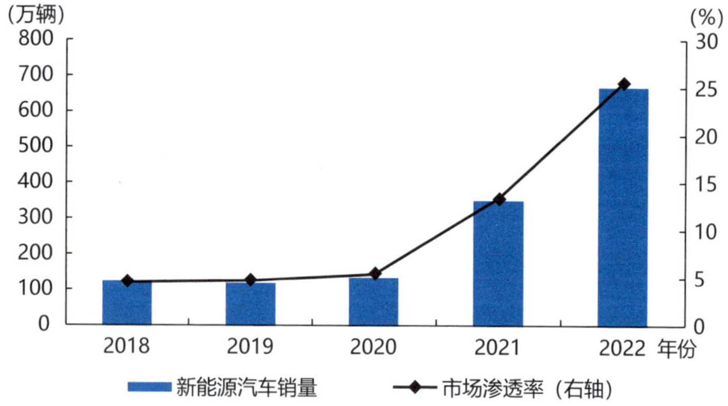

图 3-17　2018—2022 年新能源汽车销量及市场渗透率

资料来源：根据汽车上险数量整理。

3. 零部件发展水平

在汽车“新四化”大背景下，我国零部件供应水平持续增强。2022 年，受新冠疫情散发频发、芯片结构性短缺、动力电池原材料价格高位运行、局部地缘政治冲突等诸多不利因素冲击，全球范围内汽车零部件行业连续 3 年销量下滑，使得全球零部件企业经营成本增加、盈利空间被压缩，更加注重产业链供应链的可靠性。我国汽车供应链屡屡受到自然灾害、新冠疫情、人为干扰的影响，甚至在新冠疫情期间还出现了断供、停产，影响到全球汽车产业链的稳定和全球的汽车产销。在全球汽车零部件供应商承压的背景下，我国零部件自主供应能力持续增强。如图 3-18 所示，2022 年我国汽车零部件出口金额为 5411.3 亿元，同比增长 10.80%，进口金额为 2078.5 亿元，同比降低 14.72%。2022 年我国汽车零部件净出口金额为 3332.8 亿元，同比增长 36.22%，近 5 年连续上升。

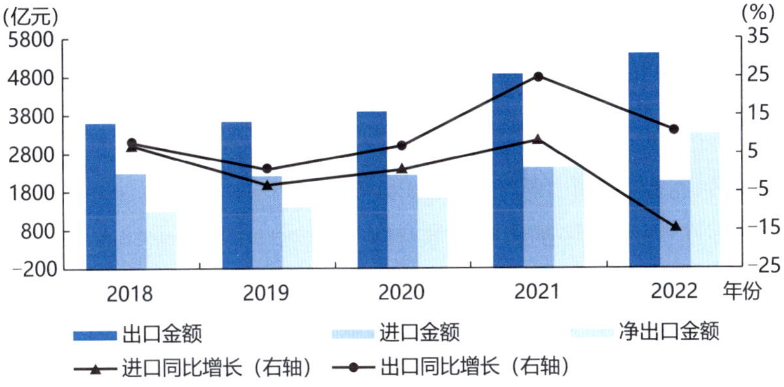

图 3-18　2018—2022 年我国汽车零部件进出口情况

资料来源：海关总署。

传统汽车零部件企业正在积极推进国产替代，成效显著。目前内外饰件、行驶系统行业进入成熟期，自主企业凭技术和成本优势推进国产替代。我国制动、转向系统零部件产业在全球格局中也在积极寻求突破，国内企业通过海外并购扩展产品线，逐步融入全球供应链。例如，国内电动助力转向系统（EPS）市场格局相对稳定且集中，外资品牌长期处于主导地位，但浙江世宝、蜂巢转向、拿森科技等自主电动助力转向系统厂商已具备较为成熟的量产能力，正在持续发力国产替代品，未来自主电动助力转向系统厂商份额有望进一步提升。

电动、网联、智能等领域的发展继续深刻塑造汽车零部件行业面貌。动力电池领域，我国已经走到了全球前列，受新能源汽车热销和单车带电量增长影响，动力电池装机量也水涨船高。2022 年，我国动力电池装机量达 294.6 吉瓦时。我国锂电产业发展逐渐成熟，规模不断壮大，2022 年以来，包括亿纬锂能、宁德时代、蜂巢能源、远景动力、国轩高科、欣旺达等在内的国内优秀企业积极走出国门、布局全球市场、服务国际客户。在智能化领域，新一代电子电气架构、车用操作系统、大算力计算芯片、激光雷达等关键技术取得突破。智能驾驶市场以预警类功能和 L1 ～ L2 级别的自动驾驶功能为主流。不过值得关注的是，我国汽车供应链依然存在分布不均衡、缺“芯”少“魂”的问题。

从企业角度，我国企业虽然在全球汽车零部件行业的参与度有所提高，但在顶级供应商中的位置仍有待提升。如表 3-2 所示，在 2022 年全球汽车零部件供应商百强榜中，我国共计上榜 10 家企业，较上年增加了 2 家，与韩国并列排名第四位。我国企业上榜数量已挤进第二梯队，仅次于日本、美国、德国。2022 年我国上榜的企业分别为延锋、北京海纳川、中信戴卡、德昌电机、五菱工业、诺博汽车系统、敏实集团、安徽中鼎密封件、宁波拓普集团和德赛西威（见表 3–3）。不过，我国汽车零部件企业排名较靠后，仅有延锋一家进入前 20 名，北京海纳川和中信戴卡两家进入前 50 名，后五家排名均在 80 名以后。需要注意的是，榜单排名仅依据供应商上年在汽车行业配套市场中的营业收入，并未将利润、资产、技术、雇用人数等作为参考指标，且上榜的供应商为经营规模较大的企业，并不能完全反映我国汽车零部件行业的全面情况。因此结合《中国汽车报》发布的 2022 中国汽车零部件企业百强榜数据进一步分析，营收数据排在前五位的是潍柴集团、华域汽车、宁德时代、北京海纳川和均胜电子。其中潍柴集团、华域汽车的零部件收入超千亿元，宁德时代以 914.90 亿元的收入跃居第三位，其收入同比增长 132.05%，是百强企业中零部件收入同比增幅最大的企业。上述变化也体现了电动化的发展对零部件产业的深刻影响。

表 3-2　2022 年全球汽车零部件供应商百强榜主要国家上榜企业数量

国家	上榜企业数量（家）
日本	22
美国	21
德国	18
韩国	10
中国	10

资料来源：《美国汽车新闻》（*Automotive News*）发布的全球汽车零部件供应商百强榜。

表 3-3　2022 年我国在全球汽车零部件供应商百强榜上榜企业

企业名称	规模（亿美元）	排名
延锋	137.57	16
北京海纳川	59.68	40
中信戴卡	43.11	50
德昌电机	26.44	69
五菱工业	23.57	77
诺博汽车系统	22.62	81
敏实集团	22.09	82
安徽中鼎密封件	18.49	85
宁波拓普集团	16.56	90
德赛西威	14.84	93

资料来源：《美国汽车新闻》（*Automotive News*）发布的全球汽车零部件供应商百强榜。

4. 汽车产业政策

产业政策通常指政府为了实现一定的经济和社会目标而对产业的形成和发展进行干预的各种政策的总和。产业政策由国家制定，目标是引导国家产业发展方向、推动产业结构升级、使国民经济健康可持续发展。具体地，汽车产业政策旨在促进汽车产业技术创新、加强市场培育与推广、推动产业升级转型、规范行业发展秩序、提升行业国际竞争力等。自“八五”计划以来，我国汽车产业政策一直处于国家产业支柱型的国家战略层面，“八五”计划主要在于推动重点汽车企业开展重点汽车项目；“九五”计划强调在龙头企业引领下加快全国汽车产业发展；“十五”计划提出提升关键零部件的制造水平并开始关注节能低排的混合动力系统；“十一五”和“十二五”规划则将重点放至汽车（包含新能源汽车）的国产化，并加速新能源汽车的技术研发；“十三五”规划已然开展产能和装备制造国际合作；而“十四五”规划对汽车产业的目标主要为发展新能源和智能汽车产业，并结合新一代信息技术、集成电路等高技术行业发展车联网技术。

2018 年以前，我国汽车产业政策主要为规范性文件。随着近年来我国汽车产业的蓬勃发展，越来越多的政策倾向于规划类和支持类，汽车产业的主要政策内容为：对汽车消费的促进、对汽车产业的发展规划、加强区域间（境内 / 境外）在汽车产业方面的合作、汽车产业低碳化要求、对汽车企业的补贴等方面。2022 年，新能源汽车扶持政策与日益严格的环保法规对汽车产业的发展形成了“双重力量”：一方面，扶持政策积极推动产业向更环保、可持续的方向发展；另一方面，环保法规则通过更严格的要求拉动企业进行技术创新和产业升级。这种“推拉”效应共同推动了整个行业的转型与进步。

新能源汽车产业政策方面，我国高度重视新能源汽车产业的发展，制定了一系列政策扶持措施。《新能源汽车产业发展规划（2021—2035年）》围绕提高技术创新能力、构建新型产业生态、推动产业融合发展、完善基础设施体系和深化开放合作五大战略重点展开，推动新能源汽车产业高质量发展，加快汽车产业转型升级。在规划指导下，财税政策支持有序开展：新能源汽车购置税减免政策延续至2027年底；逐步取消各地新能源汽车购买限制；汽车下乡政策也得到了延续，将新能源汽车的推广范围进一步扩大至农村地区。这些政策的实施，有效推动了新能源汽车市场渗透率的持续提升。除上述优化国内汽车市场政策，在国际化发展方面，相关政策也支持新能源汽车企业扩大发展优势，通过技术创新和品质提升，打造具有国际竞争力的新能源汽车品牌。此外，商务部等部门还出台了一系列政策，促进新能源汽车产品出口，加快推进“一带一路”倡议和自贸区战略。这些政策为企业开拓海外市场提供了指引和支持，有助于提升我国汽车产业的国际化发展水平。

“双积分”与更加严格的排放标准为汽车产业的节能减污降碳划定了约束。《乘用车企业平均燃料消耗量与新能源汽车积分并行管理办法》于2017年9月发布，并在2019年进行修订，明确了2021年至2023年新能源汽车积分比例要求，分别为14%、16%、18%。2022年度“双积分”交易总额为30.5亿元，相较于上一年度的109.4亿元下滑72%，新能源汽车积分交易订单均价为1128元/分，同比下滑46%。此外，为了推动汽车产业的绿色发展和环保升级，自2023年7月1日起，在全国范围内全面实施轻型汽车国六排放标准6b阶段和重型柴油车国六排放标准6b阶段（以下简称“国六排放标准6b阶段”）。这一标准的实施，对车企提出了更高的要求，促使企业加大技术研发力度，提升产品质量和技术水平。同时，这也为消费者提供了更加环保、高效的汽车产品选择。国六排放标准

6b 阶段的实施，推动车企向环保、高效方向发展，进而推动汽车产业的可持续发展。

在政策的支持下，汽车产业减污降碳成效逐步凸显。汽车产业在制造业与交通运输业中的减污降碳工作取得了实质性进展，成效显著。这不仅体现了政策引导的有效性，也彰显了汽车产业对环境保护的积极响应。2019 年后随着产业政策的约束与市场的积极应对，机动车碳排放进入平稳下降阶段。如图 3-19 所示，2022 年我国汽车污染物排放总量为 1362.5 万吨，同比降低 6.06%。分污染物类别来看，2022 年全国汽车一氧化碳（CO）、碳氢化合物（HC）、氮氧化物（NO_x）、颗粒物（PM）排放量分别为 669.0 万吨、172.6 万吨、515.9 万吨、5.0 万吨。汽车产业正逐步向绿色、低碳、可持续的发展模式转型，为制造业和交通运输业的绿色发展树立了典范。

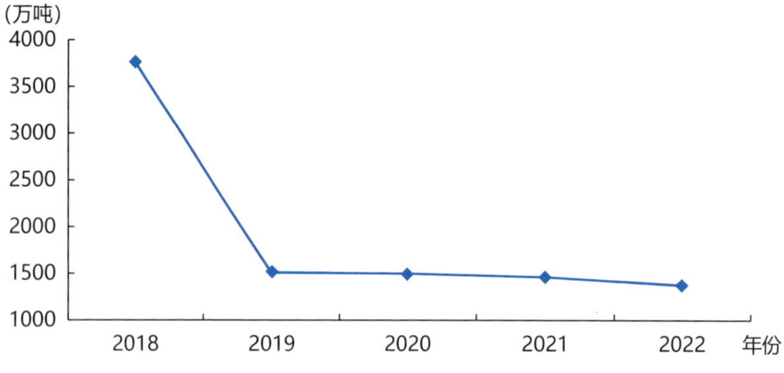

图 3-19　2018—2022 年我国机动车污染物排放量

资料来源：2019—2023 年《中国移动源环境管理年报》。

5. 产业标准化程度

标准化助力汽车产业转型升级，新能源汽车、智能网联汽车、汽车电子以及汽车芯片等重点领域标准体系建设日趋完善。从全球范围来看，美国、欧盟、日本等发达国家和地区纷纷制定实施了标准化战略规划，加强各自在全球标准领域的主导地位，以应对全球新一轮科技革命和产业变革。我国工业和信息化部2022年汽车产业标准化的工作在顶层设计层面重点关注以下三个方面。第一，健全完善汽车技术标准体系。进一步优化汽车行业“十四五”技术标准体系，持续完善新能源汽车、智能网联汽车等重点领域标准体系建设指南，研究制定智能网联汽车测试装备标准体系，加快构建汽车芯片标准体系。第二，统筹推进汽车标准化工作。高度重视汽车标准的交叉融合问题，推动建立跨行业跨领域工作协同机制，进一步强化行业协同、上下联动，大力推动电动汽车充电、汽车芯片、智能网联汽车等重点领域标准的统筹协调，不断提升标准工作开放性和透明度。第三，强化标准全生命周期管理。加强标准技术来源和行业需求研究，鼓励行业机构、业界企业、社会公众等提出标准需求和意见建议；持续加大标准宣贯的广度和深度，通过深度解读标准内容和要求支撑做好贯彻实施工作；开展重点标准实施效果阶段性评估，立足我国政府管理及产业发展趋势持续提升标准质量水平。在政策指导下，我国汽车产业标准化进程显著加快。如图3-20所示，近年我国批准发布的汽车产业国家及行业标准数量近似呈线性上升趋势；不过受到新冠疫情影响，下达的汽车标准计划项目数量近年呈下降趋势，2022年我国汽车产业下达80项标准。随着电动汽车、智能网联汽车等新技术的不断成熟与普及，汽车产业对新技术标准化的需求日益迫切。通过制定和实施更为严格、科学的标准，可以确保新技术产品的安全性、可靠性和环保性，提升产品的国际竞争力，为汽车产品进入并立足国际市场提供有力支撑。

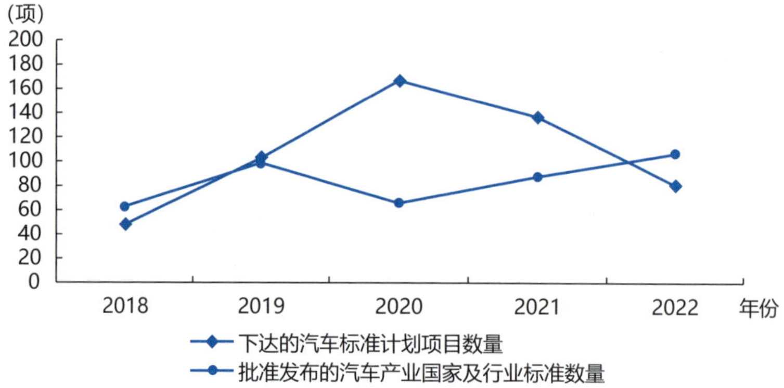

图 3-20　2018—2022 年我国汽车标准制定情况

资料来源：2019—2023 年《中国汽车工业年鉴》。

新能源汽车领域是典型的新兴领域，需要通过加快标准研究，助力产业转型升级。汽车产业标准化不仅能够确保汽车产品和服务质量的一致性，建立消费者的信任和树立品牌形象，还可以简化生产流程，降低零部件采购成本，并减少不同市场标准差异带来的额外设计和认证费用。在提高产品服务质量方面，以电池安全标准化为例：近年来相关部门发布以《电动汽车安全要求》和《电动汽车用锂离子动力蓄电池安全要求》等为核心的系列电池安全强制性和推荐标准，2022 年启动电动汽车动力蓄电池安全相关标准修订工作，进一步提升动力蓄电池热失控报警和安全防护水平；加快推进电动汽车远程服务与管理系列标准研究，修订燃料电池电动汽车碰撞后安全要求标准，进一步强化电动汽车安全保障。这些标准实现了从原材料到成品的全链条质量控制，减少了因设计缺陷或生产不规范导致的安全风险，增强了消费者对新能源汽车的信任度，从而促进了市场需求增长。换电技术的标准化则助力产业系统成本的降低。2022 年重点加快构建完善电动汽车充换电标准体系，推进电动汽车车载换电系统、换电通用平台、换电电池包等标准制定。换电标准化有利于打破品牌间的技术壁垒，促进换电网络的互联互通，提高新能源汽车使用的便捷性和灵活性，加速换电模式的商业化进程。这种标准化优化了资源配置，降低了运营成本，推动了新能源汽车产业向更加成熟、高效、可持续的方向发展。

相比于德国、日本等国家，我国汽车产业标准化分值还较低。为进一步增强汽车产业的国际竞争力，为“走出去”提供基础，我国在标准化工作方面也正在全面深化国际合作，加强全球技术法规制定协调、深度参与国际技术标准制定。例如，在自动驾驶领域，我国切实履行国际标准化组织道路车辆技术委员会（ISO/TC22）自动驾驶测试场景、车载雷达特别工作组召集人以及国际电工委员会电动车辆电能传输系统委员会（IEC/TC69）等相关国际标准项目负责人职责，加快推进自动驾驶测试场景、车载毫米波雷达探测性能评价，持续提升我国标准国际化影响力。

（二）我国汽车产业组织竞争力

1. 产业集群

我国六大汽车产业集群各具特色，但也面临核心供应链分布不均衡的问题。产业集群作为一种资源配置的方式，同一产业相关的企业聚集在一起，通过规模经济、范围经济、技术外溢、集中采购、知识和经验的直接交流等途径，有效降低生产和交易成本，促进技术创新，提高产业的竞争力。21 世纪初，我国汽车产业经过几十年的发展和国家产业政策的不断调控，已经形成了包括长三角、珠三角、京津冀地区（环渤海地区）、东北地区、华中地区和西南地区的六大汽车主产区，产业集群已经初步形成。值得注意的是，不同地区由于合资对象的不同分别形成了以美国、欧洲、日本和韩国等不同生产模式为主导的汽车制造体系。不同体系之间存在差异性和一定程度的相互区隔，导致我国不同地区产业集群之间的相互竞争，这一时期地域布局的过度分散制约了我国汽车产业竞争力的进一步提高。随着近年来市场竞争的加剧，各地由于资源禀赋不同，可能面临着核心供应链分布不均衡的共性问题。如长三角是汽车产业集群最发达的地区，没有明显的短板和断点，但在高端车规级芯片、操作系统以及部分测试软件、工业设计软件等方面还有一些技术没有完全掌握；粤港澳大湾区汽车产业集群的短板主要体现在智能化方面的感知、控制类技术以及高端车规级芯片、底层的操作系统；成渝汽车产业集群在传统汽车方面比较完整，但在新能源和智能网联汽车、电机电控、氢燃料电池等方面存在短板和断点；京津冀汽车产业集群的特点是集聚了研发机构和总部机构，但是制造能力相对较弱；以湖北为核心的中部地区汽车产业集群的长项在传统汽车供应链方面，短板在电控系统、动力电池这些关键的零部件领域；东北汽车产业集群长项主要是在传统汽车，特别是以商用车为主的全价值链的供应链比较完整，但是在智能网联、新能源汽车方面短板非常明显。

随着新能源汽车产业进入爆发式增长新时期，大量造车新势力涌入市场和传统汽车品牌转型升级，我国正在形成新能源汽车的四大新兴产业集群：以上海为龙头的长三角集群、以广深为龙头的粤港澳大湾区集群、以北京为龙头的京津冀集群以及以成渝、西安为龙头的西三角集群。如表3-4所示，我国汽车整车生产厂家与产量主要分布在上述四大集群所在地区。与传统汽车产业集群相比，新能源汽车产业集群并非凭空产生，而是依托已有汽车产业集群，积极布局电池、电机、电控等新能源汽车核心技术相关上下游企业，通过补贴、税收优惠、基础设施建设等支持，实现产业转型升级。例如，长三角地区本已汇聚了博世、宁德时代、大陆、采埃孚等众多零部件领军企业，在此基础上进一步融合电池技术、智能驾驶等领域零部件企业和造车新势力的整车企业，包括蔚来、理想在内的诸多新能源汽车品牌相继诞生并与长三角产生交集。截至2023年底，长三角有着数量最多的新能源汽车生产基地，主要集中于苏浙皖三地，涉及项目20余个，累计计划产能超过300万辆，累计计划投资额逾千亿元。长三角的主要竞争优势包括：第一，头部企业带动效应明显。整车的头部企业有上汽、特斯拉，零部件的头部企业有博世、大陆、采埃孚、宁德时代、米其林、普利司通等。第二，区域协同，促进集群高效合作。在长三角，通过产业集群协同发展，一家新能源汽车整车厂可以在 4 小时车程内解决所需配套零部件供应，形成了体现现代化产业体系特征的“4 小时产业圈”，区域协同与响应的效率显著提升。

表 3-4　2022 年我国不同地区汽车相关企业数量与汽车产量排名

排名	地区	企业数量（家）	汽车产量（万辆）	产量份额（%）	排名	地区	企业数量（家）	汽车产量（万辆）	产量份额（%）
1	广东	1195	415.37	13.98	15	河北	530	90.55	3.05
2	上海	623	302.45	10.18	16	天津	200	79.26	2.67
3	重庆	1100	209.00	7.03	17	辽宁	388	76.60	2.58
4	湖北	1300	189.60	6.38	18	河南	600	58.60	1.97
5	广西	320	177.00	5.96	19	江西	300	42.70	1.44
6	安徽	900	174.69	5.88	20	福建	380	29.89	1.01
7	江苏	2300	164.30	5.53	21	山西	60	16.51	0.56
8	浙江	2661	159.37	5.36	22	内蒙古	26	11.00	0.37
9	北京	196	151.79	5.11	23	黑龙江	35	8.26	0.28
10	陕西	200	133.75	4.50	24	贵州	10	6.57	0.22
11	吉林	487	133.50	4.49	25	云南	33	2.57	0.09
12	山东	1340	129.48	4.36	26	海南	6	2.21	0.07
13	四川	400	110.00	3.70	27	新疆	4	1.23	0.04
14	湖南	400	95.30	3.21					

资料来源：《中国汽车工业年鉴（2023）》。

注：产量份额以表中所给的部分地区为总量计算。

2. 产业集中度

由于市场竞争格局深刻变化，近年来我国汽车产业规模集中程度有所减弱。本书选取汽车产业前三家企业的产量占比即汽车产业集中度（CR3）作为评价指标。如图 3-21 所示，我国汽车产业集中度近几年呈下降趋势，已降低至 41.5%，较 2019 年下降接近 10 个百分点。我国汽车行业三大龙头企业分别是上汽、一汽和东风，以传统汽车品牌为主，其产量的下降也说明了越来越多的新兴企业和品牌涌入市场，并正在形成多元化竞争格局。类似地，我国前 15 家汽车生产企业的产业集中度也佐证了这一点，如图 3-22 所示，我国前 15 家汽车生产企业的产业集中度总体保持在 90% 以上，呈现先增后降的趋势。近三年我国的前 15 家汽车生产企业汽车产量份额逐年降低，从 2019 年的 96.32% 降至 2022 年的 93.77%，但依然高于 2018 年的水平。不过我国的前 15 家汽车生产企业产业集中度降幅显著低于 CR3，即使是排名第 15 位的大庆沃尔沃汽车制造有限公司，2022 年产量也超过 180 万辆，这也说明我国产业集中度的降低仍然是在百万级产量以上的整车企业之间的博弈。

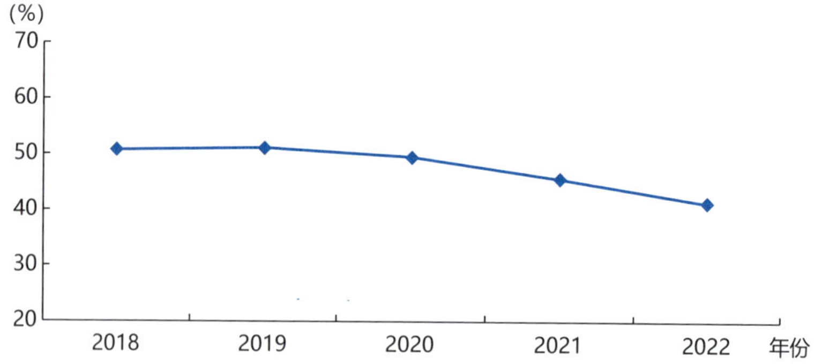

图 3-21 2018—2022 年我国汽车产业集中度（CR3）

资料来源：2019—2023 年《中国汽车工业年鉴》。

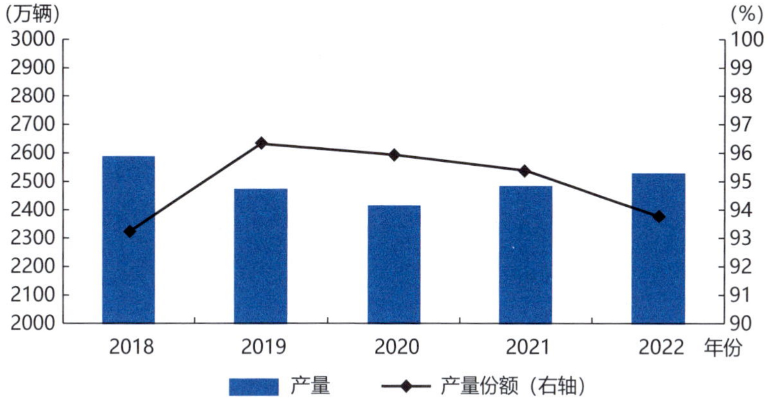

图 3-22　2018—2022 年我国前 15 家汽车生产企业汽车产量及产量份额

资料来源：2019—2023 年《中国汽车工业年鉴》。

新能源汽车的快速发展显著重塑产业结构，带来多元化竞争格局的形成。通常来讲，汽车行业具有高准入门槛、高技术壁垒、高资金壁垒等投资特性，新能源汽车以“三电”为动力系统核心，为新兴企业提供了“弯道超车”的机会。目前我国汽车企业包括传统车企、新能源汽车企业、造车新势力三大类型，合资品牌和自主品牌的传统车企正在加速向新能源汽车转型，比亚迪等新能源汽车企业正在成为不可忽视的市场力量。此外，蔚来、小鹏、理想等互联网企业在国内开创了造车的先例。作为先入局者，蔚来、小鹏、理想已迅速成长为头部造车新势力，它们与传统车企和品牌同台竞技，共同推动了产业生态的丰富与繁荣。从营收水平来看，我国新能源汽车行业竞争梯队主要分为三大梯队。第一梯队营收在 500 亿元以上，包含的企业有比亚迪、上汽；第二梯队是营收 100 亿～ 500 亿元的企业，包括蔚来、广汽、理想、吉利等企业；第三梯队是营收在 100 亿元以下的企业，包括长安、长城、奇瑞等。表 3-5 列出了 2022 年我国汽车产量前 15 强的企业。2022 年汽车产销量均超 100 万辆的企业有 10 家，较 2021 年增长了 2 家，分别是比亚迪和奇瑞，其中，比亚迪产销量分别为 188 万辆和 187 万辆，奇瑞产销量分别为 127 万辆和 123 万辆。上汽依旧保持断档式领先，产量超过第二名200多万辆，销量超过第二名近200万辆，显示出其绝对优势。从新能源汽车来看，比亚迪和特斯拉（上海）的排名和产量份额靠前，尤其是比亚迪，其产量份额已接近7%，并且已经成为全球新能源汽车产量第一，显示出新能源汽车市场的快速增长和消费者对新能源汽车接受度的提高。特斯拉作为外资品牌，在中国市场的成功也证明了新能源汽车市场的巨大潜力。

表 3-5　2022 年我国前 15 家汽车生产企业产量及产量份额

排名	企业集团	产量（辆）	产量份额（%）
1	上海汽车集团股份有限公司	5193750	19.22
2	中国第一汽车集团有限公司	3190115	11.81
3	东风汽车集团有限公司	2829199	10.47
4	广州汽车工业集团有限公司	2479868	9.18
5	中国长安汽车集团有限公司	2292579	8.48
6	比亚迪股份有限公司	1881673	6.96
7	浙江吉利控股集团有限公司	1509821	5.59
8	北京汽车集团有限公司	1461403	5.41
9	奇瑞汽车股份有限公司	1271332	4.71
10	长城汽车股份有限公司	1102322	4.08
11	特斯拉（上海）有限公司	726669	2.69
12	华晨汽车集团控股有限公司	676752	2.50
13	安徽江淮汽车集团股份有限公司	506596	1.87
14	中国重型汽车集团有限公司	214359	0.79
15	大庆沃尔沃汽车制造有限公司	181734	0.67

资料来源：《中国汽车工业年鉴（2023）》。

3. 产业规模经济性

虽然我国汽车产业集中度有所下降，但整体市场集中度仍然较高，为2022年汽车产业应对国内外各项不利因素提供了较强的抵御风险能力。规模效应可以增强企业在供应链中的议价能力，进一步降低成本。这种成本优势可以在价格战中转化为价格优势，帮助企业更好地应对竞争对手的压力。例如，2022 年，比亚迪在面对供应链中断等风险时，凭借其强大的研发能力和规模化生产能力，迅速调整生产计划。比亚迪自主研发的刀片电池技术不仅提高了安全性，还降低了成本，为其确保了市场供应的稳定性，展示了其在风险应对方面的强大能力。

特别显著地，新能源汽车规模经济能够有效降低系统成本并辐射基础设施建设。规模经济的直观体现是单位生产成本逐步下降。在电池、驱动系统等核心部件的研发和生产效率提升，尤其是在电池成本的降低方面，行业已经取得了显著进展。电池是新能源汽车最昂贵的部分，占整车成本的 30% ～ 40%。随着电池产能增加和技术进步，大规模生产使得制造过程中的固定成本（如设备、研发投入）被分摊到更多的电池单元上，从而降低了单位电池的成本。随着产业链的完善，电池材料供应和生产成本也在持续下降。我国本土企业在全球电池原材料采购和供应链管理方面具有优势，减少了对国外高价材料的依赖，进而降低了整体生产成本。尽管受到电池原材料成本波动的影响，电池价格有所波动，但电池系统成本在过去几年中显著降低，带动了整车成本的下降。此外，电驱系统中电机成本下降、整车模块化设计和平台化生产等也佐证了规模经济能够有效降低车辆的系统成本。新能源汽车产业规模效应的逐步显现，也将推动基础设施网络的完善。新能源汽车随着产销量的迅速增加，对充电基础设施的需求也随之增加，充电站的利用率也会提高，从而提高充电站的投资回报率。而充换电基础设施的发展也将减少消费者的里程焦虑、提升用户体验。此外，充电基础设施的建设不仅仅局限于充电站本身，还包括了电网改造、智能调度系统等一系列配套工程，促进产业链协调发展。2015—2022 年，我国充电基础设施保有量从不到 10 万台增长至 521 万台，年均增长超过 70 万台。在此基础上，2022 年初发布的《国家发展改革委等部门关于进一步提升电动汽车充电基础设施服务保障能力的实施意见》提出，形成适度超前、布局均衡、智能高效的充电基础设施体系，满足超过 2000 万辆电动汽车充电需求。

此外，我国汽车产业的规模经济效应在人工智能和自动驾驶等领域表现显著，推动了技术创新的快速落地，并加速了智能化汽车的商业化进程。这种规模经济效应不仅体现在降低技术研发和生产成本上，还通过庞大的市场需求和政策支持，促进了产业链上下游的协同创新和资源共享，从而提升了整体产业的竞争力。例如，华为并未直接涉足汽车制造，而是通过其华为智能汽车解决方案，为汽车制造商提供从智能驾驶、智能座舱、智能电动到车联网等全方位技术支持。华为依托其在 5G 技术、人工智能和云计算方面的领先优势，打造了完整的智能网联汽车解决方案，帮助我国车企在全球汽车技术竞争中实现跨越式发展。在这一过程中，我国庞大的汽车制造和销售规模为自动驾驶技术的研发提供了强大的市场支持。自动驾驶技术的开发通常需要大量的传感器、摄像头、雷达等硬件支持，同时还需要复杂的算法和海量的数据训练。我国市场的规模效应使得这些高成本的技术能够通过大规模生产迅速降低成本，从而加快自动驾驶技术的推广和应用。这种规模经济效应还体现在人工智能技术的应用落地上。我国拥有全球最大的汽车市场，每年数以千万计的汽车销量为人工智能技术的试验和应用提供了庞大的数据资源。这些数据对于人工智能算法的优化、驾驶模式的学习以及智能化系统的开发至关重要。通过规模化的数据积累，我国企业能够在较短的时间内完善人工智能技术的应用场景和功能设计，加速技术的成熟和商业化进程。此外，政府通过提供资金、政策支持以及基础设施建设，促进了技术的快速发展。例如，我国的 5G 网络基础设施建设为智能网联汽车提供了必要的网络支持，进一步降低了技术应用的门槛。

4. 劳动生产率

汽车产业劳动生产率稳步提升，智能化转型成效初显。产业劳动生产率是综合反映企业或行业的生产技术水平、经营管理水平以及职工的技术熟练程度和劳动积极性的指标。该指标根据产品的价值增量，计算平均每一名从业人员在单位时间内的产品生产量。由图 3-23 可以看出，2018—2022 年我国汽车产业劳动生产率连年上升，2022 年为 33.85 万元 / 人，较上年增长了 3.66 万元 / 人，较 2018 年增长了 7.87 万元 / 人。稳定的上升趋势证明了汽车产业正在通过劳动者素质提高、科技进步和制度创新，将人口数量红利转为人才红利。我国汽车制造业正值智能化转型阶段，劳动生产率的上升来源于制造业的整体进步，更是智能化转型成效的显著体现。随着智能制造技术的广泛应用，如自动化生产线、工业机器人、智能物流系统及大数据、云计算等先进信息技术的深度融合，汽车产业正经历着前所未有的变革。劳动生产率的显著提升，正是智能化转型深化的直接结果，预示着我国汽车产业正加速迈向高质量发展的新阶段，未来有望在智能网联汽车、新能源汽车等前沿领域取得更大突破，进一步巩固并提升在全球汽车产业链中的地位。

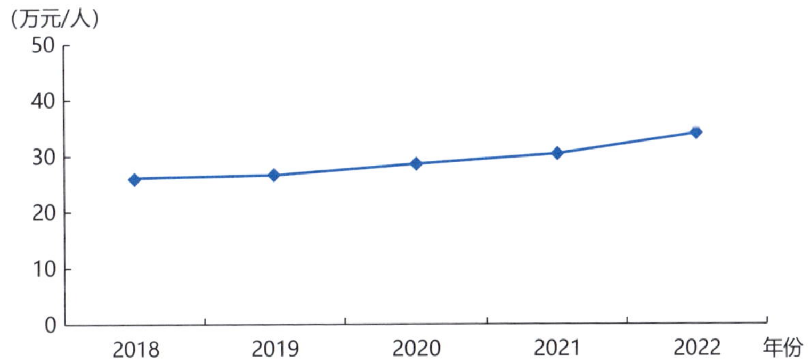

图 3-23　2018—2022 年我国汽车产业劳动生产率的变化

资料来源：2019—2023 年《中国汽车工业年鉴》。

目前，我国汽车产业劳动生产率仍然落后于全球汽车制造强国。以日本为例，凭借高度自动化的生产设备和精益生产管理，其劳动生产率超过了 40 万元 / 人。这种差距的产生，主要归因于我国在自动化水平、工艺技术创新以及生产管理效率方面的不足。尽管近年来我国不断推进智能制造和工业自动化，劳动生产率有所提升，但距离全球领先水平仍有较大差距。提高劳动生产率仍是推动我国汽车产业高质量发展、增强全球竞争力的关键方向。

5. 生产成本利润率

我国汽车产业的生产成本利润率近年来保持较低水平并呈现出下降趋势，2022 年，宏观形势导致企业盈利空间进一步压缩。我们把生产成本利润率定义为产业营业利润占生产成本的比重，以此来评价产业的成本利用效率。从图 3-24 可以看出，2022 年的生产成本利润率为 6.66%，较 2021 年下降了 0.5 个百分点。销售利润率与生产成本利润率保持了一致的变化趋势。国家统计局数据显示，2022 年，尽管行业收入同比增长了 7.14%，达到 92900 亿元，但成本费用增长更为迅速，同比增长 7.79%，达到 79833 亿元，导致利润增长率仅为 0.26%。2022 年的不同月份数据变化显著，全年呈现 U 形走势，开局相对良好。2022 年 3 月以来受新冠疫情冲击，行业经营受阻，主要指标持续下行。2022 年下半年伴随行业形势逐渐好转，主要指标持续向好，保持稳定运行。2022 年，动力电池原材料价格飞涨、部分芯片紧缺以及国际物流运输“舱少价贵”，极大增加了企业经营成本，不断挤压企业盈利空间。此外，我国汽车企业国内市场竞争激烈，进一步导致价格战频发，利润空间被压缩；高频的产品迭代使得投入压力加大，成本上升，两方面共同作用导致成本利润率下降。

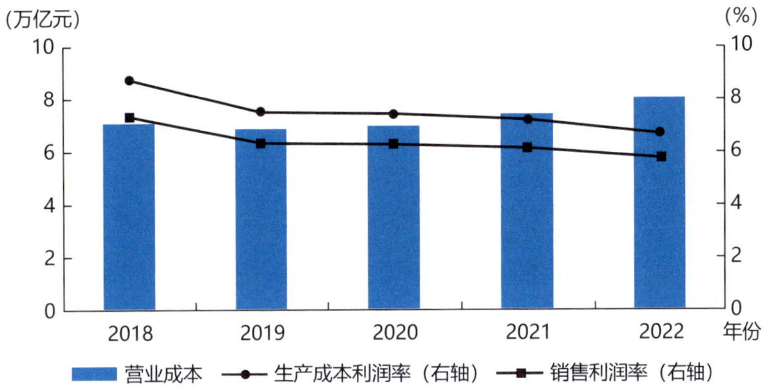

图 3-24　2018—2022 年我国汽车产业生产成本利润率变化

资料来源：国家统计局。

新能源汽车与燃油车打起价格战，传统利益分配机制将遭遇新参与者的巨大挑战。新能源汽车通过电动化、智能化技术显著提升了汽车价值链的整体效率。电动汽车的生产相对简单，零部件数量少，制造工艺的简化大幅提升了生产效率。同时，智能化与数字化的引入，使得新能源汽车的研发、生产和营销过程更加精细化和高效化。新能源产品大大提升了汽车价值链的效率，且大幅压缩了成本，为车企的价格战留下了更大空间。一旦车市趋冷或自身有扩大市场份额的野心，车企可以更从容地发动价格战。此外，新能源车企普遍采用直销模式或减少中间环节的销售模式，这进一步降低了销售成本。2022 年，受到国内外多种因素的影响，车企竞争环境恶化。燃油车企由于生产成本较高，难以在价格战中长期维持较低价格。特别是在市场趋冷的情况下，燃油车企可能会面临更大的利润压力和库存积压风险。特斯拉就是一个典型的例子，2022 年，国产特斯拉 Model 3 和 Model Y 均大幅降价，其通过持续的技术创新和成本优化，在多次价格战中保持了竞争优势，甚至推动了整个市场价格的下调。再如比亚迪具有垂直整合的产业链布局，与传统汽车制造商依赖外部零部件供应商不同，其电池生产能力及电机、电控等核心技术，大大增强了对供应链的控制能力，打破了传统汽车产业链中层层分配利润的模式。尤其是“刀片电池”技术的广泛应用，使得比亚迪在电池成本上拥有了显著优势。比亚迪通过自产电池技术，有效地压缩了电池成本，使其在定价策略上更具弹性。例如，比亚迪的汉 EV 和秦 EV 等车型在同级别的市场中，以更具竞争力的价格与燃油车正面竞争，2022 年比亚迪在中国市场多次下调车型售价，并通过多项促销措施直接挑战燃油车市场。这些降价措施得益于比亚迪的成本优势，而传统燃油车企则因其复杂的生产结构和高昂的成本，难以在价格战中长期维持竞争力。

与此同时，成本利润率的下降给所有车企带来共同的压力。全球供应链的复杂性以及大宗商品价格的波动，使得车企的生产成本难以显著降低。新能源汽车的关键部件如动力电池、芯片等，仍然面临成本居高不下的问题。尽管动力电池的成本近年有所下降，但仍占新能源汽车总成本的较大比例。而原材料价格的不稳定（如锂、钴等关键矿物价格的波动）进一步增大了车企的成本压力。对于传统燃油车企，即使在价格战中降低售价，燃油车的高能耗和高维护成本也使得车企的成本压力难以减轻。车企在降低售价的同时面临着成本约束的双重挑战，利润空间被大幅挤压。汽车市场的激烈竞争是价格战难以结束的重要原因之一。无论是传统车企还是新兴的新能源汽车企业，都在争夺市场份额，尤其是在中国这样的全球最大汽车市场。为了在竞争中保持领先，车企不得不在价格上展开激烈博弈。然而，持续的价格战不仅压缩了利润空间，也导致整个行业的健康发展受到影响。随着成本利润率的下降，车企在研发和创新上的投入将面临更大的压力。对于依赖技术进步和产品创新的新能源汽车行业而言，利润的减少可能会削弱企业在新技术领域的投资能力，如智能网联汽车、自动驾驶等前沿领域的发展。同时，价格战也可能导致车企削减开支，影响供应链的稳定性和整体产业生态的健康发展。车企为应对利润下降，可能会压缩供应商的利润，进而影响零部件供应商尤其是中小型企业的生存能力，这将进一步扰乱整个汽车产业链的稳定性。

尽管短期内成本利润率有所下降，但从长远来看，车企必须从价格竞争转向价值竞争。随着新能源汽车、智能网联汽车等技术的推广应用，以及电池回收与梯次利用等技术的发展，行业有望实现转型升级，优化成本结构，进而提升整体盈利能力。因此，未来汽车企业在应对当前挑战的同时，应注重技术创新和资源优化，逐步提升核心竞争力，以实现可持续发展。动力电池方面，2017 年以来，我国动力锂电池价格整体呈下降趋势，动力锂电池电芯平均价格从 2017 年的 0.75 元 / 瓦时下降至 2021 年的 0.52 元 / 瓦时；2022 年由于上游原材料价格大幅上涨，动力锂电池电芯平均价格又上涨至 0.79 元 / 瓦时；2023 年，动力锂电池材料价格再次下跌，动力锂电池电芯平均价格估计在 0.55 元 / 瓦时。另有数据显示，2023 年，我国锂电池行业产品价格出现明显下降，电芯、电池级锂盐价格降幅分别超过 50%、70%。2023 年下半年至今，国内动力电池价格下跌速度较快，碳酸锂降价，加之去库存等因素影响，市场竞争加剧。再进一步考虑电池回收与梯次利用等技术的发展，锂电池的价格并不会长期居于高位。对于新能源汽车企业来说，技术创新、智能化体验和绿色可持续将是提升竞争力的重要方向。传统燃油车企必须加快向新能源汽车转型，摆脱对传统内燃机技术的依赖。在价格战中，燃油车的劣势越来越明显，未来的发展方向必然是新能源化和智能化，只有这样，车企才能在竞争中寻找到新的利润增长点。

（三）我国汽车产业创新竞争力

1. 研发投入

我国汽车产业研发投入近年来稳步增长。从图 3-25 可以看出，我国汽车产业研发经费投入比例近年来呈上升之势，2022 年达到 1.83%，较

2018年增长了超过0.3个百分点。这一显著增长不仅彰显了汽车产业对技术创新的重视，也反映了整个行业对提升核心竞争力的迫切需求。面对国内外市场的激烈竞争，加大研发投入力度成为企业保持领先地位、开拓新市场、赢得消费者信赖的关键战略举措。与其他汽车制造大国相比，我国汽车产业的研发投入虽然近年来稳步增长，但在研发经费的占比和绝对投入金额上仍存在差距。德国、日本、美国等汽车制造强国的研发投入占比普遍高于我国。德国汽车工业协会的数据显示，2022年德国汽车产业的研发投入金额约为287亿欧元，处于全球领先地位。德国车企在新技术领域的研发支出占比较大，特别是在电动化和自动驾驶领域，德国车企的投资尤为显著。日本汽车产业的研发投入占比也维持在较高水平，约为6.24%。日本车企如丰田、本田、日产在电动汽车和氢燃料电池技术的研发上投入巨大，尤其是丰田，近年来加大了在固态电池和燃料电池技术上的研发力度。美国汽车产业的研发投入相对集中在新能源汽车和自动驾驶技术领域。以特斯拉和通用汽车为代表，美国车企的研发投入占比约为4.23%。我国汽车产业在绝对研发投入金额上已与国际领先水平接近，但由于基础设施的构建和制造规模庞大，研发投入的占比和资源分配相对分散。然而，随着我国在新能源汽车、智能网联和自动驾驶技术上的持续发力，差距正在逐步缩小。同时，在电池技术领域的突破性进展使我国在全球新能源汽车市场中占据了重要位置。相比之下，德国、日本和美国则在各自的技术优势领域保持领先，如德国的精密制造与氢燃料技术、日本的燃料电池技术和美国的自动驾驶技术。

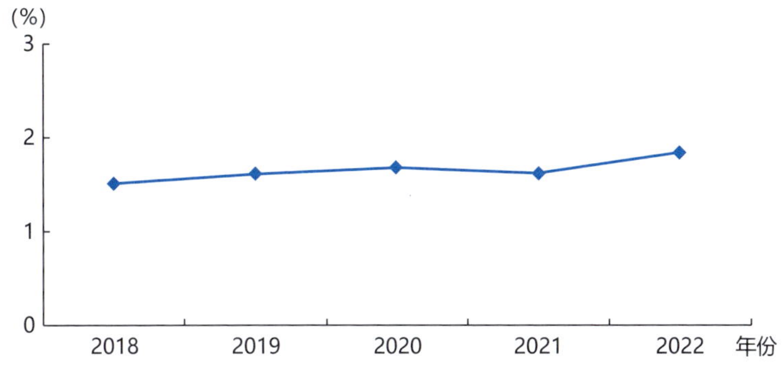

图 3-25　2018—2022 年我国汽车产业研发经费投入比例

资料来源：国家统计局。

我国汽车产业的研发经费投入形式多样，涵盖了多个层面的支持与合作，推动了产业的技术创新与升级。企业内部研发投入是主要形式之一，随着市场竞争的加剧，自主品牌和合资品牌都加大了对新能源汽车、智能网联和自动驾驶等新兴领域的研发投入，设立专门的研发中心推动技术革新。此外，政府专项资金与政策支持也是推动研发投入的重要力量，政府通过财政补贴、税收优惠以及科技创新基金等手段，鼓励企业加大研发投入，尤其是在新能源汽车及智能驾驶领域。例如，2024 年初，工业和信息化部等五部门公布智能网联汽车“车路云一体化”应用试点城市名单，支持地方政府与企业合作，开展智能网联汽车的道路测试与应用推广。与此同时，产学研合作也成为一种重要的研发形式，企业与高校、科研机构的合作加快了技术的转化应用，提升了创新能力。融资与风险投资支持成为近年来新兴企业研发投入的有力补充，尤其是在智能汽车和新能源汽车领域，小鹏、蔚来等通过多轮融资获得大量资金支持，加速了技术研发和商业化进程。通过多渠道的资金投入，我国汽车产业在新能源汽车、智能网联和自动驾驶等前沿领域的技术创新能力不断提升，为产业的转型升级和国际竞争力的增强提供了坚实支撑。

2. 研发产出

研发投入的稳步增长为我国汽车产业在电池技术、智能网联和自动驾驶等前沿领域的突破提供了坚实保障，形成了多样化的研发产出。在电池技术领域，面对新能源汽车市场的快速发展，我国对电池研发的投入持续增长，动力电池技术取得显著进步。企业加大了对高性能电池的研发，致力于提升能量密度、延长电池寿命以及提高安全性，以满足消费者对长续航和安全性的需求。如比亚迪通过不断的技术研发，推出了“刀片电池”等创新产品，显著提升了电池的性能和市场竞争力。此外，研发投入的增加也推动了新型电池材料的探索和应用，如固态电池和钠离子电池的研发进入了新阶段。这些技术突破不仅提高了电池的能量转换效率和安全性，还有效降低了制造成本，为新能源汽车的普及提供了有力支持。我国在电池技术领域的持续研发优势，不仅确保了国内新能源汽车产业的快速发展，也为全球市场的竞争奠定了技术基础。

在智能网联领域，持续的研发投入使得互联网、大数据、云计算等技术迅速发展，提升了车辆的信息感知、决策判断及协同控制能力。这不仅为用户带来了更加便捷、智能的用车体验，也为未来智能交通系统的构建奠定了技术基础。自动驾驶技术的研发更是我国汽车产业向智能化迈进的关键一步。通过高精度地图、传感器融合、人工智能算法等技术的不断创新与优化，自动驾驶车辆在环境感知、路径规划、决策执行等方面取得了显著进步，为实现更安全、高效的出行方式提供了可能。这些关键领域的积极布局，不仅展现了我国汽车产业的技术创新实力，也为我国汽车产业在全球市场中的竞争力提升奠定了坚实基础。

我国汽车产业内资企业专利发明授权量明显提升，研发产出能力正在逐步增强。2022 年，我国汽车专利公开量为 36.22 万件，同比增长 12.94%，增长率显著提高。其中，发明专利授权量为 9.45 万件，同比增长 12.77%，反映了我国汽车专利创新质量持续提升。如表 3-6 所示，2022 年，在发明专利授权量前 20 名的企业中，我国内资企业发明专利授权量占比大幅增加至 54.67%，较上年增长了 22 个百分点，我国汽车产业的研发产出能力在逐步增强。世界知识产权组织（WIPO）数据显示，目前，全球汽车第一大技术来源国为中国，全球汽车行业专利申请量中超三成的专利申请量归属于中国；紧随其后的是日本，日本汽车行业专利申请量约占全球云计算专利总申请量的 20%。德国和美国专利申请量虽然排在第三和第四位，但是与排名第一和第二位的中国和日本差距较大。我国汽车产业专利申请在电动汽车、智能网联和自动驾驶等前沿技术领域表现突出。与全球其他汽车专利巨头如日本的丰田、德国的博世等企业相比，我国企业如比亚迪和华为在汽车技术的国际专利申请正逐步缩小差距。

其中，华为和腾讯等科技巨头在智能网联汽车、自动驾驶等前沿领域展现了深厚的技术积累和创新能力，正在通过跨界合作，将自身在通信技术、大数据、人工智能等方面的优势，与汽车制造业深度融合。比如华为推出了 MDC 智能驾驶计算平台、操作系统 AOS/VOS 和自动驾驶云服务 Octopus 等，为车企提供了一整套智能驾驶解决方案，已与包括长安汽车、北汽蓝谷等多家车企展开合作。腾讯主要聚焦汽车云服务和数字化解决方案，为车企提供智能座舱、智能驾驶等领域的云上协同创新，如与车企共同打造“端云一体”的自动驾驶轻地图解决方案，探索“车图云一体化”创新模式，并提升数据安全合规能力。这种跨界融合不仅丰富了汽车产品的功能性和智能化水平，也加速了汽车产业向数字化、网联化转型的步伐。

表 3-6　2022 年我国汽车发明专利授权量创新主体前 20 名

排名	内资 / 外资	创新主体	发明专利授权量（件）	同比增长（%）
1	外资	丰田自动车株式会社	1861	19.2
2	外资	本田技研工业株式会社	1260	19.1

续表

排名	内资 / 外资	创新主体	发明专利授权量（件）	同比增长（%）
3	外资	罗伯特·博世有限公司	1064	-5.0
4	内资	比亚迪股份有限公司	949	19.8
5	外资	福特全球技术公司	867	15.0
6	内资	东风汽车集团股份有限公司	860	81.2
7	内资	华为技术有限公司	839	54.2
8	内资	浙江吉利控股集团有限公司	833	60.5
9	外资	现代自动车株式会社	788	-21.9
10	内资	潍柴动力股份有限公司	768	54.8
11	外资	起亚自动车株式会社	667	63.1
12	内资	中国第一汽车股份有限公司	576	34.3
13	外资	通用汽车环球科技运作有限责任公司	539	-24.8
14	外资	株式会社电装	445	-9.0
15	内资	蔚来汽车科技（安徽）有限公司	421	132.6
16	内资	安徽江淮汽车集团股份有限公司	377	-13.7
17	内资	东风汽车集团有限公司	363	-20.9
18	外资	大众汽车有限公司	340	12.2
19	内资	腾讯科技（深圳）有限公司	339	72.1
20	外资	住友电装株式会社	338	-25.6

资料来源：《中国汽车工业年鉴（2023）》。

3. 自主品牌

近年来，自主品牌凭借技术创新、性价比优势以及对本地市场需求的深刻理解，获得迅速发展。如图 3-26 所示，我国自主品牌乘用车所占市场份额逐年提升，2022 年自主品牌乘用车市场份额接近 50%。2022 年自主品牌销量排行中，上汽集团以 281 万辆居于榜首，长安汽车、比亚迪汽车分列第二、第三位，销量分别为 187.5 万辆和 186.9 万辆。自主品牌汽车迅速发展背后的驱动力主要源自三个方面：持续不断的技术创新、卓越的性价比优势以及对本土市场需求深刻而精准的洞察。

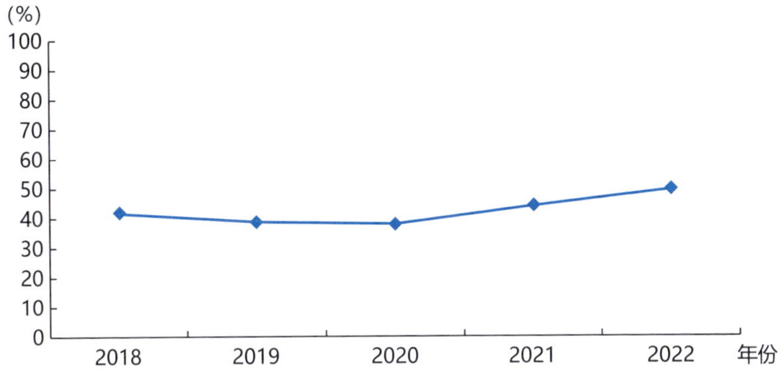

图 3-26　2018—2022 年自主品牌乘用车市场份额

资料来源：中国汽车工业协会。

自主品牌通过持续加大研发投入，在电动车、电池技术、智能驾驶等领域取得了显著突破。在新能源领域，中国品牌表现亮眼，2022 年销售了 523.3 万辆新能源汽车，同比增长 1.1 倍，占新能源汽车总销量的 76.0%。这不仅显示了自主品牌在电动化技术上的领先优势，还表明了消费者对国产电动车的强烈需求。比如，比亚迪推出的车型在续航里程和智能驾驶技术方面的持续改进，让其在市场上获得了广泛认可。同时，智能网联技术的快速发展也让自主品牌在市场竞争中占据有利地位。华为与长安汽车合作推出的智能驾驶解决方案，为市场带来了全新的技术体验，也展示了中国品牌在智能汽车领域的技术实力。我国拥有全球最大规模的汽车市场和庞大的道路交通网络，这为自动驾驶和智能网联汽车的人工智能算法训练提供了极为丰富的数据资源。同时，我国汽车产业与人工智能技术的融合很快，基于产业链上下游的紧密整合，汽车制造商、科技公司、人工智能初创企业和研究机构之间形成了密切的合作，推动技术更快速地从研发走向实际应用。例如，华为、百度、阿里巴巴等科技巨头与比亚迪、长城等汽车制造商紧密合作，在短时间内推出基于人工智能技术的自动驾驶系统、智能驾驶舱和智能网联汽车。这种快速的整合能力让我国的人工智能技术能够快速实现商业化应用，缩短了技术转化的周期。此外，我国在5G 网络等基础设施建设和部署方面领先全球，这为智能汽车和自动驾驶技术的发展提供了坚实的网络基础。5G 技术的高带宽、低延迟特性为智能汽车的实时数据传输和车联网通信提供了有力支持。

自主品牌的另一个关键竞争力是其卓越的性价比。我国汽车制造商能够在维持高质量的同时，提供更具竞争力的价格。这不仅体现在经济型车型的价格优势上，也体现在中高端车型的性价比优势上。以五菱宏光为例，其专为城市短途出行设计推出的微型电动车，价格亲民、使用便捷，迅速占领了市场，成为许多家庭“代步神车”的首选车型。与此同时，比亚迪等品牌也推出了多款高端车型。例如，汉 EV，不仅具备高性能电池技术，提供长续航和快速充电功能，还搭载了比亚迪自研的“刀片电池”，以提升安全性和能量密度，其豪华内饰、先进的驾驶辅助系统、智能网联功能等使该车在与传统豪华车竞争时具备优势。此外，汉 EV 的价格相对亲民，比传统豪华品牌车型更具竞争力，这吸引了大批希望升级车辆的中高端消费者。

自主品牌对本土消费者需求的深刻洞察也是其市场份额提升的重要因素。与跨国车企相比，自主品牌更能快速响应国内消费者的偏好。通过本土化的设计与创新，国产品牌更好地满足了国内消费者的多样化需求，提升了品牌的市场占有率。比如理想 ONE 作为长续驶里程的增程式混合动力汽车，有效缓解了我国消费者的里程焦虑并满足了其多样化的出行需求，续航里程在满电满油状态下可达 1000 公里以上，比普通的电动车续航里程长得多，适合我国广大的城乡结合部和三四线城市用户。同时，理想 ONE 以其大尺寸的 SUV 设计、宽敞的内部空间、6 座布局以及丰富的智能驾驶辅助系统，特别受家庭用户青睐。通过解决本地市场在充电基础设施、家庭多用途出行等方面的痛点，理想成功找到了自己的定位，成为自主品牌崛起的典范之一。

（四）我国汽车产业国际绩效竞争力

1. 国际市场占有率

2022 年我国汽车出口取得了历史性突破，首次超越德国，成为世界第二大汽车出口国。如表 3-7 所示，2022 年我国整车出口数量达到了 311.1 万辆，同比增长 54.39%；出口金额则达到 1241.67 亿美元，同比增长 32.95%。2022 年，我国乘用车和商用车的出口量均呈现出强劲增长。其中，乘用车出口量达到 252.9 万辆，同比增长 56.7%；商用车出口量为 58.2 万辆，同比增长 44.9%。从 2022 年全年汽车企业出口情况来看，除了 4 月受新冠疫情冲击产销受阻导致负增长，其余各月出口均保持较快增长，其中 8 月以后月均出口量超过 30 万辆，屡次创造单月历史新高。在全球新冠疫情和供应链危机的背景下，许多国家的汽车供应能力受到影响，而我国企业凭借其强大的生产和供应链管理能力，在这一时期迅速填补了全球市场的空缺。特别是自主车企自 2022 年以来的出口销量实现了较快增长，以比亚迪、长城、奇瑞、吉利为代表的一系列车企均加速了在海外的布局。我国汽车出口的快速发展为汽车产业畅通“双循环”新发展格局和“十四五”开好局、起好步做出了积极贡献。我国汽车产业正迈入全球化发展新阶段。

表 3-7　2018—2022 年我国汽车出口情况

年份	汽车出口总额（亿美元）	汽车出口总额同比增长（%）	整车出口数量（万辆）	整车出口数量同比增长（%）
2018	606.54	11.91	104.1	16.84
2019	593.09	−2.22	102.4	−1.63
2020	580.27	−2.16	99.5	−2.83
2021	933.95	60.95	201.5	102.51
2022	1241.67	32.95	311.1	54.39

资料来源：汽车出口总额来自世界贸易组织，整车出口数量来自中国汽车工业协会。

新能源汽车出口量稳步增长，已成为我国出口“新三样”之一。2022年，我国新能源汽车出口量累计达到67.9万辆，同比增长1.2倍，首次成为全球新能源汽车出口量第一的国家。这一成就主要得益于我国企业在电池、电机和智能化技术上的不断突破，以及全球市场对绿色出行需求的不断增长。新能源汽车的出口不仅提升了我国整体汽车出口的增速，也使其在国际市场上建立了强大的技术和品牌优势。新能源汽车的崛起标志着我国在全球汽车产业中的地位不断提升。比亚迪、蔚来、吉利等品牌不仅在国内市场表现出色，还迅速在欧洲、中东和南美等市场获得广泛认可。例如，比亚迪的海豚、唐 EV、元 Plus、汉 EV 电动汽车，在国际市场上反响热烈，尤其是在中东市场举办的新品发布会上，这些车型赢得了消费者的高度关注。值得关注的是，我国汽车品牌在新兴市场展示了强大的增长潜力。受到国际形势的影响，我国汽车品牌积极开拓海外市场，在阿联酋、墨西哥等市场表现尤为突出，阿联酋的销量同比增长2.7倍，墨西哥市场增长1.6倍。这些新兴市场对我国自主品牌的接受度迅速提升，显示出我国汽车企业在全球布局中的灵活性和竞争力。这不仅得益于我国新能源汽车技术水平的不断提升和产品竞争力的显著增强，也反映了全球市场对绿色、低碳出行方式的需求和对我国新能源汽车品牌的广泛认可，同时也使得新能源汽车与锂电池、太阳能电池一起并称为外贸“新三样”。展望未来，随着全球能源结构转型和汽车产业变革的深入推进，我国新能源汽车出口有望迎来更加广阔的发展空间。

2. 国际贸易竞争力

我国汽车产业在全球市场竞争力逐步增强，尤其是伴随着产业结构的优化升级，出口表现尤为亮眼。通过分析汽车产品贸易竞争力指数，可以明显看到我国汽车产业的国际贸易竞争力在不断增强。如图 3-27 所示，2021 年我国汽车产品贸易竞争力指数首次破零，并于 2022 年达到了 0.2。这一变化意味着我国汽车产业从过去的净进口转变为净出口状态，且净出口规模正在不断扩大。我国汽车产品贸易竞争力指数的提升反映了我国汽车产业在国际市场上地位的改变。长期以来，我国主要依赖于进口高端汽车和技术。近年来，随着国内品牌的崛起和技术水平的提升，我国汽车产业的出口规模和产品竞争力正在迅速提升，越来越多的中国品牌正在国际市场上占据一席之地。

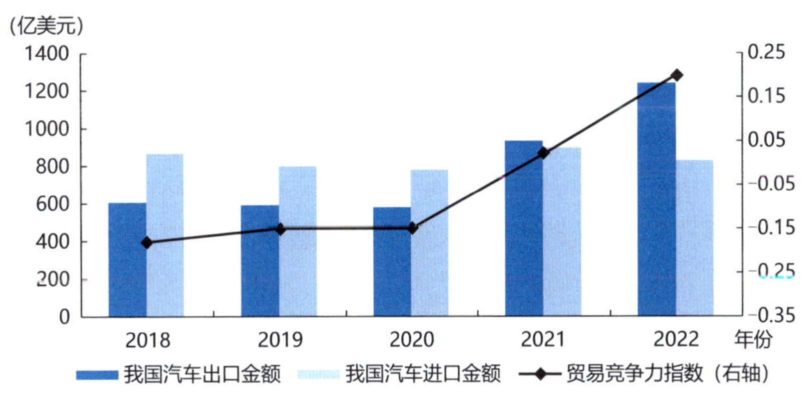

图 3-27　2018—2022 年我国汽车产品贸易竞争力指数变化

资料来源：世界贸易组织。

然而，全球国际贸易环境的不确定性、关税政策的变化以及地缘政治局势的紧张，可能对我国汽车出口产生负面影响。关税政策变化是我国汽车产业面临的一个主要挑战。在中美贸易摩擦的背景下，美国将针对我国电动汽车的关税从 25% 提高到 100%，这一政策壁垒基本堵死了我国车企进一步开拓美国市场的机会。欧盟推出的碳边境调节机制（CBAM）也进一步增加了我国汽车尤其是新能源汽车的出口压力。碳边境调节机制对我国汽车产业尤其是新能源汽车的约束，不仅限于产品在生产过程中碳排放的高低，还包括如何进行碳足迹的测量、报告和认证。欧盟通过碳边境调节机制掌握了对这些认证和合规性的控制权，确保进口自我国的新能源汽车符合欧盟的环保标准。这种约束不仅是技术问题，还涉及监管、合规及供应链透明度等问题。此外，全球经济波动也会影响我国汽车产业的出口成本和价格竞争力。2022 年乌克兰危机导致的能源价格波动、新冠疫情导致的供应链中断、受到国际多种因素影响的关键零部件如半导体和电池材料价格上涨，均对我国汽车企业的生产成本构成了压力。全球经济的不确定性增加了汽车企业的运营风险，尤其是对于出口依赖度较高的企业，市场需求的波动将直接影响其利润空间和市场表现。

为了应对复杂的国际环境，强化环境、社会和公司治理（ESG）管理以及调整市场布局和加速本地化生产等应对策略可能帮助我国汽车企业克服上述障碍。为了应对欧洲市场的碳排放要求和消费者对可持续发展的关注，我国车企正逐步强化 ESG 管理。例如，新能源汽车企业通过优化生产流程、降低碳排放并提升生产效率，来降低环保政策带来的额外成本。多家汽车企业在工厂中引入风电和光伏以减少制造过程中碳排放的负面影响。这种绿色转型不仅符合全球市场对低碳出行的需求，还能提升企业的国际竞争力。为了减少对单一市场的依赖，我国车企正在加快进入新兴市场。例如，长城通过与泰国、马来西亚和印度尼西亚等东南亚国家的合作，快速拓展市场。长城在泰国投资建设了生产基地，并推出了电动车型

“欧拉好猫”，在当地获得广泛好评。这一布局不仅帮助长城避开了欧美的高关税和环保壁垒，还满足了东南亚市场对高性价比电动汽车的需求。此外，我国车企还选择本地化生产并与当地企业进行合作。多家汽车企业为应对贸易壁垒，选择在欧洲进行本地化生产与销售。如蔚来不仅通过在挪威建立销售网络进入欧洲市场，还计划在欧洲设立生产基地，以减少运输和关税成本。通过本地化生产，蔚来能够更好地适应欧盟严格的碳排放标准，同时也提升了消费者对品牌的认知度和信任度。这种本地化策略还帮助蔚来避免了因碳足迹问题而增加的贸易壁垒成本，为企业的全球拓展提供了有力支持。

3. 国内企业海外投资概况

海外投资方面，在相关政策引领下，新能源品牌率先发力，并加速推进供应链的全球化整合。“十三五”时期以来，我国出台了一系列政策措施，鼓励国内新能源汽车企业“走出去”，参与国际市场竞争。例如，政府出台出口退税、融资支持以及促进国际合作等政策，帮助企业进入国外市场。这些政策不仅加快了我国新能源汽车企业的全球化进程，也推动了供应链的全球整合，使企业能够更好地适应国际市场的需求和变化。随着全球对新能源汽车需求的不断增长，我国新能源品牌如比亚迪等在海外市场崭露头角，通过直接投资建厂或与当地企业合作，实现产品的本地化生产和销售，从而更好地适应目标市场的需求和偏好。比亚迪在美国加利福尼亚州设立了电动大巴生产工厂，为当地提供电动公共交通解决方案；在巴西和印度，比亚迪也建立了新能源汽车生产和组装厂，进一步拓展南美和南亚市场。这种“本地化生产 + 品牌直营”的模式，不仅降低了运输成本、规避了关税壁垒，还使得企业能够更快地响应当地市场的需求和政策变化。我国新能源汽车企业的海外扩张，也带动了相关零部件企业的全球化发展。许多零部件制造商选择跟随主机厂的步伐，到海外设立生产基地，实现就近配套生产。例如，宁德时代作为全球领先的动力电池供应商，已经在德国建厂，为欧洲的新能源汽车制造商提供电池配套服务。此外，其他电池、动力系统、车载电子设备制造商也在海外设厂，确保能够为我国车企提供高效的供应链服务。同时，这种方式也有助于我国企业在当地建立长期合作关系，促进技术转移与管理经验的交流，进一步推动我国汽车产业的全球化进程。

如表 3-8 所示，2022 年我国在汽车领域的直接海外投资金额显著增长，汽车贴牌生产对外投资共计 15 项，总投资额达 36.92 亿美元，显示出我国汽车企业在全球市场拓展和布局的积极态势。这一增长不仅反映了我国汽车产业“走出去”战略的加速推进，也表明我国企业在全球市场中的竞争力逐步增强。2022 年，投资金额最大的项目发生在斯洛伐克，由沃尔沃主导，投资额达到 12.53 亿美元，这是该年度我国在汽车领域的最大一笔海外投资。紧随其后的是在西班牙的投资，达到 10.64 亿美元，显示出我国企业对欧洲市场的高度重视。此外，我国汽车企业在泰国的投资为 4.91 亿美元，在墨西哥的投资为 3.51 亿美元，这些新兴市场的投资表明我国汽车企业正在积极拓展全球生产网络，增强在不同区域市场的影响力。阿根廷、美国和英国也成为我国汽车海外投资的重要目的地，分别吸引了 2.03 亿美元、1.95 亿美元和 1.24 亿美元的投资。这些项目不仅促进了当地汽车产业的发展，还加强了中外企业的合作，进一步提升了我国企业在国际市场中的技术能力和品牌知名度。从投资领域来看，制造业仍是我国汽车企业对外投资的重点，2022 年在制造领域的投资额达到 33.57 亿美元，占总投资额的绝大部分。这反映了我国企业通过在海外建立生产基地来应对国际市场需求、降低生产成本以及减少贸易壁垒的战略。与此同时，总部建设和研发领域的投资也有所增加，分别达到 2.07 亿美元和 1.06 亿美元，表明我国企业不仅关注生产能力的拓展，还在全球范围内加强研发和创新能力的建设。与 2021 年相比，2022 年我国汽车领域的直接对外投资金额增加了近 2 倍。这一大幅增长表明我国汽车企业在全球化进程中迈出了重要一步，通过加大海外投资力度，不仅提升了自身的生产能力和技术水平，还增强了在国际市场中的竞争力。

表 3-8　我国汽车贴牌生产对外投资金额

年份	贴牌生产对外投资金额（亿美元）
2006	14.12
2007	14.56
2008	18.51
2009	26.52
2010	13.97
2011	27.53
2012	15.00
2013	16.26
2014	52.38
2015	19.27
2016	27.34
2017	19.93
2018	25.71
2019	86.99
2020	12.91
2021	12.46
2022	36.92

资料来源：fDi Markets。

首先，我们仍需注意全球地缘政治和贸易环境的不确定性给企业带来的潜在风险。例如，欧洲加强对外资的审查、美国提高我国商品关税等都可能影响投资回报。其次，不同国家的政策法规差异大，企业需要适应不同市场的环保、劳工及产品安全等标准，这要求企业具备灵活的管理和运营能力。例如，2014 年，福耀玻璃在美国俄亥俄州代顿市收购了一家废弃的通用汽车工厂，投资超过 6 亿美元，将其改造成福耀全球最大的汽车玻璃生产基地。这一投资不仅为当地提供了数千个就业机会，还使福耀成为全球领先的汽车玻璃供应商之一，直接服务于通用汽车、福特、特斯拉等北美市场汽车制造商。通过在美国本地生产，福耀有效降低了关税和运输成本，并能够更快地响应客户需求。但是，在美国投资过程中，福耀面临的不仅仅是运营和技术挑战，还包括跨文化管理的复杂性。例如，福耀需要适应美国的劳工法规、环保标准和社会文化差异。福耀通过聘请本地管理人员、加强与当地社区的沟通，最终成功克服了文化和管理差异，实现了平稳运营。

4. 国内市场对外开放概况

受到新冠疫情与国际形势的影响，相较于 2018 年，2021—2022 年我国汽车产业外商直接投资总额呈断崖式下降。2018—2022 年，汽车制造业中的外商及港澳台商投资工业企业的利润总额总体上保持稳定。如图 3-28 所示，2022 年汽车制造业中的外商及港澳台商投资工业企业的利润总额约为 3456 亿元，全球经济环境的复杂性特别是新冠疫情的持续影响和供应

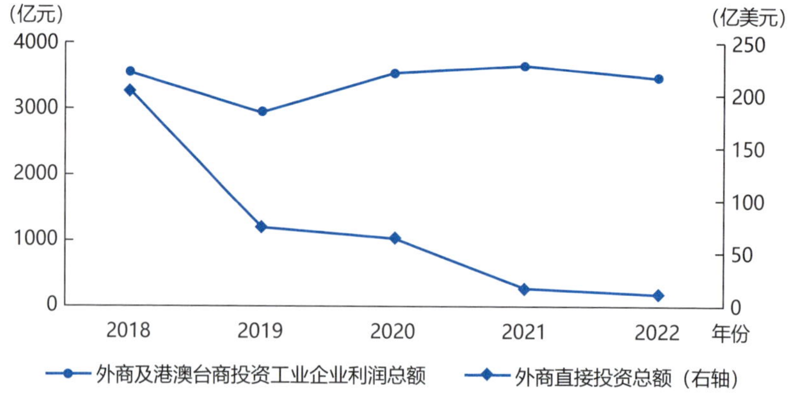

图 3-28　2018—2022 年汽车制造业外商及港澳台商投资工业企业利润总额

资料来源：国家统计局、fDi Markets。

链的波动可能导致利润的下降。但整体来看，我国市场的稳定性和政策支持确保了外资企业的长期盈利能力。这种相对稳定与我国汽车产业外资政策的开放和鼓励技术合作以及创新的氛围密不可分。

近年来，我国汽车产业的对外开放程度不断加深，为国内市场注入了新的活力。与过去几十年通过合资模式吸引外资不同，近年来我国政府逐步放宽外资准入的限制，允许外资企业在特定领域独资建厂。2018年6月，国家发展改革委发布《外商投资产业指导目录（2018年修订）》，正式取消新能源汽车合资股比限制。新能源车企特斯拉成为这一政策的直接受益者，2019年，特斯拉在上海建成我国首个外资独资汽车工厂，这标志着我国放宽了对外资企业的股权限制，使其能够完全控制在中国的运营和管理。特斯拉的独资进入带来了显著的市场竞争，促使本土企业如比亚迪、蔚来等在新能源汽车技术上加速创新。同时，特斯拉的本地化生产也推动了我国供应链的升级，为零部件、电池生产等相关行业创造了更大的发展空间。2022年，国家发展改革委、商务部发布的《外商投资准入特别管理措施（负面清单）（2021年版）》规定，自2022年1月1日起，在汽车制造领域，取消乘用车制造外资股比限制以及同一家外商可在国内建立两家及两家以下生产同类整车产品的合资企业的限制。也就是说，不只是在新能源汽车领域，在整个乘用车领域，外资车企都可以在我国独立建厂，不再局限于通过与本土企业合资的方式进入市场。这一政策创新不仅提升了外资企业在中国市场的自主权和灵活性，还为国内市场带来了强劲的竞争和技术合作机遇。此外，我国还推出了一系列支持新能源汽车和智能网联汽车发展的政策，进一步鼓励外资在这些前沿领域的投资。例如，政府在新能源汽车生产资质、充电基础设施建设、智能网联技术研发等方面对外资企业一视同仁。特斯拉、宝马、奔驰等外资车企利用这些政策的支持，纷纷扩大在中国的投资。宝马更是提出“家在中国”的口号，融入中国创新与绿色发展大潮，携手中国伙伴共创共赢。

三 我国汽车产业国际竞争力小结

本章通过我国汽车产业国际竞争力指标体系，对比分析了近年来我国汽车产业的变化与发展。新的指标体系主要延续《中国汽车产业发展报告（2008）》汽车产业国际竞争力指标体系中产业环境、产业组织、产业创新与产业国际绩效竞争力四个维度的划分，并修订了部分指标以反映我国汽车产业国际化的动态演进趋势。研究通过回溯2006—2022年我国汽车产业国际竞争力演进历程发现，我国汽车国际竞争力呈现曲折上升趋势。2018年以来，我国推动新能源汽车、智能网联汽车领域牵引的换道发展，因此重点对2018—2022年我国汽车产业国际竞争力的变化与发展进行分析。

总体而言，我国汽车产业国际竞争力稳步提升。我国汽车产业环境竞争力保持平稳状态，在产业组织竞争力方面略有下降，产业创新与产业国际绩效竞争力快速增长。从全球范围来看，虽然我国产业创新、产业国际绩效竞争力仍是短板，但与发达国家的差距在不断缩小。2022年，我国汽车产业再度展现强劲实力，产销量双双迈上新台阶，分别达到2702万辆和2686万辆，全球汽车产销第一的地位与在我国国民经济中的支柱地位没有改变。新能源汽车与智能网联汽车快速发展，在产业组织、产业创新领域均有不俗表现。自主品牌市场份额接近50%，大力增加研发经费与研发人员投入，形成四大新能源汽车产业集群，新技术带来了产业增长与产业链整合发展的新动力。国内国际两个市场同样精彩，国内汽车销量与国际销量的比率达到32%以上。国内市场对外开放程度不断加深，促使本土新能源汽车企业加速技术创新与产品升级；多个新能源汽车企业加速出海，“本地建厂+品牌直营”的模式逐渐成为主流，贸易竞争力指数于2021年首次实现零的突破。

与此同时，我们也要继续关注我国汽车产业国际竞争力的部分指标。在“新四化”大背景下，部分高性能产品因国内产能不足需要进口，具有“卡脖子”风险。尽管我国零部件供应链水平提升，但在全球范围内仍属中等水平。汽车产业的成本利润率近年来保持在较低水平且呈下降趋势，造成产业组织竞争力分值下降，亟待行业进一步适应产业新趋势，注重技术创新和资源优化，进而提升整体盈利能力。此外，尽管我国汽车产业国际绩效竞争力迅速提升，但企业在国外生产汽车数量与国内外全部生产数量的比率还远低于发达国家，海外产能尚未转化为海外产销量。上述指标一方面体现出新冠疫情、国际关系等对我国宏观经济造成了一定影响，另一方面也要求汽车产业上下游企业尽快适应新能源汽车、智能网联汽车等新兴技术趋势。行业发展的焦点将转向如何在保持增长的同时优化产业结构、提升产品附加值、实现经济效益与环境保护的双赢。只有通过政府、企业和社会三方面的协同努力，我国汽车产业才能在全球汽车产业格局中占据更加有利的位置，持续增强国际竞争力。

第四章 汽车产业"引进来"专题

郑亚莉　郑巧云　孟圆　李嘉琳[1]

一　汽车产业在新阶段开放合作的重要意义与面临的新形势

（一）深刻认识汽车产业开放合作的重要意义

当前，全球正面临百年未有之大变局，局部冲突和动荡频发，单边主义、贸易保护主义抬头，全球经济复苏乏力，国际政治、经济、文化、科技等领域都面临重大调整。国际环境复杂严峻，国内改革发展任务也繁重艰巨。党的二十大报告中明确提出高质量发展是全面建设社会主义现代化国家的首要任务，强调要加快构建以国内大循环为主体、国内国际双循环相互促进的新发展格局。党的二十届三中全会提出开放是中国式现代化的鲜明标识，要稳步扩大制度型开放，深化外贸体制改革。汽车产业作为国

1　郑亚莉，中国汽车工程学会秘书长助理。
郑巧云，中国汽车工程学会战略规划部高级研究员。
孟圆，中国汽车工程学会战略规划部研究员。
李嘉琳，中国汽车工程学会战略规划部研究员。

民经济的重要支柱产业，产业链长、关联度高、带动性强，在改革开放新时代，更应发挥其先导作用，成为推动国内国际高质量发展的关键力量，引领走出一条高水平对外开放的示范道路。

1. 开放合作是我国汽车产业高速发展的起点，也是推动我国汽车产业持续发展的重要力量

1950年，建设一座现代化汽车制造厂被列为“一五”计划的重点项目，标志着我国汽车工业的起步。1953年7月15日，第一汽车制造厂举行奠基典礼。此后，苏联给予了全面支援，包括整车制造厂的设计、协助图纸资料和技术文件的提交、指导安装施工和生产准备、提供80%的工艺设备和零件毛坯，并为500多名相关人员提供斯大林汽车厂的实习机会，为我国代培汽车工业各个工种的新工人近4000名，为我国汽车工业的起步打下了坚实基础。1956年7月13日，我国生产的第一辆“解放牌”载货汽车试制成功，第一汽车制造厂正式建成投产。在此基础上，我国汽车产业开始实行以中型载货车、军用车及改装车为主的发展战略，形成了“缺重少轻”的生产格局。随着改革开放的推进，我国汽车产业逐渐适应改革开放的新形势和新思路，开启与国际汽车巨头的合资合作，引入国外汽车企业的先进设备、技术、管理经验和资金，彻底改变了我国“缺重少轻，轿车几乎空白”的产业局面。随着合资合作模式的升级，民营车企加速发展，在“三大三小”格局的基础上，更多轿车生产企业开始崛起。

汽车工业发展初期的对外开放，不仅吸引了更多的外资企业、技术和人才，促进了国内汽车产业的技术创新和产业升级，还为我国汽车工业培养了一批具有国际视野和专业技能的人才，为汽车工业的快速发展和国际化奠定了坚实的基础。

2. 开放合作是我国汽车产业全球崛起的重要引擎，也是汽车产业加快构建新发展格局的必然选择

开放合作对于我国汽车产业的技术进步、产业配套体系的完善、国际竞争力的提升等方面具有重要推动作用。我国汽车产业通过合资合作，吸引外资来华建厂，为国内企业提供了学习和合作的机会，加速了技术交流和创新，积累了自主创新能力，减少了对外部技术的依赖。通过对外开放，我国吸引国际优质零部件供应商，包括麦格纳、博世、采埃孚、电装等 43 家世界排名靠前的零部件生产企业来华建厂，促进了我国零部件及产业配套体系的完善。通过开放合作，我国汽车产业深度融入全球市场，整车制造企业反向出口、动力电池龙头企业供货全球，极大提升了国内企业的国际竞争力。

新一轮科技革命和产业变革正向我们袭来，其发展速度、规模和影响广度前所未有。全球的创新格局和经济结构正在加速重构，一系列颠覆性变革带来了空前挑战和机遇，同时也增加了不确定性和难以预见的因素，使我国面临的国际形势变得更加错综复杂。聚焦国内，虽然我国拥有庞大的市场规模、充裕的人力资源、完善的工业体系以及日益增强的科技创新实力，但发展不平衡不充分的问题依然存在。在一些重点领域和关键环节，改革的任务仍然十分艰巨，需要不断深化改革开放，推动体制机制创新，以实现更加全面和均衡的发展。在世界汽车产业的版图中，对外开放已成为各国汽车工业发展的必由之路。历史经验表明，日韩汽车产业发展到一定阶段时，其政府策略也随之从产业政策扶持转向法治化管理和市场竞争。通过进一步开放汽车行业的国际合作，我国汽车产业置身全球经济大循环中，充分利用并整合国内外两个市场和两种资源的优势：依托国内大循环的强劲动力，吸引全球的资源要素；借助国际循环的力量，提高国内大循环的质量和效能，促进商品与资本跨国流动，加速信息与技术的全球共享，与全球汽车产业实现共同繁荣。

3. 以科技创新为引领的高水平开放合作是推动全球汽车产业互惠共赢的重要途径

自 20 世纪 70 年代末以来，我国对外开放政策促进了经济的迅猛发展和资源配置效率的提升，实现了从落后国家到世界第二大经济体的转变，为全球经济增长做出了巨大贡献。我国作为低成本高效率的世界工厂，促进了全球生产成本的降低和生产效率的提升，显著扩大了全球商品和生产要素的自由流动范围，推动了全球制造业垂直分工体系的建立，促进了发达经济体产业结构升级。对外开放合作也为我国汽车产业带来了显著的增长和全球竞争力的提升。2023 年，我国汽车产销量首次双双突破 3000 万辆，汽车出口达到 491 万辆，首次超过日本成为全球最大的汽车出口国。汽车产销量的突破性增长，以及在汽车出口领域的领先地位，都是开放合作成果的直接体现。这一成绩的背后，是我国汽车产业在技术创新、产业链完善、市场开拓等方面的不懈努力。我国汽车企业通过与国际伙伴的开放合作，不仅提升了自身的竞争力和品牌影响力，也为全球汽车产业的创新发展和繁荣提供了新的动力。

展望未来，我国将继续推进更高水平的对外开放，致力于高质量发展并开拓合作共赢新格局。在新的开放格局下，汽车产业作为高水平开放合作的先锋，将加快突破核心技术，提升技术创新策源能力，促进新技术、新模式、新业态的先导应用，持续加强技术创新的支撑和保障；加大开放合作方面的政策支持力度，进一步优化产业链和市场营商环境，深入开展国际合作，推动中外企业在资本、技术、管理、人才等方面更广泛的交流合作；依托国内市场规模优势，促进更宽领域的国际对话与合作，推动全球汽车产业在科技革命和产业变革浪潮中实现共同发展和互惠共赢。

（二）汽车产业面临开放合作的新形势

1. 逆全球化思潮频频抬头，但开放合作仍是发展主旋律

逆全球化思潮近年来频频抬头，贸易保护主义、单边主义、关税壁垒以及投资审查趋严等为汽车产业全球化发展带来了挑战。2023 年以来，美国发布《通胀削减法案》《外国敏感实体指南》，将在我国注册成立、主要运营以及我国政府持股 25% 以上的企业视为敏感实体，阻碍我国动力电池产业进入美国。美国《芯片与科学法案》意图通过有针对性地设置“护栏条款”，遏制我国芯片产业发展，并阻碍其他国家的光刻机等产品对华供应，严重影响我国新能源汽车智能化发展进程。美国与日本、韩国及我国台湾地区组建“芯片四方联盟”（Chip 4），该联盟包括全球芯片产业链上下游多家占垄断地位的企业，以及高通、瑞萨、台积电等位居产业链中游的知名芯片设计企业和制造商，意图孤立和封锁我国大陆地区的芯片产业。欧盟发布新版《电池和废电池法规》，加速构筑碳贸易壁垒。欧盟发起针对我国电动汽车的“反补贴”调查，意图施加高额税费削弱我国新能源汽车产品在欧洲市场的竞争力。

尽管如此，开放合作仍然是汽车产业发展的主旋律，许多企业仍在寻求进一步加深在华合作的机会，以共享先进技术、降低生产成本扎根中国，更好地服务于中国和全球汽车市场。宝马持续加大对华投资，自 2010 年以来，对宝马沈阳生产基地累计投资近 1000 亿元。2022 年，华晨宝马在本省采购率达 60%，全国的零部件采购额超 730 亿元。从“在中国，为中国”到“在中国，为世界”再到“家在中国”的宝马战略更是凸显了中国市场在宝马全球战略中的核心地位，宝马试图深化“与中国深度绑定、以中国为中心”的合作模式。大众在华（合肥）设立了德国总部以外最大的研发中心，专注智能网联汽车研发，并承担电动汽车平台的开发任务，为中国开发量身定制的纯电动车型，计划将合肥发展成为大众“在中国，为中

国”的战略中心，加深电动化、智能化转型下与中国市场的深度合作。奔驰与宝马共同成立合资企业落户北京，计划在 2026 年底前建设至少 1000 座超级充电站及约 7000 根超级充电桩。特斯拉上海超级工厂的产业链本土化率超过 95%，在上海、苏州、宁波、南通等长三角地区形成了囊括电池、车载芯片、自动驾驶系统等新能源汽车零部件的全链条生态链。

2. 我国汽车产业市场竞争力持续提升

（1）我国汽车产销量突破 3000 万辆大关，连续 15 年蝉联全球第一

如图 4-1 所示，2023 年我国汽车的产销量分别达到 3016.1 万辆和 3009.4 万辆，同比增长 11.6% 和 12%，连续 15 年蝉联全球第一。其中，新能源汽车的产销量分别达到 958.7 万辆和 949.5 万辆，新能源汽车渗透率达 31.6%，全球占比超过 60%。截至 2023 年底，我国新能源汽车保有量为 2041 万辆，进入全面市场化拓展新阶段。预计 2030 年我国国内汽车总体销量将超过 3000 万辆，2040 年我国国内汽车销量将达到 3500 万～4000 万辆的峰值水平。新能源汽车销量到 2030 年、2035 年和 2040 年分别达到约 1800 万辆、2400 万辆和 3000 万辆。

图 4-1 2012—2040 年我国汽车产销量及新能源汽车渗透率

资料来源：中国汽车工业协会。

（2）我国在全球汽车市场格局中的地位举足轻重

如图 4–2 所示，2023 年，我国汽车出口量达到 491 万辆，较上年增长 57.9%，首次跃居世界第一位。出口金额达 1016 亿美元，较上年增长 69%，车企产品出海发展提速、出口汽车产品量价齐升。从出口结构来看，传统燃油车出口达 370.7 万辆，同比增长 52.4%，新能源汽车出口达到 120.3 万辆，同比增长 77.6%，新能源汽车逐渐成为推动我国汽车出口增长的重要力量。

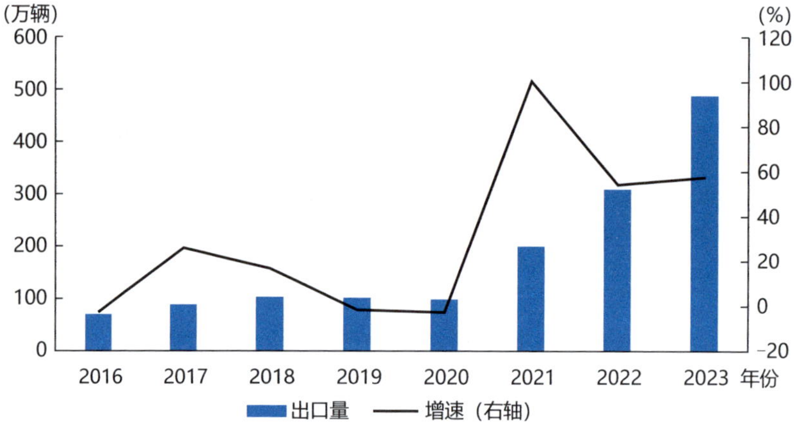

图 4–2　2016—2023 年我国汽车出口量及增速

资料来源：中国汽车工业协会。

如图 4–3 所示，2023 年我国汽车自主品牌在海外市场的销量表现尤为强劲，成功超越了 400 万辆，海外市场占有率达到了 7.1%，相较 2018 年提升了 6 个百分点。这一显著的增长有赖于我国汽车品牌在产品质量、技术创新以及市场策略上的持续优化和提升。

2023 年，我国在海外市场的亮眼表现，主要受益于自主品牌车企在欧洲、澳大利亚、新西兰等市场的持续发力。在欧洲市场，我国汽车自主品牌成功扩大了市场份额，并且凭借技术创新和优质产品赢得了当地消费

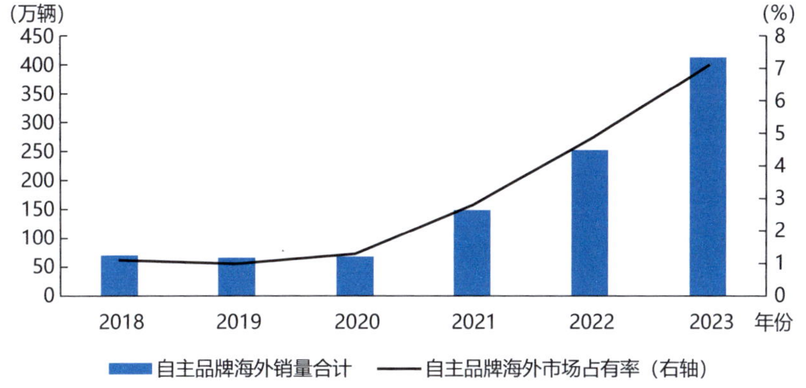

图 4-3　2018—2023 年自主品牌海外销量及市场占有率

资料来源：中泰证券。

者的认可。上汽的名爵 4 EV 助力欧洲成为上汽首个“二十万辆级”海外市场。此外，我国出口至俄罗斯的汽车突破了 90 万辆，是出口墨西哥的 2 倍多。在澳大利亚和新西兰市场，我国自主品牌同样取得了显著的成绩，由于我国与两国均签署了自由贸易协定，国内生产的汽车相比欧洲具有关税优势，为我国在两国的新能源汽车市场打下了基础（见图 4-4）。2023 年 5 月，比亚迪 Atto3 在澳大利亚市场单月销量达到 1448 辆，排名

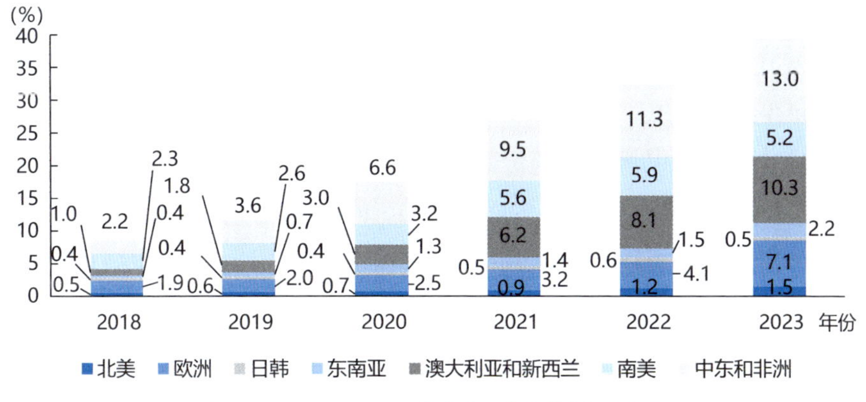

图 4-4　2018—2023 年自主品牌海外市场占有率

资料来源：中泰证券。

第二，名爵汽车在澳大利亚市场也表现出色，单月销量同比增长 18.8%。在新西兰市场，2023 年 5 月，比亚迪 Atto3 销量 223 辆，在新西兰纯电动车销量中排名第一；名爵 ZS 纯电版（204 辆）排名第二。

（3）自主品牌迅速崛起，外资品牌面临挑战

我国汽车自主品牌市场份额不断提升。如图 4-5 所示，2023 年自主品牌市场占比超过一半，达到 56%，较 2020 年大幅提升超过 18 个百分点。自主品牌通过技术创新、产品升级以及电动化和智能化转型，成功吸引了消费者，提升了市场份额，特别是在新能源汽车领域，自主品牌已经全面发力。2023 年，自主品牌新能源乘用车市场份额达 80.6%。自主品牌的成功不仅体现在国内市场，在全球市场上也赢得了认可，2023 年我国跃升为全球第一大汽车出口国，其中新能源汽车出口超过 120 万辆，同比增长超过 77%。不同国别的外资车企在中国市场的份额普遍面临缩减的压力。法系车企的市场份额已经微乎其微，不具备竞争优势。2020 年前 4 个月，法系车在华市场份额仅有 0.3%，雷诺宣布退出中国燃油车市场，标致雪铁龙集团（PSA）在华合资公司神龙汽车销量也大幅下滑。曾经以设计新颖和技术先进获得消费者青睐的韩系车企，目前也遭遇了销量大幅下降的困境，主要原因是韩系车企未能充分理解并迎合中国消费者的习惯和偏好。当中国消费者的偏好转向运动型多功能车时，现代和起亚等品牌却依然聚焦小轿车型号的生产和销售。美系车企在中国市场的份额下降幅度相对较小，2023 年美系品牌的市场份额为 9%，较上年几乎没有变化，主要归功于特斯拉在新能源汽车领域的强劲增长。即便是长期在中国汽车市场占据主导地位的德系和日系车企，也难以抵挡市场份额缩减的趋势。特别是日系车企，2023 年 7 月，丰田、本田和日产在华新车销量均出现显著下滑，同比分别下滑 6.1%、41.4% 和 20.8%。面对自主品牌的快速崛起和新能源汽车市场的快速发展，日系车企市场份额减少尤为明显，面临的市场压力和竞争挑战日益增大。

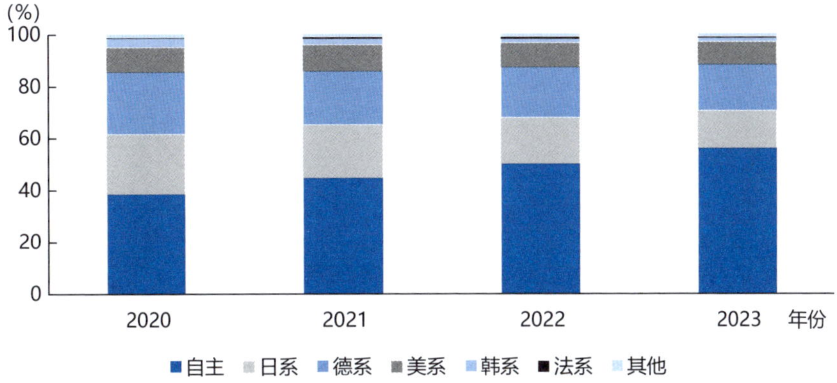

图 4-5　2020—2023 年分国别车企在华市场份额变化

资料来源：中国汽车工业协会。

3. 汽车产业加速电动化、智能化变革

汽车产业正经历着前所未有的变革，电动化、智能化的深入融合，不仅重塑了汽车的形态和功能，更推动了全球汽车产业向绿色低碳、智能互联、安全高效的方向加速演进。在党中央、国务院的统筹部署和坚强领导下，我国新能源汽车坚持“三纵三横”研发布局，历经 20 余年持之以恒的发展，探索出一条以科技创新带动产业培育壮大之路，在全球范围内已取得领先优势。

（1）电动化转型加速

自 2012 年以来，全球新能源汽车市场快速扩张，全球范围内新能源汽车销量从 10 余万辆增长到 2017 年的超过 100 万辆。到 2023 年，全球新能源汽车销量超过 1400 万辆，较 2022 年增幅超过 350 万辆，市场渗透率约为 18%，较 2022 年增长 4 个百分点，相比于 2018 年 2% 的市场份额显著提升（见图 4-6）。全球电动化转型已经从市场培育期过渡到加速发展期，电动化转型发展势头强劲。

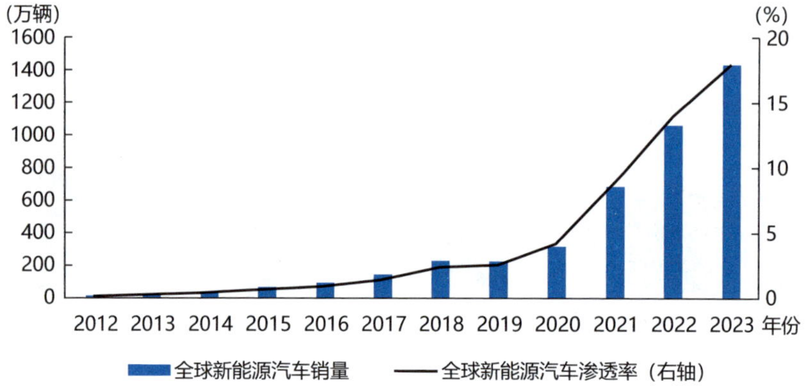

图 4-6　2012—2023 年全球新能源汽车销量及渗透率

资料来源：国际能源署。

中国、美国和欧洲是新能源汽车销量的主要驱动力，在全球新能源汽车市场份额占比达到了 95%。特别是中国市场，新能源汽车发展领跑全球。2023 年，新能源汽车销量达到 949.5 万辆，全球市场份额超过 60%，市场渗透率达到 31.6%，远高于欧洲、美国、日本同期水平，新能源汽车产销量已连续九年位居世界第一。我国作为世界范围内最大的新能源汽车市场，其电动化进程不仅推动了国内汽车产业的升级，也为全球汽车产业的绿色低碳发展提供了范例。

欧洲新能源汽车市场展现出积极的增长态势。美国研究机构 Clean Technica 的数据显示，2023 年欧洲新能源汽车销量突破了 300 万辆，达到了 301.7 万辆，同比增长 15.9%。这一增长主要得益于欧洲各国政府对电动汽车市场的持续支持，包括税收优惠和购车补贴等激励措施。然而，欧洲新能源汽车市场也面临着一些挑战，2023 年 12 月，欧洲新能源汽车销量同比大幅下滑，主要受到德国政府提前取消电动汽车补贴的影响。随着技术进步和消费者认知度的提升，预计欧洲新能源汽车市场增速可能会有所放缓。

美国新能源汽车市场也展现出强劲的增长势头。2023 年，美国新能源汽车销量达到 147 万辆，同比增长 49%，新能源汽车市场渗透率达到 9.3%。其中，特斯拉在美国市场保持主导地位，2023 年在美销售 65.5 万辆电动汽车，同比增长 25%，新能源汽车市场占有率为 44.6%。特斯拉 Model Y 和 Model 3 的销量占据美国电动车市场将近一半，销量共计 61.4 万辆，占比高达 41.8%。新能源汽车的强劲增长主要得益于美国政府《通胀削减法案》的颁布，该法案提供了单车 7500 美元的税收抵免，并且取消了之前针对汽车制造商 20 万辆补贴上限的限制。政策支持和强大产品力为美国新能源车市增长提供了充沛动力（见图 4-7）。

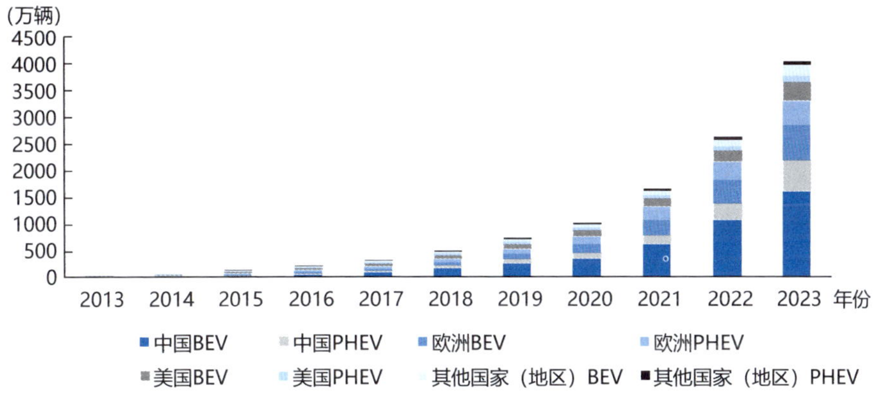

图 4-7 2013—2023 年全球新能源汽车保有量构成

资料来源：国际能源署。

注：BEV 指纯电动汽车，PHEV 指插电式混动汽车。

（2）智能网联汽车构筑产业新一轮竞争的战略高地

智能网联汽车作为全球汽车行业新一轮科技革命和产业变革的核心力量，逐渐成为各国培育新一轮汽车产业竞争优势的战略高地。智能网联汽车正由示范验证阶段加快迈向商业化落地，车路云一体化成为加速智能化、网联化融合发展的主要方向。

国家战略引领产业发展。美国交通部持续更新发布自动驾驶政策及《自动驾驶汽车综合计划》等规划，强化跨部门、跨行业协调，支持行业平台建设，鼓励自动驾驶商业应用。欧洲发布《可持续与智能交通战略》《网联、协作和自动化出行路线图》等战略规划和路线图，推动在2030年实现自动驾驶出行服务大规模部署。日本内阁府统筹相关部门，制定创造战略性革新规划（SIP），计划到2025年实现私家车、高速公路货运L4级自动驾驶应用。韩国发布《韩国自动驾驶战略规划》，计划2027年将韩国打造成全球第一个自动驾驶国家。我国发布了《新能源汽车产业发展规划（2021—2035年）》，明确2035年高度自动驾驶汽车实现规模化应用，提出了我国在智能网联汽车领域的发展方向和目标，为产业发展提供了清晰的路线图，也为全球汽车产业的发展贡献了中国智慧和中国方案。

智能网联进入商业化推广新阶段。美国加利福尼亚州打造全球智能网联汽车示范应用高地，集聚全球企业超过1500辆测试车辆，支持自动驾驶的无人化、商业化探索，在密歇根州建设智能网联高速公路，为智能网联商业化奠定基础。欧洲在地平线研发框架等计划支持下，组织开展系列高级别自动驾驶重大示范项目，进一步探索商业模式、实现可持续运营发展。日本以示范应用为抓手，从商业化探索、技术研发、社会接受度提升、基础设施建设、法律法规环境完善等方面加速智能网联汽车商业化。我国三部委联合发布《智能网联汽车道路测试与示范应用管理规范（试行）》，各地依托测试示范区、车联网先导区、“双智”协同发展试点城市等基础，开展智能网联汽车示范应用并逐步向商业化试点探索。

网联化融合发展逐渐成为全球共识。各国从政策制定、标准规范、新型基础设施建设等方面探索智能化、网联化融合发展路径。美国确立了网联协同相关技术标准，为基于蜂窝网线的车用无线通信技术（C-V2X）设备划定专用频段，搭建开源技术平台支持网联协同自动驾驶开发。欧盟提出基于数字化基础设施支撑的网联式协同自动驾驶分级规范，为网联化发展路径提供了方向指引。我国率先提出智能化、网联化融合发展技术路径，通过持续的 C-V2X 规模化示范应用，验证了技术方案的可行性，进一步强化了智能化、网联化发展共识，车路云一体化成为下一步发展重点。

（3）我国电动化引领全球，智能化提速，为对外开放提供坚实合作基础

我国新能源汽车发展领跑全球，产销量连续九年位居全球首位。2023 年，新能源汽车市场渗透率达到 31.6%，占全球销量比重超过 60%。预计到 2030 年，我国新能源汽车市场渗透率可达到 60%，新能源汽车保有量达到 1.3 亿辆。2023 年，我国新能源汽车出口量达到 120.3 万辆，同比增长 77.6%，出口至全球 180 多个国家和地区。如表 4-1 所示，我国构建了完整的动力电池、驱动电机等核心零部件产业链，培育了宁德时代、比亚迪等世界级动力电池龙头企业，2023 年全球动力电池装机量前十名中，我国保有 6 席，占全球动力电池装机量的比重达到了 63.3%。宁德时代以超过 30% 的市场份额，继续稳居全球第一的电池供应商地位。比亚迪位列第二名，中创新航、国轩高科、亿纬锂能、孚能科技也位于前十名，在全球市场中占据了明显的领先地位。我国电机转速和功率密度显著提升，电机技术全球领先。目前，我国新能源汽车使用的电机转速已达到 20000rpm 以上，吉利旗下星驱科技的 SPEED 高速电机，最高转速可达 24000rpm，功率密度达 14 千瓦 / 千克。2025 年，小米装车的下一代电机最高转速将达到 27000rpm。行业平均电机功率密度也从 2 千瓦 / 千克提升到 6 千瓦 / 千克，埃安 M25 电驱的功率密度更是达到 12 千瓦 / 千克，大幅降低了传动损耗并提高了输出功率。我国企业在电机技术上不断创新，例如比亚迪、长城、吉利、上汽等主流主机厂已开展电机电控自主化，自主研发生产高功率和高性能电机，以保障供应链稳定和控制成本。

表 4-1　2023 年全球动力电池装机量前十名企业

2023 年排名	企业	2023 年装机量（吉瓦时）	2022 年装机量（吉瓦时）	2023 年市场份额（%）	2022 年市场份额（%）
1	宁德时代	254.2	184.9	35.9	37.1
2	比亚迪	119.9	67.2	16.9	13.5
3	LG ES	90.8	79.3	12.8	15.9
4	松下	70.6	50.4	10.0	10.1
5	中创新航	31.6	16.3	4.5	3.3
6	三星 SDI	27.0	17.4	3.8	3.5
7	SK On	27.0	24.9	3.8	5.0
8	国轩高科	16.3	13.7	2.3	2.8
9	亿纬锂能	12.9	4.8	1.8	1.0
10	孚能科技	12.5	6.1	1.8	1.2
合计		662.7	467.3	93.7	93.8
2023 年总装机量		707.2	498.0	—	—

资料来源：高工产业研究院。

注：因四舍五入原因 10 家企业加总与合计数不一致。

我国智能网联汽车产业推进逐步加快，车路云一体化中国方案引领全球。辅助驾驶方面，国内外主要整车企业均已推出具备 L2 级辅助驾驶功能的车型，产业化进程基本同步，2023 年乘用车 L2 级渗透率达到 47.3%，较 2022 年大幅增长 12.4 个百分点，商用车 ADAS 在部分营运车型实现装车应用。高级自动驾驶方面，国内外都处于由测试示范向商业化探索的起步阶段，我国各地已开放测试道路超 22000 公里，累计道路测试总里程超 8800 万公里，测试示范牌照超 5200 张。部分城市已经开放载人测试、支持驾驶位无人测试，开展了自动驾驶出租车、公交车、“最后一公里”通勤、无人配送、环卫作业、矿山 / 港口 / 封闭园区物流等多场景示范应用。网联应用方面，我国 C-V2X 芯片、模组、终端基本实现全产业链自主可控，满足国内智能网联汽车发展需要。一汽、上汽、广汽、长城、蔚来等企业已经实现 C-V2X 前装搭载，具备网联化提醒预警功能。

产业化进程全球领先，已建设车联网路侧通信单元超过 8500 套，5G 基站开通超过 337.7 万座，产业生态日益完善。智能网联技术方面，L2 级辅助驾驶技术发展成熟，形成了接近 L3 级自动驾驶技术能力，智能网联汽车技术总体达到国际先进水平，并率先提出了车路云一体化发展的中国方案；国产半固态激光雷达开始前装应用，自主 4D 毫米波雷达产品逐步进入量产阶段；车规级人工智能计算芯片设计能力达到全球先进水平；C-V2X 芯片、模组、终端基本实现自主可控，技术水平与国外先进水平相当；云控平台架构和建设具备领先优势；在威胁检测、安全测试等方面初步建立技术储备。

总体来看，我国电动化发展引领全球，智能化推进加快且技术总体与国外先进水平相当，我国新能源汽车产业在电动化和智能化方面已具备与外资企业合作的坚实基础，并在全球范围内展现出明显的竞争优势。我国巨大的市场规模和增长潜力将为全球来华合作的外资企业提供广阔的发展空间。

4. 全球汽车供应链呈现短链化、区域化、多元化趋势，对我国利用外资的质量和水平提出了更高要求

2020 年至今，全球汽车产业链进入重构阶段。新冠疫情的特殊性、乌克兰危机等地缘政治事件使全球汽车产业链受到冲击，使得原本处于扩张状态的汽车产业链有收缩的趋势。未来汽车链会相对缩短，分布更加多元，由过去全球组链变成区域性组链。各国都在寻求在本土就能够组建一个相对比较完整的汽车产业链，从而使本土市场减少对外依赖，以应对极端情况发生，保证汽车产业链供应链的安全可靠运行。

全球汽车供应链呈现短链化趋势。首先，全球劳动力成本提升和航运成本的高波动性，迫使汽车企业在全球化的进程中以缩链降本的方式保持成本优势；其次，全球减碳及电动化趋势迅速扩张，而电动汽车较燃油车

而言，零部件数量和所需供应商数量更少，价值更加集中在芯片、操作系统等知识密集型部件中，并面临着日渐加剧的地缘政治风险；最后，零整关系从链式向协同共生方向转变，一、二级供应商之间的边界逐渐模糊，主机厂直接参与三级及以下供应商的直接沟通，缩短了信息传导路径。因此，全球汽车供应链呈现逐渐收敛态势，以构建更加完善、安全的供应体系。

全球汽车供应链呈现近端化、区域化趋势。新冠疫情大流行导致全球供应链停摆，材料短缺的问题拖累了部分经济体汽车产业恢复的进程。而汽车供应链的堵点从生产环节蔓延至物流环节。过去全球化的汽车产业链过长，一旦原材料生产、中间品生产以及运输任意一个环节出问题，都会导致汽车产业终端需求无法满足。新冠疫情后，各国政府吸取此前的经验教训，产业依靠全球化比较优势发展的特征减弱，转变为通过推动产业链区域化来增强产业链安全——从“全球化”到“近端化、区域化”。同时，受中美贸易摩擦的影响，原本较为顺畅的全球产业链体系运转遭受较为严重的冲击，使得跨国企业在投资布局时不得不考虑全球不确定性事件带来的风险，尽量避免供应链过度集中于某一国家，从而确保企业供应的韧性。

所以，新冠疫情及地缘政治风险严重冲击了全球汽车产业链供应链，推动跨国公司由单一注重效率转向效率与风险平衡，从而深刻改变了全球产业链体系。全球供应链格局由全球经济大供应链体系转变为若干以区域中心国家掌握核心环节、周边国家配套生产为特征的区域供应链体系，即全球供应链格局逐渐形成以各区域内主要工业国为核心，每一个区域内部都有一个清晰的“中心—外围”辐射模式，每个区域内的国家将其产业链大量布局到区域内其他国家，区域内各国的相互依赖程度远高于区域外国家。原有全球“大三角”产业分工格局加速裂解，形成以中国和日本为核心的东亚地区供应链、以德国为核心的欧洲地区供应链、以美国为核心的北美地区供应链“三足鼎立”的格局，共同构成全球供应链体系。

全球汽车供应链呈现多元化、分布式趋势。地缘政治考量推动投资多元化。《世界投资报告 2022》数据显示，2016—2019 年，全球外商直接投资目的地集中度（以赫芬达尔指数反映）从 0.079 下降到 0.062，国际投资呈现多元化特征。受新冠疫情影响，2020 年全球外商直接投资大幅下降，特别是发达经济体吸收全球外商直接投资额较上年下降了 69%。而东亚地区由中国、日本、韩国以及东南亚国家组成的全球制造基地，在此次新冠疫情中率先回稳，高效复产复工。全球外商直接投资向东亚、南亚地区集中。新冠疫情、乌克兰危机等不确定性冲击进一步暴露出全球产业链供应链内在的脆弱性，各国在关键领域产能的布局上将增加对地缘政治因素的考量，向更加多元化的方向发展。

综上所述，通过经济全球化与国际分工形成的产业链供应链是以市场经济为基础的开放型经济发展的内在需求，是各国经济以比较优势为依托相互依存、互惠互利的过程与结果。但随着经济力量的消长、全球格局以及地缘政治的改变，产业链供应链的重构呈现短链化、区域化、多元化等特点。原本的区域之间、国家之间的协同作业体系趋于结构重组，开放合作的理念逐渐收紧，这对我国利用外资、发展壮大汽车产业提出了新的挑战。

二　协同创新，打造全球汽车技术创新策源地

科技创新是我国汽车产业从小到大的发展基石，也是推动产业由大到强的关键力量。当前，汽车产业正处于产业变革的关键期，未来产业发展的重点将落在基础前沿技术、颠覆性技术的创新能力以及产业生态上。随着电动化、智能化领域的重大技术突破不断涌现，产业生态加速重构，

实现前沿技术的突破，构建产业生态，整合要素资源，引导新技术、新模式、新业态落地是汽车产业把握发展机遇的关键。跨行业、跨领域融合创新和更加开放包容的国际合作，成为新能源汽车技术发展的重要特征。

协同开展技术创新是打造全球汽车技术创新策源地的关键路径。近年来，我国汽车产业的国际合作不断深化，实现了从以产品生产和销售为主向以技术合作牵引的研发、生产、销售、服务全链条合作的转变。通过国际合作，更好地集聚全球创新资源，提升科技创新能力，加快实现汽车产业的高质量发展。我国应开展全球汽车科技创新交流与技术合作，鼓励合作开展基础研究、技术攻关等研发活动，积极引入外资研发力量，强化国际学术交流，充分发挥创新策源地的优势，建立开放的技术合作新生态。

（一）协同加快技术突破，加快技术端国际合作

打造创新策源地需要建立以原始创新能力和创新成果辐射能力为核心的创新策源能力，根本任务是突破核心技术、抢占科技高地。近年来，我国汽车产业坚持科技引领、创新驱动，走出了一条以科技创新为引领的产业高质量发展之路。在整车技术、关键零部件、智能网联等领域加快技术突破，实现了电动化技术全球引领、智能化技术全球并跑、低碳化技术成效显著的目标，总体上已经能够代表全球汽车产业技术发展的先进水平，为产业转型升级和高质量发展提供了重要支撑，也为国际合作创造了机遇。

一是电动化技术全球引领。动力电池技术研发和产业化能力引领全球。单体能量密度达到 360 瓦时 / 千克的混合固液电池实现装车并完成产品公告，已发布的混合固液电池单体能量密度最高达 500 瓦时 / 千克。800 伏高压平台规模化应用，分布式驱动量产落地。多款车型续驶里程超过 700 公里。

二是智能化技术全球并跑。国产半固态激光雷达开始前装应用，自主4D毫米波雷达产品逐步进入量产，车规级大算力芯片性能大幅提升，旗舰产品算力达560TOPS。L2级辅助驾驶系统在新能源汽车中的搭载率超过50%，L3级及以上高级别自动驾驶技术持续突破，进入面向产业化应用的新阶段。

三是低碳化技术成效显著。混动专用发动机热效率突破45%，达到国际领先水平。插电和增程系统的集成度、电气化及效率等达到国际先进水平。零碳内燃机、可再生合成燃料等前沿技术探索进展迅速，氢内燃机已有整车产品面世，氢氨融合内燃机取得重要技术突破。

我国汽车产业技术能力的不断提升更大程度上吸引合作伙伴。捷豹路虎中国政府事务及法务执行副总裁李洁曾提出，在产品技术方面要充分利用中国汽车技术资源，积极向中国产品客户体验看齐，并在研发、产品开发领域，把中国相关技术引入全球产品开发中，尤其是在自动驾驶方面积极拓展与国内相关企业的合作。同时，我国也在积极扩大对外开放。目前我国已与160多个国家和地区建立科技合作关系，签署了118个双多边政府间科技合作协定，为开展国际科技合作奠定了坚实基础。2023年，我国面向全球发布《国际科技合作倡议》，致力于打造开放、公平、公正、非歧视的科技创新开放环境，展示了开放合作的姿态。后续我国应积极通过深化国际合作，在基础研究、应用研究和技术创新领域，引进国外的先进技术和经验，并将自身技术成果推广到全球，实现互利共赢。

1. 广泛开展基础前沿领域国际合作

基础前沿技术研究是指在高技术领域中具有前瞻性、先导性和探索性的重大技术。基础前沿技术研究是科技创新的源头，是推动前沿技术和核心技术发展的关键，也是国家软实力的标志。习近平总书记强调，加强基础研究，是实现高水平科技自立自强的迫切要求，是建设世界科技强国的必由之路[1]。基础研究是科技创新尤其是原始创新的源头活水，发展基础研究已经成为各国科技发展的战略重点。

当前随着新一轮科技革命和产业变革持续演进，汽车领域前沿技术日新月异，颠覆性技术不断涌现，全球汽车科技竞争正在向基础前沿转移。下一代动力电池等技术正加速推进汽车产业变革，迫切需要进一步加强基础前沿研究，加快提升原始创新能力，从源头和底层实现关键技术革新和跨越式发展，构筑面向未来的竞争优势。

当前我国汽车产业原始创新能力正逐渐形成，需要系统布局基础前沿技术研究，着力提升汽车产业原始创新能力，加快实现“从 0 到 1”的突破，为创新发展提供基础理论支撑和技术源头供给。面向汽车领域技术革新的趋势和需求，前瞻性开展新型动力电池、宽温域高载荷燃料电池、下一代驱动电机系统、车路云一体化智能网联复杂巨系统等基础前沿领域研究；加快研究新型动力电池材料、驱动电机材料、轻量化材料等关键基础材料；摸清、摸透前沿技术基础性问题和底层机理，着力形成性能跃升的前沿技术研究成果；加快推动分析计量精密仪器、测试装备的发展。应鼓励基础研究领域加强国际交流合作，通过搭建国际合作平台，为我国基础研究注入新的活力，积累更多的原始创新成果，加大支持力度，推动产学研合作，助力基础研究迈上新台阶。

一是加快产学研国际合作。深化基础研究领域的政府间合作，加强双边和多边基础研究科技合作，促进国内外企业、研究机构、高等院校联合开展研究合作，尤其鼓励跨领域合作，开展原创性研究和前沿交叉研究。同济大学成立中德汽车联合研发中心，联合德国布伦瑞克工业大学、亚琛工业大学、慕尼黑工业大学等高校及科研机构提升基础研究水平，并联合开展人才引进和培养，召开上海－斯图加特汽车及动力技术国际研讨会

1 习近平：《加强基础研究 实现高水平科技自立自强》，《求是》，2023 年第 15 期。

等。清华大学车辆与运载学院同美国密歇根大学、阿贡国家实验室等40多所在新能源汽车技术领域享有盛誉的国际知名高校、科研院所和企业组建了中美清洁汽车联盟，与国际200多位科学家共同开展动力电池材料及安全性、车辆电动化及轻量化、交通智能化与网联化、能源系统清洁化与技术路线图等多方位的协作研究。

二是构建国际基础研究合作平台。牵头实施国际大科学计划和大科学工程，重点围绕能源、材料、信息技术以及与汽车产业交叉领域等研究方向，遴选具有合作潜力的若干项目进行重点培育，依托具有国际影响力的国家实验室、综合性国家科学中心、科研机构、高等院校、科技社团，通过机构间合作或政府间合作，整合各方资源，在国内组建专门组织或科研机构组织实施国际大科学计划和大科学工程。

三是鼓励中外联合开展科研活动和基础研究。设立面向全球的科学研究基金资助中外科学家合作的科研项目，加大国家科技计划对外开放力度，围绕汽车产业基础研究领域，拓展和深化中外联合科研。支持海外科学家到我国长期工作，鼓励优秀的外国博士生来华学习或从事科学研究。

2. 加快突破，强化核心技术协同攻关

通过汽车产业共性关键技术攻关和集成应用，解决关键核心技术受制于人等突出问题，加快补齐制约汽车产业发展的核心工艺、专用材料、关键零部件、制造装备等短板弱项。

电动化方面，系统布局全固态电池、新材料新器件电驱系统等下一代关键核心技术攻关，重点围绕高能量密度全固态锂离子电池技术、动力电池高效梯次利用技术、质子交换膜燃料电池电堆技术，集成开发新能源汽车新型底盘、驱动电机用新型材料，加强高环境适应动力平台技术、高安全全气候动力电池系统技术攻关，开发智能车用电子机械式线控制动系统。智能化方面，重点围绕基于驾舱融合的智能计算芯片、车路云一体化

融合控制系统，突破基于“规则＋学习”的融合型决策算法、智能驾驶操作系统，构建面向自动驾驶功能研发的全运行工况场景数据库。低碳化方面，重点围绕重型商用车用混合动力氨内燃机、氢内燃机等零碳内燃机技术加大攻关力度。

一是推动全链条技术合作。推动国内外企业联合开展技术研发和产业化应用，加快开展关键技术全链条合作。目前大众与小鹏围绕智能新能源汽车整车产品开发达成战略合作，联合开发两款面向中型车市场的智能网联车型；丰田与比亚迪成立合资公司，联合研发的整车产品已实现上市。鼓励国内外产学研开展技术引进和联合攻关，福特汽车与清华大学、重庆大学联合开展材料科学、制造工艺、氢燃料电池车的全生命周期评估研究。

二是鼓励跨国公司、科研机构等在华建设技术研发中心。目前我国已经成为外商技术投资的热土，跨国车企纷纷在华设立研发中心。戴姆勒、保时捷、现代、福特等头部车企纷纷宣布在我国设立新的设计或研发中心，其中，梅赛德斯－奔驰在上海和北京分别设立研发中心以加快智能网联和自动驾驶研发进程，福特在上海的设计中心和创新中心是“福特中国2.0”战略的重要载体，大众计划投资约10亿欧元在合肥建设电动智能网联汽车研发、创新和采购中心。我国应加大对外商在华投资的支持力度，激发外资创新中心活力，鼓励外资车企、零部件企业在华设立研发中心，并与国内高校、科研机构和企业联合开展技术研发和产业化推广。为外资企业在华设立研发中心提供税收、金融优惠支持，加强土地、设备和基础设施要素保障。

三是加快推动外资企业融入我国科技创新体系。支持外资研发中心设立创新平台、搭建概念验证中心和共性技术服务平台、开展跨境孵化服务，鼓励外资企业承担国家科技任务，参与国家重大科技计划项目，并积极吸纳符合条件的外籍科技专家参与项目评审工作。积极吸纳外资加入技术创新联盟、创新联合体，协同推动技术开发与成果转化。

（二）促进新模式、新业态的先导应用，强化应用端国际合作

汽车产业正在经历前所未有的变革，新模式和新业态不断涌现。碳中和与万物互联深刻影响汽车产业，汽车产品及产业发生了本质性变化。“新汽车”将由原来单纯的“产品”变成“产品 + 服务”的复合体，智能网联技术大幅拓展了汽车使用场景、突破了汽车作为交通工具的单一属性，智能新能源汽车作为新一代移动终端的多功能特性将进一步凸显，催生飞行汽车、无人驾驶等新模式、新业态。

1. 新模式、新业态加速演进

我国已经形成了汽车产业新模式、新业态先导应用的良好基础。一方面，电动化技术、信息通信产业和基础设施完善。我国电动化技术的全球领先优势为智能化技术发展奠定了坚实基础。信息通信和互联网产业充分赋能智能网联技术发展，5G 通信网络、北斗定位、数据中心等新型基础设施为智能网联协同提供有力支撑。另一方面，智能网联商业化落地不断加快。我国智能网联汽车正由示范验证阶段加快迈向商业化落地阶段，具备 L2 级辅助驾驶功能的乘用车 2023 年市场份额已经达到 47%，接近 L3 级的领航辅助驾驶技术在高速公路、城市道路实现规模化应用，L4 级自动驾驶在出租车、公交车、城市物流配送等场景率先开展了商业化探索，累计发放 L4 级车辆测试示范牌照超过 6600 张。

（1）车能融合

车能融合是指采用先进电力电子技术、信息技术，能够将电力系统、

新能源汽车等能量节点互联起来，实现能源在车辆和电网之间双向流动的能源网。电动汽车与电网双向高效互动、与可再生能源高效协同，能够降低新能源汽车使用成本，并提升清洁电力使用率，提高电网调峰效率、安全应急等响应能力。

电动汽车与电网双向互动（V2G）模式商业化落地加速。V2G 模式是一种通过电动汽车的电池储能系统与电网进行能量交换的技术。国家发展改革委、国家能源局等部门已发布多项政策文件，明确了车网互动的标准体系、配套电价和市场机制等关键内容。《国家发展改革委等部门关于加强新能源汽车与电网融合互动的实施意见》提出，到 2030 年实现车网互动规模化应用的目标，将以智能有序充电为切入点，全面深化车网互动水平，推动国内 V2G 模式商业化落地，实现车、桩、网之间能量流和信息流的双向交互。目前，欧美国家对 V2G 技术研究较为深入，牵头主体较为多元，项目多由车企牵头或联合高校进行，并且部分项目已进入商用试验阶段。而国内 V2G 模式试点项目较少，技术进展较为落后，开展规模较小，主要由电网公司统筹进行，形式较为单一。我国车能融合发展正处于起步阶段，在技术、标准和运营模式上仍需开展持续研究和探索。

（2）人工智能

人工智能引发全球自动驾驶创新浪潮，自动驾驶成为全球科技竞争核心焦点。自动驾驶技术已经成为汽车产业的最新发展方向，将全面提升汽车驾驶的安全性、舒适性，满足更高层次的市场需求。得益于人工智能技术的应用和推广，自动驾驶技术在环境感知、精准定位、决策与规划、控制与执行、高精地图与车联网 V2X 等方面实现了全面提升。

在汽车产业智能革命的下半场，智能化成为高质量发展的核心驱动力。随着生成式人工智能的爆发和强化学习的进一步发展，自动驾驶技术作为一项颠覆性技术，是人工智能与汽车产业结合的重要场景，将深刻改变全球科技竞争格局，重塑全球汽车和交通产业版图。智能网联自动驾驶汽车发展事关我国降低物流综合成本、减少交通事故数量、降低碳排放等高质量发展的关键领域，是推动汽车、物流、交通、城市、能源融合发展，支撑数字经济发展与地方产业转型的关键抓手，将全面带动我国电子信息、智能制造、人工智能、交通运输等多个现代化产业的发展与进步。尽管自动驾驶技术前景广阔，但其发展仍面临诸多挑战。例如，如何确保自动驾驶系统的安全性、如何处理复杂的交通环境以及如何应对法律法规的限制等问题都需要进一步解决。

（3）出行新生态

智能网联出行新生态是未来交通领域的重要发展方向，其核心在于通过智能化、网联化和绿色化技术的深度融合，构建一个高效、安全、便捷的出行生态系统。智能网联出行新生态的发展离不开多种先进技术的支持，包括人工智能、5G 通信网络、大数据、云计算和车联网等。这些技术的应用不仅提升了车辆的自主驾驶能力，还实现了车辆与基础设施、信息系统之间的高度融合，从而为用户提供更加智能化和个性化的出行服务。

无人驾驶出租车与共享出行。智能共享出行的发展是汽车产业电动化、智能化、共享化融合发展的必然趋势，正作为共享出行与自动驾驶技术的载体和重要结合点，成为新型出行生态系统的热点方向。无人驾驶出租车（Robotaxi）作为自动驾驶与共享出行最有可能率先实现商业化的场景之一，可以实现便捷、安全、绿色的出行，或将成为城市交通出行的重要交通工具。百度、小马智行等企业在多地投放了无人驾驶出租车，在相关城市进入规模化示范运行阶段。

低空经济与飞行汽车。低空经济是以低空空域为依托，以通用航空产业为主导，以各种有人驾驶和无人驾驶航空器的低空飞行活动为牵引，辐射带动相关领域融合发展的综合性经济形态，具有辐射带动效应强、产业链较长的特点，包括低空飞行器制造、低空运营服务、低空基础设施与配套保障等方向。

2. 深化交流合作推动新模式、新业态落地

如今新业态、新模式不断涌现，跨行业融合成为主要发展趋势。能源、交通、通信、信息等行业前所未有地交汇融合，共同推动了汽车产业的技术变革。这种跨界融合不仅促进了新技术的研发和应用，还催生了新的商业模式和服务模式。推动新技术、新模式和新生态的落地和先导应用，是加速技术突破、促进新技术新产品落地应用的重要环节，应充分发挥生态合作体系优势，共同开展技术创新和应用验证，实现多方价值共创。

一是合作开发典型场景。应用场景作为前沿技术应用实践的特定载体，成为科技成果转化的关键环节。近年来，汽车应用场景不断丰富，需求多样化、个性化、品质化趋势明显，跨界融合趋势凸显，解决方案场景高度复杂化，需要形成产业凝聚力。通过中外协同发展，加快关键技术研发与产业生态构建，在高阶自动驾驶、智慧出行等领域加快形成自动驾驶出租车、智慧公交、智慧物流、智慧环卫、智慧配送、智慧巡逻以及矿卡、港口物流等重点场景，鼓励中外通过技术和产品采购、联合开发等开展多样化合作。

二是推动示范应用。围绕构建新模式、新场景应用生态，筛选应用基础好的典型场景优先开展应用，以国家自主创新示范区、高新技术产业开发区、科技企业孵化器、产业基地等为载体，加快建设创新试验区、应用先导区、示范区，推动国际示范区建设，发挥先行先试示范效应，为新技术新产品的推广应用创造机会。

三是加强生态构建。将外资企业作为新生态的重要组成，促进资源、技术和市场信息的共享。推动形成适宜技术扩散和产业成长的共生共荣的

产业生态，为产业链上下游企业合作不断探索和开拓新市场，将产品或服务应用到新的领域、行业或环境，实现业务增长和创新。

（三）完善创新支撑和要素保障

技术创新是一项系统工程，开展技术创新和技术攻关需要多方面的创新支撑和要素保障，以确保创新活动能够顺利进行并取得实质性成果。这要求科技创新体系建设、重大科技专项投入、创新环境优化、产业基础设施建设、人才培养、政策供给与协同以及资金支持等多个方面的创新支撑和要素保障。

党的十八大做出实施创新驱动发展战略的重大部署以来，我国持续构建高效、协同、开放的国家创新体系，统筹科技创新与制度创新。党的十九届五中全会提出坚持创新在我国现代化建设全局中的核心地位，把科技自立自强作为国家发展的战略支撑。伴随着科技创新战略的实施和科技体制改革的推进，我国逐渐探索出了一条强化要素、增强主体、优化机制、提升产业、集聚区域、完善环境、扩大开放、形成反馈的科技创新政策发展路径。

一是政策体系不断完善。我国汽车产业已经形成了覆盖全面、门类齐全、工具多元的政策体系，政策措施持续迭代完善，有力推动了汽车产业发展。顶层设计方面，《节能与新能源汽车产业发展规划（2012　2020年）》《汽车产业中长期发展规划》《新能源汽车产业发展规划（2021—2035年）》明确提出我国汽车产业发展的战略目标和路径，为汽车产业创新和高质量发展指明方向；《智能汽车创新发展战略》进一步强化创新战略部署，从创新体系、技术突破、标准支撑等方面加快推动汽车产业创新发展。

二是汽车行业研发投入持续增加。我国汽车产业研发投入近年来持续增长，尤其是新能源汽车和智能网联汽车领域的投入显著增加。我国汽车行业的研发投资占全球研发支出的 27%，仅次于日本的 31%。我国汽车制造商的研发支出同比增长了 14.2%，高于全球平均水平[1]。比亚迪、上汽、长城等头部企业是研发投入的主力军，行业整体研发投入也呈现出上升趋势。2023 年 19 家主要上市车企合计研发投入达 1048.65 亿元，突破千亿元大关。其中，2023 年比亚迪研发投入达到 395.75 亿元，同比增长 112.15%；上汽集团和长城汽车研发投入分别为 220.13 亿元和 110.34 亿元。

三是支撑平台不断完善。我国已经建立了一批汽车行业重点实验室、工程技术中心、企业技术中心等创新平台和创新基础设施。在汽车行业，由国家发展改革委等部门认定的国家级企业技术中心达到了 69 个，占总量的 5.4%；由科技部认定的国家重点实验室有 5 个，在机械类国家重点实验室中占比 17.2%[2]。此外，国家发展改革委还认定了相关的国家工程实验室，科技部认定了一批国家工程技术研究中心。

1. 深度参与国际科技治理

习近平总书记多次强调要构建开放创新生态，积极参与全球科技治理[3]。近年来，我国在维护自身科技安全和发展利益的同时，积极营造开放、公平、公正、非歧视的国际科技合作环境。以美国、德国、日本、英国等为主的工业制造强国纷纷抢占国际规则制定的制高点，提升国际话语权。随着全球科技竞争加剧，贸易摩擦、技术管制等限制性措施逐渐兴起，深度参与国际规则制定、提升国际话语权是保障国家安全、促进产业健康发展和国际交流的必要保障。

---

1 IESE Business School, “Key Data on the Automotive Sector”, 2018.

2 数据来源：《中国汽车产业创新体系研究》。

3 习近平：《加快建设科技强国 实现高水平科技自立自强》，《求是》，2022 年第 9 期；习近平：《在中国科学院第二十次院士大会、中国工程院第十五次院士大会、中国科协第十次全国代表大会上的讲话》，新华社，2021 年 5 月 28 日。

我国已经加入200多个国际组织和多边机制，在这些重要国际科技组织中的贡献度、话语权、领导力显著提升。在二十国集团研究与创新部长级会议、上合组织成员国科技部长会议、金砖国家科技创新部长级会议和清洁能源部长级会议等多边机制中发出合作倡议，主动参与国际组织事务，加快我国科技治理与全球科技治理接轨。

一是建设参与国际科技治理的多层次网络。统筹参与或发起设立国际科技组织，开展国际规则共同体的建设、国际组织会议的筹备、国际共识的谈判等工作，支持国内高校、科研院所、科技组织同国际机构对接。

二是提高我国在全球科技治理中的影响力和规则制定能力。我国应主动参与全球科技规则制定、积极参与国际大科学工程，牵头推动可持续交通、清洁能源等全球创新治理；增强互信凝聚共识，充分开展多边对话，确保国际规则与国内规则的顺畅衔接，进一步完善法律法规、伦理审查规则和监管框架。

2. 推动国际技术和学术交流

一是搭建国际学术交流平台。充分发挥世界新能源汽车大会、世界智能网联汽车大会、国际氢能与燃料电池协会等国际合作平台作用，搭建汽车行业国际学术交流合作的良好渠道，加强与发达国家之间的信息共享和技术交流，提升国际影响力。强化创新联盟、国际组织的服务能力，持续推进国际汽车科技交流合作。

二是强化具有国际影响力的科技期刊品牌建设。培育世界一流科技期刊，依托中国汽车工程学会《汽车创新工程》、清华大学车辆与运载学院《交通电动化》等知名期刊，建设具有国际影响力的科技文献和数据平台。鼓励重大基础研究成果率先在我国期刊、平台上发表和开发利用。促进科研人员跨国合作，推动国际科技交流与共享，鼓励各国科研人员的合作研发，利用全球创新资源提升自身科技创新能力。

三是完善国际创新平台建设。创新平台是集聚创新资源、汇聚创新人才、开展技术创新的有效载体，在技术攻关、创新扩散等方面发挥战略性作用。依托国家实验室、国家重点实验室、高校院所等新型研发机构，建立国际一流的创新平台，吸引世界知名科技企业、行业组织，建设一批产才融合孵化器、产业园。

3. 加快国际标准引进和对接

汽车产业标准国际化将由单纯采用国际标准向参与国际标准制定和标准化治理全方位转变。此外，国际上对加强汽车标准协调统一的需求日益强烈，对标准制定主导权的争夺也将愈加激烈。这些需要我们超前谋划、及早布局，深度参与国际标准、区域标准制定与协调，加强认证认可结果国际互认和采信，提升我国的国际话语权。

一是鼓励外资企业参与标准制定。重点推动智能网联汽车、新能源汽车、汽车芯片、汽车碳达峰碳中和等重点领域标准制定，进一步加大智能网联汽车标准研制力度，部署固态电池、电动汽车换电等领域的标准研究。加快电动汽车整车、动力电池安全要求以及远程服务与管理等标准的研究和制定。围绕固态电池、电动汽车换电、车用人工智能等新领域开展标准预研和标准子体系研究工作。提升标准化技术委员会和工作组中外资企业比例，鼓励外资企业参与标准制定。

二是加快国际标准引进。支持全国汽车标准化技术委员会与国内外对口单位建立沟通联络机制，跟踪国际汽车产业标准的最新进展。积极开展国内外标准对比分析，积极引进先进适用的国际标准，提高国内外标准一致性水平，促进国内外标准对接和兼容。

三是积极参与国际标准制定。依托我国现有技术和标准，尤其是在新能源和智能网联汽车方面的前瞻优势，加大我国自主标准的海外推广力度，促进自主标准成为国际标准，积极申报国际标准提案，参与国际标准制修订，不断提高我国标准国际化水平。支持国内机构、企业参与国际标准制定，支持国际性专业标准组织来华落驻。

4. 提升国际化技术人才培养和集聚能力

建设高水平科技人才队伍是产业高质量发展和建设科技强国的必要支撑，国家对产业人才的重视程度不断提升。习近平总书记指出，拥有强大的高水平科技人才培养和集聚能力，不断壮大国际顶尖科技人才队伍和国家战略科技力量。[1]

汽车产业发展亟须培养战略科学家、一流科技领军人才和创新团队、青年科技人才、高素质技术技能人才、企业经营管理人才，为我国从汽车大国走向汽车强国提供人才和智力支持。我国应以更加积极、开放、有效的人才政策支撑技术人才的引进、培养，完善人才支撑体系。

一是加快国际化人才引进。建立海外高层次人才创新基地，大力引进包括海外院士、海外科学家在内的高层次领军人才，并围绕汽车产业重大需求或关键技术难题进行创新创业。鼓励大型企业建立海外研究机构和技术中心，吸引国外顶尖技术人才和技术骨干，加快推动技术成果转化为产品。完善海外人才引进渠道，对紧缺的高科技人才和特殊人才进行精准引进，提高技术技能人员待遇并解决其落户、住房等问题。

二是加快国际人才联合培养。推动汽车产业教育培训国际化，加快培养具有国际视野的汽车人才。推动院校、科研机构、企业开展国内外联合培养项目，在学位授予、课程设计、综合实践等方面加深合作交流，推动建立国际人才联合培养基地。联合举办国际技能大赛，推动国际技能标准开发等多样化人才合作。

1　习近平：《在全国科技大会、国家科学技术奖励大会、两院院士大会上的讲话》，新华社，2024 年 6 月 24 日。

5. 完善法律法规和知识产权制度保障

完善法律法规和知识产权制度保障是技术创新、新模式新业态落地的必要保障。法律制度需要为新产业、新业态、新模式设立底线，确定监管规则。此外，部分法律法规已经不适应经济社会发展的现实，难以确保产业健康发展，需要考虑其对新产业、新业态、新模式未来发展的影响，加以完善并留出合理制度空间。例如在低空经济领域，2023 年美国联邦航空局（FAA）出台制定了城市空中交通管理体系架构和一系列管理措施，制定了电动垂直起降飞行器（eVTOL）飞行员的最新系统培训要求和考核规则。欧洲航空安全局（EASA）在飞行器运行要求、电池储备要求、飞行员执照等方面完善规则，制定电动垂直起降飞行器专用起降平台的相关设计规范。新能源汽车和智能网联汽车技术的快速发展虽然催生了大量创新专利，但也带来了知识产权纠纷的风险。伴随着汽车产业全球竞争逐渐白热化，我国汽车企业面临的知识产权诉讼不断增加，知识产权成为企业间竞争尤其是跨国企业打压民族汽车工业的重要手段。汽车产业知识产权保护将面临新的问题，需要提前布局和应对。

习近平总书记指出，中国始终高度重视知识产权保护，深入实施知识产权强国建设，加强知识产权法治保障，完善知识产权管理体制，不断强化知识产权全链条保护，持续优化创新环境和营商环境。[1] 知识产权是保护企业创新发展的必要制度保障，尤其是针对外企，我国政府高度重视外商投资企业知识产权保护，大力维护外商投资企业合法权益。近年来，我国发布《中华人民共和国外商投资法》《中华人民共和国外商投资法实施条例》《外商投资企业知识产权保护行动方案》，对外商投资促进、保护和管理等做出统一规定。2021 年，印发《知识产权强国建设纲要（2021—2035 年）》和《“十四五”国家知识产权保护和运用规划》，在顶层设计

1 《习近平向中国与世界知识产权组织合作五十周年纪念暨宣传周主场活动致贺信》，新华社，2023 年 4 月 26 日。

上部署推进外商投资企业知识产权保护工作。2023 年 1 月，印发《关于进一步鼓励外商投资设立研发中心的若干措施》，加大对外商投资在华设立研发中心、开展科技研发创新活动的支持力度。相关部门还部署开展外商投资企业知识产权保护专项行动，对侵犯外资企业知识产权行为加大打击力度。

一是完善相关法律法规。加大新能源汽车领域知识产权保护力度，完善新能源汽车领域知识产权的协同保护和海外知识产权纠纷应对指导制度。加快修订和完善与汽车产业相关的专利法、商标法等法律法规，加强知识产权的民事司法保护，加大对新能源汽车领域知识产权侵权行为的打击力度，确保创新成果得到充分保护。

二是构建新能源汽车知识产权运营服务体系。支持建设新能源智能网联汽车产业知识产权运营中心，加强专利运用转化平台建设，发挥平台整合资源、推动知识产权交易和价值实现的作用，从而促进整个行业的健康发展。开展服务模式创新，组建产业知识产权创新联合体，建设重点产业专利池，促进知识产权的高效利用和保护。引导和支持专业化知识产权服务机构，围绕汽车产业关键核心技术开展专利导航，为相关政府部门研究制定汽车产业发展路线提供决策支撑，为企业明确技术发展方向和研发热点提供数据信息支持。充分利用专利数据服务试验系统、新一代地方专利检索系统、国家重点产业专利信息服务平台等，加强知识产权信息资源供给，更好满足汽车产业对知识产权信息的需求。

三是积极开展产业链知识产权协作，加强产业链和供应链之间的知识产权信息共享，提高整个产业链和供应链的知识产权保护和运用水平；构建知识产权与产业协同发展机制，增强知识产权强链护链能力，提升产业链供应链韧性和安全水平。

四是促进国际交流合作。在坚决维护知识产权领域国家安全的基础上，深度参与世界贸易组织框架下的全球知识产权治理。加强知识产权领域国际交流合作，推动知识产权数据国际交换，促进知识产权创造水平和转化能力的全面提升。

（四）营造开放共赢的市场环境

汽车消费和国家经济增长息息相关，是国民经济的支柱性产业。汽车及其相关消费占社会消费品零售总额的比重约为10%。汽车作为国民经济的战略性、支柱性产业，对提振内需消费和经济发展具有重要意义。汽车消费作为大宗消费之一，体量大、潜力足、产业带动作用强，是消费增长乃至消费升级的基本盘。促进汽车消费对于我国促消费、推动产业链高质量发展具有积极作用。

我国是世界最大的汽车消费市场之一。2023年，汽车产销量分别达到3016.1万辆和3009.4万辆，均首次迈上3000万辆台阶，连续15年成为世界第一大汽车生产国与消费国，我国汽车销量份额占到世界的30%以上；新能源汽车方面，2023年全球新能源汽车销量达到1465.3万辆，同比增长35.4%，其中我国新能源汽车销量达到949.5万辆，占全球销量的64.8%。

消费升级趋势凸显，市场潜力广阔。整体来看，我国的汽车消费需求在中长期内仍然存在进一步释放的空间。从宏观经济和消费趋势看，经济逐步恢复拉动汽车需求上涨，消费意愿逐渐提升。从汽车产业发展趋势看，2023年，我国机动车保有量达4.35亿辆，整体保有量巨大，但是千人保有量方面仍与发达国家存在较大的差距。世界银行数据显示，2022年我国汽车千人保有量为215辆，同期美国以837辆排名第一，前五名分别为美国、澳大利亚、意大利、法国和西班牙。根据麦肯锡推算，2035年我国车市体量将接近4000万辆。

外资企业加速入华布局。我国超大规模市场带来强大吸引力，汽车市场重要性日益凸显，吸引外资企业加速在华布局。宝马董事长齐普策曾表示，受益于德中之间自由贸易及中国高水平对外开放政策，宝马对中国市场前景充满信心，将坚定持续投资中国，为深化德中合作做出更大贡献。大众、通用、奔驰等跨国企业纷纷加快在华布局，加大在华投资力度。

营造开放共赢的市场环境是我国在当前复杂全球经济形势下，坚持扩大对外开放的重要举措。高水平对外开放可使国内市场更加开放、竞争更加充分，从而增强经济活力。通过参与国际循环，汇聚融合全球高端要素，促进国内要素资源合理流动和高效配置，可以把我国超大规模市场、产业体系完备等优势充分发挥出来，打通制约经济循环的关键堵点，提高国内大循环效率和水平。这一战略不仅有助于提升国内经济活力和国际竞争力，还能为全球商界创造更多机遇，促进国际合作与共赢。我国新能源汽车产业快速发展依靠的是市场开放和公平竞争。近年来我国对外开放程度不断提升，积极欢迎全球汽车企业共享我国超大规模市场红利，为全球汽车企业在华公平竞争开辟新赛道创造了条件。

1. 适时调整关税

关税是宏观调控的重要手段，具有统筹两个市场、两种资源的优势，在我国推进对外开放过程中发挥着重要作用。逐步降低汽车进口关税是我国与国际市场接轨并响应国内产业发展需求的举措。自 2002 年开始，我国汽车进口关税逐步下调，3 升以上与 3 升以下汽车进口关税税率从 50.7% 和 43.8% 统一降至 2006 年的 25%。之后国务院关税税则委员会宣布，自 2018 年 7 月 1 日起，将税率分别为 25%、20% 的汽车整车关税降至 15%；将税率分别为 8%、10%、15%、20%、25% 的汽车零部件关税降至 6%。降税后，我国汽车整车关税平均税率为 13.8%，零部件平均税率为 6%。对比重要的发达经济体，我国实现了较低的汽车关税水平。

一是调整部分车型关税。针对高端小众车型适时降低整车及零部件的进口关税，增加消费者的选择空间。密切监测降税后的市场变化，确保政策调整带来的积极效应最大化。

二是推动互惠贸易协议签署。通过与主要出口市场国家签订互惠贸易协议，争取更优惠的关税待遇，同时促进国内汽车产业的升级和转型。加快与我国汽车出口主要市场所在国和地区签订自由贸易协定或形成关税联盟，制定与汽车有关的关税政策，特别是拉丁美洲南方共同市场、墨西哥、南非、欧洲国家等。同时推进与已签订自由贸易协定国家的第二阶段谈判，将汽车纳入协定目录，加快汽车产品关税互减的进程。

三是审慎利用关税手段应对贸易摩擦。警惕欧盟等国家和地区以关税手段阻碍我国新能源汽车产业发展，审慎考虑利用关税手段进行反制。近几年，欧盟、巴西、土耳其和美国对我国电动车加征了关税。美国、加拿大等国政府甚至将我国电动车关税税率提高到 100% 以上，我国可考虑必要时利用关税手段予以反制。

2. 落实外资国民待遇

外资企业是我国汽车产业生态的重要组成部分，我国通过打造市场化、法治化、国际化的一流营商环境，促进公平竞争，保障外资企业依法平等参与政府采购、招标投标、标准制定等。这种环境不仅有利于外资企业的进入和发展，还提升了整个行业的竞争力和创新能力。

一是保障外资企业在要素获取、资质许可、标准制定、政府采购等方面的“国民待遇”。在政府采购活动中对内外资企业生产的符合标准的产品一视同仁、平等对待。例如，在政府用车采购中，特斯拉已经进入江苏、福建、云南、吉林等多省政府公务用车采购目录。在政府采购、政府项目、大规模设备更新、消费品以旧换新和行业监管中对内外资企业一视同仁。在国家层面明确要求保障内外资汽车制造企业在新能源汽车领域的市场准入待遇。

二是建立外资投诉反馈机制，推动问题解决。商务部等部门应持续收集外资企业的诉求并推动解决，通过全国贸促系统服务外资企业工作专班、“投资中国”诉求直报平台等多种渠道反映诉求。同时，各地政府应定期与外资企业开展交流活动，及时了解企业发展诉求，健全外商投诉工作机制，切实保障外资企业合法权益。

3. 优化保险金融服务

发展汽车金融保险是活跃和扩大汽车消费的重要支撑。近年来金融管理部门不断督促和引导金融机构提升汽车金融服务质效，商业银行和汽车金融公司等经营主体也积极响应促进汽车消费的政策要求，不断优化汽车金融产品和服务的供给。

我国汽车金融稳步发展。2013—2017 年，我国汽车金融业务贷款余额年均复合增长率高达 29%，但自 2016 年开始，增长幅度有所放缓。中国银行业协会数据显示，2023 年，我国 25 家汽车金融公司实现零售贷款投放 636.85 万笔，累计发放零售贷款金额超千亿元。随着消费者购车方式的多样化，汽车融资租赁和二手车金融业务快速增长。

外资逐步进入我国汽车保险金融市场。自 2012 年以来，我国逐步放宽了对外资车险公司的限制，汽车金融领域较早实现对外开放。上汽通用汽车金融有限责任公司是成立最早的中外合资汽车金融公司，大众汽车金融（中国）有限公司则是第一家外资独资汽车金融公司。此外，监管部门多次出台鼓励绿色金融发展和支持合理汽车消费需求的政策，得到了市场机构的广泛响应，已有多家中资和合资汽车金融公司发行以新能源汽车贷款为基础资产的资产支持证券。在外资保险牌照发放上，2023 年 11 月，金融监管总局批准在京设立宝马（中国）、安顾方胜两家外资保险经纪公司，进一步放宽外资机构市场准入要求，营造审慎经营和公平竞争的制度环境。为进一步优化汽车保险及金融服务，提出以下建议。

一是优化消费金融服务。鼓励金融机构结合新车、二手车、汽车以旧换新等细分场景，加强金融产品和服务创新，支持合理汽车消费需求。发展汽车融资租赁，鼓励金融机构规范开展汽车附加品融资，特别是发展汽车融资租赁业务，以满足消费者多样化的购车需求。引导金融机构优化资源配置和业务布局，加大农村地区汽车消费信贷支持力度，提高线上汽车消费特定场景的支付额度。推动外资汽车金融机构与本土企业合作，开发符合我国市场需求的创新金融产品，如新能源汽车贷款、二手车融资等。

二是稳妥推进汽车金融对外开放。简化外资汽车金融机构的准入流程和条件，确保政策的透明度和可操作性，吸引更多外资参与我国汽车金融市场，鼓励外资汽车金融机构进入我国市场。提供多样化的金融服务，稳妥推进汽车金融领域对外开放，稳慎把握开放的节奏和力度，统筹发展与安全。

三是加强行业监管。针对汽车信贷建立科学合理的风险指标体系，对授信额度、期限、利率进行动态管理，并根据汽车金融公司的业务规模、风险状况等因素，实施分类监管，确保监管资源的有效配置。加强汽车金融公司信息披露，定期发布业务数据、财务状况和风险信息，提高市场透明度。进一步整治汽车金融业务“高返佣”问题，规范市场竞争秩序，促进汽车金融市场稳健发展。

三 新形势新需求下，优化汽车产业链生态，吸引外资深耕国内市场

世界百年变局加速演进，全球汽车产业链供应链深度调整，汽车技术创新呈现多点突破和群发性突破态势，并快速渗透至汽车制造、流通等传统产业领域。新形势下，我国发挥完整汽车产业链优势，向世界展现了强大的供给能力，为稳定全球汽车产业链供应链发挥了不可替代的作用。通

过优化汽车产业链生态，吸引跨国整零企业建立“在华投资，服务全球”的发展模式，助力构建与全球深度融合的产业链供应链体系。

（一）推进国内改革配套，着力打造基于制度型开放的一流国际营商环境

我国对外开放的基本国策已实施 40 多年，汽车产业开放的着力点正在从商品和要素流动型开放转向制度型开放。制度型开放的本质就是要构建与高标准国际经贸规则相衔接的国内规则和制度体系，使汽车产业更高质量地扩大开放。

制度型开放要求对外开放要与国内配套改革深度互动，打破制约开放政策落地的屏障，推进国内汽车行业法律法规、体制机制、行业标准、资质认可、监管规则等与国际规则有效衔接。坚持市场在资源配置中发挥决定性作用，把有效市场和有为政府更好结合，强化政策的透明度和公平竞争，营造市场化、国际化、法治化、便利化的营商环境。

1. 围绕产业链供应链，优化新技术、新业态的营商环境

优化营商环境是推进高水平对外开放的需要，也是我国深化体制改革的必然趋势。党中央、国务院把优化营商环境作为推进新一轮改革开放的关键抓手，出台了一系列标志性、关键性、基础性的法律制度，优化营商环境的工作也取得了显著成就。世界银行 2020 年公布的《营商环境评估报告》显示，我国营商环境全球排名第 31 位。蓬勃兴起的自由贸易试验区与市场准入负面清单制度为投资主体提供了极大的便利性。2022 年，我国实际使用外资为 1891.3 亿美元，引资规模创下历史新高。2023 年，我国吸收外资超 1.1 万亿元，外资规模仍处历史高位。良好的营商环境表明我国依然是全球投资高地，可以吸引全球资本和生产要素流入，从而有利于高端产业和新兴产业的进入和壮大。

市场准入作为企业进入市场从事生产经营活动的第一步，是优化营商环境的重要内容。党中央、国务院对实行统一的市场准入制度做出了一系列重要部署，先后出台了相关配套政策，为各类市场主体公平竞争创造了基础条件。自 2017 年以来，连续五年修订外资准入负面清单，2021 年版全国和自由贸易试验区外资准入负面清单已分别压减至 31 条和 27 条，在众多领域取消或放宽了外资股比限制。按照《外商投资准入特别管理措施（负面清单）（2021 年版）》，我国的制造业几乎实现完全开放，仅保留了极少数领域的部分限制（见表 4-2）。2023 年 8 月 23 日，国务院印发了《关于进一步优化外商投资环境　加大吸引外商投资力度的意见》，从六个方面提出了 24 条具体措施，以营造市场化、法治化和国际化营商环境。

表 4-2　与汽车产业相关的政策文件

年份	政策文件	重要内容
1979	《中华人民共和国中外合资经营企业法》	为了扩大国际经济合作和技术交流，允许外国公司、企业和其他经济组织或个人，按照平等互利的原则，经中国政府批准，在中华人民共和国境内，同中国的公司、企业或其他经济组织共同举办合营企业
1994	《汽车工业产业政策》	第二十七条：国家鼓励汽车工业企业利用外资发展我国的汽车工业 第二十九条：外国企业同一类整车产品不得在中国建立两家以上的合资、合作企业 第三十二条：生产汽车、摩托车整车和发动机产品的中外合资、合作企业的中方所占股份比例不得低于 50%
1994—2004	《中国入世承诺》	1. 修正汽车产业政策，保证对汽车生产者适用的、限制其生产汽车的类别、类型或车型的所有措施，在加入世界贸易组织后 2 年内逐步取消 2. 提高只需在省一级政府批准的汽车制造商投资比例的限额。从 3000 万美元提高到加入后 1 年的 6000 万美元，加入后 2 年的 9000 万美元，加入后 4 年的 1.5 亿美元 3. 关于汽车发动机的制造，自加入时起取消合资企业外资股比不得超过 50% 的限制

续表

年份	政策文件	重要内容
2004	《汽车产业发展政策》	第四十八条：汽车整车、专用汽车、农用运输车和摩托车中外合资生产企业的中方股比不得低于 50%。同一家外商可在国内建立两家（含两家）以下生产同类（乘用车类、商用车类、摩托车类）整车产品的合资企业，如与中方合资伙伴联合兼并国内其他汽车生产企业可不受两家的限制
2018	《外商投资准入特别管理措施（负面清单）（2018 年版）》	除专用车、新能源汽车外，汽车整车制造的中方股比不低于 50%，同一家外商可在国内建立两家及两家以下生产同类整车产品的合资企业
2020	《外商投资准入特别管理措施（负面清单）（2020 年版）》	除专用车、新能源汽车、商用车外，汽车整车制造的中方股比不低于 50%，同一家外商可在国内建立两家及两家以下生产同类整车产品的合资企业
2021	《外商投资准入特别管理措施（负面清单）（2021 年版）》	自 2022 年 1 月 1 日起，取消乘用车制造外资股比限制以及同一家外商可在国内建立两家及两家以下生产同类整车产品的合资企业的限制

资料来源：根据公开信息整理。

推进构建开放型经济新体制，打造一流营商环境，使我国汽车产业链对外竞争力和吸引力不断提升，吸引全球生产要素加速向我国汇聚，构建更为紧密的国际供应链关系。

一是进一步破除区域分割和地方保护等不合理限制，加快建设全国统一大市场。从强化市场基础制度规则统一、推进市场设施高标准联通、打造统一的要素和资源市场、推进商品和服务市场高水平统一、推进市场监管公平统一、进一步规范不当市场竞争和市场干预行为六个方面加快建设全国统一大市场。进一步破除区域分割和地方保护等不合理限制，以加快破除妨碍生产要素市场化配置和商品服务流通的体制机制障碍，促进要素资源自由流动和高效配置，畅通国内市场从生产、分配、流通到消费的各环节，形成全国统一高效的市场体系。

二是加强智能网联、新能源等新技术领域的政策配套支持。重点围绕政策支持、服务配套等方面协同发力，“一链一策”制定产业链配套服务政策，吸引更多企业和项目落地。特别是针对新业态、新模式发展，建立市级综合审批机制，提供“一站式”集成服务，推动跨部门协同改革创新。

三是全面评估新兴领域的市场准入条件，逐步对外国投资者开放数据中心、人工智能、工业互联网等新产业、新业态，加大智能网联汽车发展力度，更好地支撑实体部门数字化转型和国内消费升级。

四是健全内外贸易相关法律法规。制定内外贸、内外资统一的法律法规制度，促进内外贸“双循环”。进一步理顺相关部门监管职能，在反垄断、反不正当竞争、维护市场秩序、加强价格管制、政府采购、招投标、保护知识产权、打击假冒伪劣、保护消费者权益、开展国家安全审查等方面形成合力。

2. 完善外资管理体制，进一步提升外资利用水平

我国汽车产业经历了从弱到强的发展过程，已经形成较为完整的汽车产业链，跃升为世界第一大汽车生产国。我国的国际竞争力不断提升，与外商投资有着密不可分的关系。我国汽车行业外商投资已经历 40 多年的发展历程。截至 2023 年，我国汽车行业共有 45 家整车合资企业，在这 40 多年中，我国对汽车行业外商投资的态度从初期相对犹豫、谨慎慢慢转变为接纳、包容，从早期的“以市场换技术”、优惠政策转变为当前的“携手合作”“互利共赢”。

新一代智能化、网联化技术与汽车产业的深度融合，正引领全球汽车产业变革，加速驱动汽车产业的电动化、智能化、网联化发展，汽车智能网联化成为中外车企竞争的焦点，也是汽车产业低碳转型升级的关键。同时随着我国汽车行业外资股比限制的全面放开，以及在新能源汽车行业政

策的影响下，跨国车企和零部件企业主动调整战略，积极布局中国市场，加大在华投资力度，扩大研发投入，推进创新合作，并持续推动在华新能源汽车领域的研发创新本土化，主动开启新合资时代，以期在新一轮汽车产业变革中取胜。外商车企不断扩大在中国的业务布局，看好中国、投资中国，显示了我国汽车产业链的超强韧性和巨大吸引力。如奥迪在华投资 26 亿欧元建立豪华纯电动汽车工厂，宝马在沈阳的生产基地扩建，大众在中国设立德国总部以外最大的研发中心，特斯拉上海超级工厂成为全球主要的出口中心，梅赛德斯 – 奔驰宣布其上海研发中心再升级，进一步提速在华智能化创新。不仅是外资的整车企业，相关零部件企业同样对我国发展电动汽车给予充分肯定。过去 10 年中，博世集团在我国累计投资超过 500 亿元。

从外资汽车企业在我国的投资收益率角度看，外资汽车企业在我国市场的投资收益率都显著高于世界主要跨国汽车企业的全球投资收益率。这显示了未来的中国市场仍具有持续的投资潜力，对外资依然有很大的吸引力。未来继续投资我国汽车行业，谋求与我国汽车企业进一步融合发展，仍将是各国主要跨国汽车企业的重要选择。表 4–3 为 2017—2022 年主要跨国车企全球投资收益率。

表 4–3　2017—2022 年主要跨国车企全球投资收益率　　单位：%

公司	所属国家	2017 年	2018 年	2019 年	2020 年	2021 年	2022 年
大众	德国	3.2	3.4	3.8	2.4	3.8	3.9
丰田	日本	5.2	4.4	4.9	4.7	5.9	4.9
奔驰	德国	5.5	3.8	1.3	2.2	11.1	7.8
福特	美国	3.2	1.7	-0.3	-0.4	6.9	-1.2
通用	美国	5.6	3.8	3.3	3.4	5.2	4.4
宝马	德国	5.5	4.7	3.1	2.4	7.0	9.5

续表

公司	所属国家	2017 年	2018 年	2019 年	2020 年	2021 年	2022 年
现代	韩国	2.5	1.4	2.1	1.0	3.4	4.3
特斯拉	美国	-7.7	-3.4	-1.9	2.2	10.2	16.7
日产	日本	3.8	2.5	-3.4	-2.1	2.4	2.3
起亚	韩国	2.2	2.8	4.6	3.0	9.6	10.2
雷诺	法国	5.7	3.6	1.2	-6.6	1.4	-0.1
塔塔	印度	3.3	-10.6	-3.5	-3.5	-2.2	1.1
铃木	日本	11.5	8.8	7.4	6.0	6.6	8.3
沃尔沃	瑞典	6.9	6.1	5.5	3.6	6.6	6.3
马自达	日本	5.8	3.8	1.8	0.1	3.8	5.2
斯巴鲁	日本	10.3	6.6	6.3	3.3	3.0	7.1
五十铃	日本	8.5	8.7	6.7	3.9	7.2	8.9
三菱	日本	6.2	5.9	0.2	-16.1	4.9	7.6
马鲁蒂铃木	印度	18.5	16.6	11.2	7.5	6.3	12.2
全球平均	—	4.7	3.5	2.8	1.9	5.3	4.7
外资汽车企业（中国）	—	12.1	11.6	9.0	10.1	9.7	—

资料来源：《中国外商投资发展报告 2023》。
注：表格中“全球平均”为全球上市公司数据库中所有汽车制造业企业的整体投资收益率，“外资汽车企业（中国）”为汽车外商投资企业在中国市场的整体投资收益率。

为提高利用外资的总体效益，我国不断完善外资管理体制，逐渐实现从“积极高效地利用外资”到“提高利用外资水平”再到“提高利用外资质量”的过渡，不断拓宽投资领域，提高对外开放水平，推动引资、引技、引智有机结合。外资企业在构建汽车产业链供应链的新发展格局中发挥着重要作用，要继续加大力度吸引和利用外资。通过加大政策力度“引外资”“稳外资”，进一步扩大外资流入，稳定外商投资规模，提高利用外资质量，更好地发挥外资在促进我国汽车制造业高质量发展、深度融入全球产业链供应链方面的积极作用。

一是优化投资环境，扩大外商投资流入。深入实施外资准入负面清单管理，扩大鼓励外商投资产业目录和外资项目清单，高标准落实外资准入后国民待遇，落实税收支持政策，加大金融支持力度；完善国内规制，更好对接国际高标准经贸规则。加强知识产权保护，健全数据跨境流动规则，积极推进高标准经贸协议谈判及实施，加大对接国际高标准经贸规则试点力度。

二是加强投资服务，支持外资企业发展。鼓励外资企业利润再投资、支持汽车制造业外商投资企业进出口。优化公平竞争环境，清理违反公平竞争的行为和政策措施，完善招投标制度，公平参与标准制修订，提高行政执法科学化水平。持续打造“投资中国”品牌，优化外商投资企业服务，提升外商投资便利化程度。统一全国范围内企业设立、变更登记规范和审查标准，逐步实现内外资一体化服务，有序推动外资企业设立、变更登记网上办理。

三是引导投资方向，提升外商投资质量。一方面，加大重点领域引进外资力度。支持外商投资在华设立汽车研发中心，与国内企业联合开展技术研发和产业化应用，鼓励外商投资企业及其设立的研发中心承担重大科研攻关项目。另一方面，完善外资项目建设推进机制。健全重大和重点外资项目工作专班机制，加强要素支撑、政策支持和服务保障，推动外资项目早签约、早落地、早开工、早投产。

（二）高水平对外开放，重构自主可控、开放包容的产业链

面对复杂多变的外部环境和艰巨繁重的国内改革发展任务，需要坚持辩证思维与底线思维，从全局和整体的角度科学认识和把握安全与发展

的重大关系。谋求汽车供应链的自主可控，需要在开放前提下实现，建设100%的自主产业链是不科学、不经济也是不现实的。安全是开放和发展的前提，发展为安全提供保障，开放为发展创造有利条件，发展为开放提供动力。有管制、有保护、有偏向的全球化依然具有全球化的特征。

虽然我国汽车产业链供应链整体上韧性比较高，但也需要看到我国汽车产业链供应链面临着部分领域核心关键技术受制于人，以及成本上升导致产业链部分环节外迁等压力和挑战，新形势下的产业链竞争分化、安全稳定风险加大。面对世界百年未有之大变局、加速演进和日益激烈的规则竞争，只有以新的开放发展理念为引领，才能建立更加有韧性的汽车产业链供应链。一方面，要坚持推进高水平自立自强，在加快构建新发展格局中提高产业链供应链韧性和安全水平。另一方面，要坚定实施对外开放基本国策，着力推动制度型开放，在开放合作中实现自立自强和互利共赢。

1. 从技术约束中解绑，补齐产业链供应链短板

2019年以来，在全球新冠疫情持续扩散、世界经济形势低迷的背景下，叠加贸易保护、逆全球化等不利因素影响，全球汽车产业链供应链断点、堵点频现，尤其是芯片短缺问题严峻，各国汽车产业链安全风险加剧。由新冠疫情引起的系列连锁反应，使得各国进一步注重产业链供应链安全问题，更加强调供应链的自主性和可控性。我国产业链供应链部分环节仍然面临安全隐患。2021年，全球爆发汽车芯片危机，我国车企普遍面临停产、减产风险，凸显了我国汽车产业链仍然存在许多卡点、堵点的问题。我国集成电路先进工艺制造所需的关键设备和关键材料、核心工业软件、高档数控机床的数控系统、关键仪器仪表中的高端产品仍大量依赖国外进口。从发展趋势看，未来围绕高科技领域的竞争将愈加激烈，不排除相关高技术封锁、投资限制等进一步收紧，类似汽车“缺芯”的问题或将长期存在。若不提前解决存在的“卡脖子”问题，我国汽车产业链随时可

能面临断供困境。

随着政府和企业对新能源行业的持续投入，虽然我国新能源汽车产业创新能力显著提升，关键技术逐步突破，但是我国新能源与智能网联汽车供应链存在一系列“卡脖子”环节。总体来看，我国汽车芯片现在仍需要大量进口来补足产能缺口。汽车芯片已经成为新能源汽车竞争的关键，国产芯片虽然有所发展，但整体上仍处于追赶阶段。我国自主车规级控制芯片当前市场占有率仅约5%，且主要集中在中低端领域；在车载操作系统方面，我国公司主要开发应用层软件，尤其是智能座舱的应用软件处于全球前列，然而汽车底层软件仍被跨国公司垄断，相关标准体系由国外主导，且研发验证主要依赖国外成熟工具链，核心技术受制于人；整车及关键动力系统研发设计与仿真软件、高端测试装备严重依赖国外，部分基础研发软件被国外封锁；燃料电池炭纸、催化剂、质子交换膜等关键材料依赖进口；车路云一体化云控平台、高精度动态地图等新型基础平台建设进展较为缓慢。

只有将汽车发展的核心技术和命脉攥紧在自己手里，才能使我们从“卡脖子”的技术约束中解绑，才能在更为安全的条件下推进更高水平的对外开放。

一是识别“卡脖子”环节。针对存在“卡脖子”风险的关键产业链供应链环节，政府和行业企业要共同筛选出核心技术攻关任务清单。

二是促进自主创新突破，攻克“卡脖子”短板。第一，鼓励关键技术国产替代和原始创新，聚焦短板和薄弱环节，支持重点企业与全球著名高校、科研院所联合共建实验室，支持企业推广搭载自主创新成果上车应用。第二，围绕汽车产业发展的“卡脖子”和关键核心技术实施重大科技专项，采取“揭榜挂帅”的形式，在核心芯片、人工智能、5G、新材料、量子通信等领域面向全国征集最具创新性的技术解决方案，集聚全国高端人才与创新资源合力攻关关键核心技术。第三，对掌握先进技术的企业，加大企业所得税减免、贷款贴息等支持力度，给予初创型企业融资担保支持，鼓励社会资本加大投资力度，推动高品质高技术产品加快市场投放。第四，提高汽车本土化产品的使用率，建立优先供应和使用国产产品的中长期合约制度，努力解决车规级芯片等关键核心产品的成果转化问题。

三是最大限度整合利用国内外创新资源，加快补齐产业链短板。支持和鼓励外资企业持续升级和改造既有产能，提升产品质量与技术。鼓励外资企业在国内新建我国关键“紧缺急用”产品产能，特别是车规级芯片、高端装备、软件等短板领域。

2. 提升产业链创新和韧性水平，全面塑造汽车产业链供应链对外开放新优势

近年来，国际环境日趋复杂，新冠疫情、乌克兰危机等重大事件的发生使得全球局势的不稳定不确定性增多，客观上加剧了逆全球化的风险，也深刻影响了汽车产业链供应链的结构平衡，亟须加快推动产业链重构。

随着汽车产业链供应链风险问题的日益凸显，美国、欧盟等国家和地区纷纷针对产业链供应链关键环节，从战略、政策层面进行系统部署，加快推动本国产业链韧性和供应链弹性的提升。2021 年，拜登入主白宫后，美国政府重回《巴黎协定》，积极启动多项国家层面电动车供应链战略，从产业布局、供应链安全、市场环境等多个方面着手，加快电动汽车关键产业链布局和市场推广，推动电动汽车产业链供应链全面发展。欧盟以“碳中和”为契机，加快汽车产业链供应链布局，发起了“欧洲电池联盟”。该联盟针对供应链、投融资、贸易和研发等问题设立了系列工作组，并推行“欧洲电池战略行动计划”等系列措施，目的就是在欧盟境内建立创新、环保和有竞争力的电池产业链，以摆脱欧盟在电池上对亚洲的高依赖性，并充分利用电池技术的革新为欧洲带来新的增长。

汽车作为我国的支柱产业，经过多年发展已基本建立起较为健全的产业链供应链，形成以汽车整车为龙头链主，以及配套上下游企业、相关服务业等后端企业共同构成的汽车链条关联体系，产业基础能力和产业链水平大幅提升。与世界领先水平相比，我国汽车产业链部分关键核心技术缺失、产品附加值低、产业结构不优、资源环境承载压力大等问题仍然突出，总体处于中低端水平，与建设高质量发展和具备全面优势的产业链供应链的要求相比差距较大。

开放的新发展格局要求我国改变关键技术受制于人的局面，提升自主创新能力，提升产业链供应链现代化水平和自主、安全、可控性，实现我国产业链供应链在全球中的不可替代性，全面塑造我国汽车产业链供应链开放发展新优势。

一是加快构筑我国产业链的核心技术能力优势。加快实施创新驱动发展战略，提升产业链供应链的现代化发展水平，把握全球产业链供应链重构的重大机遇，依靠创新驱动的内涵式增长，激发各类创新主体活力，瞄准关键领域基础研究、共性技术、核心零部件等环节发力。

二是形成深度嵌入全球价值链的稳定能力。要以夯实汽车供应链基础为主线，在全国打造一批高度集聚、紧密协调、集约高效的世界级先进汽车产业链集群，构筑水平分工、垂直整合和协同创新的优势。

三是打造上中下游、大中小企业融通发展的产业生态。以龙头汽车企业为引领，支持产业链供应链链主型企业对上下游资源进行整合，主动培育核心业务供应链龙头汽车企业，围绕龙头汽车企业的供货需求，产业链上中下游能够实现高效顺畅的协作，中小企业亦能针对大企业表现出良好的配套反应能力。

四是推动汽车产业链平台化、网络化、数字化转型。支持多层次的工业互联网平台发展，总结推广一批设备共享、业务互联、资源互通、要素协同的行业创新应用案例，促进资源优化配置和供需灵活匹配，提高产业链供应链运行效率、韧性和竞争力。

3. 统筹发展和安全，重构自主可控、开放包容产业链

随着对外开放的不断深化，影响供应链安全的国内外因素相互交织、相互渗透、相互作用，对供应链的稳定和安全的影响也日益上升。习近平总书记强调，越开放越要重视安全，越要统筹好发展和安全。[1] 在新的国际形势下，汽车产业链在开放与安全之间面临着复杂的平衡挑战，我国汽车产业链要把握好开放与安全之间的平衡点。提高产业链供应链关键环节的安全可控能力并不排斥开放发展与国际合作。在全球化背景下，汽车产业链供应链需要开放合作以实现资源共享和市场拓展。通过高水平自立自强与高水平开放合作并举，实现高质量发展与高水平安全的协调并进、有机统一。

一是在涉及国家安全的领域保持底线思维。对于我国严重依赖的车规级芯片、技术软件领域，要坚定不移地推进自主可控能力建设，避免出现极端情况下相关领域停摆的局面。同时，避免在执行中将自主可控范围扩大化，自主可控不是所有产业和技术都追求国产化，要避免舆论的过度渲染致使跨国车企对我国的政策方向产生疑虑。

二是以科学有效的预警机制提升开放的安全保障水平。第一，坚持系统观念，注重防范化解重大风险挑战，进一步完善贸易救济、外资国家安全审查、反垄断调查和执法以及国家技术安全监管清单、不可靠实体清单等制度体系，不断创新安全保障的政策工具。第二，将产业链供应链韧性和安全纳入常态化管理，建立供应链安全评估与风险防范机制，定期开展产业链供应链安全评估，对重点行业、重点地区开展压力测试，全面检验供应链体系的稳健性。第三，着力提高开放监管能力，完善产业损害和供

1　习近平：《正确认识和把握中长期经济社会发展重大问题》，《求是》，2021 年第 2 期。

应链安全问题预警体系，加强事中事后监管，完善外资安全审查、反垄断审查等制度，切实维护我国主权、安全和发展利益。

三是掌握全新技术的发展主动权。完善从基础研究、科技创新到成果转化、试验验证、推广应用全链条的服务机制，真正将技术创新发展的主动权掌握在自己手中。

四是确保产业链关键环节的自主可控。加强我国汽车企业对产业链上游重要资源、关键材料、核心零部件、关键设备及先进技术工艺等的掌控能力，保证产业链关键环节的自主可控。

（三）加强产业链开放合作，打造产业链合作共同体

全球汽车产业链供应链加速调整和重构，从效率优先向安全优先、兼顾效率转变，本土化、短链化、区域化的趋势不断增强。同时，部分国家“去风险”的战略意图明显，特别是在半导体、锂电池等关键汽车产业链供应链上。

在愈加严峻复杂的国际局势下，我国汽车产业链供应链需要以更高水平的对外开放，捍卫全球化格局，营造良好的外部环境，展示我国汽车产业链供应链的大国风范和姿态。我国汽车产业必须努力提高对外开放的层次和水平，吸引跨国整零企业“链”上布局，助力构建与全球深度融合的产业链供应链体系。只有这样才能破解“中国威胁论”，抵御一些谬误言论对我国汽车产业全球化进程的影响。

全球产业链供应链是推动经济全球化的内在动力，加强全球产业链合作是推动世界经济开放包容、深化全球产业合作的必然要求，是推进高水平对外开放的重要支撑。国内国际的汽车产业链供应链是紧密相连、环环相扣的。打造全球高质高效的汽车产业链供应链体系，不仅要保证国内汽车产业链供应链的稳定畅通，也要以此保障促进全球汽车产业链供应链的

高效运转。

由此，在实现国内产业链安全可控的基础上，利用世界通用技术，实现汽车产业的关键核心技术突破创新，推动我国汽车制造在全球汽车产业链价值链上不断攀升，建设汽车制造业强国。

1. 深入参与全球治理，积极推进经济多边主义，营造良好开放合作外部环境

通过进一步改革开放，推动多边主义的良性发展，形成高水平对外开放与交流的格局；维护区域治理理念，进一步寻求多领域、多层次的区域经济合作契机，构建周边命运共同体，以有效保障产业链供应链的安全与稳定。

一是积极推进加入《全面与进步跨太平洋伙伴关系协定》和《数字经济伙伴关系协定》的进程，并加快推动更多自由贸易协定谈判，在扩大经济交流与合作“朋友圈”的同时，努力迈向高标准自由贸易，加强汽车产业链供应链合作。

二是积极与经贸合作伙伴建立长期的多边供应链合作机制，加快构建相互信赖并可以通过对话快速解决问题的供应链体系。我国需要整合政治利益和经济利益，通过制度设计，使各相关方在实现共同目标的同时得到政治利益和经济利益。

三是积极推动与联合国、世界贸易组织、国际电信联盟、第三代合作伙伴计划、国际标准化组织等的多边合作，重点围绕绿色、劳工、产业补贴、新一代移动通信等具体领域展开国际合作，反对和破除规则标准“小圈子”。

四是积极探索与欧盟形成机制性合作联盟，推动中欧在数字治理、新一代移动通信、人工智能及跨境数据流动等关键问题上的交流合作。

2. 实施自由贸易试验区提升战略，加强国际交流合作，提升我国产业链国际竞争力

目前全球价值链重构的主要趋势在于区域化发展，而自由贸易试验区将成为区域价值链发展的重要平台。实施自由贸易试验区提升战略有助于依托区域价值链的构建，突破以往发达国家主导的全球价值链分工体系。

2023 年是我国自由贸易试验区建设十周年。十年来，以风险防控为底线，各自由贸易试验区以制度创新为核心，以可复制可推广为基本要求，全力推进相关领域改革开放创新，为全面深化改革和扩大开放探索新路径、积累宝贵经验。十年来，我国自由贸易试验区建设从上海起步，布局逐步完善，已先后在全国范围内设立了 22 个自由贸易试验区，形成了覆盖东西南北中，统筹沿海、内陆、沿边的改革开放创新格局。

我国在全球价值链中已经具备体量、规模、产业、资金、技术等方面的优势，有能力、有条件推动区域内产业链供应链发展，推动区域价值链朝着更加包容和互利共赢的方向发展。

一是进一步完善自由贸易试验区布局，赋予自由贸易试验区更大改革自主权，加强差别化探索，鼓励自由贸易试验区立足区位条件，挖掘自身优势，形成更多制度创新成果。

二是实施自由贸易试验区提升战略，加快建设海南自由贸易港，发挥好改革开放综合试验平台作用。把制度集成创新摆在突出位置，聚焦贸易投资自由化便利化，建立与高水平自由贸易港相适应的政策制度体系，建

设具有国际竞争力和影响力的海关监管特殊区域，将海南自由贸易港打造成为引领我国新时代对外开放的鲜明旗帜和重要开放门户。

3. 依托大市场优势和我国智能汽车产业领先优势，进一步鼓励跨国车企产业链供应链本地化

我国拥有全球最大的新能源和智能汽车产销市场，在新能源、智能汽车研发、制造、销售、售后等全价值链领域积累了丰富的实践经验、完备的体系和深厚的技术储备。我国超大规模的消费市场、完整的工业体系、新能源和智能汽车领域领先的站位优势，对外资有着天然的吸引力，也有利于我国更深层次地融入全球产业链供应链。

要充分利用和发挥我国超大规模市场和智能汽车优势，吸引全球要素资源，要协同推进强大国内市场和贸易强国建设，使我国汽车产业链成为吸引全球优质要素资源的强大引力场。

一是鼓励跨国车企升级和延长在华产业链供应链，继续利用国内市场规模优势、区位优势和政策优势吸引跨国公司将更多的生产环节转移到我国，促进全球价值链在国内部分的延伸。

二是推动跨国车企将更多的高端生产环节和管理机构甚至是总部配置在我国，并推动供应链本土化。

三是引导鼓励跨国车企在华设立高质量、实质性的本地研发中心，按照我国的标准和生态系统进行研发布局，形成良好的科技和人才外溢效应。

第五章
汽车产业“走出去”专题

国务院发展研究中心产业经济研究部课题组[1]

一　展望全球主要汽车市场发展前景

汽车产业已形成高度全球化的国际分工体系，产业链供应链与全球深度融合。我国车企已在全球市场取得突破性成就，2023 年我国汽车出口量为 506.5 万辆[2]，出口对汽车总销量增长的贡献率超过 50%，覆盖地区不断拓展，产品日趋丰富。尽管取得了不俗的成绩，但仍需清醒认识到我国汽车产业国际化发展面临诸多外部风险和挑战，形势日趋严峻。

（一）我国汽车出口现状

汽车出口是稳住宏观经济大盘的重要力量，既能为富余生产能力找

1　课题组成员：李燕、石耀东、周毅、路倩、黄永和、刘艳、杨祥璐、王淑莹、丁民生、李扬帆、高菠阳、刘奕、郑善强、李沐阳。

2　数据为编写组根据联合国商品贸易统计数据库计算，统计口径包括半挂车用的公路牵引车（870120）、客车（8702）、乘用车（8703）、载货汽车（8704）、专业车（8705）和底盘（8706）等，去除了雪地行走专用车、高尔夫球车及类似车辆等全地形车（870310）和非公路用自卸车（870410），下同。

到出口，更为劳动要素报酬增长打开空间。联合国商品贸易统计数据库数据显示，当前我国汽车出口出现了快速增长的势头，2022 年出口 323.5 万辆，同比增长 52.8%，出口额达 561.8 亿美元；2023 年出口 506.5 万辆，同比增长 56.6%，出口额达 935.5 亿美元，同比增长 66.5%，由全球第三位提升至第二位。

从数量来看，2012 年以来我国汽车出口一直在 100 万辆上下徘徊。如表 5-1 所示，2023 年我国汽车出口量大幅提升，仅排在日本之后，高于德国、美国、法国等国家，汽车出口平均单价稳步提升，2023 年平均单价达 1.8 万美元 / 辆。

表 5-1　2023 年全球汽车出口情况

排名	国家	出口量（万辆）	出口额（亿美元）	平均单价（万美元 / 辆）
全球总出口		3301.8	10376.2	3.1
1	日本	592.7	1215.5	2.1
2	**中国**	**506.5**	**935.5**	**1.8**
3	德国	442.6	1963.2	4.4
4	美国	293.4	856.2	2.9
5	法国	171.0	362.1	2.1
6	加拿大	159.0	457.7	2.9
7	捷克	146.3	335.4	2.3
8	比利时	139.4	316.2	2.3
9	土耳其	102.9	196.8	1.9
10	印度	102.5	80.6	0.8

资料来源：联合国商品贸易统计数据库。

注：联合国商品贸易统计数据库数据与中国汽车工业协会数据统计口径存在一定差异。

从出口目的地看，海外汽车市场进一步多元化，俄罗斯市场增长显著，在高端市场的拓展力度也有所增加。2023年，我国汽车产品向前20位合作伙伴的总出口量达368.0万辆，出口额为666.4亿美元，相较于2022年的232.9万辆和367.7亿美元分别增长了58.0%和81.2%，平均单价从1.6万美元/辆提升至1.8万美元/辆。出口进一步多元化，我国对俄罗斯、墨西哥、比利时、澳大利亚、菲律宾市场的出口量均有显著增长，这有助于分散风险，减少对单一市场的依赖。其中，对俄罗斯的出口量从15.4万辆增加到84.5万辆，这可能是地缘政治因素下俄罗斯市场释放出较大需求，促使我国企业对俄罗斯加大出口。比利时、英国和西班牙等欧洲市场对我国汽车的进口超过13万辆，构成了我国高端汽车出口的主要市场，乌兹别克斯坦、哈萨克斯坦和吉尔吉斯斯坦等高出口单价市场出口量增加显著，显示出中国品牌在高端汽车市场的竞争力在不断增强，海外高端汽车市场开拓取得了一定成绩（见表5-2、表5-3）。

表5-2　2022—2023年我国汽车出口主要目的地

2023年					2022年				
排名	国家	出口量（万辆）	出口额（亿美元）	平均单价（万美元）	排名	国家	出口量（万辆）	出口额（亿美元）	平均单价（万美元）
1	俄罗斯	84.5	152.0	1.8	1	墨西哥	25.3	27.3	1.1
2	墨西哥	41.2	47.2	1.1	2	沙特阿拉伯	22.0	30.6	1.4
3	比利时	21.7	60.9	2.8	3	智利	21.1	24.3	1.2
4	澳大利亚	21.4	42.4	2.0	4	比利时	20.7	55.8	2.7
5	英国	21.4	60.6	2.8	5	澳大利亚	16.0	30.0	1.9
6	沙特阿拉伯	20.6	32.1	1.6	6	俄罗斯	15.4	34.8	2.3
7	菲律宾	17.0	10.5	0.6	7	英国	14.8	42.9	2.9
8	泰国	16.9	27.5	1.6	8	菲律宾	14.3	12.7	0.9
9	阿联酋	15.4	25.2	1.6	9	马来西亚	9.2	7.1	0.8
10	西班牙	13.9	35.8	2.6	10	阿联酋	8.9	18.5	2.1
11	巴西	11.4	22.7	2.0	11	泰国	8.7	6.7	0.8
12	乌兹别克斯坦	11.3	23.3	2.1	12	秘鲁	7.5	7.8	1.0
13	土耳其	11.1	14.9	1.3	13	厄瓜多尔	6.6	6.5	1.0
14	哈萨克斯坦	9.8	21.3	2.2	14	美国	6.6	15.4	2.3

续表

2023年					2022年				
排名	国家	出口量（万辆）	出口额（亿美元）	平均单价（万美元）	排名	国家	出口量（万辆）	出口额（亿美元）	平均单价（万美元）
15	智利	9.5	13.1	1.4	15	印度	6.3	3.1	0.5
16	意大利	9.2	11.7	1.3	16	南非	6.2	7.8	1.3
17	白俄罗斯	9.2	15.2	1.7	17	越南	6.1	10.2	1.7
18	马来西亚	8.0	10.1	1.3	18	意大利	6.1	7.0	1.1
19	吉尔吉斯斯坦	7.5	23.5	3.1	19	西班牙	5.7	18.4	3.2
20	美国	7.0	16.4	2.3	20	孟加拉国	5.4	0.8	0.1
前 20 位合计		368.0	666.4	1.8	前 20 位合计		232.9	367.7	1.6
全球合计		506.5	935.5	1.8	全球合计		323.5	561.8	1.7

资料来源：联合国商品贸易统计数据库。

表 5-3　2023 年我国汽车在各国（地区）进口市场的规模和比重

比重	进口汽车总金额（美元）			
	≤ 1 亿	1 亿～ 10 亿	10 亿～ 100 亿	≥ 100 亿
30% 以上	基里巴斯 *、塞拉利昂 *	加纳、缅甸、卢旺达 *、刚果（布）*、卡塔尔 *、白俄罗斯 *、塔吉克斯坦 *、蒙古国 *、老挝 *	菲律宾、智利、爱尔兰、哈萨克斯坦、吉尔吉斯斯坦、越南 *、乌兹别克斯坦 *、厄瓜多尔 *	德国、西班牙
10% ～ 30%	刚果（金）*、波利尼西亚、所罗门群岛 *	巴拿马、巴拉圭、玻利维亚、印度、尼加拉瓜、摩尔多瓦、多哥、布基纳法索、科特迪瓦 *、坦桑尼亚 *、马里 *、赞比亚 *、喀麦隆 *、乌干达 *、亚美尼亚 *、毛利塔尼亚 *、安哥拉 *、哥斯达黎加 *、汤加 *	巴西、挪威、以色列、南非、哥伦比亚、马来西亚、埃及、危地马拉、乌拉圭	澳大利亚、土耳其、荷兰、沙特阿拉伯 *

续表

比重	进口汽车总金额（美元）			
	≤ 1 亿	1 亿～ 10 亿	10 亿～ 100 亿	≥ 100 亿
1% ～ 10%	阿鲁巴、伯利兹、斯里兰卡、马尔代夫、圣多美和普林西比、布隆迪 *、萨摩亚 *、开曼群岛 *、冈比亚 *、中非共和国 *、圣卢西亚 *、佛得角 *、塞舌尔 *、帕劳 *、东帝汶 *、百慕大群岛 *、阿富汗 *、科摩罗 *	冰岛、坦桑尼亚、肯尼亚、毛里求斯、北马其顿、圭亚那、文莱、斐济、马达加斯加、马拉维、巴巴多斯、苏里南、突尼斯 *、尼泊尔 *、苏丹 *、纳米比亚 *、柬埔寨 *、贝宁 *、塞内加尔 *、牙买加 *、伊朗 *、利比亚 *、洪都拉斯 *、巴哈马群岛 *、萨尔瓦多 *、黎巴嫩 *、特立尼达和多巴哥 *	丹麦、捷克、罗马尼亚、芬兰、新西兰、乌克兰、斯洛伐克、希腊、斯洛文尼亚、尼日利亚、卢森堡、阿根廷、立陶宛、保加利亚、爱沙尼亚、阿塞拜疆、亚美尼亚、拉脱维亚、塞尔维亚	美国、加拿大、意大利、比利时、墨西哥、波兰、瑞士、日本
1% 以下	安提瓜和巴布达、格林纳达、蒙特塞拉特、圣文森特和格林纳丁斯 *、莱索托 *、圣基茨和尼维斯 *	塞浦路斯、波黑、津巴布韦、莫桑比克、马耳他、黑山、博茨瓦纳、安道尔、也门 *、阿尔巴尼亚 *、巴勒斯坦 *	葡萄牙、格鲁吉亚、克罗地亚	

资料来源：根据联合国商品贸易统计数据库数据整理。

注：带 * 的国家（地区）2023 年汽车进口数据部分或全部缺失，取其往年最新数据替代；还有少数国家（地区）一直未公布数据，将其剔除表格。

（二）识别全球主要汽车市场发展机遇

1. 美国汽车市场重回 1500 万辆规模

（1）美国是全球第二大新车消费国，汽车进出口量均较大

美国前五大车企产量均突破百万辆。MarkLines 数据显示，2023 年美国汽车产量同比增长 5.93% 至 1065.58 万辆。其中，福特产量最高，同比增长 0.16% 至 192.52 万辆，排名第二至五位的分别是通用、丰田、斯泰兰蒂斯和本田，销量分别为 171.82 万辆（4.03%）、122.95 万辆（8.84%）、104.35 万辆（-11.78%）和 101.83 万辆（22.41%）。

美国汽车销量重回 1500 万辆以上规模。MarkLines 数据显示，2023 年美国汽车销量 1612.51 万辆，同比增长 12.0%，约占全球总销量的 17.4%。在已公布销量的车企中，除斯泰兰蒂斯外，绝大多数实现了不同程度的增长。通用汽车排名第一，销量同比增长 14.1% 至 257.8 万辆，丰田、福特、现代 – 起亚集团、斯泰兰蒂斯分列第二至五位，销量分别为 210.8 万辆、198.1 万辆、165.3 万辆和 153.4 万辆。其中，现代 – 起亚集团首次跻身美国第四大车企集团。

美国电动汽车市场销量和渗透率再创新高。根据考克斯汽车（Cox Automotive）估算，2023 年美国电动汽车销量增长虽有所放缓，但仍创纪录达到 120 万辆，渗透率达 7.6%，高于 2022 年的 5.9%。从各品牌的销量来看，特斯拉仍然是美国电动汽车的销量冠军，在 2023 年占据了美国电动汽车市场份额的 55%。虽然市场份额比 2022 年的 65% 有所下降，但较低的售价依然巩固了特斯拉的地位。2023 年，特斯拉在整个美国市场的份额达到了 4.2% 的历史新高，Model Y 车型占据 2023 年美国电动汽车总销量的 33%。

美国汽车贸易呈现“大进大出”的特点。2023 年，美国汽车进口量

同比增长 16.47%，达 588.78 万辆，主要进口国为墨西哥、德国、日本、韩国等。其中，进口量排名靠前的品牌分别为雪佛兰（67.61 万辆）、丰田（67.51 万辆）、起亚（44.57 万辆）、现代（40.4 万辆）。中国产汽车出口美国的主要有昂科威（Envision）、极星 2 等车型，出口量分别为 4.43 万辆和 0.67 万辆。联合国商品贸易统计数据库数据显示，2023 年美国汽车出口量 293.4 万辆，是全球第四大汽车出口国，仅次于日本（592.7 万辆）、中国（506.5 万辆）、德国（442.6 万辆）。

（2）美国乘用车关税低，但对中国电动车加征高额关税

美国是《关税与贸易总协定》（GATT）和世界贸易组织的创始国之一。第二次世界大战后，美国积极推行贸易自由化，大幅降低关税和减少贸易措施。在全球范围内，除对载货汽车征收较高关税外，美国其他整车产品的关税水平是比较低的，对乘用车关税仅为 2.5%（见表 5-4）。此外，与美国签署了自由贸易协定的国家也可以享受更为优惠的关税，如日本、韩国、墨西哥等。然而，自 2018 年起，美国对我国汽车加征 25% 的关税。2024 年 5 月，美国再次对我国部分电动车型加征 100% 的关税。截至 2024 年底，我国燃油车出口美国市场面临的关税仍然保持在 27.5% 的较高水平，而纯电动客车、插电式混动乘用车及纯电动乘用车则面临高达 102.5% 的关税。

表 5-4　美国汽车关税情况

单位：%

税则号列	车型	最惠国税率
8702	客车	2.0
8703	乘用车	2.5
8704	载货汽车	4.0 ～ 25.0
8705	专业车	0
8706	底盘	0 ～ 4.0

资料来源：世界贸易组织。

（3）美国大排量燃油车占据消费主流

美国是全球大排量轻型车的主要消费市场。如表 5-5 所示，数据调研机构 JATO Dynamics 数据显示，2023 年美国轻型车总销量为 1557.38 万辆（其中，电动车型为 117.13 万辆），排量在 2.5L 及以上的轻型车销量占比达 52.4%。其中，排量大于 6.0L 的轻型车共计销售 89.5 万辆，甚至存在部分排量 8.4L、7.5L、7.3L 和 6.8L 的皮卡、SUV、跑车。排量大于 4.0L 小于或等于 5.0L 的轻型车销量为 26.7 万辆，排量大于或等于 2.5L 小于或等于 3.0L 的轻型车销量为 342.9 万辆。

表 5-5　2023 年美国大排量轻型车销量情况

排量	销量（万辆）	主要代表车型
排量＞ 6.0L	89.5	福特 F-350 Super duty（7.3L）、福特 F-250 Super duty（7.3L/6.8L）、RAM 3500（6.7L）、GMC Sierra 2500HD（6.6L）等
5.0L ＜排量≤ 6.0L	68.0	福特 F-150（5.2L）、雪佛兰 Tahoe（5.3L）、雪佛兰 Silverado 1500（5.3L）、英菲尼迪 QX80（5.6L）
4.0L ＜排量≤ 5.0L	26.7	GMC Savana（4.3L）、雪佛兰 Express（4.3L）、宝马 7 系（4.4L）、雷克萨斯 GX（4.6L）、野马 5.0（5.0L）
3.0L ＜排量≤ 4.0L	288.9	JEEP 切诺基（3.2L）、福特 F-150（3.3L）、马自达 CX-90（3.3L）、丰田 Tundra（3.4L）、RAM Promaster（3.6L）、奔驰 G 级（4.0L）
2.5L ≤排量≤ 3.0L	342.9	丰田 Venza（2.5L）、现代 Tucson（2.5L）、起亚 Sportage（2.5L）、丰田 RAV4（2.5L）、福特 Maverick（2.5L）、雷克萨斯 ES（2.5L）、马自达 CX-50（2.5L）、GMC Sierra 1500（2.7L）、福特 Bronco（2.7L）、保时捷 Macan（2.9L）、宝马 X7（3.0L）、讴歌 TLX（3.0L）

资料来源：JATO Dynamics。

（4）我国电动汽车被美国市场拦截，未来投资阻力较大

中美贸易摩擦发生之前的很长一段时间，美国是我国汽车重要的出口市场。然而随着中美贸易摩擦的发生，我国汽车出口对美国市场的依赖

度不断降低。美国已从 2016 年的我国第三大出口市场，逐渐跌落至 2023 年的第 20 位。尤其是 2024 年 5 月美国宣布对我国电动汽车加征 100% 关税，致使我国电动汽车企业几乎无法以出口形式进入美国市场。预计今后我国对美出口量无法大幅提升，电动汽车出口量甚至降至零，燃油车将保持目前水平。同时，美国对中资企业开展的投资安全审查，还可能针对企业股权等进行限制，未来中资企业在美本地化投资的阻力较大。

2. 欧盟汽车市场缓慢复苏

（1）欧盟是全球重要的汽车产业基地和消费市场

一是欧盟主要市场和车企注册量均实现增长。如图 5-1 所示，欧洲汽车制造商协会（ACEA）数据显示，2023 年欧盟汽车注册量虽然同比增长 13.9% 至 1054.78 万辆，但与 2019 年的水平（1530 万辆）仍有差距。德国仍是欧盟最大的汽车市场，同比增长 7.3% 至 265.14 万辆。其他主要市场如法国、意大利和西班牙注册量均实现两位数增长，同比增长 16% ~ 19%。

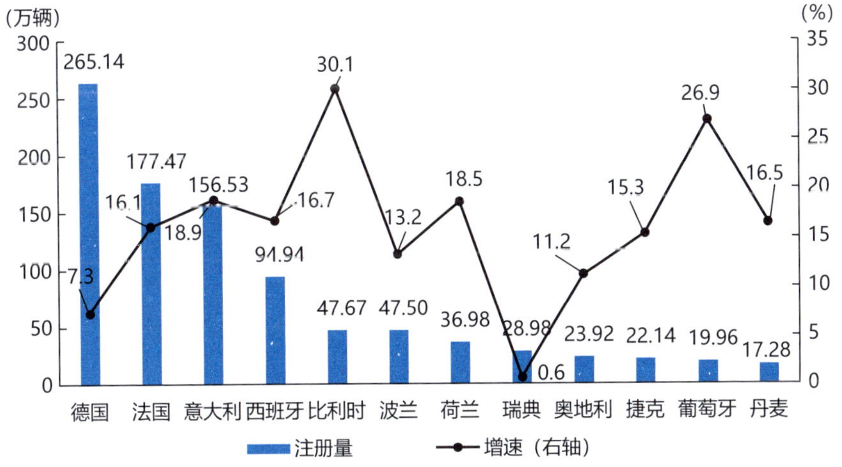

图 5-1　2023 年欧盟主要国家汽车注册量情况

资源来源：欧洲汽车制造商协会。

2023年，大众以26%的市场份额扩大领先地位，其次是斯泰兰蒂斯（18%）和雷诺（11%）。

二是纯电动汽车注册量占比首次超过柴油车。如表5-6所示，2023年，欧盟纯电动汽车（BEV）注册量同比增长37%至153.86万辆，市场份额达到14.6%，份额同比提升2.5个百分点；插电式混动汽车（PHEV）注册量同比下降7.0%至81.35万辆，市场份额为7.7%；油电混动汽车（HEV）注册量同比增加29.5%至271.70万辆，市场份额达到25.8%；汽油车注册量同比增长10.6%至372.46万辆，份额虽同比出现下滑，但仍为欧盟注册量最大的车型，达到35.3%；柴油车注册量同比下降5.8%至143.34万辆，市场份额同比下降2.8个百分点至13.6%；其他车型（包括氢燃料电池汽车、天然气汽车、液化石油气汽车等）注册量同比增长15.7%至32.06万辆，市场份额与上一年持平。

表5-6　2022—2023年欧盟汽车注册量情况

车型	2023年		2022年	
	销量（万辆）	占比（%）	销量（万辆）	占比（%）
纯电动汽车	153.86	14.6	112.34	12.1
插电式混动汽车	81.35	7.7	87.48	9.4
油电混动汽车	271.70	25.8	209.86	22.7
汽油车	372.46	35.3	336.87	36.4
柴油车	143.34	13.6	152.09	16.4
其他	32.06	3.0	27.70	3.0

资料来源：欧洲汽车制造商协会。

（2）欧盟进口汽车的关税较低

自1993年成立以来，欧盟始终倡导经济全球化和贸易自由化，总体关税水平较低，并与大多数主要贸易伙伴国家签订优惠贸易协定。1967年起，欧盟前身欧共体开始实行统一关税，建立关税同盟，取消内部国家之间的商品关税。目前乘用车关税已降至 10%、主要零部件关税在 4.5% 以下（见表 5-7）。

表 5-7　欧盟汽车关税情况

单位：%

税则号列	车型	最惠国税率
8702	客车	10 ～ 16
8703	乘用车	10
8704	载货汽车	3.5 ～ 22
8705	专业车	3.7
8706	底盘	4.5 ～ 19

资料来源：世界贸易组织。

（3）欧盟汽车消费者青睐小型车，混动车型大幅增长

欧洲乘用车市场经过百年的发展，呈现出保有量仍在增长、需求量基本饱和、SUV 消费热潮不减、车型小型化趋势明显、欧系车占绝对优势、新能源车占比稳步提高的特征。欧洲市场欧系车占据绝对优势，占比在 60% 以上。欧洲消费者偏好小型车，一方面体现出其环保意识，另一方面也反映出欧洲多国的道路状况，尤其在法国、德国、意大利等国家，很多城市历史悠久，街道和建筑较为古老，街道狭窄。这一消费理念也延伸至电动汽车，如雷诺 ZOE、大众 ID.3、现代 Kona EV 等，多数是小型紧凑车。此外，从 2024 年前 4 个月销量看，混动车型市场份额逐渐增长，已从 2023 年同期的 24.9% 提升至 29.1%，可见插电式混动汽车已成为越来越多欧洲消费者的选择。

（4）欧盟是我国汽车出口主要市场，未来投资潜力巨大

海关总署数据显示，2020 年以来，我国对欧盟电动汽车出口快速增加，到 2023 年，我国对欧盟的电动汽车出口顺差已超过 100 亿美元。作为我国电动汽车出口最重要的市场，欧盟反补贴调查对我国电动汽车加征额外

关税，对我国电动汽车出口带来明显冲击。2024年7月4日，欧盟委员会宣布从7月开始，在目前10%的关税基础上，对从中国进口的纯电动汽车加征反补贴税。保守预计，如果按统一加征20.8%的关税计算，仅在2024年6月，我国纯电动乘用车对欧盟出口总量同比下滑超30%。因此，欧盟的较高进口关税将会推动更多中国企业加快欧洲本地化建厂的步伐，随之将带动更多产业链供应链上下游企业前往欧洲，如动力电池、隔膜、电解液、正负极以及其他汽车零部件企业“协同出海”。2018—2023年我国对欧盟汽车出口情况如表5-8所示。

表5-8　2018—2023年我国对欧盟汽车出口情况

年份	汽车出口量（万辆）	同比增长（%）	电动汽车出口量（万辆）	同比增长（%）
2018	2.23	—	0.79	—
2019	3.47	55.24	1.11	41.95
2020	6.56	89.13	3.66	228.64
2021	22.78	247.42	17.45	376.33
2022	49.72	118.29	39.84	128.34
2023	71.36	43.52	53.02	33.09

资料来源：海关总署。

3. 印度新车销量连续两年保持全球第三位

（1）印度已成为全球第三大新车消费国

一是印度新车销量连续两年保持全球第三位（见图5-2）。印度汽车工业协会数据显示，2023年印度汽车产量同比增长7.1%至584.34万辆；汽车销量同比增长7%达507.98万辆，连续两年销量超越日本，仅次于中国和美国，保持全球第三位。乘用车销量增长8%至410.16万辆，商用车销量增长5%至97.84万辆。马鲁蒂铃木在印度乘用车市场占有约四成份额，排在首位，其次为塔塔、马恒达、现代、丰田、本田和起亚等。

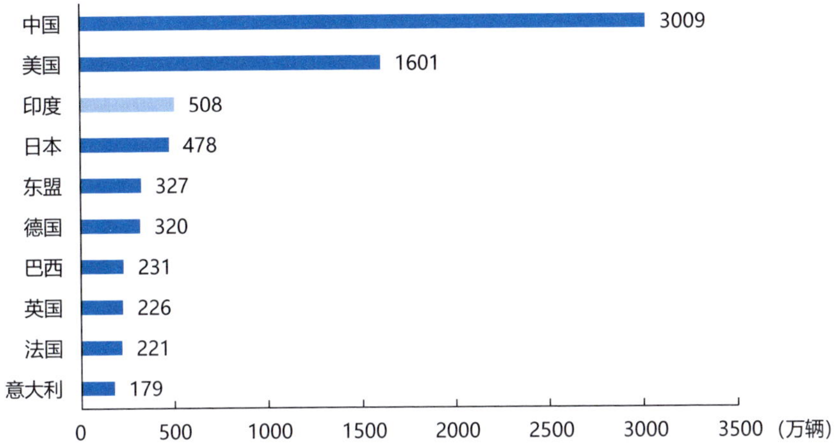

图 5-2 2023 年全球汽车销量前十位国家（地区）

资料来源：国际汽车制造商协会。

二是印度汽车出口导向较为明显。如表 5-9 所示，2023 年印度汽车出口同比增长 1.74% 至 74.64 万辆，占该国汽车产量的比例为 12.78%。其中，乘用车出口 42.79 万辆，占比为 57.33%，主要出口品牌为铃木、现代、日产、大众等；UV/MPV 共计出口 25.01 万辆，占比为 33.51%，主要出口品牌为起亚、铃木、现代等；轻型载货汽车出口 4.99 万辆，主要品牌为五十铃、马恒达、塔塔等；中重型载货汽车和客车出口量较小，分别为 0.77 万辆和 1.08 万辆，中重型载货汽车主要出口品牌为塔塔，客车出口车型为阿斯霍克雷兰德。

表 5-9 2023 年印度汽车出口情况（排名靠前企业）

车型	序号	整车厂	出口量（万辆）
乘用车	1	铃木	19.91
	2	现代	12.78
	3	日产	3.83
	4	大众	2.96
	5	本田	2.50
乘用车合计			42.79

续表

车型	序号	整车厂	出口量（万辆）
UV/MPV	1	起亚	6.80
	2	铃木	6.71
	3	现代	3.59
	4	雷诺	1.72
	5	丰田	1.56
UV/MPV 合计			25.01
轻型载货汽车	1	五十铃	1.96
	2	马恒达	1.36
	3	塔塔	1.05
	4	铃木	0.29
	5	阿斯霍克雷兰德	0.24
轻型载货汽车合计			4.99
中重型载货汽车	1	塔塔	0.43
	2	艾彻	0.18
	3	阿斯霍克雷兰德	0.16
	4	马恒达	0.01
	5	五十铃	0.00
中重型载货汽车合计			0.77
客车	1	阿斯霍克雷兰德	0.73
	2	塔塔	0.24
	3	艾彻	0.11
	4	五十铃	0.01
客车合计			1.08
总计			74.64

资料来源：MarkLines。

注：仅展示排名前五位的整车厂，客车车型仅涉及四家整车厂。因四舍五入原因各分项加点与合计不一致。

（2）印度乘用车进口关税较高，但近期有松动迹象

如表 5-10 所示，在世界贸易组织框架下，印度的乘用车关税约束税

率高达125%，充分说明印度政府对于本国汽车产业的高度保护。2005年以前，印度乘用车进口关税为105%，近年来不断进行关税调整。2023年2月，印度宣布将提高进口汽车的关税，以促进当地制造业的发展，对所有落地成本（包括保险费和运费）在4万美元以下的进口汽车征收70%的高额关税（高于之前的60%），对4万美元以上的进口汽车征税高达100%。2024年3月，印度商业和工业部声明，只要企业承诺在三年内在印投资至少415亿卢比（约5亿美元），并在本地工厂生产电动汽车，即可获得税收优惠。价格在3.5万美元以上的电动汽车将在五年内享受15%的进口减税。同时，承诺投资超过8亿美元的公司电动汽车五年总进口额度将提高到4万辆，每年8000辆。

表5-10 印度汽车关税情况

单位：%

税则号列	车型	最惠国税率（约束税率）
8702	客车	40
8703	乘用车	125
8704	载货汽车	40
8705	专业车	10
8706	底盘	15

资料来源：世界贸易组织。

（3）印度汽车消费以低端产品为主

印度并未形成强大的中产阶级，消费者对于汽车的需求仍处于初级阶段，汽车市场以价格低廉的小型车为主，印度消费者普遍比较注重价格和实用性，而不是品牌和创新性。

（4）中印投资受两国关系影响，赴印投资不确定性和风险较大

由于中美贸易摩擦等因素，印度成为最具备承接中国转移产能的投资地区，为印度车企配套的中资零部件企业大都接到了本地化建厂要求。然而印度加强中国赴印签证管控，尤其是技术人员获得签证的难度加大。

赴印投资的风险和不确定性依然很大，存在印度政府要求中方降低股比并控股合资公司的情况。如2024年印度强制上汽转让股权一事，导致上汽由原先的完全中国独资企业转变为中印合资企业，其中JSW集团将获得51%的控股权。这也标志着上汽对名爵（印度）的掌控权被剥离，该公司已由印度本地企业家接手。

4. 日本新车销量实现五年来首次增长

（1）日本汽车产业规模较大，本土与海外并行发展

一是日本汽车产销实现双增长。随着全球芯片短缺得到缓解，日本汽车制造商纷纷提高产量。如图5-3所示，日本汽车工业协会数据显示，2023年日本汽车产量为899.9万辆，同比增长14.8%。新车销量同比增长13.8%至477.9万辆，这是五年来日本新车销量首次上升。其中，丰田新车销量大幅增长27.2%至154.86万辆，日产销量同比增长7.0%至29.1万辆，本田销量同比增长2.5%至27.57万辆。

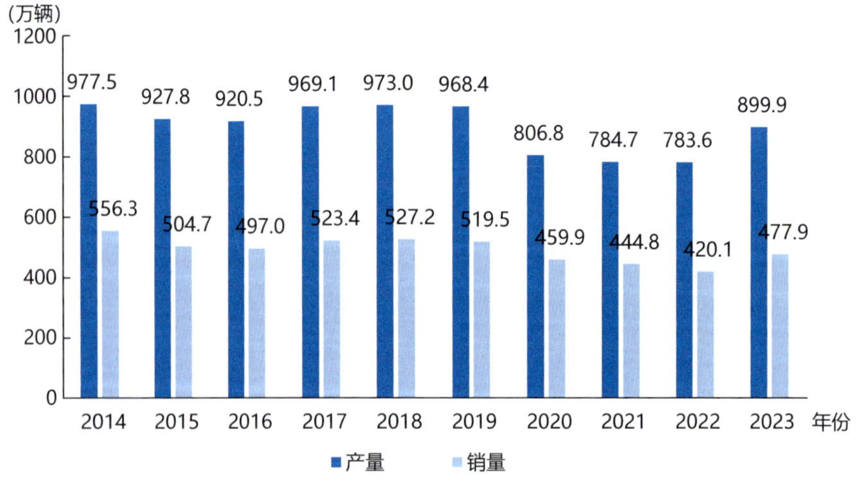

图5-3　2014—2023年日本汽车产销量

资料来源：日本汽车工业协会。

二是日系车企海外生产规模庞大。世界汽车产业专业调研公司 Fourin 的数据显示，2023 年 12 家日本企业海外产量同比增长 3.2% 达到 1778 万辆，已连续三年实现增长。北美产量同比增长 21.3% 至 543.3 万辆，欧洲同比增长 6.5% 至 132.5 万辆，南美同比增长 8.1% 至 58.9 万辆，亚洲同比下降 5.0% 至 1022.9 万辆。其中，如图 5-4 所示，产量最高的中国市场同比下降 11.7% 至 386.4 万辆，中国份额同比下降 3.6 个百分点至 21.7%。从企业来看，丰田海外产量最大，2023 年同比增长 4.5% 至 665.1 万辆，本田和日产分列第二、第三位，产量分别为 342.0 万辆和 265.2 万辆，均实现增长。

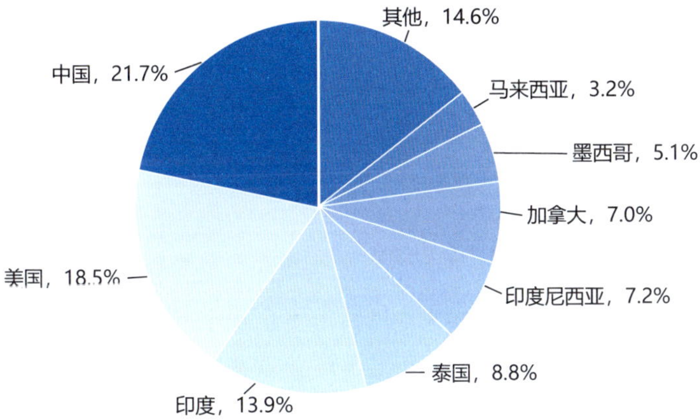

图 5-4 2023 年日本 12 家汽车企业海外产量份额

资料来源：Fourin。
注：因四舍五入原因加总不等于 1。

三是日本汽车最大的出口市场是美国（148.6 万辆），其次为澳大利亚（40.2 万辆）、加拿大（23.4 万辆）、中国（20.3 万辆）、沙特阿拉伯（18.4 万辆）。如图 5-5 所示，丰田（195.0 万辆）、马自达（71.6 万辆）、斯巴鲁（50.9 万辆）、日产（43.5 万辆）、三菱（24.6 万辆）等主要车企出口均实现两位数增长。

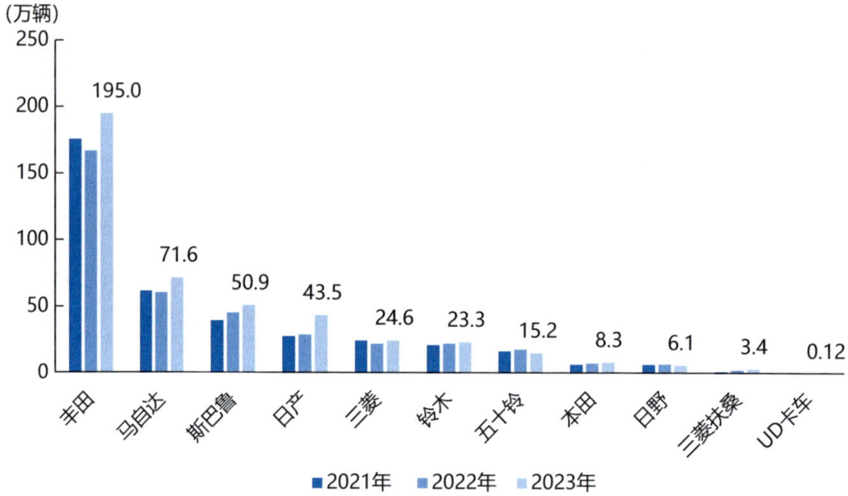

图 5-5 日本汽车企业出口情况

资料来源：Fourin。

（2）日本对汽车采取零关税策略

日本是全球唯一汽车零关税的汽车生产国。1955 年，日本加入《关税与贸易总协定》，为扶持本土汽车产业发展，乘用车关税长期维持在 40%，并设置进口配额、汽车商品税、补贴国民车等多种措施，限制国外进口汽车进入国内市场。20 世纪 60 年代，日本汽车产业快速进入成熟阶段，对外开放程度不断扩大。随着汽车产业国际竞争力的大幅提升，1973 年日本开始取消对外商直接投资的限制，1978 年开始免征进口乘用车关税，目前汽车及零部件产品关税已全部降为 0（见表 5-11）。

表 5-11 日本汽车关税情况

单位：%

税则号列	车型	最惠国税率
8702	客车	0
8703	乘用车	0
8704	载货汽车	0

续表

税则号列	车型	最惠国税率
8705	专业车	0
8706	底盘	0

资料来源：世界贸易组织。

（3）日本已进入存量汽车市场阶段

日本汽车以低排量、小型化产品为主，且本土汽车品牌发达，国际汽车品牌进入日本市场的空间较小。在日本市场上，本土品牌销量占比常年在90%以上，仅有一部分富裕的消费者热衷于购买进口豪华汽车，如奔驰、宝马、奥迪等，这些品牌在日本市场的份额相对较小。

5. 巴西汽车销量继续保持200万辆以上规模

（1）巴西是南美地区第一大汽车消费市场，汽车进口较多

一是巴西汽车产量下降但销量实现增长。巴西全国汽车工业协会（ANFAVEA）数据显示，2023年，巴西汽车产量同比下降1.72%至233.93万辆。汽车销量同比增长11.3%至217.94万辆。2023年，巴西汽车销量[1]与2019年（265.89万辆）相比仍有差距，与2012年的峰值（363.44万辆）差距更大。2023年，巴西进口车销量为20.42万辆。进口量主要来自美国和欧洲车企，日韩车企其次，中国车企占比较小。乘用车方面，菲亚特克莱斯勒、大众和通用销量分别为40.4万辆、29.04万辆和27.18万辆，三者合计销量占比达56.2%。奇瑞是中国品牌销量最高的企业（3.15万辆），长城和比亚迪也有一定的市场销量。

二是巴西灵活燃料车[2]销售占比最大，电动乘用车增长较快。2023

1 销量包括轿车、轻型商用车、卡车和公共汽车，不含进口车，2023年，巴西进口车销量为20.42万辆。

2 可燃用以任意比例混合的两种燃料（如汽油、甲醇、乙醇等）的车辆。

年，巴西乘用车注册量同比增长9.18%至172.14万辆，其中灵活燃料车达到154.5万辆，占比约为89.75%；电动汽车注册量同比增长90.48%至9.28万辆，占比约为5.39%。2023年，巴西轻型商用车注册量为45.88万辆，其中，灵活燃料车占比为57.72%，其次为柴油车型，占比为39.43%，其他燃料车辆占比极少。大多数产自巴西的汽车采用了灵活燃料技术，并被消费者完全接受和采纳。之前很长一段时间，巴西的载货汽车和客车基本均为柴油车型。2020年后这一现象得到改观，巴西开始出现一些电动载货汽车和客车，但整体规模依然较小。

三是巴西是全球重要的汽车出口国，自中国进口量增长较快。巴西汽车出口量占其汽车总产量的份额很大。2017年，巴西出口量达到78.47万辆（出口占比为27.99%），为近十年的峰值，随后出现波动。2023年，巴西汽车出口量同比下降14.84%至41.84万辆。其中，乘用车出口30.82万辆，占比最大，为73.6%；轻型商用车、载货汽车和客车分别出口7.38万辆、2.81万辆、0.84万辆。进口方面，2023年，巴西进口汽车同比增长28.75%至35.2万辆。其中，乘用车进口23.38万辆、轻型商用车进口11.02万辆、载货汽车进口0.8万辆。主要进口国家为阿根廷（21.99万辆）、中国（4.2万辆）、墨西哥（3.11万辆）、德国（2.23万辆）、乌拉圭（1.19万辆）。

（2）巴西逐步提高新能源汽车进口关税

巴西对汽车产业实施高保护，设置较高的最惠国税率。在相当长一段时间内，巴西电动汽车市场发展缓慢，其较高售价和巴西的乙醇汽车对汽车产业电动化转型造成一定阻碍（见表5-12）。2014年，巴西政府出台鼓励电动汽车发展的政策，但收效甚微。自2016年起，为促进本国电动汽车产业发展，巴西对纯电动汽车免征进口关税，而对混动汽车征收最高4%的关税。巴西经济部外贸委员会（Camex）决定，自2024年1月起逐步恢复对新能源汽车（包括纯电动汽车、插电式混动汽车、油电混动汽车）的进口关税。此外，将通过渐进的方式到2026年将税率提高至35%；与此同时，零关税进口配额将逐年下降，直到2026年取消。

表5-12　巴西汽车关税水平

单位：%

税则号列	车型	最惠国税率
8702	客车	35
8703	乘用车	35
8704	载货汽车	11.2～35
8705	专业车	0～35
8706	底盘	11.2～35

资料来源：世界贸易组织。

（3）巴西汽车市场以小排量轿车为主

在巴西，设计新颖、外观时尚、经济环保的车型保有量很大，排量1.0L及以下小型车很受欢迎。1990—2001年，1.0L发动机成为巴西国家汽车工业的象征。当时排量1.0L及以下车型的市场份额最高可达70%以上。由于巴西汽车制造商之间竞争日益激烈，1.0L及以下发动机与灵活燃料汽车之间的税收差距越来越小，消费者对更为舒适、动力更为强劲的发动机更加偏好。2010—2020年，巴西的排量1.0L小型车注册量呈现先降后升的趋势，但总体仍保持在一个较高的市场份额。2021年后，巴西的排量1.0L小型车的市场占比逐年提升，2023年达到54.4%，创近15年历史新高（见图5-6）。

（4）我国汽车对巴西出口和本地化发展潜力较大

我国电动汽车在拉美市场的影响力不断扩大。奇瑞、长城、比亚迪都已在或正在巴西设立整车工厂。海关总署数据显示，2023年我国对巴西

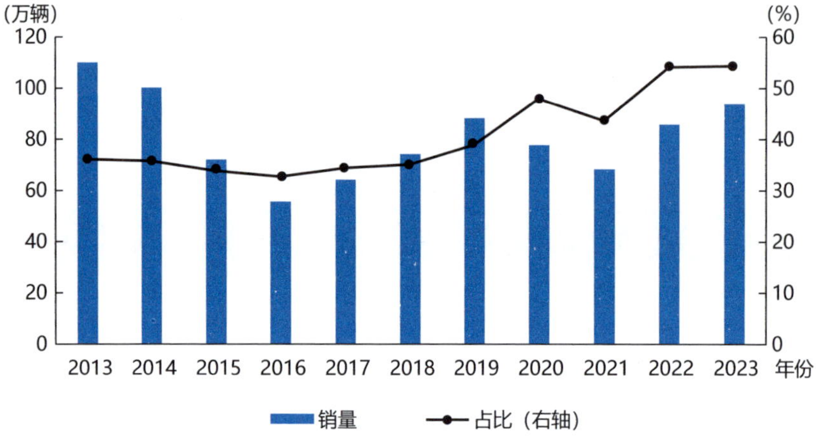

图 5-6 2013—2023 年巴西排量 1.0L 汽车销量情况

资料来源：巴西汽车工业协会。

出口汽车 11.46 万辆，同比增长 1 倍多，是我国第 12 大汽车出口市场。而 2024 年前 4 个月，我国对巴西出口汽车 10.67 万辆，同比增长 4 倍多，该国已成为我国第三大汽车出口市场，仅次于俄罗斯和墨西哥。巴西汽车经销商联合会数据显示，中国汽车制造商的纯电动汽车和插电式混动汽车在巴西越来越受欢迎，2024 年以来在巴西的销量增长迅速，前 4 个月的销量达 4.8 万辆，是上年同期的 8 倍。比亚迪在纯电动车市场独占鳌头，市场占有率高达 74.49%。虽然巴西对我国汽车产业在本地投资的态度较为友好，但是考虑到巴西将逐步提高电动汽车关税水平，今后我国对巴西直接出口将有所放缓，更多转为本地化生产，巴西的投资潜力较大。

6. 我国汽车企业加快进入东盟地区

（1）东盟是全球第五大汽车销售地区

一是马来西亚超越泰国成为东盟地区第二大市场。2023 年，印度尼西亚、马来西亚、泰国三国汽车销量合计达 259 万辆。印度尼西亚以 101 万辆的销量稳居第一，而受到免税奖励、新车型上市和供应链改善等多重因素推动，马来西亚超越泰国成为该地区第二大汽车销售市场。如图 5-7 所示，菲律宾、越南也分别有 44 万辆、40 万辆的市场规模，其余五国规模较小。其中，2023 年菲律宾新车市场表现强劲，同比增长 18.6%，但与 2017 年的销量峰值（47.4 万辆）相比仍有差距。

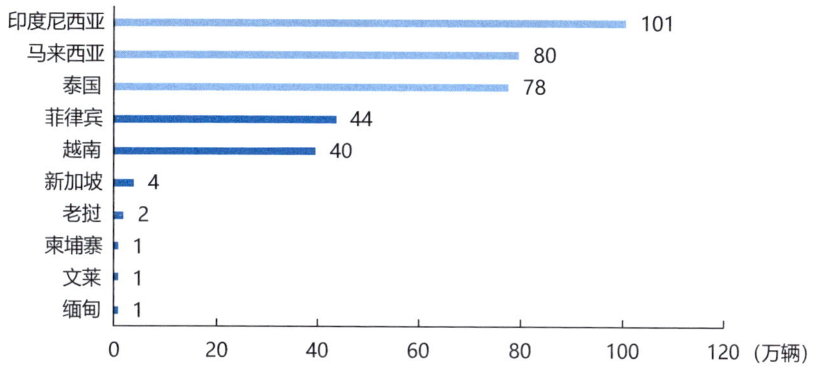

图 5-7 2023 年东盟十国汽车销量情况

资料来源：MarkLines、Fourin。

二是东盟电动汽车市场加快发展。近年来，以泰国、印度尼西亚为代表的东盟电动汽车市场尤其是纯电动汽车市场实现高速增长。2023 年，泰国纯电动汽车销量同比增长近 7 倍至 8.45 万辆，其中，中国品牌的纯电动汽车占据泰国近八成市场份额，比亚迪和哪吒为销量冠亚军，市场占有率分别为 39.9% 和 16.7%。2023 年，印度尼西亚纯电动汽车销量为 1.71 万辆，同比增长 66.0%。油电混动汽车仍是东盟最畅销的电动车型，2023 年该车型在泰国和印度尼西亚的电动汽车市场份额分别达到 49.1% 和 75.4%（见图 5-8）。马来西亚投资、贸易和工业部预测，到 2027 年，东盟电动汽车市场规模将达到 27 亿美元。

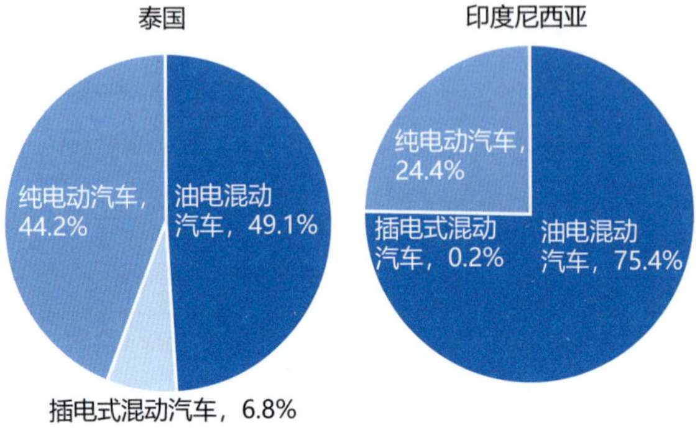

图 5-8　2023 年泰国和印度尼西亚电动汽车销量构成

资料来源：Fourin。
注：因四舍五入原因加总不等于 1。

（2）《中国—东盟自贸协定（2.0）》框架下汽车关税仍较高，但主要国家已对进口电动汽车实施零关税

在《中国—东盟自贸协定（2.0）》框架下，东盟国家仍对部分整车产品设置较高的关税。如泰国燃油乘用车为高度敏感产品，2018 年后税率仍保持在 50%，而救护车、电动乘用车关税降为 0。排量 1.5L 以下完全拆装（CKD）汽油车税率为 10%，整装进口（CBU）汽油车税率为 30%；对排量 1.5L 以上完全拆装汽柴油车设置 5% 的较低税率，而排量 1.5L 以上整装进口汽柴油车的税率为 30%。印度尼西亚对多数乘用车产品设置 40% 的关税，完全拆装乘用车税率为 20% ～ 25%。而在电动汽车方面，由于《中国—东盟自贸协定（2.0）》在 2018 年后没有降税安排，需结合各国最新电动汽车进口关税政策进行判断。如自 2022 年 2 月起印度尼西亚对进口未完全拆装（IKD）和完全拆装电动汽车实施进口零关税，至 2025 年底马来西亚对进口完全拆装电动汽车免征关税等。

（3）东盟市场以日系车为主，中国品牌份额有所提升

2023 年，印度尼西亚汽车销量同比下降 4% 至 100.6 万辆。日系产品

份额仍维持在 90% 以上（92%），韩系为 3.7%，中国品牌份额为 3.1%。而在泰国，2023 年日系产品市场份额虽同比下滑 7.6 个百分点至 77.8%，但仍占据绝对地位。近年来，随着中国汽车企业加快深耕东盟市场，2023 年中国品牌汽车在泰国和印度尼西亚的市场份额分别达到 11.0% 和 3.1%（见图 5-9）。

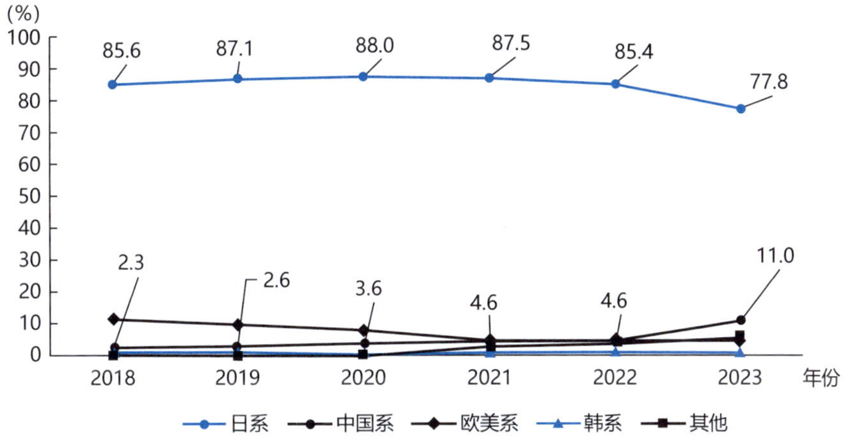

图 5-9　2018—2023 年泰国汽车市场份额

资料来源：Fourin。

（4）东盟是我国汽车产业海外发展的热土

近年来，东盟国家积极推动汽车电动化，新能源汽车消费需求持续上升，市场潜力巨大。东盟已成为我国汽车“走出去”的重要目的地。10 多家中国车企已经或计划在东盟主要国家投资建厂，如泰国（上汽、长城、比亚迪、哪吒、埃安、长安、奇瑞）、印度尼西亚（五菱、东风小康、奇瑞）、马来西亚（吉利、长城）、越南（奇瑞、长城）等。其中，泰国已成为我国整车企业海外布局最为集中的国家。目前看，虽然东盟地区受日系车影响深远且日系产品仍占据绝大多数份额，但中国车企在当地的市场份额也在不断提升。随着越来越多的中国车企实现本地化生产，我国汽车在东盟发展前景较为乐观。

7. 墨西哥市场实现了五年来最大增长

（1）墨西哥是全球重要的百万量级汽车市场

一是墨西哥市场潜力较大且尚未完全复苏。2020 年，由于新冠疫情造成供应链中断、芯片危机、物流成本大幅增加等，墨西哥轻型汽车销量暴跌 28%，2021 年和 2022 年分别实现 6.8% 和 7.9% 的增长。得益于新冠疫情以来墨西哥国内市场的持续复苏、汽车供应链的恢复和芯片供应的反弹，2023 年墨西哥共售出约 136.1 万辆轻型汽车，但对比 2016 年 160.4 万辆的销量峰值仍有差距。

二是中国品牌销量增长较快且市场占有率得到提升。2023 年，我国对墨西哥汽车出口增长 62.8% 至 41.2 万辆，墨西哥成为我国第二大汽车出口市场，仅次于俄罗斯。墨西哥汽车工业协会数据显示，2023 年，中国品牌汽车在墨西哥销量为 12.93 万辆，同比增长 63%，在该国市场份额达到 19.5%。其中，上汽名爵售出约 6.0 万辆汽车，同比增长 25%，主要车型为名爵 5、名爵 ZS、名爵 GT、名爵 RX5 等；奇瑞销量同比增长近 3.5 倍至 3.84 万辆，主要车型为欧萌达 C5、瑞虎 7 和瑞虎 4；江淮汽车销量同比增长 50% 至 2.1 万辆；汇集了北汽、长安和江铃汽车三个中国品牌的 Motornation 销量达到 0.97 万辆，同比增长 70.2%。

三是墨西哥是全球第四大汽车出口国。2023 年，墨西哥新车出口量同比增长 15.2% 至 330.1 万辆，位列中国、日本、德国之后。首先，北美是墨西哥汽车主要出口目的地，占墨西哥出口总量的 85.4%，其中美国是其最大的出口市场，出口量同比增长 15% 达到 255.5 万辆，向加拿大出口 26.5 万辆；西欧也是墨西哥汽车出口的主要目的地之一，占出口总量的 6.6%（见图 5-10），其中德国市场出口量达 16.4 万辆，是其第三大出口国。出口量排名前三位的企业分别是通用、斯泰兰蒂斯和福特，出口量分别为 71.7 万辆、41.3 万辆和 37.1 万辆，三者合计占该国新车出口的 45.5%。通用主要出口车型为雪佛兰开拓者（Blazer）、探界者（Equinox）、索罗德（Silverado），斯泰兰蒂斯主要出口车型为 Jeep、公羊，福特主要出口车型为烈马（Bronco）和翼虎（Maverick）。

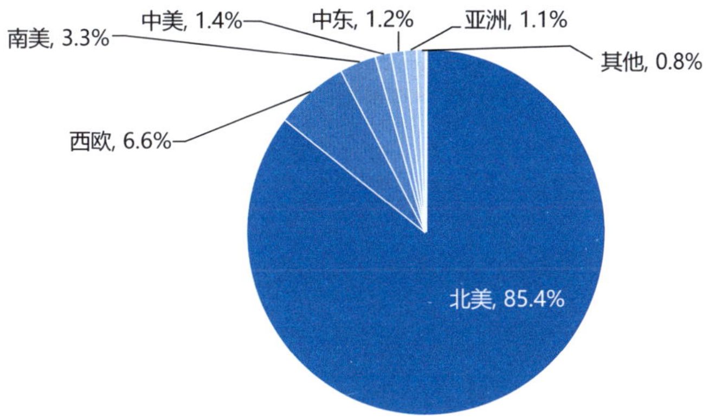

图 5-10　2023 年墨西哥汽车出口市场情况

资料来源：墨西哥统计局（INEGI）。
注：因四舍五入原因加总不等于 1。

（2）墨西哥进口关税仍处于较高水平

墨西哥整车进口关税最高最惠国税率可达 50%，而《美墨加协定》成员国之间在满足原产地规则的前提下可享受零关税的优惠待遇（见表 5-13、表 5-14）。

表 5-13　墨西哥汽车关税水平

单位：%

税则号列	车型	最惠国税率
8702	客车	0 ～ 50
8703	乘用车	0 ～ 50
8704	载货汽车	0 ～ 50
8705	专业车	0 ～ 50
8706	底盘	0 ～ 20

资料来源：世界贸易组织。

表 5-14　《美墨加协定》汽车原产地规则

汽车产品原产地规则
● 乘用车与轻型载货汽车的区域价值成分要超过 75%
● 核心部件区域价值成分要超过 75%
● 主要部件区域价值成分要超过 70%
● 乘用车零部件 40% 以上及轻型载货汽车零部件 45% 以上
● 由时薪高于 16 美元的工人生产，其整车方可享受零关税

（3）墨西哥电动汽车市场具备潜力

墨西哥汽车市场仍以燃油车为主导，电动汽车占比较低。2023 年，墨西哥电动汽车销量 1.95 万辆，同比增长 94%，市场份额仅为 1.3%。该国电动汽车市场分散，主要车型包括特斯拉 Model Y 和 Model 3、江淮 E10X 和星锐（Sunray）、沃尔沃 XC40 和 C40、福特 E-Transit、宝马 iX 等。Zacua 是墨西哥第一家电动汽车品牌，于 2017 年成立，目前推出 MX2 和 MX3 两款车型。

（4）中国品牌汽车在墨西哥发展模式日趋多元化

中国品牌汽车的发展路径已从整车出口的单一模式，切换至海外建厂生产、与当地代理商深度合作等多种组合方式，中国汽车技术和品牌经验在墨西哥得到充分利用。江淮汽车与巨人汽车拉美公司合作，后者负责江淮汽车在墨西哥的组装和销售。此外，多家中国企业赴墨投资建厂。比亚迪、上汽、奇瑞等中国车企均计划在墨西哥建立整车制造厂。目前，已有拓普集团、三花智控、立中集团、新泉股份等 30 多家中国零部件企业在墨西哥投资建厂，中国企业在墨西哥已经形成了仅次于在东盟市场的投资规模。

（三）启示与建议

尽管我国汽车产业发展迅猛，生产能力稳步提升，与美国、欧盟、印度等主要海外汽车消费市场在车型结构、汽车级别、市场主体和新能源渗透趋势上存在一定的匹配空间，但仍然存在出口过于分散、产品定位偏低端、对投资环境不信任等问题。主要表现在以下三个方面：当前我国汽车在主要汽车消费市场话语权不强，国际贸易市场出口均价普遍偏低，在主要汽车市场投资意愿不强。

1. 启示

（1）我国汽车出口增长迅猛，但出口目的地过于分散，在主要海外汽车消费市场话语权不强

与主要汽车出口国家相比，目前我国尚处于大规模汽车出口起步阶段，出口目的地还比较分散，在主要汽车消费市场话语权不强，难以实现规模效应。联合国商品贸易统计数据库数据显示，2023 年，我国是美国汽车主要进口国家中的第六名，进口量为 17.3 万辆，仅占美国总进口量的 2.1%，同时也是德国、法国、意大利、西班牙等欧盟四大汽车主要国家的第三大进口国，但进口量占比仅为 6.9%。在地理位置相邻的印度汽车市场，我国也仅出口汽车 4500 余辆，在印度之外的主要海外汽车市场上，我国汽车的进口占比均未超过 10%。出口市场的分散意味着我国汽车产业难以实现单一市场的大规模销售，限制了生产规模的扩张和成本效益的提高，也增加了汽车产业捕捉各个市场特定需求和消费偏好的难度，不利于形成规模经济，也将影响我国汽车产品的市场适应性和竞争力。

（2）我国汽车产品在海外汽车市场定位偏中低端，出口均价普遍偏低，在海外市场“品牌优势”不强

在海外主要汽车消费市场，我国汽车出口平均单价普遍偏低。联合国商品贸易统计数据库数据显示，2023 年，美国汽车市场进口中国汽车的平均单价约为 1.0 万美元（全球平均 3.0 万美元），欧盟四国进口折算平均单价约为 2.1 万美元（全球平均 2.6 万美元），均低于其从全球进口的平均价格。从市场主体来看，不同于德系、日系汽车品牌动辄占据各国汽车消费市场 30% 甚至 50% 左右的份额，我国知名的主机厂尚未在海外市场建立起品牌效应。截至 2022 年，除吉利控股集团在欧盟四国市场中取得 1% 的市场份额，尚未有其他中国自主品牌跻身海外主要汽车市场前十大汽车销售集团。长期以低成本、低价格作为竞争优势可能导致我国汽车产品形象固化，利润空间受限，难以吸引对高质量、高技术含量汽车有需求的消费者，限制我国汽车企业在全球市场的发展潜力和盈利能力。

（3）出于劳动观念和文化差异，部分汽车企业对海外投资建厂的热情不高

受部分传统汽车强国贸易保护主义思想的影响，我国向一些海外主要市场出口汽车产品可能面临严苛的关税要求和反补贴调查。2021 年，美国对从我国进口的汽车及零部件施加了 25% 的高关税，欧盟也在 2020 年之后频繁对从我国进口的某些汽车产品启动反补贴调查，直接影响了我国汽车的出口竞争力。尽管面临出口挑战，多国政府鼓励汽车企业到本地建厂，但部分我国企业仍选择承担高关税，而不是在海外投资建厂。据代表性汽车企业负责人座谈反馈，这主要是由于我国汽车企业普遍不信任当地劳动力的素质和效率，如 2004 年上汽集团收购韩国双龙汽车和 2014 年福耀玻璃在美国俄亥俄州建厂的案例。一些企业认为，潜在的人力成本和运营风险将抵消规避关税与管制带来的优势，企业倾向于利用国内的产能和

市场策略来应对国际市场的挑战，这加大了我国汽车产业与海外主要汽车市场深度融合的难度。

2. 建议

（1）通过产品创新、品牌宣传、售后保障与国际合作共同发力，促进汽车产品和品牌“齐头并进”

当前阶段，我国汽车出海已经初步完成早期经验积累。随着中国制造向中国智造、中国质造、中国创造目标的迈进，我国汽车企业也要关注自身品牌的塑造，在国际市场上摆脱“中低端”汽车的固有印象。

首先，加强汽车产品的创新与差异化发展，借智能化、电动化浪潮重新定义“豪车”。在智能电动汽车时代，传统豪车品牌在燃油车时代积累下的品牌口碑将遇到挑战。我国企业应当利用电动汽车和智能汽车领域技术、创新与实际经营方面的积累，尽快在高端市场中占据一席之地，如通过国际赛事赞助、海外文化交流活动等方式进行持续的品牌塑造，或通过与国际知名企业和品牌进行战略合作或技术合作，提升品牌价值和市场认可度，打造全球认可的中国豪车新形象。

其次，加强中国汽车行业协会或企业间互助，建立和维护一个全球范围内的服务和售后网络。我国摩托车产业在东南亚市场的遭遇再次证明了售后保障对产业、产品出海的重要作用，也表明在重资产制造产业出海进程中单个企业抗风险能力较弱。对于我国汽车企业而言，要在海外市场建立起良好的售后保障形象，不仅需要自身的努力，还需利用行业协会或企业间的合作来强化保障网络。企业应在主要出口国家和地区设立必要的售后服务中心；与市场所在区域内有中国背景的行业协会展开合作，利用协会的资源和影响力来提升服务质量和效率；与邻近国家的中国出口企业建立合作机制，通过共建服务设施、互派技术人员和共同培训服务团队，形成一个协同作战的服务保障网络，确保客户在任何地区都能获得及时有效的服务，在降低各企业运营成本的同时，提升我国汽车行业在国际市场上的服务能力和品牌形象。

此外，还可以借鉴近年来汽车企业集团组建战略联盟的先进经验，通过股权投资等形式实现自主汽车品牌与国际市场传统优势品牌的绑定和市场划分，如借鉴零跑汽车与斯泰兰蒂斯的合作模式。具体包括：企业应在关键技术上进行自主研发投入，持续推动产品和技术的升级，增强产品在国际市场上的竞争力；利用在智能汽车、电动汽车领域的独特优势，吸引国际知名汽车品牌组成战略联盟；通过合资或合作的方式，共享技术资源和市场渠道，以加快技术创新；利用合作伙伴的全球网络快速拓展海外市场，在全球市场中赢得更大竞争优势，进一步提升自身的品牌价值和影响力。

（2）充分利用国家、国际贸易协定的优势，选择可辐射周边市场的国家建厂，实现对主要海外汽车消费市场的渗透

我国汽车产品直接出口美国、欧盟等主要海外市场时，常常面临严苛的关税要求和反补贴调查，严重压缩了我国汽车企业的竞争优势，而这些市场与周边国家之间往往签署了高级别的贸易优惠条款，为我国汽车产业提供了规避高关税和不平等监管的机会。因此，我国汽车企业可以利用这些协定的优势，采取在美国、欧盟等主要汽车贸易市场的周边国家进行投资建厂的策略，以规避直接从我国出口所面临的高关税和贸易管制，降低出口成本，提高市场竞争力。

具体而言，针对美国市场，我国汽车企业可以选择在墨西哥建厂。通过《美墨加协定》，墨西哥的汽车出口到美国的关税仅为 2.5%，相比之下，我国直接出口到美国的汽车关税均在 27.5% 以上。针对欧盟市场，我国汽车企业可以选择挪威作为建厂地，我国直接出口到欧盟的关税为 10%，而在欧洲经济区内，我国车企在挪威生产的汽车，可以享受零关税

进入欧盟市场。针对日本市场，我国汽车企业可以考虑在泰国建厂。我国汽车整车出口到日本的关税为15%，但利用《东盟—日本全面经济伙伴关系协定》（AJCEP），通过泰国进行汽车出口能有效将关税控制在5%以下。对于巴西市场，我国汽车企业可以选择阿根廷等国家建厂。我国汽车整车直接出口到巴西的关税为15%，且巴西计划在2026年将关税提升到35%。相比之下，阿根廷通过南方共同市场与巴西达成的贸易协定，使其出口到巴西的汽车享受免关税待遇，成为我国汽车产品渗透到巴西市场的选择之一。

（3）正视中外劳动力效率差距与劳动保障制度发展趋势，主动加强与国际市场的深度融合和互利共赢

我国汽车企业要正视中外劳动力效率差距与全球劳动保障制度发展趋势。海外建厂可能受到当地工会组织或风俗习惯的消极影响，增加企业的合规成本和经营风险，导致企业实际生产成本上升，削弱海外建厂规避关税所带来的竞争优势。随着我国经济社会的发展，仅在国内进行汽车制造也将不可避免地遭遇劳动力成本上升和劳动保障制度趋严的挑战，汽车企业必须正视这一趋势，主动寻求优化汽车生产的技术水平和生产组织关系的解决方案。

一是通过推进全球人才培养管理体系建设和汽车制造高端化、智能化发展，降低潜在风险。通过与海外高等院校和职业培训机构合作，培养本地化的高素质技术人才，或与当地政府签署长期海外派遣的优待政策，吸引我国技术人才与优质劳动力参与汽车产业海外建设，降低目标市场人力资源水平不高对汽车产业“走出去”构成的潜在风险。此外，加大对自动化生产线和智能制造技术的投资，提升生产效率，降低对人力资源的依赖。

二是通过跨国并购和股权投资，获得当地企业的生产管理经验和技术支持，保留已经建立起的生产关系，降低汽车产业“走出去”的试错成

本。2010 年，吉利以 18 亿美元从福特手中收购了沃尔沃汽车。此后，沃尔沃继续在瑞典哥德堡的工厂生产其核心车型，在比利时根特的工厂生产部分车型，避免了重置成本和可能的管理混乱，这成为吉利进入欧洲汽车市场的重要经验。其他汽车企业可以借鉴这一成功经验，通过并购或股权投资，获取当地企业的生产和管理资源，并保留原有管理团队和员工，确保业务的平稳过渡和持续运营。

二　海外发展面临的外部风险挑战

在全球化浪潮中，我国汽车产业不断拓展海外市场，取得了显著的成绩，然而，随着国际市场的复杂性和多样性的增加，我国汽车出口企业面临着诸多外部风险挑战，本部分将深入探讨这些挑战的具体表现和应对方案。一是分析我国汽车出口面临的标准、认证与合规风险。以最具代表性的欧盟 WVTA 体系和美国 DOT 认证、EPA 认证体系为例，详细阐述如何在不同国家和地区的法规框架下确保产品符合目标市场要求，提出积极参与联合国世界车辆法规协调论坛、国际汽车工作组、国际标准化组织的工作，制定供全球市场参考的汽车标准法规，是我国畅通与国际汽车标准互认、降低汽车“走出去”合规风险的突破口。二是审视海外发展的新贸易壁垒与新挑战。在当前形势下，针对中国的传统关税壁垒依然存在且有抬头之势，对中国设置歧视关税的突发性强、传导快；特别是在电动汽车领域，不少新兴和发达国家对中国发起“双反”调查，且存在大量不合规、不公正、不合理、不透明的情况；碳壁垒、数据壁垒等新型贸易壁垒及限制措施密集出台，增加了中国汽车企业在国际汽车市场的不确定性因素。

（一）我国汽车出口面临的标准、认证与合规风险

符合各国汽车认证是汽车产品进入目标市场的前提条件，主要汽车市场对汽车技术与安全认证的检测项目较多采用国际标准法规的要求。熟悉并严格遵守各国的法规和认证要求，积极参与和引领国际汽车标准制定，可以有效降低合规风险，提升中国品牌的国际信誉和竞争力，有助于开拓和稳定海外市场，对我国畅通与国际汽车标准互认、降低汽车“走出去”合规风险具有重要意义。

当前，全球各国和重要贸易组织均建立了各自的汽车产品认证体系或框架，其中最具代表性的是欧盟的 WVTA 体系、美国的 DOT 认证与 EPA 认证体系。欧盟注重全面的型式认证标准和政府审查，深刻影响了包括中国、韩国、日本、印度、澳大利亚和俄罗斯等国汽车产品强制性认证规则的设定；美国则提出了自我认证与事后监管相结合的模式，表现出明显的“宽进严出”特征，给加拿大、墨西哥、巴西和阿根廷等国家的汽车认证标准带来影响。

1. 汽车相关国际组织制定供全球参考的标准法规

联合国世界车辆法规协调论坛制定的 ECE 法规、全球技术法规，国际汽车工作组和国际标准化组织联合制定的 IATF 16949：2016 标准，是全球各主要汽车市场进行汽车产品认证的参考和引用对象，成为我国畅通与国际汽车标准互认、降低汽车“走出去”合规风险的突破口。

（1）联合国世界车辆法规协调论坛

联合国世界车辆法规协调论坛是联合国欧洲经济委员会（UNECE）下属的车辆结构工作组。该论坛成立于 1952 年，成立之初其主要职责是在整个欧洲范围内对汽车产品制定和实施统一的汽车技术法规，并开展统一的型式批准，以促进汽车贸易与技术交流。随着经济全球化的发展，联合

国世界车辆法规协调论坛的工作范围已经扩展到全球汽车技术法规的协调与统一。

联合国世界车辆法规协调论坛负责制定的法规主要包括《1958 年协定书》和《1998 年协定书》下的 ECE 法规［联合国规范（UN Regulations）[1]］以及正在组织制定的全球技术法规。截至 2024 年 6 月，联合国世界车辆法规协调论坛共制定并生效的 ECE 法规达到 170 项，从国际整车类型认证的相关法规（UN Regulation No.0）到重型车辆事件数据记录器（EDR）的统一规定（UN Regulation No.169）；联合国世界车辆法规协调论坛制定并生效的全球技术法规共 21 项，主要围绕特定主题提出技术要求和试验方法，如电动汽车安全全球技术法规是全球技术法规中第一个专门针对电动汽车的安全技术法规，其在联合国世界车辆法规协调论坛第 174 次会议上获得全票通过，也是我国首次以主要牵头国的身份参与联合国世界车辆法规协调论坛工作、全程主导并深度参与完成制定的全球技术法规，标志着我国在汽车标准法规领域从“跟随者”向“主导者”的转变。

值得注意的是，ECE 法规和全球技术法规并非强制性法规，在缔约国内是自愿采用的，任何一个缔约国在制定本国技术标准法规体系时，都可根据本国的具体情况宣布采用或停止采用全部或部分内容，灵活性较大。尽管如此，由于 ECE 法规和全球技术法规在全球汽车行业的巨大影响力，厂商在进入全球主要汽车市场时都会尽可能采用，以促进国际间的汽车产品贸易和产业交流。

（2）国际汽车工作组和国际标准化组织

国际汽车工作组是由世界上主要的汽车制造商及协会于 1996 年组建的专门机构，成员既包括国际标准化组织质量管理与质量保证技术委员会

1 因 ECE 法规的制定由联合国欧洲经济委员会负责，并以联合国法规的形式颁发，故在行业内多采用 UN Regulations 的形式进行引用，如 UN Regulation No.1。

（ISO/TC 176），也包括美国、德国、法国、意大利等国家的汽车工业协会，以及宝马、克莱斯勒、菲亚特、福特、通用、雷诺和大众等世界主要汽车制造商，旨在提供汽车行业的质量管理体系标准，以改进全球汽车供应链的质量和效率。

在汽车产品标准法规方面，国际汽车工作组和国际标准化组织体现为合作互补关系。ISO 9001 是一个通用的质量管理体系标准，对汽车行业的针对性指导并不多，国际汽车工作组则在 ISO 9001 的基础上专门针对汽车行业进行扩展和补充，最终形成 IATF 16949：2016 标准。该标准在客户满意、持续改进、风险管理、产品安全、供应商管理等领域对汽车行业提出特有的质量管理要求，并要求企业在实施 IATF 16949：2016 时，首先需要满足 ISO 9001 的要求。

与联合国世界车辆法规协调论坛的法规类似，IATF 16949：2016 同样为非强制性标准，由各汽车市场自行决定是否采用和采用范围。但 IATF 16949：2016 也具有极强的国际适用性，在全球范围内受到广泛认可和采用，是汽车制造商和供应商在质量管理方面的重要参考标准。

（3）国际标准法规在汽车产品认证中的角色与作用

国际标准法规是非强制性的，国际汽车标准只有被各汽车市场纳入自身汽车产品认证体系才能生效。尽管各国汽车认证具有很强的独立性，但在实际操作中，其技术与安全标准往往会部分甚至全部采用国际标准法规的要求，而在环保、消费者保护等领域设定符合本国国情的标准与要求。以欧盟汽车市场为例，汽车在欧盟市场销售面临的强制性要求为整车型式认证，其检测项目与 ECE 法规的技术要求高度匹配。截至 2024 年 5 月，欧盟汽车产品的一般安全法规（EU）2019/2144 共包含 151 项检测项目，其中 110 项检测标准来源于 ECE 法规。

（4）积极参与制定国际标准法规是降低我国汽车“走出去”合规风险的突破口

近年来，在全球汽车市场环境疲软的背景下，中国汽车产业依然坚持高质量发展道路，在全球汽车产品标准制定中话语权日益突出，主要汽车市场认证的具体标准中逐渐出现“中国声音”。欧盟一般安全法规（EU）2019/2144已将中国的《燃料电池电动汽车　安全要求》（GB/T 24549—2009）纳入其中，使其在欧盟汽车型式认证中与欧、美、日的法规享有同等地位。由我国牵头制定的电动汽车安全全球技术法规也收录了大量中国标准，如GB/T 31484、GB/T 31485、GB/T 31486、GB/T 31487、GB18384、GB/T 31498、GB/T 24549等。此外，其他国家在电动汽车产品认证中也出现参考我国标准的现象。韩国在其电动汽车安全标准中采用了部分我国的技术规范，如《韩国电动汽车安全标准》（KKS 0005）中通过电动汽车安全全球技术法规间接采用了GB/T 18384的部分条款。日本在燃料电池汽车的安全检测中参考了我国的相关标准，如日本的《燃料电池车辆安全标准》（MLIT 2302）中通过电动汽车安全全球技术法规间接采用了GB/T 24549的部分安全要求。这充分显示我国汽车标准在全球汽车技术标准法规体系建设中日益提升的重要地位。

2. 欧盟汽车产品合规要求

欧盟作为国际上最主流的汽车市场之一，对汽车产品从整车到零部件在市场准入方面建立了完善、统一的型式批准制度，以及相配套的汽车技术法规体系，即WVTA体系，包括对车辆的设计、制造、认证等方面的行业标准。欧盟近期在环保合规、电动汽车合规与智能联网汽车合规上将会出台新的法规与标准，也可能会被纳入WVTA中。此外，还要关注欧盟及成员国在市场监管和消费者保护方面的一些通用法规（见图5-11）。

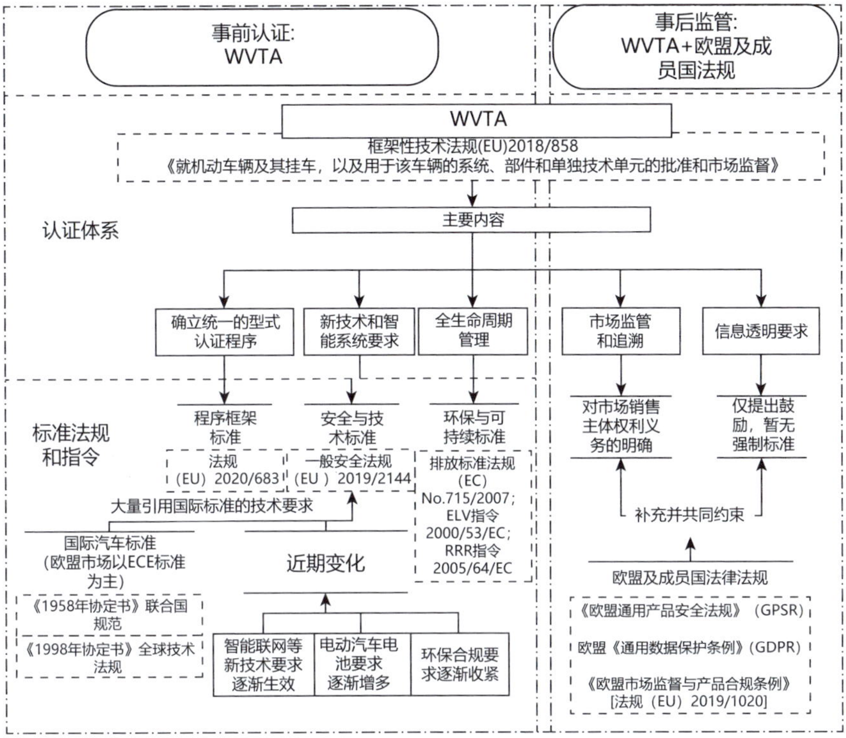

图 5-11 整车产品出口欧盟合规要求

资料来源：根据欧盟框架性技术法规（EU）2018/858 等整理。

（1）欧盟 WVTA 体系

现阶段，欧盟 WVTA 体系的核心是框架性技术法规（EU）2018/858，该法规规定了 WVTA 的基本程序和市场监督机制，要求所有在欧盟销售的车辆必须通过型式认证。（EU）2018/858 法规全称为《就机动车辆及其挂车，以及用于该车辆的系统、部件和单独技术单元的批准和市场监督》，于 2020 年 9 月 1 日起强制实施，旨在提高欧盟汽车市场的安全性、环保性和市场透明度，以适应不断发展的汽车技术和市场需求。主要包括五个方面的内容和治理目标：一是标准化和统一型式认证程序，确立了统一的欧盟汽车型式认证程序，使在欧盟市场销售的汽车符合一致的技术标准和安全要求；二是新技术和智能系统，要求汽车制造商在型式认证过程中充分考虑新技术和智能系统的安全性能，如自动驾驶技术、车辆通信系统等；三是全生命周期管理，要求汽车制造商在整个汽车生命周期中负责产品质量和安全性，包括生产、销售、使用和报废等各个阶段；四是市场监管和追溯，强调市场监管机构对汽车产品的监督和追溯能力，包括对市场上已销售汽车的后期监管和召回制度；五是信息透明度和公众参与，鼓励汽车制造商和市场监管机构加强信息透明度，向公众提供更多关于汽车产品的技术信息和安全性能数据，以提高消费者的选择和决策能力。围绕框架性技术法规（EU）2018/858，欧盟陆续出台或更新了汽车产品安全、环保、报废、认证程序等领域法规，共同构成 WVTA 体系的标准要求。

程序框架方面，WVTA 体系与 ECE 法规的技术要求高度匹配。此外，法规（EU）2020/683 明确了认证的技术细节和程序模板，在新车型公告和新车注册上牌时具有强制性约束。法规（EU）2020/683 是对框架性技术法规的修订和补充，主要内容为型式认证程序的固化与改进，详细规定了在汽车整车型式批准过程中涉及的八项主要认证证书或信息文档模板，较框架性技术法规简化了部分流程，引入了涵盖车辆制动系统、照明和光信号装置、排放控制等多个方面的新技术标准，并明确了市场监管的责任，在模板中增加了较大篇幅有关车辆产品入市后的市场监管要求。

安全标准方面，一般安全法规（EU）2019/2144 是欧盟汽车产品安全领域的核心法规，在新车型公告和新车注册上牌时具有强制性约束。（EU）2019/2144 法规全称为《关于机动车及其挂车，以及用于该车辆的系统、部件和单独技术单元的一般安全以及对车辆使用者和易受伤害的道路使用者的保护的型式认证要求》，于 2019 年 12 月 16 日正式发布并生效，旨在通过增强机动车及其挂车的型式认证要求，加强对车内乘员和易受伤害的道路使用者的保护，有效降低交通事故的发生率和人员伤亡。（EU）2019/2144 法规规定了具体的实施时间表，撤销旧一般安全法规

（EC）No.661/2009 和旧框架指令 2007/46/EC 中引用的一系列欧盟技术法规，新增和升级了多项安全技术要求，确保各项新的技术要求在 2020 年至 2026 年逐步实施。截至 2024 年 5 月，（EU）2019/2144 法规形成了约束系统、碰撞测试、燃料系统完整性和高压电气安全标准，弱势道路使用者、视野和可见性标准，车辆底盘、制动、轮胎和转向标准，车载仪表、电气系统、车辆照明和未经授权使用的保护（含网络攻击防护）标准，司机及系统行为标准，一般车辆结构和特征标准，环境性能和排放标准，车辆信息获取与软件升级标准共八大类 151 项检测项目（见表 5-15），所有检测项目均已对新车型产品实施，且将在 2026 年 7 月完成对全部新车产品的覆盖。

表 5-15　一般安全法规（EU）2019/2144 的标准与法规依据情况

检测大类	检测项目（项）	法规依据
约束系统、碰撞测试、燃料系统完整性和高压电气安全	28	UN Regulation No. 21，UN Regulation No. 17 等 25 项 ECE 法规；（EU）2021/535，（EU）2015/758 共 2 项欧盟法规
弱势道路使用者、视野和可见性	14	UN Regulation No. 127，UN Regulation No. 152 等 8 项 ECE 法规；（EU）2021/535，（EU）540/2014 共 2 项欧盟法规
车辆底盘、制动、轮胎和转向	21	UN Regulation No. 79，UN Regulation No. 130 等 18 项 ECE 法规；（EU）2021/646 共 1 项欧盟法规
车载仪表、电气系统、车辆照明和未经授权使用的保护（含网络攻击防护）	35	UN Regulation No. 10，UN Regulation No. 18 等 34 项 ECE 法规；（EU）2021/535，（EU）2021/1958 共 2 项欧盟法规
司机及系统行为	9	UN Regulation No. 157，UN Regulation No. 160 共 2 项 ECE 法规；（EU）2021/1341，（EU）2021/1243，（EU）2022/545 共 3 项欧盟法规

续表

检测大类	检测项目（项）	法规依据
一般车辆结构和特征	17	UN Regulation No. 26，UN Regulation No. 61 等 9 项 ECE 法规；（EU）2021/535 共 1 项欧盟法规
环境性能和排放	25	UN Regulation No. 51 共 1 项 ECE 法规；（EU）2021/535，（EU）540/2014 共 1 项欧盟法规；（EC）No. 715/2007 等 4 项欧盟指令
车辆信息获取与软件升级	2	UN Regulation No. 156 共 1 项 ECE 法规；（EU）2018/858 共 1 项欧盟法规

资料来源：根据欧盟一般安全法规（EU）2019/2144 和公开资料整理。

环保与可持续标准方面，WVTA 体系形成了以（EC）No.715/2007 法规为基础的排放标准，和 ELV 指令 2000/53/EC 与 RRR 指令 2005/64/EC 的可持续标准，在新车型公告和新车注册上牌时具有强制性约束。在排放标准上，（EC）No.715/2007 法规制定了轻型乘用车和商用车的统一排放测试标准（Euro 5 和 Euro 6），以实现对轻型汽车一氧化碳、氮氧化物、碳氢化合物以及颗粒物等尾气排放进行控制，并引入了实际驾驶排放测试（RDE）和全球统一轻型车辆测试（WLTP）等程序，更准确地反映现实世界中的车辆排放情况。（EU）2017/1151 法规和（EU）2023/443 法规则是对环保标准的补充和扩展，（EU）2017/1151 法规强化了车辆排放的实际测试标准，确保车辆在实际行驶中的排放不超标，同时增设了车辆维修和保养信息的获取。（EU）2023/443 法规引入更为严格的“Euro 6e”排放标准，2023 年 9 月 1 日起应用于新型车公告，2024 年 9 月 1 日实现新售车辆覆盖。在可持续标准上，ELV 指令 2000/53/EC 关注车辆的报废和回收利用，截至 2024 年 5 月，要求每年每辆报废汽车的平均重量至少有 95% 能够被再利用，其中材料回收率至少为 85%，并对所有上市车辆中使用铅、镉、汞和六价铬等有害物质设定了严格的限制。RRR 指令 2005/64/EC 关注车辆设计环节的可重用性、可回收性和可恢复性，要求制造商制定车辆的拆卸、零部件的再利用、材料的回收和再回收策略，并在申请车辆类型认证时提交相关信息。

（2）近期制修订的一些法规可能会被纳入 WVTA 体系中

环保合规要求收紧趋势明显，欧洲公布第七阶段排放标准（Euro 7），新循环性要求与报废车辆管理法规（RRR&ELV）草案已在推进立法，低碳法规与要求逐渐落实。Euro 7 是欧盟提出的新一轮机动车排放标准，进一步收紧了对车辆产品空气污染的要求，特别是针对电动汽车，首次为刹车和轮胎造成的空气污染设置排放标准，该提案于 2022 年 11 月公布，并于 2024 年 5 月 28 日正式对所有机动车生效；新循环性要求与报废车辆管理法规草案提案于 2023 年 7 月 13 日通过，与现行标准（ELV 指令 2000/53/EC 和 RRR 指令 2005/64/EC）相比，进一步增强了循环经济要求，扩大了生产者责任。例如：新车使用的塑料至少有 25% 必须来自回收材料，且其中的 25% 来自报废车辆，并要求车辆制造商对报废车辆的回收和再利用承担财务责任；低碳要求带来的压力逐渐增加，现行的针对乘用车和轻型商用车的（EU）2019/631 法规要求，2025 年和 2030 年，乘用车排放限值将分别比 2021 年的 95 克 / 公里降低 15% 和 37.5%，轻型商用车降低比例为 15% 和 31%，针对重型车辆的 VECTO 商用车模拟排放法规于 2019 年被纳入特定车辆的 WVTA 程序，认证程序与要求不断细化。

欧盟对电动汽车相关的各种法规进行了更新和升级，除一般安全法规（EU）2019/2144 中电磁兼容性相关认证外，还包括电子电气认证、《电池和废电池法规》相关规定，未来 Euro 7 和新循环性要求与报废车辆管理法规草案也存在相关变动。一方面，汽车电子电气产品除满足电磁兼容认证要求以外，还需考虑高压电气安全（UN Regulation No.100 Part I）、复杂电子电气单元功能安全（ISO 26262）以及部分专项法规［如 UN

Regulation No.140，（EU）2015/758 法规］；另一方面，2023 年 8 月欧盟发布《电池和废电池法规》，以 2024 年至 2028 年为过渡期，其间，电动汽车电池有害物质限制、碳足迹、物质回收、耐久性、安全性等相关要求逐渐生效。同时，处于立法流程的 Euro 7 为电动汽车电池可靠性设置标准，要求电池在五年后应保持原始容量的 80%，八年后保持 70%；新循环性要求与报废车辆管理法规草案也规定必须确保在车辆的报废阶段，汽车动力电池、电驱动电机能够被容易地拆除。

智能联网汽车方面，自动驾驶法律框架逐渐成熟，网络安全与辅助驾驶技术要求已被纳入 WVTA 体系。2022 年 8 月 5 日欧盟有关自动驾驶的（EU）2022/1426 法规生效，为限定区域内的乘客 / 货物运输、枢纽到枢纽运输和停车场内的自动泊车三个场景的完全自动驾驶车辆制定了统一认证程序和技术规范，并逐渐允许在公共道路上进行常规运营，初步设定每年每种车型最多 1500 辆的销售限制。围绕网络安全与辅助驾驶技术，WVTA 体系要求所有新型车辆必须配备一系列高级驾驶辅助系统，包括智能速度辅助系统（ISA）、自动控制转向功能（ACSF）、修正转向功能（CSF）、紧急转向功能（ESF）等，并引入了联合国世界车辆法规协调论坛关于车辆信息安全的要求（UN Regulation No. 155）。这些要求从 2022 年 7 月起对所有新车型强制实施，并从 2024 年 7 月起对所有新生产的车辆强制实施。

（3）欧盟及成员国在市场监管和消费者保护方面的一些通用法规

框架性技术法规（EU）2018/858 较原技术框架指令 2007/46/EC 增加了市场监管和追溯以及信息透明度和公众参与的内容，但更多停留在对汽车厂商等市场主体权利义务的明确和加强信息透明的鼓励，汽车行业尚未出台明确的行业监管处罚标准或强制性规定，各国对汽车产品的监管和消费者保护主要依据欧盟或本国的通用法律法规。其中，《欧盟通用产品安全法规》（GPSR）、《欧盟市场监督与产品合规条例》［（法规（EU）2019/1020）］和《通用数据保护条例》（GDPR）等强制性法律法规在欧盟及其成员国中具有较强影响力。

《欧盟通用产品安全法规》是确保欧盟内部市场销售的产品安全性的通用法规，该法规于 2023 年 6 月 12 日正式生效，并在 2024 年 12 月 13 日开始强制实施，取代《欧盟通用产品安全指令》。《欧盟通用产品安全法规》特别关注了网络购物市场的产品安全问题，要求所有在欧盟市场销售的产品，无论是线上还是线下，都必须符合安全标准。《欧盟通用产品安全法规》的实施由各成员国的市场监管机构负责，确保含汽车产品在内的欧盟市场消费品的合规性和安全性。

《欧盟市场监督与产品合规条例》重点关注欧盟市场上所有流通商品的监管，确保产品符合欧盟协调立法的要求，保护消费者健康与安全、环境和其他公共利益。法规自 2021 年 7 月 16 日起正式实施，取代了原法规（EC）765/2008 中关于市场监管的条款。对汽车行业而言，该法规赋予欧盟成员国的市场监管机构一系列权力，包括但不限于对产品进行检测、要求经济运营商提供必要的信息和文件、进行现场检查以及采取必要的纠正措施，针对不符合规定的汽车产品，明确了监管机构对制造商、进口商的处罚措施和标准。

《通用数据保护条例》是欧盟于 2016 年通过并于 2018 年 5 月 25 日全面实施的数据保护法律。《通用数据保护条例》旨在增强和统一欧盟内所有个人的数据保护权利，同时在全球范围内管理和规范数据隐私。值得注意的是，《通用数据保护条例》具有“长臂管辖”的特性，适用于所有在欧洲经营、处理欧洲居民数据的企业和组织，无论这些企业和组织是否位于欧盟境内。这意味着，尽管大多数中国汽车企业已在欧盟境内部署了当地的云服务器来存储数据，但由于其研发和运维团队主要位于中国，实际经营中不可避免地将部分数据传输到欧盟之外，此类跨境数据传输将受到欧盟《通用数据保护条例》严格监管和限制。特别是在智能网联汽车领域，汽车制造商和服务提供商需要特别注意个人数据的保护和合规性。车企确保其数据处理活动符合欧盟《通用数据保护条例》的规定，避免可能的法律风险和高额罚款。

（4）欧盟汽车产品认证与合规监管程序

汽车制造厂商通过 WVTA 体系进行型式认证的程序可以概括为四个阶段和售后监管。

准备阶段。汽车制造商对照（EU）2018/858 法规及其补充法规的要求，收集和整理车辆设计、技术规范和所有零部件 E/e-Mark 认证证书，编写技术文件，完成测试报告和验证数据的收集和编制。

申请阶段。选择一个欧盟成员国的型式认证机构，如德国联邦机动车运输管理局（KBA）或法国汽车、自行车、摩托车技术联盟（UTAC），对照（EU）2020/683 法规的技术细节与模板准备申请文件，提交型式认证申请表，并与认证机构沟通，确认测试和审核计划。

测试阶段。对照（EU）2018/858 法规附录及后续补充法规的规定确定各类具体测试标准，如制动系统测试（UN Regulation No.13）、儿童安全座椅测试（UN Regulation No.44）、灯光系统测试（UN Regulation No.112）等。由汽车制造商自行将测试样车和必要的技术支持移交至对应成员国认证机构指定的测试实验室，并参与监督测试过程，收集并保存测试报告和结果，完成 WVTA 体系所列各项测试。

审核阶段。汽车制造商将测试报告和技术文件提交给负责认证的成员国型式认证机构，并配合认证机构进行现场审核和文件审核，根据审核反馈，进行必要的整改和材料补充。成员国型式认证机构确认产品满足

EEC/EC 技术指令要求，具备欧盟政府认可的生产一致性控制，则批准该型式的产品，向制造商颁发型式批准证书与标志，并通知其他成员国。

售后监管。售后监管主要围绕市场监管、生产一致性监管和投诉与召回管理，由汽车销售的成员国市场监督部门依据（EU）2018/858 法规、（EU）2019/1020 法规以及各成员国法规开展。市场监管要求汽车制造商建立和维护产品追溯系统，定期向市场监督部门提交销售和质量报告。生产一致性监管要求汽车制造商坚持认证时的生产一致性计划，确保每批生产的产品符合型式认证要求。投诉与召回管理要求汽车制造商建立投诉与召回管理系统，确保能及时处理消费者投诉，在确认产品缺陷或安全问题时，按照认证框架及时启动召回程序。值得注意的是，欧盟与我国在投诉与召回管理上的差异可能成为汽车出口商潜在的风险之一。

除了 WVTA 外，汽车制造商还可以通过小批量型式批准（Scheme Ⅰ）和单车型式批准（Scheme Ⅱ）在欧盟市场销售汽车。小批量型式批准适用于年产量较低的车辆制造商，允许他们在较少的测试和认证要求下将车辆投放市场，与一般大批量车辆的型式批准相比，各国的小批量型式批准在项目和严格程度上更简化、宽松，某些法规要求被豁免，但批准证书通常仅在特定成员国内有效，不能自动在整个欧盟范围内通用。表 5-16 中展示了每年在欧盟地区和单一成员国注册、销售、投入服务的单一型号小批量车辆的数量限制。单车型式批准在小批量型式批准的基础上，各国又有进一步的简化和宽松，但仅针对特殊定制车、改装车或进口二手车等不进行大批量生产的个别车辆，单车型式批准同样不能在整个欧盟范围内通用。

表 5-16　欧盟小批量车辆年度数量限制

车辆类别	欧盟地区限制（辆）	单一成员国限制（辆）
M1（乘用车）	1500	250

续表

车辆类别	欧盟地区限制（辆）	单一成员国限制（辆）
M2、M3（乘用客车）	1500	250
N1（轻型货车）	1500	250
N2、N3（中型和重型货车）	1500	250
O1、O2（轻型和中型挂车）	0	500
O3、O4（重型和超重型挂车）	0	250

资料来源：欧盟（EU）2022/2236 法规和（EU）2018/858 法规。

3. 美国汽车产品标准

美国作为全球领先的汽车市场，对汽车产品实施了全面且严格的认证体系，主要包括安全认证（DOT 认证）和环保认证（EPA 认证）。DOT 认证主要关注车辆的安全性能，对已上市的车辆产品实施严格的“事后”监管；EPA 认证则专注于汽车的环保标准，主要评估车辆的尾气排放，以减少对环境的影响。二者完全或大量融入了企业“自我认证”的要求，体现了美国汽车市场“宽进严出”的鲜明特征，成为汽车产品标准合规的代表性制度之一。

（1）DOT 认证

美国的 DOT 认证是由美国交通部实施的一套安全标准，是美国汽车产品安全领域的强制性认证。其主要目的是确保在美国销售和使用的运输工具及其相关设备符合所有适用的安全规定，涉及从汽车安全部件到摩托车头盔，甚至是包装和运输危险物品的容器等领域。DOT 认证的主管单位为美国交通部，其下设的联邦公路管理局、联邦机动车运输安全管理局、国家公路交通安全管理局、总检察官办公室等部门均对汽车产品标准做出相关规定。这些法规列在联邦法规第 49 篇，构成 DOT 认证的技术标准框架。

联邦机动车安全标准（FMVSS）是DOT认证的核心，由美国交通部国家公路交通安全管理局根据《美国道路交通安全法》（联邦法规第49篇第571部分）进行规定和实施。联邦机动车安全标准具有强制性，制造商必须确保其产品符合所有适用的联邦机动车安全标准，才能在美国市场上销售。其内容主要分为以下四个部分：碰撞避免包括29项具体标准，主要关注于减少车辆发生碰撞的可能性，包括制动系统、轮胎性能、照明和信号设备以及车辆控制系统等主动安全装置，确保车辆在各种驾驶条件下都能保持良好的操控性和稳定性，减少碰撞的可能；碰撞承受性包含23项具体标准，着重于车辆在发生碰撞时保护乘员的能力，包括车辆结构的完整性、乘员保护系统（如气囊）、乘员约束系统（如安全带）以及儿童座椅等规定，确保即使在发生碰撞的情况下，车辆的设计也能最大限度地减少乘员受到的伤害；碰撞后标准包含5项具体的标准，关注事故发生后减少乘员受伤和死亡风险的措施，如规定燃油系统的完整性，以防止碰撞后燃油泄漏和火灾的发生等；其他规定，涉及防盗系统、车辆识别号码的要求、制造商标识、车辆信息和标签以及消费者信息法规等28项汽车产品各个方面安全标准。

由于美国汽车市场“宽进严出”的特征，机动车零部件DOT认证的强制性规定主要针对13类机动车零部件，包括轮胎、轮毂、制动液、制动软管、安全带总成、安全玻璃、摩托车头盔、儿童约束系统、移动受限人士升降平台、挂车后防护、三角警示牌、灯具及其附件、压缩天然气容器。对于其他与安全直接关联不强的零部件，DOT认证未做出强制要求，但仍纳入与汽车产品安全相关的监管要素中。

（2）EPA认证

美国汽车环保排放领域的强制性认证为美国环境保护署的EPA认证。EPA认证根据美国《清洁空气法》的授权来实施，主要目的是确保汽车产品满足环保要求，减少对环境的影响。认证具有强制性，进口到美国的机动车必须通过 EPA 认证获得证书并加贴标签后，方可进入美国市场生产或销售。具体而言，EPA 为控制排放和提高燃油效率设定了一些具体要求，在排放控制方面，设定了严格的汽车尾气排放标准，如 EPA 认证的 SFTP 程序，就要求轻型乘用车在 4000 英里测试中，非甲烷总烃和氮氧化物排放不高于每英里 0.14 克，一氧化碳排放不高于每英里 8.0 克；在燃油效率方面，EPA 认证要求供应商测定和报告车辆的燃油效率，要求轻型乘用车和卡车的平均燃油效率需达到每加仑 22.2 英里；在蒸汽排放方面，要求汽车燃油系统在整个测试期间的蒸发排放总量不得超过 2 克；EPA 认证还设定了机动车噪声排放的标准，通过提供标准和激励措施鼓励发展可再生燃料和清洁汽车技术。

此外，除联邦层面的 EPA 认证，加利福尼亚州因其特殊的环境法规，要求进入该州市场的机动车辆还需通过加利福尼亚州空气资源局（CARB）的认证，CARB 认证在汽车排放控制方面比美国联邦法规更为严格。因此，出口企业在确保其产品符合美国环境保护署标准的同时，如果希望在加利福尼亚州销售，还需满足加利福尼亚州空气资源局的更高要求。这一双重认证体系体现了美国在机动车环保领域法规的多层次性和地域性差异。

（3）汽车出口美国应注意的其他合规风险与要求

美国汽车市场“宽进严出”的特征，带来较为宽松的自我认证模式与严格的缺陷处罚风险。美国的汽车产品强制认证规定完全或大量融入了企业“自我认证”的要求。其中，DOT 认证是完全的企业自我认证模式，完全依赖企业自我声明其产品的合规性；EPA 认证最初采用的是政府型式批准制度，随着时间的推移逐渐融合了大量自我认证的要素，形成了企业负责初始排放测试、认证和核实试验、在用车检验以及缺陷报告和召回等部分的自我认证。美国环境保护署则保留对排放数据的监督权和抽查权，仍要求向第三方实验室运送样车，对部分或全部认证标准进行独立测试。

这种自我认证的模式简化了认证流程，加快了产品上市速度，但同时也为汽车出口企业带来了更多的责任和风险。包括出口企业的违规召回风险，联邦法规第 49 篇第 576 部分要求即便汽车产品通过认证，制造商需保存索赔、投诉、测试报告及其他与车辆安全相关的记录至少 5 年；需持续监控其产品是否符合联邦机动车安全标准，若不符合或存在安全缺陷须在 5 个工作日内向美国交通部报告，并通告用户及经销商进行维修或更换，所有相关费用由制造商承担。在实际操作中，企业若未能履行责任，将面临严厉的处罚。例如，2010 年以来，菲亚特克莱斯勒、本田、丰田、宝马、特斯拉等知名企业均因产品抽检未达到自我认证所声明的标准，被美国交通部或美国环境保护署处罚。因此，出口企业要充分认识自我认证制度下的高风险，警惕可能面临的巨额财务损失和品牌声誉损害。

美国电动汽车与传统机动车认证存在一定差异，单独适用 EPA 认证排放要求和电池安全等 DOT 认证环节，在州级法规和自愿性认证中也存在机遇与风险。DOT 认证的要求与传统内燃机车辆在大部分方面相似，但需要通过电池安全和电磁兼容性的必要性认证，包括热冲击、火灾、短路保护和电磁干扰等测试。由于电动汽车没有内燃引擎，不直接产生尾气排放，这意味着它们不会像传统的燃油车一样进行尾气污染物排放检测，而是关注零排放、能效、续航能力评估与测试。在实际操作中，美国环境保护署仍然会对电动汽车进行审核，以确认其确实不产生有害排放物，并要求制造企业粘贴以“每加仑燃油当量”（MPGe）表示的能耗标签和续航里程标签。在州级法规与自愿性认证方面，加利福尼亚州空气资源局于 1990 年提出零排放车辆法规，通过设定汽车零排放目标和电动汽车积分制度，鼓励电动汽车的生产与销售，并被纽约、马萨诸塞、缅因等零排放车辆计划州所接纳，为电动汽车出口企业提供了发展机遇。但同时，在美国环境保护署鼓励的自愿性程序认证中包含整车生命周期评估（LCA）报告，涉及电池的制造、使用中的电力来源以及电池废弃物的处理等问题。特别是在中国以火电为主的电力生产结构背景下，可能为电动汽车的合规发展带来挑战。

除了强制性的联邦与州法规，汽车出口企业还需要酌情考虑美国行业机构或协会的自愿性认证，以增强消费者信心，提高产品的市场竞争力。美国汽车工程师学会（SAE）的 SAE 认证，对发动机性能、燃油效率、排放控制、电动汽车充电接口等提出了更为严格的标准。例如，SAE J1772 是美国乃至全球广泛认可的电动汽车充电接口标准；美国公共运输协会（APTA）的 APTA 认证主要关注公共交通系统的标准，它提供巴士、轨道交通等车辆设计、运营安全、无障碍设施、维护等方面的指导和标准；美国保险商实验室（UL）对于汽车行业的电气系统、电池安全、材料评估等也形成了一些自愿性标准，如针对电动车辆电池的安全标准（UL 2580）；美国高速公路安全保险协会（IHS）则提供汽车安全性能的测试，并定期将碰撞测试、前碰撞预防系统等评估结果以五星安全评级的形式公布，其在北美市场消费者中具有较大影响力。

（4）美国汽车产品认证与合规监管程序

汽车制造厂商在美国生产、销售汽车产品面临的主要合规认证为 DOT 认证和 EPA 认证。安全节能方面的管理隶属于美国交通部国家公路交通安全管理局，具体负责汽车安全、节能、防盗，对汽车产品进行安全认证。其主要依据的法律有《国家交通及机动车安全法》《机动运载车法》《机动车情报和成本节约法》《机动车防盗法实施令》等。环保方面的管理隶属于美国环境保护署，对汽车产品进行环保认证，其主要依据的法律有《噪声控制法》《清洁空气法》等。

1）汽车产品 DOT 认证程序

DOT 认证是完全的自我认证制度，由汽车制造商对汽车产品自行检验申报，形成了较强自主性的认证制度和较为严格的监管流程，具有鲜明的“宽进严出”特征，确保在美国市场上销售的车辆不仅在出厂时符合安全标准，而且在使用期间继续保持这些标准。其认证与监管阶段如下。

认证准备阶段。确定要申请美国汽车产品认证后，汽车制造商需要对照所有适用的联邦机动车辆安全标准，对车辆的设计、材料选择和工程测试进行初步评估，确保设计和生产的车辆满足这些标准。对于出口企业，还需指定一位美国本土的永久居民作为其代理，由该代理来履行进口需要的所有程序，并将其代理的指定情况专门致函美国交通部国家公路交通安全管理局，获得批准后完成认证准备。

自我认证阶段。制造商在内部或自行选择检测机构进行碰撞测试、制动性能测试、灯光和信号设备的合规性测试等，确保车辆能够满足所有适用的安全标准，并保留测试相关结果文件。通过内部测试后，制造商自行在规定位置上粘贴符合要求的认证标签，根据联邦机动车辆安全标准第 567 号，认证标签必须包含如下信息：车辆制造商名称、车辆生产日期（年 / 月）、车辆的总重额定值（GVWR，以磅为单位）、总轴荷额定值（GAWR）及各单轴轴荷（从前向后列举）、声明该车辆符合在其制造日有效的所有美国联邦机动车辆安全和防盗等标准、车辆识别号码及车型类别。认证标签的格式和位置均有具体规定，以确保标签信息的准确性和可读性。

认证申请阶段。首先，完成所有内部测试后，制造商需要准备并提交（出口企业由批准的代理提交）合规性证明书，声明其车辆满足所有相关联邦安全标准。其次，制造商必须在车辆首次销售前至少 60 天向美国交通部国家公路交通安全管理局提交所有与车辆识别号码相关的信息，车辆识别号码的格式和编码要求必须符合联邦机动车辆安全标准第 565 号的规定。此外，根据美国《国家交通及机动车安全法》和联邦机动车辆安全标准，制造商需要在开始生产后 30 天内向美国交通部国家公路交通安全管理局提交制造商信息，包括制造商的名称、地址以及每种车辆型号的简要描述。完成认证申请后，粘贴有自我认证标签的车辆就可以不经其他任何检验直接进入市场。

市场监管阶段。产品进入市场后，美国交通部国家公路交通安全管理局有权随时、随机地选取市场上的车辆（如在市场上随意购买一辆新车）进行样车测试，送交独立的实验室按联邦机动车辆安全标准进行试验，对汽车产品的自我认证进行监督抽查。这意味着制造商必须持续监控车辆的安全性能，并根据美国交通部国家公路交通安全管理局的要求进行必要的召回和修正措施，以解决可能的安全问题。如果车辆存在安全缺陷或不符合联邦机动车辆安全标准，制造商必须立即停止该型式车辆的销售，进行召回并予以修正。同时，美国交通部国家公路交通安全管理局还可能对制造商进行定期或不定期的现场审查，包括审查合规性记录、实地检查和对制造设施的评估。

2）汽车产品 EPA 认证程序

随着汽车市场的完善与 DOT 认证制度的示范效应，美国汽车产品 EPA 认证已经从最初的政府型式批准制度，逐步演进为一种结合了自我认证的灵活机制。如认证前的自我核实试验和在用车的检验等环节已由企业负责执行，再由美国环境保护署依据企业提交的详细申报材料，进行审核与批准流程。这实质上是介于自我认证和型式批准制度之间的认证制度。其具体流程如下。

认证准备与内部测试。制造商在设计和开发新车型时，首先对照美国《清洁空气法》和《联邦排放标准》，熟悉和了解美国环境保护署最新的环保法规，并制定内部测试和验证计划；随后，自行选取样车，并按照上述法规规定的试验规程进行发动机和车辆排放测试，包括冷启动、热启动、城市和高速驾驶循环等，以测量汽车产品各周期一氧化碳、氮氧化物、碳氢化合物和颗粒物的排放水平。

认证申请与审核。完成内部测试后，制造商向美国环境保护署提出EPA认证申请，同时附上车辆相关的说明书、技术参数、试验规程、试验的相关数据和内部测试最终结果。美国环境保护署会对提交的资料进行审查，并根据审查结果决定是否需要对申请认证的汽车产品进行核实试验。如果美国环境保护署在审查过程中认为初始试验数据和其他材料已足够证明车辆产品确实能满足美国汽车环保技术法规，则不要求制造商再进行核实试验，以制造商的初始试验结果为最终结果。对于需要进行核实试验的产品，制造商需将样品送至美国环境保护署认可的实验室中重新进行排放测试，该试验的结果将成为最终的官方结果，其他有关数据则保留为EPA认证的依据。

4. 我国与国际汽车市场合规差异与风险提醒

（1）我国汽车产品强制性认证体系涉及部门多，检测结果与主要汽车市场互认存在困难，为我国汽车企业产品出口带来经济负担

在世界其他汽车市场如美国、欧盟、日本、中东、俄罗斯等，其汽车产品的强制性认证监管责任往往集中于两个以下机构或组织中。而我国汽车产品认证和监管涉及多个主管部门，强制性认证内容主要可以分为四大类：产品公告、营运安全准入、环保和CCC认证，分别由工业和信息化部、交通运输部、生态环境部、市场监督管理总局负责，同时公安部、商务部、财政部、税务总局等也涉及汽车行业相关环节的管理。在监管职责上，工业和信息化部负责汽车产业的政策制定、技术标准的制定和执行，以及新能源汽车的推广和管理；交通运输部负责道路运输车辆的安全

监管，包括运输车辆的安全技术条件和车辆运营的安全管理；生态环境部负责车辆排放标准的制定和执行；市场监督管理总局负责产品质量监督、检验检测和认证标准的制定与执行，特别是涉及消费者权益的产品质量和安全问题；公安部也要负责车辆注册、牌照发放以及交通安全监管。可以发现，我国汽车产品的强制性认证监管部门较其他汽车市场更具分散性。尽管这些部门根据各自职能对监管内容进行了分配，但在认证和监管过程中，仍不可避免存在监管与认证职能重叠的情况，如市场监督管理总局与工业和信息化部都涉及对汽车产品质量的监管，但在监管与认证内容上相似性较高，同一车型需要接受部分重复的检验。

在我国汽车产业发展初期，为保护汽车产业和汽车认证检测实验室的成长，避免大量进口海外产品对整车及零部件产业的冲击，我国尚未成为《1958 年协定书》的缔约国，仅仅作为观察员国在国际汽车标准制定中发挥作用，在世界主要汽车市场无法享受到“一次认证，普遍承认”的认证便利。大部分缔约国不承认我国检验认证机构出具的认证证书，甚至要求我国汽车产品在当地重新进行检验，造成企业出口成本上升。如对于《1958 年协定书》所规定的“e-Mark”认证，一次新车型的整车认证成本就达到百万元人民币。随着我国汽车产业国际化发展进入新阶段，汽车出口规模和金额均有较大提升，汽车出口认证周期长、费用高的问题愈发突出。

（2）尽管我国已初步具备汽车标准国际互认和统一的条件，但在新兴领域，仍要关注统一强制性标准所带来的技术创新阻碍

我国汽车行业积极参与国际汽车标准和技术法规的修订与协调工作，推动汽车标准的国际化已有相当长的历史，并取得了显著进展和突破。在将汽车标准推广至国外的长期实践中，我国已经具备了一定的有利条件和基础：首先，作为世界上最大的汽车产销国，我国拥有强大的汽车工业体

系，这为我国汽车产品出口和标准“走出去”提供了坚实的市场支撑和法律保障，这也成为行业发展、实现汽车强国目标的不可或缺的环节和迫切需求；其次，我国在新能源及智能网联等新兴领域具有相对优势，拥有标准“走出去”的能力和潜力；最后，我国标准在国际舞台上持续发挥影响力，协调能力不断提升，对国际标准法规的修订建议与意见也受到国际重视，标准法规也逐渐受到世界各国的关注。

近年来我国汽车行业新兴技术领域强制性标准逐渐增多，2020 年 5 月 12 日发布了《电动汽车安全要求》《电动客车安全要求》《电动汽车用动力蓄电池安全要求》3 项强制性国家标准，2023 年发布了《汽车整车信息安全技术要求》等 4 项强制性国家标准的征求意见稿。无论是参考国际标准制定国内统一的强制性标准，还是以强制性标准约束汽车企业的出口，过早进行强制性标准的统一对我国汽车产业发展可能带来不利影响。一是可能抑制技术创新。标准的制定需要一个循序渐进的过程，以便不断迭代和完善。如果过早制定全面的强制性标准，未来的新技术和新方案可能难以纳入现有标准，阻碍技术的迭代和进步。当前我国汽车技术特别是新能源汽车技术正处于快速发展和变革阶段，许多创新正在进行，如果此时统一强制性标准，可能会限制企业的创新空间。例如，如果在 2017 年对动力电池的尺寸进行强制规范化管理，比亚迪的创新刀片电池可能就不会出现在市场上。二是可能降低市场多样性。汽车产品的设计需要多样性，以适应不同的市场需求和技术路线，过早统一强制性标准可能会导致市场上只有一种或少数几种技术方案，降低市场的多样性，无法满足不同消费群体的需求。三是可能增加企业负担。为了适应自动驾驶、动力电池等技术的创新发展，汽车市场需要不断推出更先进、更灵活的标准，如果强制性标准统一过早，标准的频繁变化和调整会使得企业不断调整生产线和研发方向，增加了经营成本和风险。

（3）尽管全球汽车标准国际化的趋势日益增强，但世界各国特别是同一认证体系的成员国间监管侧重点存在差异，形成了一系列市场准入门槛

自1970年欧洲经济共同体技术指令70/156/EEC发布以来，欧盟的汽车产品型式批准制度和技术法规体系越来越多地与联合国汽车技术法规进行对接与采用。这也成为欧盟汽车产品型式批准制度及其技术法规能够产生巨大的国际影响力、被国际上大多数国家和地区采用和借鉴的主要原因之一。即使在汽车标准互认与统一工作高度发达的欧盟，成员国标准与监管仍存在差异。以德国的尾气排放标准为例，德国对柴油车尾气排放的标准非常严格，尤其是对氮氧化物排放，其标准超出了欧盟的普通标准。根据当前欧洲排放标准，自2014年开始，新型车辆的氮氧化物排放限值设为每公里80毫克，此外，德国从2017年9月起实施实际驾驶排放测试（RDE），要求新型车辆必须在接近实际驾驶条件下的测试中达标，这比传统的实验室测试条件更为严格。此外，东盟十国尚未建立统一的汽车产品市场准入和技术法规体系，各国之间在汽车技术法规和产品认证水平上存在较大差异，实际上是十个分散的市场，这导致汽车制造商和出口商必须逐一应对各成员国的不同要求，显著增加了运营成本。

（4）随着动力电池、人工智能等技术的应用，部分针对新技术的法规对汽车产品形成约束力，为新能源汽车和智能网联汽车“走出去”带来新挑战

随着全球对新能源汽车和智能网联汽车的需求日益增长，我国企业在这一领域的快速发展引起了国际社会的广泛关注。然而，随着技术的进步，各国对于环境保护和数据隐私的监管要求也在不断提高，为我国汽车产业的国际化带来了新的挑战。首先，从环保角度来看，欧盟2023年通过的《电池和废电池法规》规定，中国出口到欧洲的新能源汽车，其报废后的电池需要送回生产国处理。这一规定不仅要求我国企业完善自身的电

池回收处理体系，同时也需要在出口策略中考虑相应的物流与环保成本。此外，欧盟还要求电池制造商提供电池护照并进行碳足迹管理，以确保电池的生命周期管理符合环保要求。其次，在数据隐私方面，随着智能网联汽车的普及，车辆收集和处理的大量个人数据引起了各国监管机构的重视，如欧盟《通用数据保护条例》要求企业在处理个人数据时必须遵守严格的数据保护规定，这对依赖大量用户数据进行服务优化和产品升级的智能网联汽车制造商提出了更高的合规要求。这表明，新技术在汽车领域的广泛应用可能使得汽车产品合规面临更严格的监管要求，以新能源汽车和智能网联汽车作为出口特色的我国企业合规风险更为凸显。

5. 政策建议

（1）加强部际协调与共享，解决汽车市场监管与认证结果互认难题

一是积极推动国内汽车市场部际协调机制的建设与职能拓展，建立全国统一的汽车产品技术合规和认证流程。可以在智能网联汽车推进组（ICV-2035）的基础上，拓展服务范围和参与单位，推动工业和信息化部、交通运输部、生态环境部、市场监督管理总局加强跨部门协作，围绕国内汽车产品公告、营运安全准入、环保和 CCC 认证等强制性认证的检测内容，进行进一步划分或结果互认，减少各部门在技术要求上的差异，降低企业在不同部门间重复测试的成本和时间。例如，交通运输部的车辆安全认证结果可以直接被市场监督管理总局认可，避免企业重复进行相同的测试，减少企业的认证负担，提高认证效率。此外，还应鼓励主管机构建立在线认证平台，实现认证申请、审核和结果公示的电子化，方便企业提交和查询认证信息。

二是寻求与国际汽车市场的标准检测结果互认，支持和规范第三方检测机构的发展。随着我国汽车产业出口和海外投资规模不断扩大，建议研究加入联合国世界车辆法规协调论坛《1958 年协定书》的可行性和路线

图时间表，降低我国汽车产品进入海外主要汽车市场的合规难度和经济压力。通过自贸协定谈判或其他多双边机制建设，推动与亚洲、非洲和独联体国家进行标准互认。支持和规范我国第三方检测机构的发展，增强其在国际汽车市场的影响力。鼓励具备资质的第三方检测机构参与国际汽车市场的检测工作，增加认证渠道，提升认证效率，并加强对第三方检测机构的监督管理，确保其检测结果的公正性和权威性。

（2）稳妥推进汽车强制性标准制定，积极在新能源汽车、智能网联汽车等优势领域争夺标准话语权，鼓励对汽车标准求同存异而非完全统一

在科学、求同存异的基础上逐步推进标准统一，在新能源汽车、智能网联汽车等新兴领域稳妥推进强制性标准的制定，积极以推荐性标准的形式，推动我国汽车标准“走出去”。这样做既避免过早统一强制性标准可能造成的创新阻碍，又强化国际汽车市场对我国汽车产业技术路线、管理方式的认同。

一是建立分阶段的新能源汽车标准推广策略。结合国内国际经验，汽车技术在发展初期变化较快，对标准特别是强制性标准的需求并不强烈，技术发展成熟后，产业的整体架构才会趋于稳定。以长时间间隔进行强制性标准更新，对保护产业、降低产业更新成本才较为合理。当前新能源汽车处于快速迭代阶段，且我国处于领先水平，汽车标准“走出去”应当服务于稳妥推进技术创新、加快打开国际市场的目标。因此围绕新能源和智能网联汽车等优势领域，计划在2030年前，将积极参与国际标准的制定与协调、争夺话语权作为汽车标准“走出去”的短期目标。通过推广有中国特色的推荐性标准，强化汽车行业对中国汽车技术路线、管理方式的认同；设定到2035年逐步推广中国标准、在国际市场上形成较大影响力的中期目标，在技术趋于稳定的领域形成强制性标准，并积极推动ECE法规和全球技术法规中相关标准的修订；设定到2050年实现中国标准在全球

范围内的普及和认可的长期目标。

二是加强国际合作，积极参与国际标准制定，在电动汽车、智能网联等优势领域加强对国际市场技术理念和标准的渗透影响。当前阶段我国在新兴技术领域的汽车标准制定应以推荐性标准为主，审慎推进强制性国家标准制定，减少标准制定对创新和技术发展的约束，并利用联合国世界车辆法规协调论坛成员方和国际汽车工作组会员[1]的身份，积极参与汽车国际标准组织的工作。优先进行组织站位，承担组织重要官员职责，强化国际标准制定的主导地位，同时以国际组织为平台，牵头组织以产业导向为主的国际活动；并在联合国世界车辆法规协调论坛和国际汽车工作组缔约方或会员提案制定标准的现行规则上，完善类似电气与电子工程师协会模式的团体标准制定规则，进一步放开汽车国际标准制定过程，鼓励来自全球的汽车制造商、运营商、学术机构和消费者参与，强化国际标准的弹性和适用性。

此外，通过设立新能源、智能网联、环保与可持续等领域汽车标准推广专项基金和标准化人才培养计划，支持国内企业参与国际标准制定，加强国内外市场研究以调整推广策略。在国内外建设示范项目展示中国标准的优势等一系列措施，帮助中国汽车标准保持灵活性和国际竞争力，逐步实现汽车产品标准国际化和本土创新的有机结合。

（3）加强双边和多边国际合作与标准互认，依托专业第三方机构搭建强有力的汽车“走出去”服务平台，让汽车企业培育海外市场不再“单打独斗”

首先，需加强国际合作，推进双边和多边的汽车标准互认。积极参与和推动联合国世界车辆法规协调论坛、国际汽车工作组等汽车国际标准相关组织的工作，必要时可牵头成立国际汽车标准组织或区域汽车标准组

1　吉利控股集团在2021年正式加入国际汽车工作组，成为该组织第一个亚洲会员。

织，努力实现与主要汽车市场的标准对接与协调。通过双边和多边贸易协定，推动各国在产品认证中尽可能多地采用我国主导的国际标准，并积极推动认证程序文件的互认工作，减少重复认证和测试。通过设立全球法规跟踪系统，建设实时更新的全球汽车法规数据库，提供多语言支持和翻译服务，帮助企业及时获取各国最新的标准和法规信息，减少语言障碍对法规理解和执行的影响。将汽车产品国际贸易与产业海外发展纳入重点国家和重点市场的磋商对话、混委会等机制和快速反应通道中，通过多种手段维护我国汽车产业的海外利益。

同时，还可以依托汽车商协会等专业服务机构搭建海外汽车产业交流和政策沟通平台。鼓励各部门、各地方、各领域的服务主体或各国出口企业自发组建目标国家“走出去”服务平台，为汽车企业在海外市场的金融、通关、物流、基础设施、咨询服务等方面提供全方位服务。加强对外宣传，提升我国汽车标准在国际上的影响力，推动其在全球范围内的普及和认可。设立法规风险预警机制，及时通报潜在的法规变动及其可能带来的影响，帮助企业提前制订应对策略。

（4）汽车企业应正面应对其他国家新技术应用的一般性法律法规，做好市场调研与自我审查，积极制订新技术合规的针对性策略

首先，汽车企业应以积极心态正面应对国际社会新技术法规带来的合规风险。随着新技术在社会生活中的广泛应用，各国对新技术的监管不可避免且日益深入，无论是动力电池、人工智能还是数据隐私保护，都是全球关注的焦点。各国政府加强对新兴技术的监管，是为了保护消费者利益、维护市场秩序，因此，汽车产品受到这些监管也是不可避免的。企业应意识到，适应汽车产品新技术的监管是全球企业共同面对的挑战，也是稳固国际市场地位的必然步骤。

其次，企业需要深入解读相关法规条款，并进行全面自查与合规审

查。对欧盟《电池和废电池法规》和《通用数据保护条例》等新技术相关条款进行深入研究和培训，确保管理层和相关业务流程人员了解并掌握具体要求；建立内部合规团队，定期跟踪法规的最新变化，更新合规政策，在开展新业务时，实施严格的审查流程，确保在国际市场开展的生产、测试与经营活动合规。

再次，企业应进行深入市场调研，并制订目标市场的针对性策略。以欧盟市场为例，企业需完善电池回收处理体系，提供电池护照并开展碳足迹管理，优化出口策略，合理安排物流路径，减少运输成本，或在目标市场建立本地化的回收处理设施，降低跨国回收的物流压力；在数据隐私保护方面，企业应确保车辆收集和处理的个人数据符合《通用数据保护条例》的规定，实施严格的数据保护措施和用户隐私管理政策，保障用户数据安全。

最后，企业应提高政治敏感度与市场洞察力，增强国际业务谈判能力。主动研判各类新规定出台的背景和目的，建立与政府部门、国际组织和商协会的沟通机制，寻求支持和指导意见，并借助法律顾问和国际商会仲裁院（ICC）、联合国国际贸易法委员会（UNCITRAL）、国际投资争端解决中心（ICSID）等国际争端解决机制，保护企业的合法权益，确保业务的可持续发展。

（二）审视海外发展的新贸易壁垒与新挑战

1. 传统关税壁垒依然存在且有抬头之势

（1）新兴国家为保护本国产业提高汽车关税

部分新兴国家为保护本国汽车产业，尤其是新能源汽车产业，会将提高关税作为贸易保护的主要手段之一。俄罗斯自 2022 年起将纯电动汽车的进口关税从 0 提高至 15%，与燃油车的关税保持同一水平。2023 年 6 月，哥伦比亚商务部发布法案草案，废除现有电动汽车零关税条款。目前，我国尚未与哥伦比亚签署自贸协定，因此该法案将阻碍我国汽车产品进入该国市场。我国企业将被迫调整出口模式和发展战略，采取散件出口或在当地投资建厂模式。为了促进本国电动汽车生产，巴西政府采取逐步提高电动汽车（含纯电动和混合动力车型）进口关税的措施，并设置零税率配额。从 2024 年 1 月起该国电动汽车进口关税提升至 12%，同年 7 月提升至 25%，2025 年 7 月将提升至 30%，2026 年提升至 35%，与燃油车税率齐平。墨西哥是我国汽车及散件主要出口国之一。2023—2024 年，墨西哥开始提高部分汽车商品进口关税，主要涉及车身（包括驾驶室）的其他零件、附件，装有发动机的机动车辆底盘，缓冲器（保险杠）及其零件，车身，前挡风玻璃、后窗及其他车窗等商品（见表 5-17）。

表 5-17　2023 年我国对墨西哥相关商品出口情况

HS 编码	名称 / 描述	出口额（亿美元）	增速（%）
870829	车身（包括驾驶室）的其他零件、附件	6.15	4.5
870600	装有发动机的 8701 至 8705 机动车辆底盘	0.45	169.5
870810	缓冲器（保险杠）及其零件	0.27	26.9
870790	8701、8702、8704、8705 所列车辆的车身	0.25	98.4
870822	本章子目注释 1 所列的前挡风玻璃、后窗及其他车窗	0.18	1.1
871491	品目 8711 至 8713 其他车辆车架、轮叉及其零件	0.08	-52.5
总计		**7.39**	**9.6**

资料来源：海关总署。

注：因四舍五入原因各分项出口额加总与总计数不一致。

（2）对我国设置的歧视关税突发性强、不良示范作用明显

2023 年，土耳其针对我国纯电动乘用车加征 40% 的关税，对其他国

家的同类产品仍维持 10% 的关税。2023 年，我国对土耳其出口纯电动乘用车 3.26 万辆，同比增长近 1.5 倍，显然关税上涨并不能抑制我国汽车对土耳其的出口。2024 年 5 月，土耳其继续宣布扩大加税范围，将燃油及混合动力乘用车也纳入加征 40% 的额外关税的范围，旨在保护本国汽车产业。2024 年 5 月，美国宣布对电动汽车、锂电池等价值 180 亿美元的中国进口商品征收新关税。其中，电动汽车的关税从 27.5% 提高到 102.5%，动力电池和电池零部件关税从 10.9% 提高到 28.4%。2024 年 6 月，加拿大宣布于 2024 年 7 月 2 日启动为期 30 天的磋商，考虑对中国电动汽车加征关税，以保护本国汽车产业。虽然加征关税不符合世贸组织规则，但也证明了我国新能源汽车的竞争力已经处于全球领先水平，使国外很多汽车生产厂商面临极大竞争压力。面对竞争日趋激烈的全球电动汽车产业发展新形势，预计更多国家将针对我国电动汽车出台关税保护措施，这将抬高我国汽车出海成本，抑制我国汽车出口规模的增长。

2. 新兴和发达国家均对我国发起“双反”调查

（1）新兴国家在强化“双反”调查

土耳其、印度、巴西等国跟风欧美，对我国轮胎、轮毂等产品发起反倾销调查，提高我国产品出口成本。2022 年 7 月，阿根廷对我国汽车及拖拉机散热器采取最终反倾销措施。2024 年 1 月，南非对自我国进口的售后市场替换用汽车挡风玻璃反倾销案做出终裁决定征税。2024 年 2 月，巴西外贸委员会管理执行委员会发布 2024 年第 556 号决议，对原产于我国的汽车玻璃反规避案做出肯定性终裁，决定将现行反倾销税的适用范围扩大至用于制造汽车业使用的夹层安全玻璃。

（2）欧盟对我国电动汽车发起反补贴调查

近年来，全球新能源汽车产业竞争激烈，我国已取得先发优势，欧盟高度关注我国电动汽车出口爆发式增长，认为欧盟相关产业发展将受到威胁。2023 年 10 月，欧盟正式宣布对我国纯电动乘用车发起反补贴调查。2024 年 7 月 4 日，初裁宣布对比亚迪、吉利和上汽这三家被抽样企业分别加征 17.4%、19.9% 和 37.6% 的反补贴税，而我国其他配合调查但未被抽样的企业将被征收 20.8% 的加权平均关税。

一是调查存在大量不合规、不公正、不合理、不透明的情况。本次调查不是由欧盟产业主动申诉，而是欧盟结合自身政策储备实际情况，出于降低调查难度、减小欧盟内部压力和提升时效性等多重因素考虑，由欧盟委员会基于损害威胁依职权主动发起。欧盟委员会在抽样环节并未按照出口量最大原则，排除了对欧盟出口量最大的特斯拉，只选择中国企业，且特斯拉可能会在最终阶段收到单独计算的关税，这体现出美国的政治干预。欧盟委员会十分关注企业市场规划、电池物料清单和配方等与补贴无关的内容，并未公布参与调查的欧盟生产商及被抽样企业名称，也未公布评估损害所依据的数据和数据来源是否完整反映欧盟产业的状况。

二是我国电动汽车出口欧盟将受到严重冲击。考虑到本次欧盟反补贴平均加征关税为 20.8%，我国虽不会全面丧失欧盟市场，但在上汽、比亚迪等企业欧洲工厂实现本地生产之前，仍需承担较高的关税成本。受 2024 年 3 月欧盟委员会对我国电动汽车进行海关临时登记以及欧洲主要国家电动汽车需求下滑等不利因素影响，2024 年上半年，我国向欧盟出口电动汽车总量为 22 万辆，较上年同期下降约 15%。

（3）美国对我国产电动汽车等产品发起 301 调查

一是美国本次加税产品集中在电动汽车和电池领域。2018 年 7 月，美国政府开始对华加征 301 关税，对我国汽车相关商品加征 25% 的关税。2024 年 5 月，美国贸易代表办公室（USTR）发布了对华加征 301 关税四年期复审结果，宣布将对我国 14 类共计 180 亿美元的商品增加 301 关税。其中，对电动汽车加征关税高达 100%，对锂电池加征 25% 的关税。

本次涉及的电动汽车共计 8 个税号，包含电动客车、插混乘用车以及纯电动乘用车等车型。此外，对锂电池（动力电池、储能电池）、天然石墨、锰矿石、钴矿石和钴精矿、铝矿石和铝精矿等加征 25% 的关税。

二是美国此举政治意图大于产业打压意图。我国对美国电动汽车出口量较小，2023 年仅 1.3 万辆，占我国新能源汽车出口总量不足 1%，主要车型为极星 2 BEV、极星 1 PHEV 和沃尔沃 S90 PHEV。美国此次加征高额惩罚性关税则意味着彻底将我国新能源汽车拦在美国市场之外（见表 5–18）。结合调研，宁德时代对美电池出口主要份额为储能电池，动力电池出口占比相对较低。美国动力电池的最惠国税率为 3.4%，2018 年以来对中国加征 7.5% 的关税，目前提升至 28.4%。本次高额关税将对中国出口业务造成冲击，在美业务面临与日韩电池企业更为激烈的竞争（见表 5–19）。

表 5–18　2024 年美国对华电动汽车商品加征关税情况

单位：%

税号	商品描述	加征关税
87024031	可运载 16 人或 16 人以上（包括司机）的电机驱动的客车	100
87024061	可运载 10 ～ 15 人（包括司机）的电机驱动的客车	100
87029031	可运载 16 人或 16 人以上（包括司机）的其他未列名电机驱动的客车	100
87029061	可运载 10 ～ 15 人（包括司机）的其他未列名电机驱动的客车	100
87036000	同时装有点燃式活塞内燃发动机及驱动电动机、可通过接插外部电源进行充电的其他车辆	100
87037000	同时装有压燃式活塞内燃发动机及驱动电动机、可通过接插外部电源进行充电的其他车辆	100
87038000	仅装有驱动电动机的其他车辆	100
87039001	其他载人机动车辆	100

资料来源：美国贸易代表办公室。

表 5-19　2024 年 8 月 1 日后美国对华部分汽车商品加征关税情况　单位：%

分类	商品	一般关税	额外关税	总关税
汽车整车	电动汽车	2.5	100	102.5
	燃油车	2.5	25	27.5
汽车零部件及关键材料	锂电池	3.4	25	28.4
	天然石墨	0	25	25
	半导体	0	50	50
	轮胎	3.4 ～ 4	25	28.4 ～ 29
	车轮（铝合金制车轮及其零附件）	2.5	25	27.5
	制动器（未列名汽车制动器及其零件）	2.5	25	27.5
	车身（车身及其零附件）	2.5	25	27.5
	汽车其他零部件（品目 8701 至 8704 所列其他车辆用未列名零附件）	2.5	25	27.5
	发动机零部件（其他点燃式活塞内燃发动机的零件）	2.5	25	27.5

资料来源：美国贸易代表办公室。

3. 新型贸易壁垒及限制措施密集出台

（1）碳壁垒和数据壁垒等新型贸易壁垒加速形成

一是欧盟等国家或地区加快构建以“碳”为核心的绿色壁垒。碳边境调节机制已于 2023 年 10 月生效，该机制要求从 2026 年开始全面征收碳关税，范围主要涵盖水泥、钢铁、铝、化肥、电力和氢等产品，未来也可能覆盖汽车产品。同时，欧盟《电池和废电池法规》要求自 2025 年 2 月开始披露碳足迹值，2026 年 8 月披露碳足迹等级，这将对我国电池及整车出口造成影响。由于我国碳因子仍采用 2012 年数据，不被欧盟认可。目前市场普遍认为碳壁垒是欧盟为我国量身打造的新型贸易壁垒，难以规避，且极易引发他国效仿。如 2023 年 5 月，日本经济产业省宣布自 2024 年起，投放至该国的电动汽车企业，都需要计算和报告电池生产过程中（从原料开采到废弃处理）二氧化碳排放量，并将该指标作为发放补贴的依据之一，车型涵盖纯电动汽车和插电式混动汽车。该政策与欧盟相关措施类似，日本还将与欧盟合作建立统一的电池生产排放标准。

二是欧美地区跨国数据监管环境日趋严格。欧盟先后出台了《通用数据保护条例》《在联网车辆和出行相关应用环境下处理个人数据的指南》，将我国排除在数据跨境“自由流动白名单国家”以外。其中，《通用数据保护条例》对车载数据（如行车记录仪视频、位置数据等）的收集、存储和利用都有严格规定。2024 年 2 月底，美国白宫官网发出《关于解决美国汽车行业国家安全风险的声明》的同时，美国商务部工业和安全局公布拟议规则制定预通知（ANPRM），宣布要对“嵌入了外国信息通信技术或服务”的联网汽车（Connected Vehicles）启动国家安全审查。该审查将严重影响我国智电类零部件对美出口，如激光雷达、毫米波雷达、摄像头等，还可能会牵涉在墨西哥建厂的我国零部件企业，我国整车企业立足墨西哥辐射美国市场难度加大。

（2）“补贴”相关的新规成为欧美打击主要方向

一是欧盟运用《外国补贴条例》（FSR）连续打击我国企业。欧盟《外国补贴条例》已于 2023 年 1 月生效，同年 7 月正式实施。该条例主要针对外国企业在欧盟的并购交易以及公共采购投标。2024 年，欧盟动用此工具已发起 5 起调查，全部针对我国机电商品。我国国企参与欧盟的并购投资和公共采购程序更加复杂，成本更高，结果高度不确定，并可能在一定程度上抑制中欧投资和经贸合作，最终引发其他国家的效仿。

二是贸易救济工具成为欧美国家打击我国汽车产业的新工具。贸易救济工具逐渐变为政治工具，使得高额税率的裁定更加容易通过。欧盟自

2019年开始进行涉华跨国补贴调查，主要瞄准我国在共建“一带一路”国家的投资合作，这也进一步扩大了“补贴”的内涵。“新三样”及中间品优先受到关注，打击对象也逐渐增多。2023年5月9日，美国商务部发布了《通过管理反倾销和反补贴税法完善和加强贸易救济执行规定》，该规定拟通过修订美国反倾销和反补贴法相关实体和程序问题，进一步加强美国商务部的执法权力，其中在联邦法规新增第315条和第416条针对“特殊市场情形”（PMS）的相关问题进行了补充规定。美国商务部于2024年3月25日正式颁布该规定，并于2024年4月24日生效。同时增加“外国政府不作为”的补贴方式，如外国政府在人权、劳工权利、环境保护和知识产权领域不执行相关政策或者不采取相应保护措施，导致成本和价格被不合理压低，造成了该国与严格提供上述权益保护的国家之间不公平的竞争环境，则直接认定为构成补贴。

（3）以“国家安全”为名的双向投资审查持续加严

一是外资审查的范围不断扩大。通常来说，外国直接投资审查制度多侧重于针对敏感的行业部门，以“国家安全”为由，对国防、关键基础设施、芯片等方面进行严格审查。中国重汽收购美国UQM科技股份有限公司、中国芯片测试公司中青芯鑫收购Xcerra等均因遭遇美国财政部外国投资委员会（CFIUS）的审查而被迫中止。随着各主要发达国家对“国家安全”概念的界定不断扩展，外资审查的行业范围也在扩大，目前涵盖了人工智能、通信和先进技术、医疗保健、纳米技术等多个领域。

二是美国持续强化境外多领域“长臂管辖”。美国不仅对本土的投资审查持续加严，面对越来越多的中国投资，尤其是汽车、电子、能源等投资流向墨西哥，美国开始将“长臂管辖”伸向邻国。2023年底，美墨签署《外国投资审查协议》，将帮助墨西哥进行外国投资审查，一方面强化美墨产业链供应链一体化，另一方面防止我国通过赴墨投资获取美方敏感科技。美国还意图针对墨西哥、东盟等国家和地区强化原产地进口管理，对意图在第三国建厂、曲线进入美国市场的其他国家企业和产品进行“反规避”。

三是多国加强对矿产的把控并限制我国投资并购。加拿大、澳大利亚等国家也在强化国家安全方面的投资管控，不仅限制中资企业合理的投资并购，还强制要求已投资的锂矿企业撤资撤股。2024 年 3 月，加拿大政府宣布根据《加拿大投资法》（*Investment Canada Act*）修正案，将对敏感行业的外国投资意向进行更严格的国家安全审查，以便能够迅速发现可能存在问题的交易。

（4）动力电池及矿产成为美国政策关注的重点

一是以《通胀削减法案》为基础，美国密集出台多项相关政策。2022 年 8 月，美国发布《通胀削减法案》，提出为满足条件的电动汽车提供 7500 美元的税收抵免。2023 年 3 月，美国发布电动汽车税收抵免电池采购指导意见，将 7500 美元个税抵免补贴按关键矿物来源和电池组件本地化要求平均分配。其中，关键矿物要求 40% 以上价值来自美国以及与美国存在有效自贸协定的国家[1]；电池组件要求 50% 以上价值需在北美制造或组装。另外，所搭载动力电池中的任何零部件是由“外国敏感实体”（FEOC）制造或组装，则无法获得个税抵免补贴。2023 年 3 月，美国与日本签署《关键矿产协议》（CMA），将搭载日本产电池的电动汽车纳入美国《通胀削减法案》的税收抵免范围，同时双方合作针对特定国家实施关键矿产供应链限制措施，旨在减少对关键矿物材料的外部依赖。

二是“敏感实体”细则影响我国电池企业在美发展。2023 年 12 月，

1 目前，符合条件且与美国存在有效自贸协定的国家主要包括澳大利亚、巴林、加拿大、智利、哥伦比亚、哥斯达黎加等，欧盟成员国和英国尚无资格。

美国财政部、国税局和能源部发布《〈通胀削减法案〉外国敏感实体指南》，明确指出从2024年1月开始，包含外国敏感实体制造或组装的电池组件的电动汽车将失去《通胀削减法案》提供的税收抵免资格；到2025年，将扩展至电池制造中所需的锂、钴和镍等关键矿物，即车辆不能含有在外国敏感实体提取加工的电池关键原材料，否则也会失去补贴资格。

三是迫于追踪石墨来源的难度美国暂时放缓政策限制。2024年5月，美国放宽了对电动汽车税收抵免的限制，允许在2026年底之前为含有中国石墨和其他关键矿物的汽车提供最高7500美元的税收抵免。这说明我国锂电池产业经历多年发展，已经在原材料、冶炼、加工、成品制成等一系列基础环节形成了高度的技术壁垒和产业护城河，我国石墨的加工和生产已占据全球主导地位。

三 推进汽车产业高水平海外发展的战略思路

汽车产业是典型的全球配置资源和全球竞争性产业，国际化是培育领先汽车强国的必由之路。2023年，我国汽车出口491万辆，首次位居世界第一，我国汽车产业海外发展已进入新的阶段。然而也需清醒认识到，与领先汽车强国相比，我国汽车海外发展还处在初期水平，在出口金额、海外生产比例、头部企业全球化水平等方面与领先国家车企仍有不小差距。当前我国汽车产业海外发展还面临一些突出问题和挑战，需要抓住全球汽车产业智能化网联化绿色化变革的时间窗口，加快实施创新引领、绿色低碳、智能网联、质量品牌、双向协同、开放共赢六大行动，在推动我国汽车产业高质量发展中提升国际竞争力，在高水平开放合作中推动汽车产业由大变强。

（一）国际化是培育领先汽车强国的必由之路

1. 汽车产业是典型的全球配置资源和全球竞争型产业

汽车产业链长、安全性要求高、技术和资金密集，需要高度专业化分工合作，并形成规模经济来支持高额研发投入。从产业链角度看，燃油车有 2 万个左右零部件，新能源汽车减少了一些动力系统零部件，增加了电池和电控系统等零部件。从技术角度看，从传统燃油车到新能源汽车，汽车产业横跨工业机械、精密部件、钢铁和有色金属材料、能源、电力和电子信息、网络通信等多个领域。从资金投入看，研发、制造、采购、销售各环节都需要较大资本投入。汽车行业是规模经济的体现，年产 30 万辆汽车的企业可以支撑汽车外形的研发，年产 50 万辆汽车的企业可以进入发动机研发领域，年产 100 万辆汽车的企业可以支撑汽车底盘的研发，年产 200 万辆汽车才能具有开发宽系列产品能力[1]。日本和韩国政府在产业发展早期，均通过整合汽车企业，发挥规模经济优势，提升产业竞争力。韩国政府于 1972 年推出了《中小装配厂废止措施》，限制中小型汽车企业进行整车生产。从市场结构看，发达国家汽车市场已普遍较为成熟，市场结构相对集中，有利于实现规模经济和成本管理，提升产品竞争力。

历史上汽车强国均为产业国际化程度较高的国家。目前主要汽车强国均完成全球化投资布局，建立跨国运营体系，海外产量超过本土。全球布局方面，汽车强国已在全球各地完成工厂建设。日本汽车工业协会数据显示，2022 年日本已在全球 40 个国家和地区建立 331 个汽车、摩托车的整车和零部件厂[2]（见图 5-12）。根据大众官网，大众汽车已在 29 个国家拥有 114 个工厂。跨国生态体系方面，头部汽车跨国公司均已建立了总部设在本土，研发、采购、生产、销售等职能在世界各地开展的体系，根据地

1　齐恒、缪磊、孙秋波：《大宇汽车失败原因分析及对我国汽车企业发展的启示》，《商场现代化》，2007 年第 33 期。

2　JAMA, "The Motor Industry of Japan", 2023.

方资源禀赋、用户喜好进行针对性调整。例如，丰田逐步推进东南亚人才培养、生产技术升级，从半散装件走向全散装件生产模式。铃木专注低价小型车领域，成为印度市场上的热销品牌。大众汽车已经进入中国 40 年，推出朗逸、速腾等为中国市场打造的车型。海外产量方面，汽车强国的海外占比均超过本土。根据日本和德国汽车工业协会数据，2022 年日本汽车的海外产量占比为 68.4%，2023 年德国乘用车的海外产量占比为 70.9%。

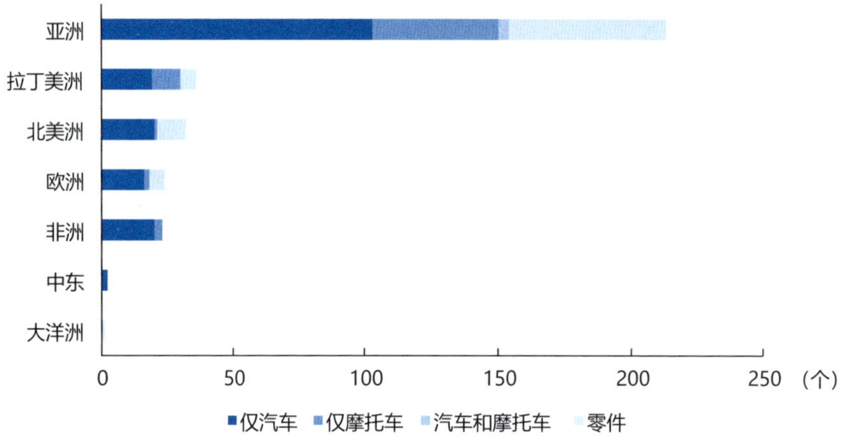

图 5-12　2022 年日本车企全球工厂布局

资料来源：日本汽车工业协会。

2. 当前汽车产业国际化呈现出一系列新特征

随着汽车电动化、智能化、网联化发展，汽车供应链由垂直化向网状化发展，供应链开放度进一步提高。近年，全球新能源汽车的销量快速增长。如图 5-13 所示，新能源轻型车的全球市场渗透率已从 2019 年的 2.5% 提升至 2023 年的 15.8%。新能源汽车巨大的市场也逐步改变汽车产业链参与者和上下游之间的传统关系。新能源汽车产业目前以“三电”零部件为基础，通过智能驾驶、智能座舱系统等高价值增量环节，逐步覆盖汽车芯片、智能传感器、抬头显示等零部件，吸引半导体、互联网、电子产业企业进入产业链。如图 5-14 所示，汽车供应链正在由以主机厂为核心的“链式关系”，向多领域、多主体参与的“网状生态”转变，呈现出“跨界融合”的趋势。一方面，汽车智能化技术的提升推动华为等信息技术厂商以解决方案提供者的身份赋能产业。另一方面，零部件标准化、模块化发展，也推动汽车产业设计、代工分离。

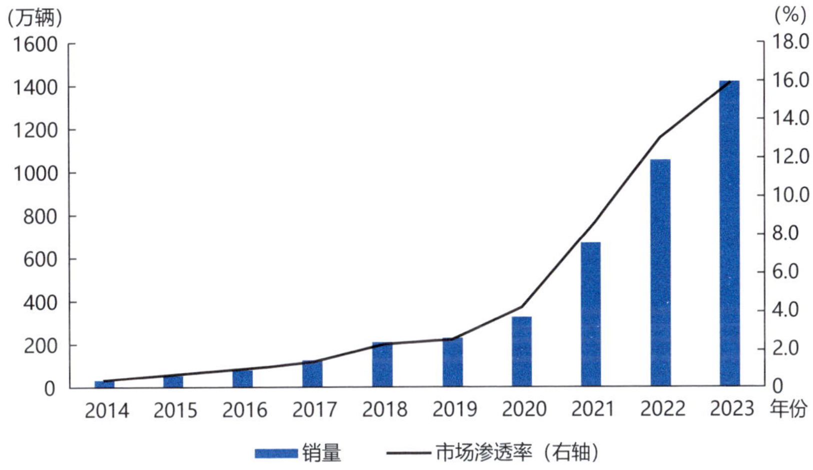

图 5-13 2014—2023 年全球新能源轻型车销量和市场渗透率

资料来源：EV Volumes。

亚洲和大洋洲等新兴汽车消费市场增长迅速，带动汽车产业快速发展。产量方面，亚洲与大洋洲汽车产量的份额不断攀升，从 2000 年的 31% 逐步上升至 2023 年的 59%；北美洲从 2000 年的 30% 萎缩至 2010 年的 16%，此后在该水平徘徊；欧盟与英国自 2000 年开始逐步从 32% 下降至 2023 年的 16%（见图 5-15）。销量方面，整体呈现类似趋势，亚洲与大洋洲汽车销量份额从 2019 年的 48% 上升至 2023 年的 55%，同期欧盟与英国的汽车销量份额从 20% 下降至 16%、北美洲的份额从 23% 下降至 21%（见图 5-16）。在亚洲和大洋洲市场的引领下，全球汽车产销量从新冠疫情中恢复，2023 年全球汽车产量达到 9355 万辆，相比新冠疫情前的 2019 年增长 1.8%；2023 年全球汽车销量达到 9272 万辆，相比 2019 年增长 0.7%。

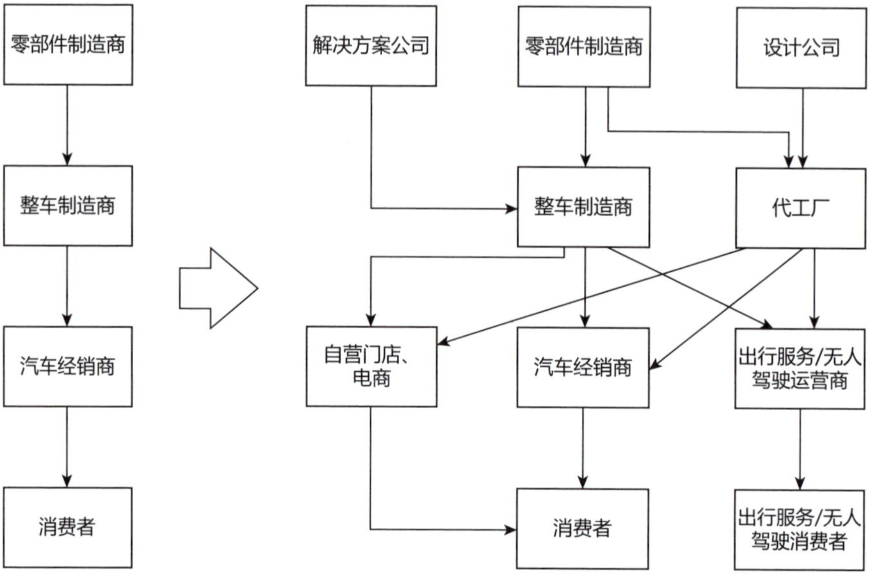

图 5-14　燃油车和新能源汽车供应链

资料来源：笔者整理。

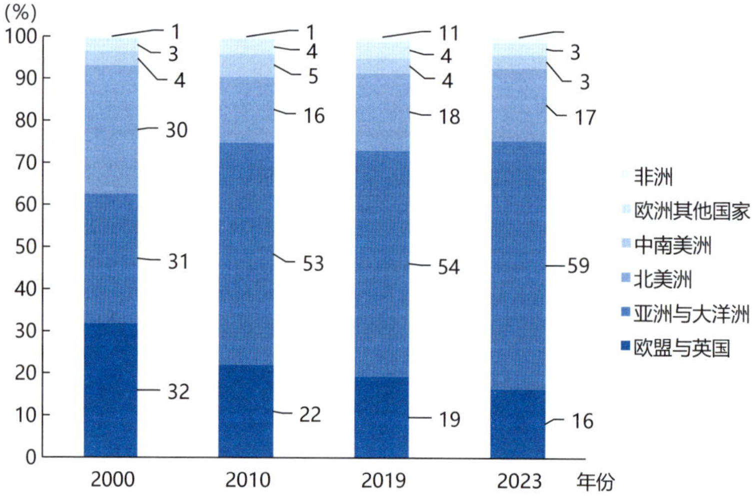

图 5-15　2000—2023 年全球汽车各市场产量份额

资料来源：国际汽车制造商协会。

注：因四舍五入原因加总不等于 1。

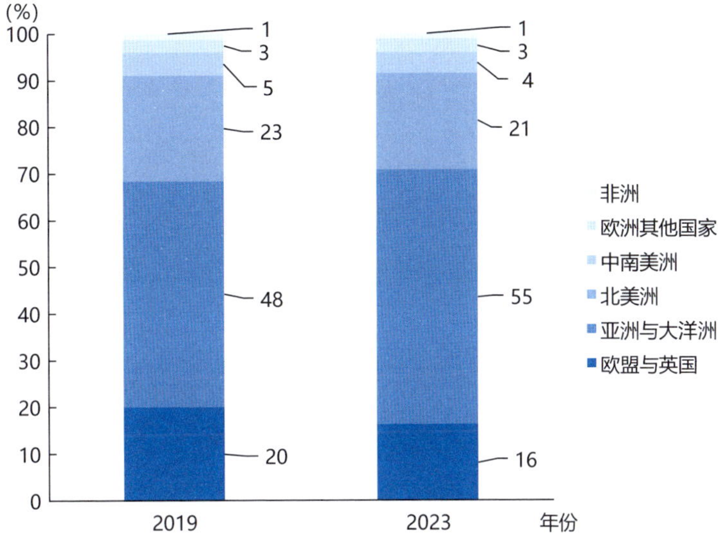

图 5-16　2019 年和 2023 年全球汽车各市场销量份额

资料来源：国际汽车制造商协会。

百年汽车产业变革加速竞争格局调整，车企竞争与合作关系呈现新变化。后发国家汽车企业的技术发展和市场扩张较大程度提升其国际地位，领先国家车企基于发展等目的，开始调整双方合作关系。一方面，由于中国汽车在电动化技术方面的快速发展，领先国家车企加大其产业链对中国车企的开放程度，基于双方产业和技术优势形成强强合作关系，形成新能源汽车产品的竞争力。例如，戴姆勒与比亚迪、吉利，大众与江淮等车企开展多个电动化的合资合作项目。另一方面，领先国家车企基于其成熟的海外销售渠道和跨国管理经验，为后发国家车企提供海外营销支持。斯特兰蒂斯和零跑汽车宣布成立零跑国际，开展零跑汽车的出口、销售和本地化制造业务。

（二）我国汽车产业海外发展的现状与挑战

1. 我国汽车产业海外发展进入新阶段

2023 年我国汽车产量达到 3016.1 万辆，自 2009 年开始产量保持全球第一。2023 年我国汽车出口 491 万辆，首次位居世界第一。基于新能源汽车的快速发展，我国汽车产业实现后来居上，从产品、技术的“引进来”向“走出去”发展。

我国新能源汽车产业抓住行业电动化契机，产销量快速提升，展现出较强竞争力，供应链基础快速夯实。如图 5-17 所示，2023 年，我国新能源汽车产量达到 958.7 万辆，同比增长 35.8%，占汽车总产量的比例达到 31.6%；销量达到 949.5 万辆，同比增长 37.9%，占汽车总产量的比例达到 31.3%。2023 年，国内新能源汽车销量排行榜前十位的车企中，8 家为中国自主品牌。电池、电机、智能化元件等新能源汽车供应链快速发展。电池方面，2023 年，我国动力电池装机量达到 387.7 吉瓦时，同比增长

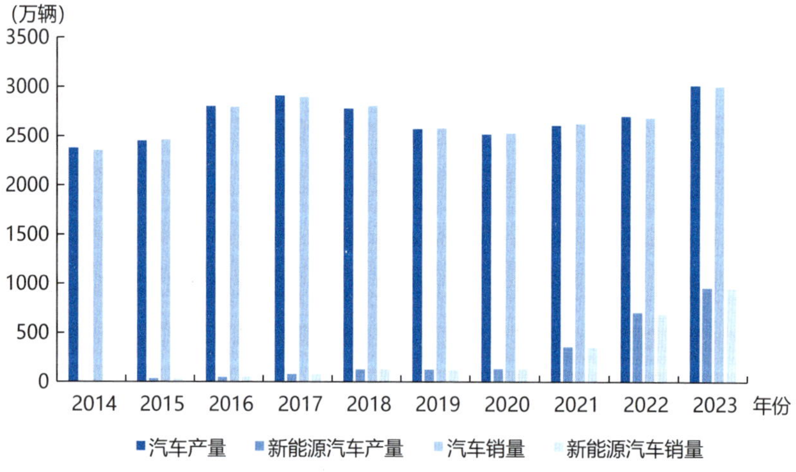

图 5-17　2014—2023 年我国汽车和新能源汽车产销量

资料来源：中国汽车工业协会。

31.6%，持续稳居世界第一。在全球动力电池装机量前十位的企业中，我国企业占据了 6 席，市场份额超过 60%。电驱动系统方面，北汽、蔚来、比亚迪、吉利均建立或投资电驱系统厂。其中比亚迪旗下的弗迪动力 2023 年国内市场份额已达到 32.6%。智能化元件方面，以华为、地平线、黑芝麻为代表的国内厂商不断推出车规级计算芯片产品。

我国新能源汽车出口规模快速增长，拉动汽车出口量增加。我国新能源汽车的出口量从 2021 年的 31.0 万辆快速增长到 2023 年的 120.3 万辆，推动我国汽车出口量达到 491 万辆，成为全球第一大出口国（见图 5-18）。

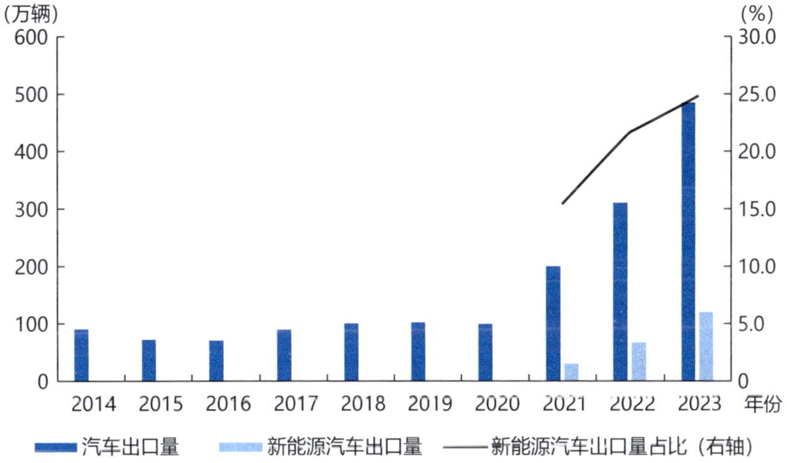

图 5-18　2014—2023 年我国汽车、新能源汽车出口量及新能源汽车出口量占比

资料来源：中国汽车工业协会。

我国汽车品牌加速“走出去”战略，在东南亚和欧洲加速布局海外工厂。早期，我国企业主要依靠收购海外车企，通过海外市场认可的品牌和技术打入国际市场。例如，吉利 2010 年收购沃尔沃汽车。近期，我国新能源汽车品牌在技术上达到国际先进水平，品牌也开始获得国际市场认可，出海战略转变为将自主品牌国际化发展。在已有工厂的基础上，我国

汽车品牌加速建设海外新能源汽车生产工厂。比亚迪首个海外乘用车生产基地泰国工厂于2023年3月正式奠基，7月比亚迪宣布将在巴西设立大型生产基地综合体，12月宣布在匈牙利打造全球领先的新能源汽车整车制造基地。蔚来在匈牙利布达佩斯的蔚来能源欧洲工厂于2023年9月正式投入运营。上汽、奇瑞、长城、广汽、哪吒、比亚迪、长安等车企也相继计划在东南亚建厂。伴随着整车制造企业“走出去”，动力电池、电芯等关键零部件等配套企业海外投资持续增加。2023年4月，上汽正大新能源产业园在泰国正式动工，聚焦锂离子电池等新能源汽车关键零部件的本地化生产。

2. 与领先汽车强国相比我国汽车海外发展还处在初期水平

我国处于出口向海外投资转型的期间，在出口金额、海外生产比例、头部企业全球化水平等方面与领先国家车企仍有差距。如图5-19所示，出口金额方面，2022年我国汽车出口量居全球第二位，但出口金额为1241亿美元，仅排全球第五位，位于德国、美国、日本、墨西哥之后。我国汽车的单车价格与汽车强国仍存在差距，以对欧盟的进出口为例，2023年欧盟向我国出口了35.93万辆乘用车，价值194亿欧元，均价5.40万欧元。同期，我国向欧盟出口了70.70万辆乘用车，价值129亿欧元，均价1.82万欧元[1]。但在新能源汽车出口的带动下，我国乘用车出口均价稳步上升，由2020年的1.14万美元提升至2023年的1.71万美元（见图5-20）。海外生产方面，我国汽车还刚刚起步，2022年海外生产量占总产量的比例约为7%，低于日本最早在1990年的统计数据19.49%。头部车企全球化水平方面，比亚迪2023年生产302.44万辆汽车，其中境外销售25.23万辆，占比8.3%。同期，丰田的海外销量占比达到86.2%，大众欧洲之外的占比达到64.6%。在国产车型受欢迎度方面，2023年我国新能源汽车出口量前三的车型均为外资或收购的外资品牌，分别为特斯拉的Model Y和Model 3、上汽名爵的MG4 EV。

1 ACEA, “Fact Sheet: EU–China Vehicle Trade”, 2024.

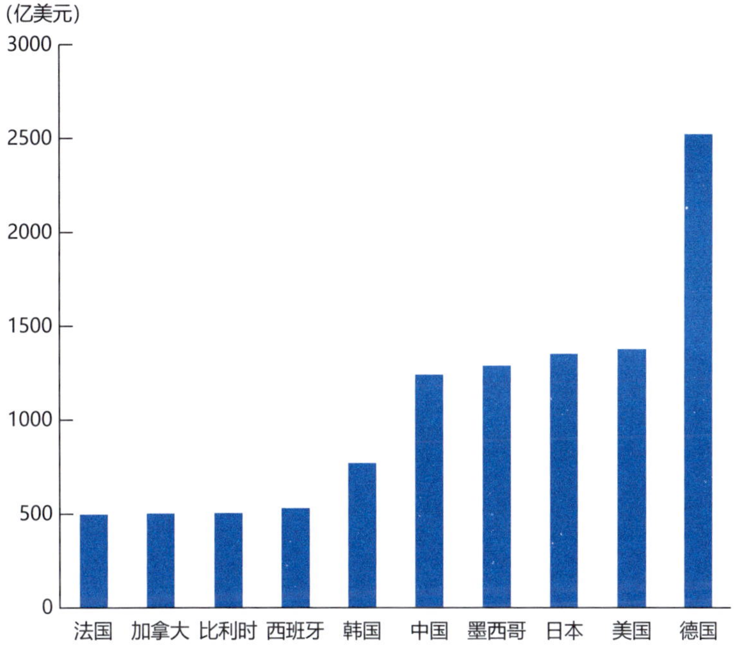

图 5-19　2022 年主要汽车强国汽车出口金额排名

资料来源：世界贸易组织。

海外发展可推动我国汽车产业提升产品竞争力、全球运营水平，推动我国由汽车大国向汽车强国发展。产品竞争力方面，目前我国汽车品牌在发达国家市场认可度仍较低。JATO Dynamics 数据显示，2023 年在欧洲市场我国汽车品牌上牌数为 32.3 万辆，市场占有率为 2.6%，其中 23 万辆为上汽收购的欧洲品牌名爵。在新能源汽车中，虽然 2023 年我国生产的电动汽车占欧盟电动汽车市场的 21.7%，但是在剔除特斯拉等非本土品牌后，占比下降至 7.6%。相比日韩，丰田和起亚均是 2023 年欧洲销量前十的品牌[1]。我国本土汽车品牌的国际接受度仍然较低，需要在国际竞争中倒逼创新和质量提升。全球运营水平方面，国际竞争可推动我国汽车公司直面国际竞争，提升国际化的采购、管理、销售等资源配置能力，提高有效

1　ACEA, “Fact Sheet: EU-China Vehicle Trade”, 2024.

利用各国资源禀赋的水平，逐步推进产业链全球化布局，提高我国汽车产业全球地位。

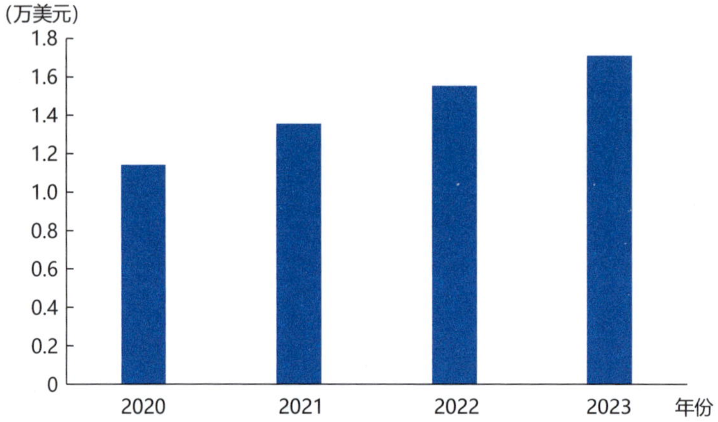

图 5-20　2020—2023 年我国乘用车出口单价

资料来源：万得（Wind）。

3. 当前我国汽车产业海外发展面临的突出问题和挑战

面对我国新能源汽车产业的快速发展，其他国家通过关税和环保政策限制我国新能源汽车的出口。关税政策方面，美国于 2024 年 5 月发布对华加征 301 关税四年期复审结果，宣布在原有对华 301 关税基础上，将从中国进口的电动汽车关税从 25% 提升至 100%。尽管根据中国汽车流通协会乘用车市场信息联席分会数据，2023 年我国新能源乘用车向美国的出口量仅为 1.86 万辆，占比为 0.4%，但上述限制可能会产生示范效应，导致更多国家和地区采取限制措施。欧盟于 2023 年 10 月对我国电动汽车正式发起反补贴调查。根据 2024 年 10 月的终裁结果，欧盟决定对进口自我国的电动汽车加征为期 5 年的反补贴税，对比亚迪、吉利、上汽征收税率分别为 17.0%、18.8%、35.3%，其他参与调查但尚未抽样的电池电动汽车生产商征收税率为 20.7%。土耳其于 2023 年 3 月对我国电动汽车加征 40%

的关税。环保政策方面，欧盟推出碳边境调节机制和《电池和废电池法规》，我国动力电池企业为满足欧盟对碳排放的要求，可能需要进行技术升级和环保改造，增加成本和投入。

海外生产面临零部件本地化、文化冲突等不确定性因素，可能导致海外工厂的经营成本上升。零部件本地化方面，参考日本车企出海，欧洲国家政府在进口限额之外，对日企零部件的采购提出了严格的限制。例如，日产在英国的工厂一度被要求当地零件采购率达 80%。未来，我国车企在海外量产之后可能也会遇到类似的零部件本地化问题，导致成本提升和竞争力减弱。文化冲突方面，日本汽车的生产效率依赖其“Just-In-Time”（JIT，即时制）等生产方式。其海外工厂的工人对日本工作文化的理解有偏差，在执行上存在差距，导致海外生产的质量存在差异。我国车企存在一定的“加班文化”，在海外扩张时也将面临管理沟通、生产效率等问题。

我国新能源汽车海外维修、补能、保险、金融等后市场服务不健全。我国企业对海外的区域及国家政策、市场实际情况以及消费者真实需求不熟悉，在后市场服务的落地方面缺少经验。部分国家的中国汽车销量较少，未来市场增量存在不确定性。而完善的售后服务网络建设成本较高，我国车企在后市场服务的投入方面存在犹豫。此外，我国部分新能源车企在国内的后市场服务同样不成熟，导致其海外后市场服务建设落后。

我国汽车产业需抓住全球汽车产业变革的历史机遇，加快提升创新化、智能化、绿色化、品牌化发展能力，探索更加平衡、可持续、开放共赢的国际化合作模式。

（三）我国汽车产业高水平海外发展的战略思路

1. 创新引领战略：以新能源和智能网联为突破口，提升汽车产业引领性创新能力

一百多年来，汽车设计制造不断出现新路线、新技术、新创意，汽车市场不断扩大和细分，形成体量庞大、环节众多的产业体系，有力推动全球经济一体化和人类生产生活方式的现代化进程。对于一个国家而言，能够建立较为完备、处于全球前沿水平的汽车产业体系，是具备较强科技创新与产业创新综合实力、有能力为人类文明进步做出较大贡献的标志之一。我国自 2009 年成为全球汽车产销量最大的国家以来，成为引领当前全球汽车市场需求变化的主要力量，同时也建立了具有规模经济和配套优势的完整产业链，在引进吸收和自主创新中推动了产业技术进步和产业体系效率提升。回顾历史上发达国家对汽车产业的开创性、变革性贡献及其深刻的经济社会影响，我国距离树立汽车设计与汽车制造的新范式、重塑全球汽车产业面貌的目标还有很长的路要走，需要紧抓汽车产业向新能源和智能网联变革的机遇，在更宽的领域推动重大原始创新和集成创新，为全球汽车产业跨时代的进步做出中国贡献。

美国是现代化汽车工业的定义者，在 20 世纪初创造了大批量标准化的汽车制造流水线以及零部件供应链，大幅降低汽车制造成本，推动汽车在中等收入的劳动阶层得到普及。汽车在美国国土开发中发挥了重要作用，也成为美式生活方式必不可少的组成部分，出现了汽车旅馆、“得来速”等汽车出行配套服务。在电动汽车和智能网联汽车产业化进程中，美国也是最先起步者，有力地吸引各类优质研发创新要素流向汽车产业、各领域先进技术向汽车产业转化应用。

专栏　福特“T型车”树立了现代汽车工业的基本范式

19世纪末的汽车仍主要是欧洲贵族和富豪用于享乐的奢侈品，还未成为实用交通工具。1900年，美国共有1800万匹马，而汽车只有8000辆。同年，美国共制造了4192辆汽车，其中40%是蒸汽机汽车，38%是电动汽车，而内燃机驱动的汽车仅占22%。汽车制造业还处于手工作坊的阶段，更没有统一的零部件技术标准。亨利·福特在1903年成立福特汽车公司时，致力于生产广大民众能够买得起的汽车，推动汽车朝批量化生产、大众化消费的方向发展。

1908年，福特汽车公司经过此前几次设计改良后推出“T型车”，这是一种设计简单、造价低廉、容易实现标准化大批量生产的四轮汽车，售价为850美元，约合当时美国民众一年的工资水平，而此前汽车价格一般在4000美元以上。“T型车”推出后，订单量远超公司预计，1910年福特将主要生产基地搬至底特律市的高地公园工厂，以扩大产能。为了进一步提高产量、降低成本，福特借鉴了屠宰场采取的流水作业方式，创造了汽车装配流水线，用木制传送带输送汽车底盘，工人沿线负责各个工序。1913年起，福特开始先后运用流水线组装主要零部件及汽车底盘，取得巨大的成功。在半年内，组装汽车底盘所花费的时间由12.5小时降至1.5小时，极大提高了生产效率，此后“T型车”售价一再下降，又进一步刺激新的需求。后来福特汽车公司工人三个月工资即可购买一辆“T型车”。

在工厂以外的生产销售环节中，福特“T型车”同样发挥了大批量标准化生产的规模经济效应，特别是注重零部件规格的标准化，加强对零部件供应商的管理，甚至对零部件运送装箱的规格都有规定。福特还通过自产一部分零部件、测算其成本来检验供应商的经济性。此外，福特采取分期付款、折旧换购等方式，加快拓展和释放市场需求。到1927年，福特共生产了1500万辆“T型车”，并占据了美国汽车市场80%以上的份额。

福特“T型车”不仅开启了现代汽车工业延续百年的基本生产方式，还使得燃油车击败电动车，成为20世纪汽车工业的主流。福特“T型车”的成功也推动了其他制造业竞相效仿，扩大了各行各业的生产规模，由此大大加快了人类社会的工业化、城镇化进程，对20世纪全球人口和经济规模的增长也起到了重要的推动作用。

欧洲是汽车的发源地和世界汽车文化的发祥地，汽车不仅作为重要的交通工具，也是美学的集合、体育运动的载体、财富和社会地位的象征，充分展现欧洲不同国家、不同地域的特色文化。欧洲汽车产业发挥机械、材料工业的长期积淀优势，坚持以高性能、高品质为核心优势，以超级跑车、豪华轿车、高端零部件构成主打产品，获得较高的品牌溢价。第二次世界大战后，欧洲一体化进程使欧洲汽车产业在共同市场中充分竞争、百花齐放，为汽车产业全球化打下了重要基础。

日本在20世纪70年代抢抓石油危机、经济滞胀带来的汽车产业变革机遇，推出了经济实用的设计理念和“精益生产”的管理方法，实现了汽车产业的后发赶超。在全球化进程加快、新兴经济体对家用汽车需求快速增长的阶段，日本车企完成了全球布局，日系车受到购买力相对较低的发展中国家市场普遍欢迎，由此也加快了汽车产业全球化。在探索氢能汽车等新能源汽车的发展中，日本也做出重要探索，积累了可继续改造升级、进一步实用化的技术体系。

专栏　丰田采用JIT生产方式推动全球汽车产业变革

随着第二次世界大战后欧洲经济逐步恢复、日本经济快速腾飞，20世纪50年代后全球汽车产业呈现消费需求升级、市场供给多元化的趋势，竞争日益激烈。20世纪60—70年代，由于美国深陷越南战争泥沼、军费大幅攀升，加之中东战争和石油危机的冲击，发达国家持续处于高通胀和高利率的宏观经济环境中。就汽车产业而言，在设计上需要围绕提高性能和节约燃油，不断运用新技术迭代产品；而在生产制造中必须压降库存，减少生产过程中的浪费，更重要的是减少整个供应链的库存所占用的企业资金成本。因此，汽车产业需要在大批量生产的基础上，兼顾生产计划调整的敏捷性，乃至产能的柔性化。

丰田在学习借鉴福特大批量标准化制造经验的基础上，结合日本实际，推出了以JIT生产方式为主要特征的一整套“精益生产”管理办法。JIT主要是通过生产制造链条下游向上游发送信息的方式，实现以信息流调配物料流。以“需求拉动式”的库存管理方式和平整化的生产运输计划，避免出现冗余库存或生产供应中断。实施JIT的范围既包括工厂内部的流水线，也包括外部供应商。丰田将自身的生产计划分享给产业链上游的外部供应商，邀请外部供应商共同参与产品及生产制造方案设计，设立整个产业链提高生产效率、降低综合成本的共同目标，并在达标后分享超额利润，从而将JIT的理念和要求贯穿整个供应链体系。JIT将汽车制造业的总体生产效率提升了一个台阶，并且通过多线条供应链协调能力的提升，使汽车产业链可以更加模块化，以适应更加复杂多变的汽车设计方案。主机厂商可以将更多的零部件生产供应任务交给外部供应商，将自身的核心能力聚焦于研发设计、标准制定、质量管理、品牌营销等关键环节。

为了实现JIT的目标，丰田还十分注重生产制造过程和企业管理流程的信息化，早在1961年就开始使用计算机进行零部件信息化管理；1966年在高冈工厂安装了生产线控制系统，使工人能够从生产线上安装的信息终端获得生产指令。1970—1980年，丰田逐步实现生产运营的全面信息化，并开始构建工厂之间、销售网点和供应商之间、本土公司和海外公司之间的信息网络，为构建高效运转的全球供应链打下了基础，由此也成为经济全球化背景下工业化与信息化相融合的典范企业。

新一轮汽车产业革命将在全球范围内推进绿色、智慧、高效出行模式，并以共享化、服务化等新模式，减少公路交通对资源环境、国土空间、人力资源的占用和消耗，从而进一步降低汽车全生命周期综合成本，提升后发国家汽车生产销售量并加快其工业化、现代化进程。我国作为实现绿色低碳发展和全球化发展较为迫切的发展中大国，经济社会的整体发展诉求与当今全球汽车产业的变革趋势十分贴近。我国汽车产业将以汽车服务于更加美好生活、全球共享发展成果为主题，以智能化和集成化为主线，通过技术创新与模式创新的深度融合，在智能水平、安全属性、附加功能、分时共享、行驶能效、材料循环等不同维度谋求新的重大突破。

一是推动汽车由交通工具发展为集综合智能终端等多功能于一体的共享式、移动式生活工作平台。加快“5G+北斗”全面上车，推进智能网联汽车与智慧城市网络兼容衔接，丰富应用场景。依托智能座舱完善家用汽车的工作生活功能，未来在实现高级别自动驾驶的基础上推进“座舱革命”，提供工作、娱乐、休息多用途切换的围坐式座舱。通过“云端代驾”等无人化接送车辆技术，大幅降低汽车分时租赁成本，在大城市率先实现“随召随用随地还”。

二是推动汽车与公共基础设施集成创新。充分发挥我国超大规模市场优势和基础设施建设领域的传统比较优势，通过在公路加装新型基础设施，如快捷充换电、分布式储能、分布式计算、智慧感知导引告警信号系统、车路通信及路侧辅助驾驶系统等，实现汽车在轻量化的前提下提高智能化、绿色低碳化水平。研发应用充电道路、光伏发电道路、太阳能汽车、核动力汽车、飞行汽车等下一代道路运输系统技术并寻求规模化部署的合适场景。

三是充分运用智能技术赋能汽车设计制造和运行维护。加快构建汽车设计制造领域的人工智能技术体系，将人工智能运用于仿真环境模拟测试、动力系统与零部件优化、制造方案生成等环节，显著提升汽车设计制造一体化水平，缩短整车设计与制造解决方案迭代周期。提升智能网联汽车及道路交通大数据采集、智能化分析应用水平，将积累的数据高水平转化为设计理念和细节的进步。在合理控制成本的前提下提高车内传感器部署和关键零部件集成芯片的水平，实现汽车性能实时测控、潜在故障预警和智能化维保。

四是不断丰富具有鲜明中国技术优势和价值观内涵的产品体系。深耕混合动力技术，面向新兴市场的增量需求，打造以都市圈城市群绿色通勤为主、兼顾远途出行和山地郊野旅游休闲功能的中国特色乘用车典范。完善汽车适老化设计，推广驾乘人员身体状态监测系统。巩固提升大型客车及特种车辆的性价比优势，推出更加适应恶劣气候和复杂路况、更好兼顾运输与施工现场功能的工程车辆，推动适合广大乡村地区的多用途农用车、物流终端配送车在绿色智能化改造后走向海外市场。

2. 绿色低碳战略：以新技术强化规模经济、克服资源环境约束，打开全球汽车产业新的增长空间

据估计，道路交通占全球碳排放的 18% 左右[1]，如考虑汽车工业及上游原材料生产过程中的碳排放，汽车对全球碳排放的贡献应在 20% 以上[2]。我国作为目前全球最大的汽车市场，尽管人口已经开始减少，但汽车消费还远未达到总量相对饱和的拐点。印度、非洲人口总量均与我国相当，但汽车保有量均不足我国的 1/5，其汽车保有量的增长还处于需求加快释放的早期阶段。未来一个时期，相对后发经济体不仅预计新增大量的

1　International Energy Agency (IEA), “Tracking Transport 2020”, 2020.

2　国际能源署估计全球钢铁工业碳排放占全球碳排放的 7% ～ 9%。世界钢铁协会、世界经济论坛等机构发布的报告显示，2021 年全球汽车工业消耗钢材约 3 亿吨，占全球钢铁表观消费量的 16% 左右；钢铁材料平均占据了每辆汽车重量的 50% ～ 65%，贡献了汽车材料碳排放的 30% ～ 40%。根据以上数据可推算，汽车工业所消耗的材料对全球碳排放的贡献应在 3% 左右。

汽车及道路排放，其相应公路基础设施以及带有停车设施的城市建筑物建设，也将带动建材产业产生巨大的碳排放。从全球资源环境承载力特别是近年来气候变化的趋势看，广大新兴市场需要发展更加绿色低碳的交通体系，尤其是立足本国国情，在合理规模、适宜能源属性及能耗标准的框架内提高国民机动车保有率。我国在实现本国道路交通节能减排的同时，要加快新能源汽车以及节能环保型燃油车的海外布局，引导新兴经济体在汽车及相关产业领域走绿色低碳的发展路径。

一是根据海外市场不同特点，因地制宜布局相应的节能环保型燃油车。充分考虑到一些发达国家主要采用燃气或燃油发电、输配电终端设施建设及服务成本较高、电动车运行成本优势不明显的情况，以及相对欠发达国家电力基础设施滞后、供电不稳定的情况，对海外市场电动汽车渗透率上升较慢的前景有所估计。现阶段仍要在燃油车提高能效、减少空气污染物排放、降低综合成本方面加大技术投入，开发适合海外市场的燃油车，提高相应关键零部件保障能力。

二是发展适合海外市场的电动汽车及配套设施服务体系。巩固我国在小微型电动车领域的优势特色，引领新兴市场树立绿色低碳、大众普及、节省空间、简约实用的汽车消费观念。面向欧洲、中东、拉美等消费能力相对更强的市场，发展电动超跑、电动豪华越野车、电动皮卡等产品系列。积极扩大换电服务的海外“朋友圈”，推动换电技术标准逐步统一或兼容。探索发展可在园区或停车场内自动运行的移动充电车（充电机器人），减少一次性配置过多充电桩或者不断扩容加装充电桩造成的额外建设维护成本。

三是战略性保留新能源汽车的不同技术路线。推进氢能重载车在港口、矿区、工业园区、长途货运通道部署并实现高效运行，依托我国承建海外园区及公路等项目，同步建成一批氢能汽车示范区域（走廊）。结合未来更大规模利用可再生能源的消纳需求，在全球范围内布局新能源制氢及甲醇经济，找准目标市场，抢占甲醇汽车技术制高点和产业先发优势。

四是更好发挥新能源汽车带动新能源应用的重要作用。在人口密度较小的国家和地区布局光储充一体化系统，依托新能源汽车提供乡村定居点供电、储能及交通出行一体化解决方案，促进“新三样”携手“走出去”。推动发展可再生能源及制氢项目，完善物流枢纽储氢加氢设施，推动建设跨境输氢管道和液氢接收站，在沿边沿海地区打造服务于国内氢能汽车的氢能输送通道。

五是发展废旧汽车回收拆解、二手车出口、汽车零部件再制造，形成全球化的汽车循环经济。推进退役新能源汽车动力电池在储能等领域规模化梯次利用，大力发展动力电池回收拆解和资源循环利用产业。按照各国环境保护及碳排放标准，合理布局跨境回收利用产业链。面向非洲等欠发达国家市场，开拓二手车、改装车出口市场，发展商用车维修改装服务，促进运输物流服务供给、出行成本与经济发展阶段相匹配。

3. 智能网联战略：坚持车路云一体化发展路径，推动汽车商业模式变革与运行方式变革相协同

进入 21 世纪以来，在锂电池技术发展推动下，电动汽车以迅猛的发展势头回到全球汽车产业的主流。电动汽车相对于燃油车的一大优势在于更适合加载智能终端，实现复杂的计算和大容量通信功能。这一时期，移动通信领域也相继普及了 3G、4G 和 5G 技术，传输容量实现飞跃，可靠性大幅提升；人工智能技术在算法和硬件方面均取得突破性进展。发展智能汽车并组网运行已经具备了基本的技术条件。

发展智能网联汽车的重要目标是实现一定程度乃至完全的自动驾驶，带来轻松舒适、安全可靠的驾乘体验。自动驾驶技术早在 20 世纪已有探索，近年来成为全球汽车产业的发展前沿。过去十多年，在军用自动驾驶

技术需求驱动下，美国培育壮大了面向商用的自动驾驶研发创新力量，其中最有代表性的是谷歌母公司 Alphabet 旗下的 Waymo 公司所采取的高精地图与激光雷达技术路线，以及特斯拉开辟的纯视觉技术路线。但从高级别自动驾驶汽车的研发测试和商业化进程看，目前采取“单车智能”直接实现高级别自动驾驶的路径仍面临一些困难。我国坚持车路云一体化、渐进式的自动驾驶发展路径，采取先在城市局域测试高水平自动驾驶、在车端先推广智能辅助驾驶、在路侧先推进信号灯智能化改造的策略，实现一部分经济效益后再滚动投入更高水平的技术研发和基础设施建设，确保自动驾驶能够按照客观规律有序发展、行稳致远。近几年，我国成为自动驾驶创新创业最活跃的国家，较好发挥了市场规模、产业链、监管机制等方面的综合优势，推动自动驾驶技术逐步实用化、智能网联汽车产业生态加快形成。我国更好发挥了地方政府在培育新兴产业中的积极作用，政企协同推进智能网联汽车测试应用，建立由基础设施、车载软硬件、整车制造及应用服务等各环节构成的较完整产业体系，催生了一批以自动驾驶算法研发为核心竞争力、以应用服务为商业模式的创新型企业，推动自动驾驶在出租车、干线物流、终端配送等不同场景的测试应用均取得积极成果。着眼于全球市场需求，加快我国智能网联汽车的发展，需要在以下四个方面优化战略路径。

一是科学布局智能辅助驾驶汽车和高水平自动驾驶汽车，在合适的技术条件下推出适销对路的产品和服务。在家庭消费能力较强、基础设施翻新成本较高的欧美发达国家，宜通过单车智能率先实现一小部分车辆的示范自动驾驶。而在与我国所处经济发展阶段相近的新兴经济体，家庭购买力尚不足以支撑单车智能自动驾驶的普及，开展大规模基础设施建设仍有较大的空间，则可以先发展智能辅助驾驶汽车，并通过特定区域和路段的路侧设备建设，辅助车辆在局部实现更高水平自动驾驶功能。

二是以智能网联汽车为平台，探索汽车商业模式的变革。欧美发达国家在数字消费、服务付费等方面的市场接受度较好，先享受后付费的消费观念较为成熟。可以积极探索“软件定义汽车”和按实际使用功能、频率收费的商业模式，并在二手车交易中探索“智能化自我估值”及相应的车辆回收“以旧换新”服务。广泛开展与文娱、旅游、电商零售等各类企业合作，将车内系统界面转化为接入各类互联网平台、提供产品销售及付费服务的“流量入口”。还可依托智能网联汽车采集的数据，探索汽车金融、汽车保险的差异化精准服务，甚至推出基于公式和数据的一车一费、个性化定制服务。

三是发挥智能网联汽车对相关产业的带动作用，通过我国传统优势产业集群放大汽车产业出海收益。发展智能网联汽车需要通信基础设施、公路工程、城市建设与更新、数据中心与云计算、充电桩与储能等方面的全面配套，智能网联汽车的运行则对电商物流、社交媒体等产业起到促进作用。上述这些相关产业都是我国更具比较优势的产业门类，海外市场潜力巨大。我国车企在推动智能网联汽车出海的过程中，需要发扬互联网思维，在保持财务风险可控、符合目标市场监管法则的前提下，力争先扩大市场，达到一定规模后再选择合适的商业模式变现，或者在开拓海外市场之初就与相关行业企业达成战略联盟，在海外市场同步打造智能网联汽车上下游产业链、共享收益。

四是妥善预防和应对智能网联汽车可能遇到的政策法规风险。在无人驾驶汽车技术尚不成熟、法律法规尚不健全的条件下，许多国家十分关注自动驾驶技术带来的安全隐患、个人隐私泄露、平台垄断等问题。在我国智能网联汽车的海外布局上，要坚持以共建“一带一路”国家为首选方向，在东盟等人口密度较大、能够形成规模效应的新兴市场，以及中东等地广人稀、路况相对简单、购买力较强的市场率先突破。在欧美市场采取柔性和曲线进入的方式，通过与本地化的品牌、平台、系统、智能终端相结合，解决数据安全相关合法问题。

4. 质量品牌战略：补齐自主品牌车企在质量稳定性、安全可靠性和品牌形象等方面短板

我国车企在全球汽车市场竞争中，目前仍主要依靠价格低廉、性价比高赢得立足之地。自主品牌汽车在基本性能不低于发达国家老牌车企的情况下，由于品牌溢价较低导致利润空间小，这是制约我国汽车产业高质量发展的主要瓶颈。发达国家车企长期深耕发达国家市场，在较高消费能力的土壤上造就了“优质优价”的良性循环。而我国车企大多是早年通过低价策略，在本土与合资车的竞争中突出重围，要摆脱整个企业上下存在已久的成本思维定式、扭转国内外消费者形成的品牌印象绝非易事。即便近几年一些自主品牌车企在设计品位、质量水平上取得很大进步，在国内市场赢得“物美价廉”的品牌认知，也不意味着进入海外市场就能很快被接受。欧美上百年的汽车文化以及大品牌长期积累的客户忠诚度仍是后来者很难跨越的“护城河”。许多欧美家庭都有几代人购车的历史，年轻人选车往往受到从祖辈流传下来、从孩提时代感知得到的品牌归属感的影响。加之多数民众对我国近年来的高速发展还没有直观感受，对“中国制造”的印象还停留在21世纪初我国制造业所处的水平。未来我国车企要打造全球市场普遍认可的知名品牌，还要在以下四个方面持续努力。

一要筑牢质量根基，以长期过硬的质量积累品牌声誉。龙头车企要肩负行业责任，推动行业主管部门、国内权威评测认证机构共商共树行业标准，在硬标准、软标准上都看齐全球最严格水平。着力在质量管理体系、质检技术手段上加大投入，将质检体系从零部件一直上溯至原材料，做到全产业链全生产流程无死角。对于密集装载动力电池的纯电动汽车，以及具有自动驾驶功能的智能网联汽车，必须适应发达国家极为严苛的质检标准、强大的消费者保护法律体系，做到最高标准的质量水平，防范出现极端特殊安全事故造成天价赔偿、大量召回以及法律纠纷，进而出现由单一品牌问题影响所有中国品牌汽车的事件。

二要学习欧美大型车企品牌多元化的经验。欧美领军车企主要通过并购重组的方式（有时也采取新设品牌及相应事业部的方式），构建品牌矩阵，形成各品牌车型及营销策略充分差异化、培养各自拥趸，而在供应链、市场渠道和服务体系上共建共享的大型汽车制造集团。我国车企在进军海外市场过程中，也可以采用整体收购或战略投资、联营等不同方式，获得一些海外知名汽车品牌的控制权，并保留其相对独立的生产体系；可以按照产品档次划分企业品牌矩阵，尝试针对重要的细分市场，推出研发设计及生产制造体系相同、品牌形象本地化的中国汽车“海外平行品牌”，组成丰富多样的全球品牌体系。

三要逐步塑造中国汽车的国家品牌形象。结合自主品牌车企的发展基础和优势特色，强化中国汽车简约大方、注重实用、低碳高效、操控简单、界面友好、维保便利等共性特征，将中华优秀传统文化元素融入汽车设计，形成中国品牌鲜明的整体印象。推动自主品牌车企在海外市场良性竞争、相向而行，共同突出中国汽车品牌的特征。在国内外资本市场上市的车企应加强信息披露和投资者关系工作，特别是完善企业在环境、社会和公司治理方面的制度建设和信息披露。

四要重视将我国汽车品牌蕴含于文化产品、体育赛事中，用好具有全球影响力的市场营销和品牌建设平台。结合我国在前沿领域的研发制造能力，积极组建中国品牌车队，参与世界一级方程式、电动方程式以及汽车拉力赛事等关注度较高的汽车运动赛事。持续推动更多中国车手参赛，吸引我国年轻人关注汽车产业、技术和运动。坚持具有中国特色的群众体育发展模式，组织引导汽车爱好者创办家用车、改装车、自动驾驶车辆等体育运动，在全球汽车运动赛事体系中占有更多“主场”。支持赞助具有全球影响力的电影、动漫“大制作”，植入中国汽车品牌，推动中国品牌高性能汽车进入赛车电竞游戏。

5. 双向协同战略：坚持制造与服务协同发展、整车出口与海外生产并举

在汽车行业，售后服务与生产制造对于一家企业的竞争力几乎同等重要。一方面，目前我国汽车出口规模大幅增长，但售后服务网络的延伸速度还跟不上海外市场保有量的增速，造成消费者实际体验下降。未来一个时期要建设完善的海外服务网络，但同时考虑到人员成本、管理成本以及零部件供应链等成本，这可能削弱我国汽车出口的价格优势。另一方面，由于汽车在一个国家工业体系和国际贸易中具有十分特殊、敏感的地位，是各国产业政策的优先考虑方向，因而我国汽车产业“走出去”需要充分理解和预判各国产业政策、贸易政策的发展变化趋势。在海外以独资或合资方式建厂，实现供应链与服务网络本地化，是我国汽车产业全球化发展的必由之路。

一是从全面、均衡布局全球市场的战略路径出发，优化现有的制造和服务网络。综合考虑市场规模、辐射半径、供应链配套、人力成本、贸易环境、发展条件稳定性等因素，结合近年来地缘政治形势，可研究在墨西哥、巴西、印度、巴基斯坦、南非、尼日利亚、东盟主要经济体、中东欧以及海湾国家等地投资设厂，形成零部件进口与本地化供应相结合的全球制造网络。在海外销售及服务网络的建设上，要考虑市场空间的限制，着眼于拓展我国汽车产业的整体生存发展空间，鼓励引导龙头车企集约布局、共建共享。

二是根据新能源汽车特性和各国民众消费习惯设计相应的汽车金融解决方案。结合新能源汽车动力电池成本占比较大的特点，在换电或动力电池回收再制造模式基础上采取“买车租电池”和基于动力电池的分期付款、到期作价回收等方式，进一步降低购车首付比例。采取“以租代购”的体验消费方式，拓展高性能智能网联汽车市场。探索新能源公交车、新

能源重卡和企业经营的共享式换电电池批量化融资租赁业务模式。针对电动车、智能网联车保费偏高的问题，推动在海外成立本地化运营的新能源汽车保险公司或保险代理经纪公司，完善理赔服务网络。

三是探索线上营销、远程智能服务与线下服务相结合的模式，有效降低海外服务管理成本。在海外市场开拓的早期阶段，以加盟代理商方式快速铺设海外营销及售后服务网络。探索运用我国跨境电商平台及社交媒体平台进行跨境汽车直销的模式，并与线下的品牌体验中心、代理销售网点形成线上线下一体化销售服务体系。在国内远程服务体系成功示范运行的基础上，可在东盟、南亚、非洲等人力资源充沛的经济体，打造若干智能网联汽车“呼叫中心”（云代驾中心），以及区域性的动力电池回收服务中心。

专栏　蔚来汽车在欧洲建设制造基地、换电站及营销服务网络

蔚来汽车（Nio）是我国发展智能网联新能源汽车的“造车新势力”之一，成立于2014年，全球总部位于上海。2021年以来，为拓展欧洲市场，推动供应链和服务体系本地化，蔚来加大在欧投资。在研发制造方面，蔚来能源欧洲工厂位于匈牙利首都布达佩斯以西20公里的小镇比奥托尔巴吉，是蔚来汽车在海外建设的第一座工厂，兼具在欧洲的制造、服务和研发中心功能。2022年9月，工厂投产并首次向德国发运蔚来汽车换电站设备。2023年3月，匈牙利投资促进局将年度创新产品投资奖颁发给这家为当地创造了上百个就业岗位的中国企业。

2023年，蔚来柏林创新中心正式启动，该创新中心设有数字系统、智能座舱、自动驾驶等研发团队，支撑蔚来汽车通过在欧洲本地化研发提升欧洲用户智能化体验的发展战略；在柏林创新中心附近，蔚来汽车还专门建立了智能驾驶研发中心。在充换电服务方面，截至2023年11月，蔚来已在德国、荷兰、瑞典、挪威、丹麦建设共30个换电站。2023

年，蔚来还将第三方充电网络扩展到奥地利、比利时、法国、意大利、瑞士和英国6个欧洲国家，总共接入50多万个充电桩。2024年5月，荷兰阿姆斯特丹“蔚来中心”开业，成为蔚来在欧洲最大的用户体验中心。目前，蔚来在欧洲共销售6款量产车型，共建成7家“蔚来中心”、8家“蔚来空间”、55家“蔚来服务中心”，在荷兰鹿特丹和德国慕尼黑两座城市之间贯通“莱茵河谷线”加电风景线，提升了蔚来及我国智能网联新能源汽车在欧洲市场的认知度。

6. 开放共赢战略：在全球化发展中与传统汽车强国、新兴经济体长期合作共赢

我国汽车产业在全球范围内可持续发展，要充分考虑“全球南方”国家的共同发展诉求，特别是基于有利于各国充分就业、贸易平衡、绿色低碳发展以及国家安全得到保障等前提，走出一条不同于美国、欧洲、日本的汽车产业全球化新路子，有力回击“中国威胁论”“产能过剩论”对我国的污蔑。既要让相对后发的国家看到加入我国主导的产业体系和国际分工秩序所能够切实享受到的发展红利，又要让资源型国家看到市场对等开放的收益，还要让发达国家心服口服看到我国是在自主研发、勤奋生产、遵守各国法律法规、考虑彼此发展诉求的前提下参与全球市场，以原创性技术和商业模式创新为人类文明进步做出更大贡献。

一是打造高水平开放的国内汽车市场和汽车产业体系，以开放促竞争，提升我国汽车产业的全球竞争力。发挥海南自贸港进口汽车免税政策的示范引领效应，研究进一步降低汽车及零部件关税、消费税，以单车智能型自动驾驶汽车为重点，培育国内改善消费型汽车市场，在此基础上引导国内车企发展高档乘用车。支持优势外资车企在华扩大产能并将我国生产基地打造为全球最大的出口基地。支持合资车企积极开辟和拓展第三国市场，或与第三国开展国际产能合作。在完全自动驾驶汽车准入、排放标

准等方面主动与发达国家接轨，并合理考虑我国国情设立负面清单、准入省市。继续坚持“引进来”与“走出去”相结合，加大在生物燃油、动力回收、先进材料等领域引进和储备来自国外的先进技术，特别是对目前产业化条件尚不成熟的前沿技术、市场前景相对小众但可能迁移转化的技术加以重视。

二是通过合资等方式推动我国优势汽车产业链借助发达国家成熟品牌出海发展。在争取进入发达国家市场时，突出我国在电动化技术体系、制造解决方案以及智能网联系统等方面的优势，先让少量先进技术、少数关键零部件进入老牌车企的产业链供应链，并与其他供应商开展长期、逐项的竞争。探索建设中外合资的跨国车企联盟，除了选择与我国保持全方位合作的国家，也积极与欧洲、日韩车企组成联盟。

三是与后发国家分享汽车产业发展红利，树立负责任大国形象，服务构建人类命运共同体。坚持全球市场一视同仁的价值观，实现全球技术标准一体化，尤其是在新兴市场国家、相对后发国家的汽车市场上也要坚持较高的质量标准和较好的服务意识，不因各国市场购买力的差异而搞“质量歧视”。尊重中小型经济体、后发国家自主发展汽车产业的意愿，在全球产业链布局中适当将整车制造环节保留在当地。对当地原有的民族品牌实施战略性参股，对陈旧落后技术体系及闲置产能采用我国技术体系进行改造，使其以崭新的面貌参与本地市场乃至全球市场竞争。在汽车产业尚处空白的国家，也可与当地支柱产业龙头企业开展合作，创设合资车企和当地特色品牌，发挥汽车产业对国民经济发展和改善民生的积极作用。

四是重视智能网联新能源汽车技术人才的全球化培养输送。目前国内能够从事智能网联新能源汽车维修保养的技术人才十分紧缺，特别是职业院校，它们在师资培养、实训条件的建设上都有不少困难。未来打开海外市场后，海外人才的保障面临更大挑战。当前应推进车企、职业技术院校、外语外贸类院校三方合作，培育一批懂技术、能操作、会外语的复合型产业应用人才，到海外直接能当“生产班长”“门店经理”“大师傅”，并有能力不断培育当地人才、纳入我国汽车产业全球人才体系。此外，要更加积极推进海外研发中心（分中心）建设，在产业格局调整、企业竞争态势变化的过程中，将国外的高水平研发设计人才招入我国车企。

专栏　丰田实现全球化的主要历程和经验启示

尽管我国2023年汽车出口量超过日本，跃升为全球第一大汽车出口国，但日本车企仍牢固占据全球市场竞争优势。2024财年，丰田稳居世界产量最大车企，全球销量1030.95万辆，同比增长7%，其中混动车型达447万辆，同比增长了24.5%；销售收入（按日元计价）同比增长21.4%，净利润约合人民币2300亿元，相当于我国12家上市车企总和的2.5倍。丰田在全球汽车产业格局深刻变化、地缘政治风险加剧、汇率波动幅度加大的情况下取得稳定的业绩，得益于40多年来全球布局打下的基础。

1980年日本汽车产量首次突破1000万辆，超过美国成为世界最大的汽车生产国，美国车企在国内市场份额下降、企业出现亏损裁员，日美贸易摩擦开始升温，此后日本同意限制对美汽车出口。1983年，丰田与美国通用汽车达成协议，在美国加利福尼亚州合资建厂。1988年，由丰田独资成立的肯塔基工厂正式投产，至今仍是丰田在北美最大的工厂。在限量出口美国市场的条件下，丰田通过打造高端品牌、实现优质优价的方式，提升了日本汽车品牌在美国市场的形象，同时也为全球化发展打下了基础。20世纪90年代后，丰田继续扩大在美产能的同时，在亚洲和欧洲广泛布局，在海外市场不断推动品牌和供应链本地化进程，目前已在20多个国家建设了生产基地。丰田将最先进的产能部署在生产效率和要素成本最有优势的中国，建设了广汽丰田南沙工厂等几个“全球示范工厂”；同时，丰田也考虑国家间市场格局、发展环境、比较优势变化，及时关停退出了部分国家的产能。

丰田实现全球化生产销售，其战略方针顺应了日本优势产能、资本出海发展和新兴经济体加快工业化的浪潮，相对平衡地布局亚、欧、美三大市场，在适应经济全球化进程的同时也助推了这一进程。在投资方式上，丰田实行独资与合资相结合，在各地管理风格上能够兼顾日本企业文化与当地实际情况。注意对各地工厂进行差异化定位，打造品牌多元化、技术路径多元化、各具特色的全球生产制造体系。

四　构建与全球深度融合的汽车产业发展支撑新体系

虽然我国车企已在全球市场取得突破性的成就，覆盖地区不断扩大，产品日趋丰富，但全球化发展仍面临内部基础能力欠缺、海外供应保障不足等问题，需建立与全球深度融合的汽车产业发展支撑新体系。

（一）构建协同开放的产业链供应链体系

汽车产业已形成全球化分工协作模式，依托各国和各企业的资源优势和产业基础能力，实现全球范围的专业化分工协作和产品供给，极大提升了经营效率和经济性。我国汽车产业链供应链集聚优势突出，虽然已具备较强全球供给能力，但在部分领域仍依赖全球产业体系。同时，我国汽车产业的国际化发展也需要与全球产业链供应链协同，适应海外的技术研发、生产组织、市场拓展、法律法规等体系。

1. 汽车产业“走出去”是产业链供应链的国际化

（1）汽车产业已形成国际专业化分工协作，进入海外市场必须依靠全球化的产业链供应链

汽车是全球最大的单一制造业产品，由数万个零部件组成，汽车产

业作为技术密集型产业，已形成全球专业化分工协作模式。我国汽车进入海外市场，也必须依靠全球供给。汽车产业作为长产业链、大协同、大制造的“集成化”产业，完整而强大的汽车供应链是汽车强国的基本特征之一。汽车整车企业之间的竞争本质上是体系能力和供应链之间的竞争，建立高效协同、有竞争优势的供应链体系，是各汽车企业良性发展和正常经营的前提。

主要汽车国家多措并举推动本国汽车产业链供应链构建全球竞争力。日本基于本土实践创新形成了影响全球的汽车精益生产方式，助力日本汽车产业快速崛起，现已形成“本土创新 + 全球复制”格局。日本通过“官民协作”制定积极的产业政策，组建产学研协作联盟，推动产学研互助合作，提高创新效率，以促进创新和产业化；同时，鼓励零部件企业跟随整车企业一同进入海外市场发展。韩国在不同时期充分利用产业政策支持本国汽车产业的自主可控发展，在产业发展初期实施进口壁垒保护本国汽车产业，并通过政府强力干预实现整车制造集中化，组建大型企业集团，提升本土零部件企业竞争力，产业发展壮大后，大力鼓励国产化和自主创新，推动建立研究机构，集中研制汽车零部件，同时，推动汽车出口，实现国际化发展。美国通过泛化国家安全限制国际竞争，增强关键供应链的韧性。美国不仅利用出口管制和技术封锁，巩固和加强本国在全球高科技领域的主导和领先地位，还利用国际规则加强外资监管，抢占国际规则制定主导权，借此推动全球汽车产业链服务美国。德国等欧洲主要汽车国家围绕汽车供应链关键环节，持续提升供应链韧性和国际竞争力。德国培育了博世、采埃孚、大陆、巴斯夫等众多知名零部件企业，这些企业已在全球占领各行业头部地位，成为领军企业，甚至形成了压倒性优势。此外，德国还出台产业政策促进数字化和智慧工厂建设，引导汽车产业数字化发展。

全球头部汽车企业通过各种方式加强与供应链企业的协同发展。丰田与供应商形成资本关系的长期合作，以技术自研为主，并采用标准化、模块化等方式保证供应链高度协同。丰田通过资本纽带，与零部件企业长期稳固合作，共同赴海外发展。此外，现代还在新技术领域广泛布局，同时加强核心部件的标准化、模块化。现代全面布局产业链环节，以资本方式直接或间接掌控关键环节。现代是全球唯一从材料生产到整车销售一体化的汽车企业，已在汽车、钢铁、能源、建筑等多个领域形成协同效应。其通过自主研发、投资成立零部件公司和原材料公司等方式强化对关键环节的直接掌控。此外，也积极布局自动驾驶、氢能等新兴领域。特斯拉是以领先的技术创新、商业模式、生产工艺，形成强大的全球竞争力和供应链控制力，不仅实现了新能源和智能生态自研闭环，还创新了经营模式和生产策略，以直销模式降低经营风险，以精品策略和工艺创新降低供应链管理难度。此外，通过战略合作和重构供应链结构，特斯拉在全球范围内进一步与关键供应商协同发展。大众坚持“自研”与“合作”并行，推进转型升级和供应链重塑。大众不仅加大电动化、智能化等领域投资布局，掌握电池、软件等核心环节，还加强与芯片、电池、智能驾驶、智能座舱、智慧工厂等企业的合作。此外，还成立供应链管理公司，推动采购多元化、近地化，适当提高库存。

（2）我国已深度融入全球汽车产业链，只有保持“你中有我”的竞合格局，才能支撑和保障产业安全发展

东亚、欧盟、北美是全球三大汽车产业和市场集聚地，占据全球85%以上的汽车贸易额。我国不仅对外大量出口零部件，也依赖国际汽车产业链供应链的输入。

我国是全球重要的汽车零部件生产制造和出口基地。2023年，我国零部件出口额超千亿美元，对欧盟、日本、韩国等主要汽车市场大量出口汽车零部件。我国是全球第二大零部件出口国。全球贸易观察数据库

（GTF）数据显示，2023 年，我国汽车零部件出口额达 1029 亿美元，同比增长 7.4%，主要出口产品包括轮胎、车身部件、制动器、发动机零件、照明装置及线束等（见图 5-21）。美国、日本、韩国、墨西哥、俄罗斯和德国是我国零部件出口额排名前六位的国家，占零部件出口总额的 42.6%，出口额分别为 164.9 亿美元、69.4 亿美元、62.1 亿美元、52.9 亿美元、46.8 亿美元和 41.9 亿美元；墨西哥、俄罗斯、阿联酋等新兴市场是我国零部件出口增量市场。我国已涌现出有全球竞争力的骨干零部件企业，并进入国际市场。在《美国汽车新闻》发布的 2024 年全球汽车零部件供应商百强榜中，我国宁德时代、延锋、均胜电子、北京海纳川、中信戴卡、德昌电机、宁波华翔、敏实集团、诺博汽车、国轩高科、德赛西威、精诚工科、宁波拓普、中鼎密封件、三花零件 15 家企业上榜，上榜数量仅次于日本（22 家）、美国（18 家）、德国（17 家）居第四位。2023 年《财富》世界 500 强榜单中，车辆与零部件领域共有 34 家企业上榜，其中，上汽、一汽、广汽、东风、北汽、比亚迪、吉利 7 家中国汽车整车企业上榜，

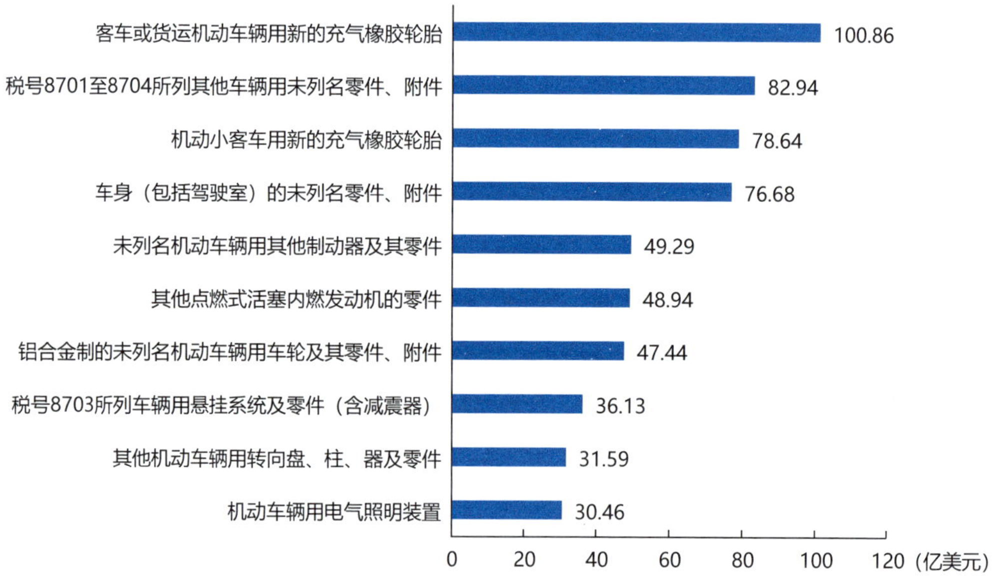

图 5-21　2023 年我国汽车零部件出口额排名前十位产品

资料来源：海关总署。

7 家企业的营收合计占 34 家企业营收的 17.5%，而零部件企业中仅宁德时代与怡和集团 2 家上榜，营收合计占 34 家企业营收的 2.8%。

我国还有大量的汽车零部件、材料、装备等需要从国外进口。从国外进口的汽车零部件，主要是国内不能生产或不能满足需求的总成或系统、零件、材料以及基础元器件。德国、日本、韩国、美国等是进口零部件主要来源国。

我国进口零部件规模仍处于较高水平。2016—2022 年我国汽车零部件进口额保持 300 亿～ 420 亿美元规模，2023 年我国汽车零部件进口额同比下滑 12.6% 至 305 亿美元，为 2016 年以来的最低水平，尤其是自日本（-30.1%）、美国（-14.2%）、韩国（-13.0%）、德国（-11.4%）的进口额下降最为明显。2023 年，我国汽车零部件前十大进口国格局基本保持稳定，德国、日本、美国、墨西哥、韩国和法国是进口额排名前六位的国家，零部件进口额分别为 92.6 亿美元、49.1 亿美元、21.2 亿美元、19.6 亿美元、13.4 亿美元和 11.6 亿美元，合计占零部件总进口额的 68.0%。我国进口的零部件主要是变速箱及零件、车身零件、发动机零件、照明装置、制动器及导航设备等（见图 5-22），多属于短板产品，虽然国内基本都有相应国产化研发和产业化产品，但与国外先进水平相比仍存在不同程度的差距。发动机及变速器系统、燃油喷射系统等传统高端零部件，高速轴承等驱动电机核心部件，锂钴镍等动力电池关键矿产原材料，绝缘栅双极晶体管（IGBT）和碳化硅（SiC）等功率器件、车规级芯片、汽车微控制器（MCU）等核心基础元器件，以及 CAD/CAE/CAM/EDA 等工业软件都高度依赖全球供应链供给。以汽车芯片为例，2023 年我国汽车芯片的对外依存度虽有下降，但依旧在 90% 以上。

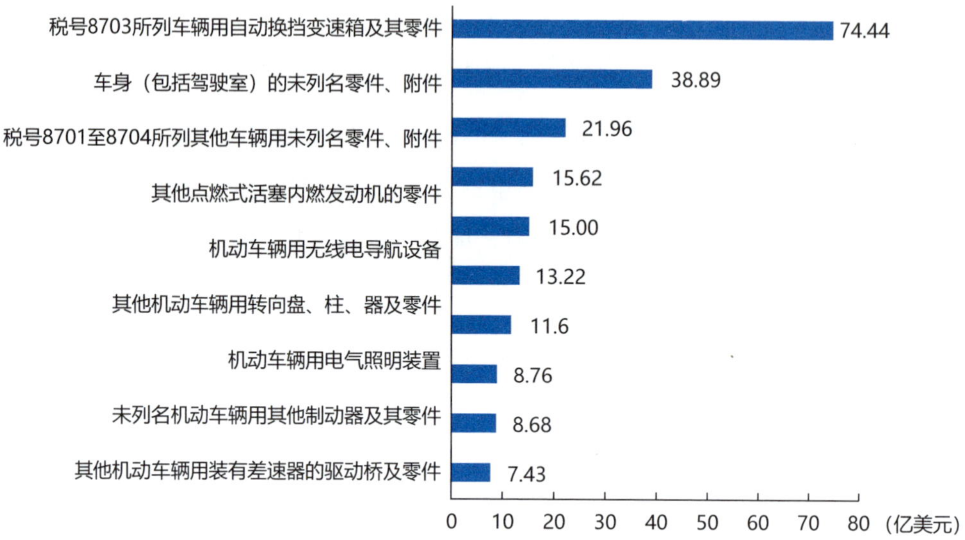

图 5-22　2023 年我国汽车零部件进口额排名前十位产品

资料来源：海关总署。

（3）产业链供应链能力决定效率和成本，就近生产特点将带动全链条协同出海

汽车产业规模化效应突出，具有靠近消费市场生产特点。汽车作为大宗消费商品，自身体积、重量较大，对外观的美观和质量等方面要求较高，不适宜长途运输。在具备一定市场规模后，绝大多数汽车企业要考虑布局整车生产基地，以快速、高效满足消费市场需求，降低物流成本。主要汽车国家的重点企业几乎在全球重点国家市场都实施本地化布局，丰田、本田、大众、奔驰等跨国车企都在海外建立庞大的产能，海外产量在全球产量的占比均超过 60%。根据 MarkLines 数据，2023 年，丰田、本田、大众和奔驰在其本国以外的汽车产量分别为 724.3 万辆、340.6 万辆、685.5 万辆和 149.6 万辆，分别占其当年全球产量的 66.7%、83.5%、78.5% 和 63.4%。我国汽车产业发展初期，大众、丰田等众多跨国车企也在国内设立整车生产企业，并带动博世、采埃孚、电装、李尔等众多跨国零部件

企业在国内建厂，极大拉动了我国汽车产业链供应链的发展。据统计，我国汽车零部件企业超过 20 万家，汽车制造业规模以上企业超过 1.8 万家，外商投资汽车零部件规上企业已超过 3000 家，国际主要的零部件企业均已在我国设立生产和研发基地。

主要跨国车企均在我国设立整车生产基地，逐步扩大职能深度融入我国汽车产业，并把中国零部件企业引入全球市场。我国汽车市场经历多年发展，到 2023 年已突破 3000 万辆规模，连续 15 年居全球第一。我国庞大的汽车市场对全球汽车企业有巨大吸引力，是各大跨国车企的重要战略市场。2023 年，本田和日产在我国分别销售 123 万辆和 79 万辆，分别占其全球销量的 31.1% 和 24.6%；大众、宝马和奔驰在我国分别销售 324 万辆、82 万辆和 77 万辆，分别占其全球销量的 35.1%、32.3% 和 37.4%；通用和福特在我国分别销售 210 万辆和 61 万辆，分别占其全球销量的 43.1% 和 15.5%（见图 5-23）。主要跨国车企也正在加快向电动化、智能化、网联化转型升级，在新冠疫情冲击、我国市场存量竞争加剧、产业体系提升等多种因素推动下，主要外资车企进一步深耕国内，建立本地化的研发体系，不仅融入我国汽车产业，还把我国汽车带入世界，推动我国零部件进入其全球供应链体系中。福特实施“福特中国 2.0”升级战略，以本地研发智能化和电动化为核心，推出全新全球平台架构。奔驰明确下一代模块化架构（MMA）平台全球车型都将在我国投产，不断强化自动驾驶、智能网联本土研发实力，并将研发成果应用全球。奔驰位于北京和上海两地的研发中心在其全球研发项目上也发挥了引领作用，奔驰全球下一代后排娱乐系统就是由我国研发团队负责开发。大众将继续战略性强化在华业务，调整在华管理架构，赋予中国区更大自主权；同时，在合肥新建研发技术中心，新建奥迪新能源、大众（安徽）等整车产能，还计划从安徽基地出口产品到欧洲市场；入股国轩高科，提升大众在全球的动力电池供应能力，还延伸至储能、电池原材料供应链等环节。

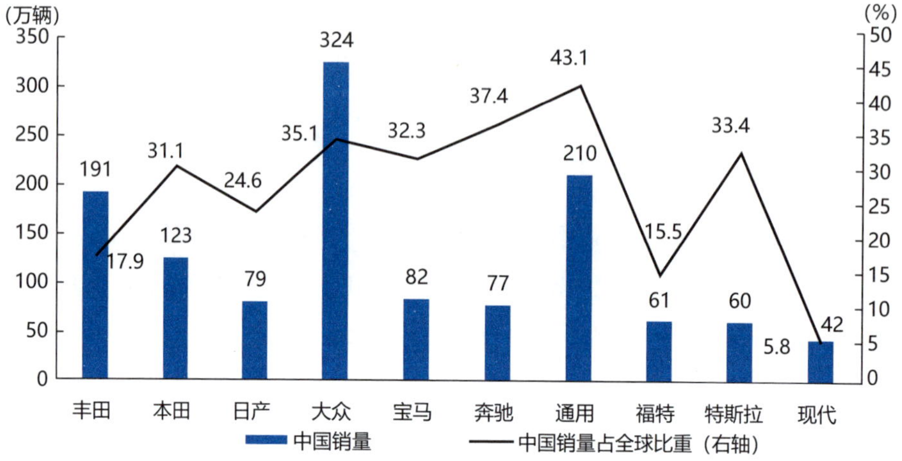

图 5-23 2023 年全球主要车企在中国的汽车销量及占比

资料来源：中国汽车工业协会、中国汽车流通协会乘用车市场信息联席分会、各汽车企业公开数据。

注：本田和通用的中国销量为终端销量；丰田的全球销量含大发和日野；宝马全球销量含 mini；奔驰为乘用车；现代含起亚。

外资零部件已深度融入我国汽车产业链供应链，并带动我国零部件进入全球供应链体系。如表 5-20 所示，全球汽车零部件供应商百强榜的大多数国际知名企业均在我国建厂，如博世、电装、麦格纳、大陆等百强榜企业更是在我国全面布局。百强榜前十名企业在我国的生产工厂及研发机构总数量为 400 多家，积极向电动化、智能化转型升级，同时也把我国零部件带入全球供应体系。博世成立针对我国深度科技投资的全新投资平台博原资本，在重庆布局氢动力系统工厂，并将东星磁性材料、横店东磁、华培动力、万华化学、天宝集团、天龙股份、合兴股份、巨力自动化等一批中国本土企业纳入博世供应体系。采埃孚于 2022 年投资 7 亿元在广州建设中国第四个研发中心，并于 2023 年 6 月在沈阳投资 10 亿元新建新能源汽车电驱动桥总成工厂。舜宇光学、佑驾创新、华阳精机等中国企业不仅进入其供应体系，还曾分别荣获采埃孚年度供应商奖项。法雷奥在中国持续加码智能化布局，2023 年 5 月，启用法雷奥（深圳）智能制造中心，将生产远程通信模块、5G 通信模块、超宽带模块、前视摄像系统及域控制器等产品。同年 7 月，法雷奥中国技术研发中心（武汉）三期正式开业，从原来的汽车照明系统扩展到自动驾驶、人机界面、汽车互联等新领域。此外，法雷奥还积极帮助我国整车企业拓展国际市场，充分利用法雷奥的全球化优势，为我国整车企业提供海外市场的产品和技术服务，助力我国产品海外认证以及顺利上市。

表 5-20　2024 年全球汽车零部件供应商百强榜前十位企业中国布局情况

排名	公司	2023 年零部件配套业务收入（亿美元）	同比增长（%）	中国布局情况
1	博世（德国）	558.9	10.8	在中国有 59 家企业，拥有员工 6 万余人，在中国生产和销售汽车零配件和售后市场产品、工业传动和控制技术、包装技术、电动工具、博世家电、博世服务解决方案、安防和通信系统以及热力技术
2	采埃孚（德国）	497.1	18.1	在上海设置亚太地区总部，并建立 4 个研发中心，在上海、北京、天津、重庆、杭州、苏州、南京、长春、沈阳、成都、西安、武汉等超过 20 个主要城市布局近 50 家制造工厂、3 家售后服务公司，产品包括底盘及零配件、制动器、驱动器、发动机、变速箱等
3	麦格纳（加拿大）	428.0	13.1	在中国有 55 个生产基地、13 个研发基地和销售办公室，拥有员工 2 万余人。在沈阳、天津、重庆、上海、张家港等地布局，涉及车身、底盘、外饰、座椅、动力总成、电子、镜像、闭锁、整车设计与代工制造等产品系统

续表

排名	公司	2023 年零部件配套业务收入（亿美元）	同比增长（%）	中国布局情况
4	宁德时代（中国）	413.7	23.5	总部位于福建宁德，在宁德、厦门、常州、上海、中国香港设立研发中心，在全球布局 13 个生产基地，包括福建宁德、青海西宁、江苏溧阳、四川宜宾、广东肇庆、上海临港、福建厦门、江西宜春、贵州贵阳、山东济宁、河南洛阳等，以及德国埃尔福特和匈牙利德布勒森 2 个海外生产基地，产品主要涉及动力电池、储能电池、循环回收等
5	电装（日本）	407.2	-15.0	在中国有 37 家企业，其中包括 2 家技术企业和 30 余个生产基地，拥有员工 1.7 万余人，布局在北京、长春、天津、上海、烟台、重庆、广州等地，涉及动力传动系统、驾驶安全及信息系统、汽车空调系统和车身相关产品等
6	现代摩比斯（韩国）	369.6	14.8	在中国共有 17 家企业，建立了 3 个研发中心和 1 个质量中心、7 个生产基地、2 个区域中心、1 个亚太中心和 2 个亚太办公室、1 个亚太创新中心，主要分布在北京、上海、天津、盐城、无锡、常州、重庆等地区，涉及的业务较广，除了轮胎、玻璃及车身，生产其余全部的汽车零部件产品
7	爱信精机（日本）	327.0	4.7	在唐山、天津、上海、广州、佛山、苏州、无锡、安庆、福州等地布局 35 个分支机构及生产基地，涉及的产品包括发动机系统构成部件、变速器、制动器、座椅、天窗等

续表

排名	公司	2023 年零部件配套业务收入（亿美元）	同比增长（%）	中国布局情况
8	大陆（德国）	287.4	13.2	在中国共设有 27 个生产基地、18 个研发中心。在沈阳、天津、芜湖、重庆等地布局，涉及产品包括底盘系统、发动机系统、传动系统、轮胎、汽车电子系统及传感器等
9	弗瑞亚（法国）	283.1	5.5	中国总部位于上海，拥有员工 2 万人，建立了 70 个工厂与 4 个研发中心，分布在重庆、成都、长沙、武汉、襄阳、南昌、广州、东莞、佛山、柳州、上海、杭州、长春、沈阳等地，涉及内饰系统、座椅系统、排气控制系统、照明、绿动智行系统等产品
10	李尔（美国）	234.7	12.3	在中国拥有 44 个制造工厂、员工 2.7 万人，分布在上海、武汉、重庆、南昌、南京、沈阳、长春、北京、广州、佛山等地，涉及汽车座椅系统、电器系统和电子系统等

资料来源：根据《美国汽车新闻》及公开信息整理。

我国汽车产业进入海外市场，同样需要整零部件的协同配合，不仅要把我国关键零部件带到海外布局，同时也要整合国际产业链供应链，进一步提升海外本地化经营的效率并降低成本。

我国汽车企业已进入国际化发展阶段，整车出口与本地化发展并行。综观全球汽车产业发展，国际化是汽车产业发展至一定阶段通过深度参与国际竞争实现“由大变强”的必然选择。近年来，我国骨干品牌车企纷纷将产品出口和国际化列入核心经营战略，汽车出口和海外投资规模逐渐扩大，海外本地化生产和服务体系日益完善。据不完全统计，35 家国内车企在海外建立134个海外工厂，2022年我国汽车企业海外整车产能超200万辆。其中，上汽、奇瑞、吉利、长城等骨干车企加大重点国家生产布局，提升本地化制造和合作水平。零部件企业也跟随整车的国际化发展“协同出海”。零部件企业的出海模式更加多元，根据海外不同市场灵活开展海外业务。对发达国家市场，结合自身特点以当地整车企业配套供货和售后市场零售两种模式进入，如曼德电子电器进入宝马全球供应链，在中国沈阳和德国丁格芬分别设立生产基地供应热系统产品；扬州福克斯减震器、安徽凤凰滤清器等主要进入欧美等发达国家的售后市场，需要更多与当地的汽车产业链上下游企业深度合作发展。对新兴国家市场，更多是中国整车企业协同零部件企业一起出海，共同开拓新业务。

主要汽车企业与供应链企业协同出海发展取得新成效。上汽通用五菱瞄准共建“一带一路”国家发力，成为国内首家在印度尼西亚投资建厂的中国汽车企业，也是中国汽车品牌首次携带供应链企业在印度尼西亚建厂，输出品牌及产品并形成完整供应链，实现了中国汽车企业知识产权、品牌与产品、人力资源与团队、业务运营与模式等全方位海外输出。2015年，上汽通用五菱联合16家中国零部件供应商组团进入印度尼西亚市场，投资10亿美元建设整车生产基地和零部件产业园。2017年11月，上汽通用五菱印尼汽车有限公司（以下简称“五菱印尼公司”）成立，建成年产能12万辆的整车生产基地，并形成包括供应链体系、制造体系和销售服务体系的完整产业链。同年8月，五菱印尼公司第一款家用MPV产品Confero上市。2023年，印度尼西亚新车销量100.6万辆，同比下降4.5%。五菱印尼公司销量为2.4万辆，同比下降21.5%，位居印度尼西亚新车销售市场第十，市场份额达2.3%。日系品牌占据印度尼西亚新车市场头部，丰田（33.7万辆）、大发（18.8万辆）、本田（13.9万辆）、铃木（8.1万辆）、三菱（7.7万辆）位居前五，韩国现代（3.6万辆）排名第六位，前六位企业占据整体市场85.3%的份额。新进入印度尼西亚市场的奇瑞（0.4 万辆，市场排名第 13 位）、哪吒（181 辆）等销量较低。

五菱印尼公司不仅带动印度尼西亚本地经济和就业增长，还带动出口外贸增长。截至 2023 年 7 月，五菱印尼公司已有 150 家印度尼西亚本地经销商建成并投入使用，有 17 家国内供应商落地印度尼西亚零部件园区，涵盖汽车钢材、空调、线束等主要零部件，并与当地 70 余家零部件企业建立合作关系。五菱印尼公司与上下游企业一起，为当地创造了约 1 万个就业岗位，并且在企业的中高层管理人员和核心技术人员中，印度尼西亚籍人士约占 3/4。此外，五菱印尼公司已成为上汽通用五菱的海外出口基地，印度尼西亚基地生产的车型已出口至泰国、文莱、斐济、日本、乌干达、坦桑尼亚、肯尼亚等国家和地区。

2. 汽车产业链供应链开放合作模式走向多元化

全球汽车产业链供应链结构发生深刻变革，由传统的金字塔形链式合作逐步向网状结构转变，头部车企强化垂直整合能力，打造全链条自主可控模式。与此同时，在国际环境复杂多变的新形势下，部分车企也在积极探索以技术和服务授权模式为代表的轻资产运营合作方式开拓海外市场。

（1）链式合作是产业上下游协同发展的主要模式

整车和零部件企业普遍采用金字塔形链式合作模式。整车企业基于自身汽车产品的结构，依托物料清单（Bill of Materials，BOM）对供应商进行分级管理，形成金字塔形的供应链结构。因各车企物料清单不同，零部件企业分级不尽相同，从一级供应商到四级或五级供应商都有，各级的划分是根据给整车企业配套的远近来划分的，如四级或五级供应商已到电子元器件或原材料的层级（见图 5-24）。

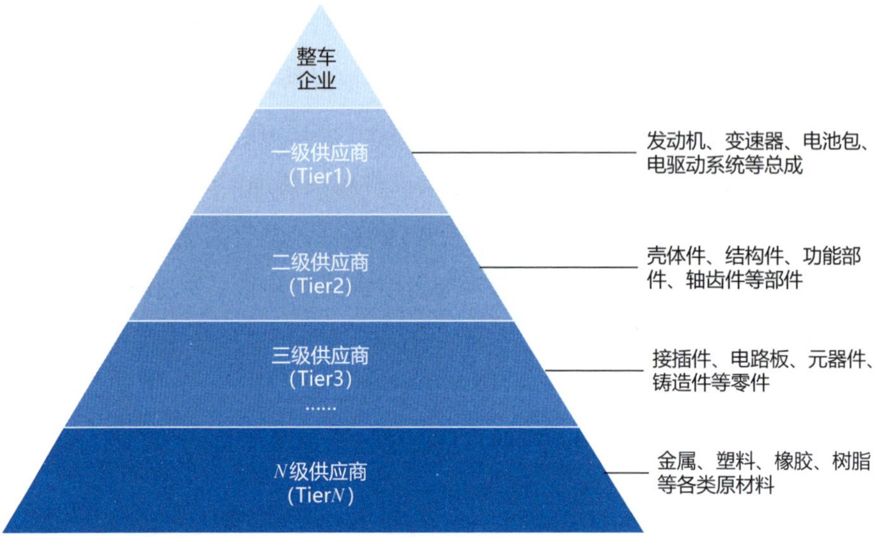

图 5-24 汽车供应链金字塔形结构示意

资料来源：公开资料整理。

金字塔形链式合作的主导者是整车企业。整个链式合作中，整车企业处于金字塔的顶端，由其依据产品结构向下分解供应链的物料构成和供应关系，发挥产业链合作开发主导者作用，具备较高的整车集成和调配能力。整车企业是通过金字塔形结构，自上而下以链式传导的方式，拉动整体产业链供应链的合作发展，同时，整车企业也通过这种模式管理供应链，实现整车企业组织生产。一级供应商是具备较强研发和生产制造能力的大型零部件企业集团，具备各类总成级零部件的集成供货能力，技术实力雄厚，掌握关键核心技术，直接为很多整车企业供货。如博世、电装、采埃孚、博格华纳、宁德时代、华域、延锋、均胜电子、北京海纳川、潍柴等都是大型跨国零部件企业，具备多领域、多品种的供货能力。二级供应商是给一级供应商配套，包括壳体件、结构件、功能部件、轴齿件等各类部件。如本特勒是宝马的一级供应商，为华晨宝马提供底盘装配等产品，其二级供应商有400多家。生产汽车热管理系统精密加工零部件的苏州众捷，作为二级供应商为翰昂、马勒、摩丁、法雷奥、马瑞利等国际知名一级零部件供应商供货。

（2）汽车供应链加快向网状模式转变

汽车产业向电动化、智能化、网联化转型，带动供应链由传统的链式结构向网状结构转变，并呈现结构短链化、主体多元化等趋势。如图 5-25 所示，汽车产业链供应链加快转型，各级供应商的界限趋于模糊化，车载软件、车规级芯片等三级、四级供应商的重要性愈发凸显，整车企业与关键环节的重点企业直接联合开发，进一步缩短供应链，最大限度发挥供应链企业特点和优势，以保障整车开发和生产效率与质量，构建整车产品竞争优势。原来的三级供应商或四级供应商正在向 0.5 级供应商或 1.5 级供应商演变，直接参与整车的开发，并通过指定采购、工艺外协等模式进一步缩短供应链。理想与地平线建立深度战略合作关系，2021 款理想 ONE 使用地平线的征程 3 自动驾驶专用芯片，实现了 NOA 导航辅助驾驶功能。2024 年上市的理想 L6，搭载了以地平线征程 5 芯片为核心的 AD Pro 智能辅助驾驶系统。岚图与东软睿驰进一步深化合作，在已有的智能驾驶及 SOA 架构等基础上，进一步打造智能出行体系。汽车产业边界和外延不断扩大，多种主体正在加快进入汽车产业链供应链，供应链主体愈发多元化，互联网企业、科技企业、出行服务企业、能源服务企业等都在加入。日产与百度开展战略合作，将在人工智能与智能汽车方面共同打造智能出行服务。长安与百度将在云计算、人工智能、大数据和物联网等领域进行深度合作。长城与科大讯飞将联合搭建长城汽车知识大脑，这是行业内首个知识大模型在汽车上的应用。丰田与小马智行成立合资公司，将投放千辆规模的自动驾驶汽车，提供全无人驾驶出行服务。吉利与中国石化签署战略合作协议，将在绿色低碳转型、甲醇、新能源、新材料等领域开展合作，共同促进产业链供应链优化升级。

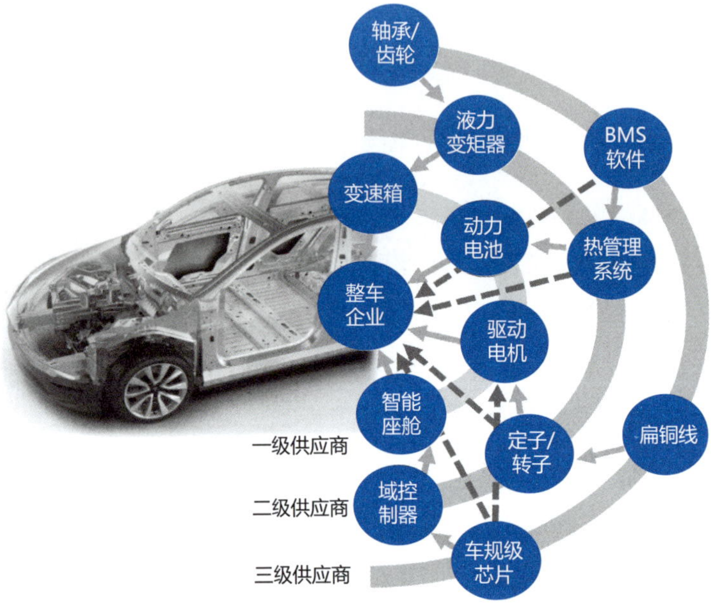

图 5-25　汽车供应链网状结构示意

资料来源：根据公开资料整理。

（3）垂直整合推动全产业链自主可控模式

头部整车企业持续强化产业链垂直整合能力，通过全栈自研自制，推动全产业链的自主可控。比亚迪作为我国新能源整车龙头企业，依托旗下零部件公司，对产业链进行垂直整合，全栈自研、自建核心供应链，实现关键环节的自主可控。比亚迪旗下设立弗迪电池、弗迪动力、弗迪视觉、弗迪科技、弗迪精工、比亚迪半导体、比亚迪电子等子公司，聚焦动力电池、电机、电控、电源、发动机、变速器、车桥、车灯、电子、底盘、模具以及 IGBT、MCU 芯片等核心技术和关键产品，锂矿等动力电池关键原材料矿产，实现产业链主要环节的全覆盖。行业内的其他供应商做部分一级配套和二级配套，以二级供应商为主。作为新能源汽车行业内三家盈利企业之一，比亚迪的垂直整合模式也带动了行业企业的模仿借鉴，已有部分企业以电驱动系统为切入点，强化整车企业的自研自制能力，进一步提升垂直整合程度和自制化深度。

（4）技术授权和服务是新形势下轻资产运营和合作的积极探索

部分汽车企业正在探索以技术授权和服务的轻资产模式。随着全球新能源汽车产业竞争加剧，以地方保护主义为核心的各类新型壁垒频出，投资安全审查力度也持续加大，部分汽车企业积极探索汽车产业链供应链开放合作的新模式。宁德时代以技术授权和服务模式与福特汽车开展全球战略合作，涵盖北美、欧洲及中国的动力电池供应。在国际环境剧烈变化的新形势下，宁德时代采取提供技术支持和授权服务的全新合作模式，助力福特汽车在美国密歇根州自建磷酸铁锂电池生产工厂。福特电池工厂计划投资约 35 亿美元，为福特全资所有，初期员工约 2500 人，预计于 2026 年投产，初期产能达 35 吉瓦时，以满足 40 万辆电动车需求。未来，宁德时代将以这种新模式与欧洲和美国的其他车企和电池制造商开展合作。斯泰兰蒂斯以轻资产商业模式继续在中国经营发展。斯泰兰蒂斯于 2022 年 3 月发布"Dare Forward 2030"长期战略规划，明确将以"轻资产"商业模式经营中国市场，以降低固定成本。2030 年，中国区的营收目标为 200 亿欧元，占届时集团营收的 6.7%。因广汽菲克近几年持续亏损、收购广汽菲克多数股权计划缺乏进展，斯泰兰蒂斯于 2022 年 7 月宣布与广汽集团协商终止广汽菲克公司收购，未来将采用轻资产方式在中国发展 Jeep 品牌，通过进口 Jeep 品牌汽车在中国继续发展。

我国车企依托部分领域的先发优势以技术输出模式探索发展新市场。伴随我国新能源汽车市场规模化发展，电动化、智能化技术也逐步成熟，形成先发比较优势，我国车企在部分领域以技术输出模式与跨国车企开展新合作。丰田与小马智行自 2019 年开展战略合作，共同推进高级别自动驾驶车辆的开发。2023 年 8 月，丰田（中国）、广汽丰田与小马智行三方签订协议，将投资 10 亿元成立自动驾驶出租车（Robotaxi）合资公司——骓丰智能科技，共同推进 L4 级自动驾驶的无人化、规模化、商业化应用。雷诺与文远知行开展自动驾驶合作，2024 年 5 月，雷诺发布自动驾驶战略，计划在法国网球公开赛中首次实地演示与文远知行合作的雷诺机器人化电动迷你巴士。此外，我国车企依托新能源汽车优势，作为技术输出方与跨国车企聚焦电动车开展深入合作。斯泰兰蒂斯与零跑于 2023 年 10 月签署合作协议，双方以 51∶49 的比例成立“零跑国际”合资公司，借助零跑的电动化产品在国际市场谋求更大发展，斯泰兰蒂斯计划在意大利都灵米拉菲奥里（Mirafiori）工厂（年产能 15 万辆）生产零跑电动车。零跑 T03 首批试生产车辆已于 2024 年 6 月在斯泰兰蒂斯波兰蒂黑（Tychy）工厂组装下线。大众和小鹏于 2023 年底达成合作，大众持小鹏 4.99% 股份，双方将基于小鹏 G9 平台共同开发两款大众品牌电动车，并将在电动车平台、供应链、电动车技术等方面深度合作。雷诺与吉利控股、吉利汽车于 2024 年 5 月成立合资公司 HORSE Powertrain Limited，面向全球市场联合开发未来动力总成技术，包括发动机、变速箱、混合动力系统和动力电池等。奥迪与上汽、上汽大众于 2024 年 5 月签署合作协议，联合开发全新的智能数字平台（Advanced Digitized Platform），基于该平台的首款纯电动车型预计 2025 年在中国上市。捷豹路虎和奇瑞于 2024 年 6 月开展战略合作，双方将基于奇瑞电动化平台共同打造“Freelander 神行者”品牌电动车。

3. 构建协同开放产业链供应链的政策建议

面向全球汽车产业绿色低碳发展，道路交通高效、安全运行，要立足国内、着眼全球来打造协同开放的汽车产业链供应链。这需要把我国汽车产业链供应链深度融入全球产业体系，不仅要实现国内和国际两个市场的协同，更要进一步扩大开放，在全球范围内为我国和全球汽车产业服务。

（1）提升汽车产业链供应链自主可控水平

聚焦关键核心技术领域，依托重点企业逐步掌控关键核心技术，切实提升产业链供应链竞争力，更好地深入布局全球市场。一是汽车产业政策聚焦零部件和基础工业领域，鼓励基础性自主创新。进一步加大基础创新力度，围绕材料、工艺、技术等领域提升自主可控水平。二是以国产替代和原始创新为方向，强化技术创新和产业化应用。强化新能源和智能网联汽车的创新应用，加快步入国际市场，形成多点支撑和应用的产业格局。三是培育具备国际竞争力的汽车和零部件企业集团。支持汽车及零部件企业的国际化发展，通过多种方式开拓海外市场，提高国际经验水平和能力。

（2）聚焦重点国家市场实施本地化发展

支持我国汽车相关企业聚焦重点国家市场积极实施本地化发展。一是在全球范围开辟多轨供应商，降低供应链运行风险。鼓励产业链龙头企业和链主企业持续优化全球产业链供应链渠道布局，降低受制于一国甚至一家企业的供应风险。二是提升产业链供应链全球资源配置能力，强化与海外企业、当地政府、科研机构等多元合作关系。支持重点企业结合自身实际，聚焦重点国家市场实施本地化发展，并加强与当地政府、企业、各类机构的合作，共建海外产业链。三是注重发挥企业海外中心与机构的本地化优势，通过技术合作和重组并购补齐国内产业链短板。聚焦产业先进方向和技术领域，科学合理利用合资合作等模式，持续提升产业链，并加强国内外的联通与交流。

（3）构建多元化的汽车产业供给体系

通过深化多双边经贸合作，扩大国际“朋友圈”，不断提升全球供给保障能力。一是推进实施自贸区提升战略。主动加入《全面与进步跨太平洋伙伴关系协定》，推进建设中国—东盟自贸区 3.0 版等，与更多汽车重点出口国家和地区商签自贸协定，优化区域产业链供应链发展环境。二是强化国际关系及外交。将重点企业汽车贸易与海外产业规划，纳入重点国家市场已有的磋商对话机制。依托国际布局，建立多元化的产业链合作和供给体系，聚焦关键急缺领域进一步强化国际供给保障能力。三是依托进出口贸易平台强化国际产业合作。充分发挥中国国际进口博览会、中国进出口商品交易会、中国—东盟博览会等各类国际展会作用，以汽车产业为纽带，持续强化国际汽车产业链合作和联系。结合多双边经贸关系，支持和鼓励中国企业积极参加海外展会，为其他国家和全球汽车产业输出中国方案，提供优质服务。四是强化产业链国际布局。推动优势汽车企业加快海外布局，保障国内外汽车产业链供给需求。持续强化与跨国汽车企业集团的合作，在海外重点国家市场构建利益关系一致的产业链体系，形成国内外共赢发展的产业链条。

（二）打造联通内外的汽车产业共性服务平台

汽车是全球化程度最高的产业之一，也形成了很多全球化的国际共性服务平台，从标准、认证、技术、市场、法律等多个维度共同支撑和帮助全球汽车产业稳定发展，我国汽车产业的国际化同样离不开国际共性平台的支撑。

1. 汽车产业发展需要行业共性平台支撑

（1）汽车标准化是全球汽车产业协同发展的基础

国际标准化机构牵头制定国际标准、协调全球标准化工作。汽车标准是汽车产业和技术发展的重要基础，在百余年发展过程中，主要经济体都建立了自己的汽车工业标准体系，如中国 GB 国家标准，联合国欧洲经济委员会 ECE 法规，美国 SAE、EPA 汽车排放标准、联邦机动车安全标准，日本工业标准（JIS 标准）和汽车行业标准（JASO 标准），韩国机动车辆安全标准等。为制定和协调国际标准，诞生了很多国际标准化机构，如国际标准化组织、国际汽车工作组、联合国世界车辆法规协调论坛等，在国际标准化工作中发挥重要的沟通协调作用。国际标准化组织是由各国标准化机构组成的世界联合会，现有 165 个成员国，目标是促进全球标准化工作发展，以利于国际物资交流和互助。国际汽车工作组是为协调国际汽车质量系统规范，由世界主要汽车制造商及协会成立的国际性组织。联合国世界车辆法规协调论坛是承担世界汽车技术法规协调和统一工作的主要组织，也是《1958 年协定书》和《1998 年协定书》的具体执行机构，负责沟通各国汽车产品领域技术要求，打破技术壁垒，促进对外贸易。

（2）汽车产业国际认证体系是全球汽车贸易的必要前提

汽车产品国际认证是海外市场的准入门槛。目前几乎所有国家和地区都已建立完善的汽车认证制度，如中国 CCC 认证、欧洲 ECE 认证、美国 DOT 认证、澳大利亚 ADR 认证、俄罗斯 GOST 认证、海湾 GCC 认证、印度 AIS 认证、印度尼西亚 SNI 认证、巴西 LCVM 认证和 CAT 认证等，不同国家和地区的认证标准和体系各不相同，需要经过相关国家的产品认证后方可进入对应市场。中国质量认证中心（CQC），德国技术监督协会（TÜV）和机动车监督协会（DEKRA），瑞士通用公证行（SGS），美国公路安全保险协会（IIHS）、保险商实验室（UL）和电子测试实验室（ETL）等都是著名国际第三方检测认证机构。

国际认可认证组织是促进各国认证结果互认、促进贸易流通的国际服务平台。为打通各国认证体系，实现认证结果互认，促进国际贸易流通与发展，国际认可论坛（IAF）、国际实验室认可合作组织（ILAC）等国际认可认证组织发挥了重要作用。国际认可论坛成立于 1993 年，是由多个国家认可组织参加的多边合作组织，有 30 多个成员。中国是发起国之一，中国合格评定国家认可委员会（CNAS）是成员单位。国际认可论坛主要是协调各国认证制度，通过统一规范各成员的审核员资格要求、培训准则及质量体系认证机构的评定和认证程序，使其在技术运作上保持一致，从而确保有效的国际互认。国际认可论坛包括欧洲认证认可组织（EAC）和太平洋认可合作组织（PAC）两大组织。被国际认可论坛多边承认协议签约机构认可的认证机构颁发的认证证书在国际贸易等领域均得到世界各国承认与信任。国际实验室认可合作组织成立于1996年，属于非政府组织，其秘书处设在澳大利亚，宗旨是通过提高对获认可实验室出具的检测和校准结果的接受程度，以促进国际贸易与合作。

（3）汽车技术信息平台是全球产业协同发展的核心

汽车行业技术信息共享平台有助于全球汽车产业的协同发展，提升产业链供应链的技术互通和协同效率。世界汽车工程师学会联合会（FISITA）大力推动各国汽车工程学会的协同发展，通过各种先进汽车技术交流提高汽车研究水平和发展速度。世界汽车工程师学会联合会由全球38个国家的汽车工程学会组成，拥有超16万名会员，是世界上影响力最大的汽车行业组织之一。两年一次的世界汽车工程师学会联合会年会是世界规格最高、规模最大的汽车专业技术会议之一，围绕世界汽车工业发展主题展开研讨和科学技术交流，同时举办汽车新技术展览会。伴随全球电动车的快速发展，一些新兴的全球性的电动车组织机构也在快速成长，如清洁能源部长级合作机制（CEM）的电动汽车倡议（EVI）、国际能源署先进燃料电池技术合作组织（AFC TCP）、创新挑战能源部长级合作机制（MI）的清洁和可再生氢能创新挑战（IC-8）等。

（4）全球汽车市场信息平台为国际市场开拓提供指引

全球性的汽车市场信息平台为各大车企进入海外重点汽车市场提供指引。除了官方组织机构，全球性的汽车市场研究机构也提供市场信息，并支撑各大车企研究全球汽车市场发展现状和趋势，识别重点市场国家，研判市场发展机遇等。世界汽车组织成立于1919年，是由世界各国汽车制造商组织组成的国际组织，成员以汽车生产国为主，有40余个成员，是全球汽车制造业唯一的国际组织和代表。世界汽车组织主要发布并宣传全球汽车工业政策和立场，研究汽车可持续发展共性问题，公布全球汽车生产和销售统计数据等。此外，全球还有诸多营利性的汽车研究公司和机构，针对世界汽车市场开展专项调查研究，部分公司或机构还搭建了全球汽车信息平台和数据库，如日本的 Fourin、MarkLines，中国的全球贸易观察数据库，德国的杜伊斯堡汽车研究中心（CAR），英国的 Jato Dynamics 和 IHS Markit 等。伴随全球电动车的快速发展，也有部分专业的电动车和动力电池市场研究机构兴起，如美国 EV Sales Blog、瑞典 EV Volumes、韩国 SNE Research 等。

（5）海外咨询服务是国际合法合规经营的支撑

汽车企业出海发展，需要海外咨询服务支撑，聚焦出海目标国的各类准入和合规要求，从法律法规、标准政策、海外市场、用人纳税等多个维度，贴合和适应本地化发展要求，实现合法合规经营与发展，更好融入出海目标国。全球范围内有多家顶级的管理咨询和会计师事务所，支撑全球多家跨国车企的海外布局与发展。罗兰贝格、麦肯锡、奥纬、波士顿、埃森哲等全球顶级的战略管理咨询公司和机构均覆盖汽车行业，普华永道、德勤、毕马威、安永四大会计师事务所也为全球的大型跨国汽车集团提供各类咨询服务和支持。此外，部分海外汽车市场国家属地化的专业咨询机构和企业也为进入本地汽车市场的企业提供服务。

罗兰贝格成立于 1967 年，总部位于慕尼黑，是全球顶级的战略管理咨询公司之一，在全球 36 个国家拥有 51 家分支机构和 3500 名员工，为各类客户及整个价值链做出积极贡献。麦肯锡创建于 1926 年，是世界级管理咨询公司，采取“公司一体”的合作伙伴关系制度，在全球 44 个国家有 80 多家分支机构和 7000 多名咨询顾问。德勤于 2023 年成立“汽车出海欧洲合规服务中心”，在数据战略、供应链、产品与电池、可持续发展与气候变化、市场进入、营销与运营六大合规领域设立专家团队，借助德勤全球网络资源，以及欧洲和中国的300多个德勤办公室，支撑中国品牌汽车企业在欧洲市场开展布局与合规发展。

2. 主要汽车国家都形成了产业发展支撑平台

（1）主要汽车国家都组建标准化组织

主要汽车国家都建立了自己的汽车标准化体系和组织，负责协调国内与国际的汽车标准。汽车标准作为汽车产业和技术发展的重要基础，标准体系在全球发展中呈现多样化特征。各国都组建了标准化机构，如德国汽车标准化委员会（FAKRA）、日本汽车标准组织（JASO）、美国汽车工程师学会（SAE）、中国的全国汽车标准化技术委员会（NTCAS、SAC/TC114）等。各国汽车标准化组织为参与国际标准协调，也设立汽车标准国际化中心，如日本的汽车技术法规与认证国际化研究中心（JASIC）、韩国的汽车标准国际化中心（KICAS）、中国的汽车标准国际化中心（CASIC）等，分别代表各自国家参加国际汽车技术标准协调。

（2）各国汽车产品认证体系是国际贸易重要前提

各国基于本国的认证认可制度建立汽车产品认证体系，并成为汽车国际贸易的准入前提。中国合格评定国家认可委员会是中国批准设立并授权的国家认可机构，统一负责对认证机构、实验室和检查机构等相关机构的认可工作。中国合格评定国家认可委员会通过评价、监督合格评定机构的管理和活动，确立其权威性，发挥认可约束作用。截至2024年5月31日，共有1001家机构获得中国合格评定国家认可委员会检验机构认可，覆盖全球24个国家和地区。2004年，中国合格评定国家认可委员会首批签署《亚太实验室认可合作组织（APLAC）检验机构认可互认协议》，实现了检验机构认可国际互认。英国认可服务组织（UKAS）是英国负责评审和认可的国家专门机构。英国认可服务组织已签署多项国际协议，以确保英国认可服务组织的认可结果得到国际承认，最终达到降低贸易壁垒的效果。英国认可服务组织是欧洲认可合作组织、国际实验室认可合作组织和国际认可论坛的主席会员，与欧洲认可合作组织签署互认协议。美国国家认可委（IAS）是美国三大认可机构之一，提供认证认可服务。美国国家认可委是亚太实验室认证合作组织与国际实验室认可合作组织互认协议的签约方，也是太平洋认证合作组织与国际认可论坛多边互认协议的签约方。

（3）主要国家都建立汽车技术信息平台

汽车工程学会是全球有重要影响力的汽车技术信息平台，主要汽车国家都建立了各自的汽车工程学会，以实现各国汽车发展趋势和技术的及时交流。美国汽车工程师学会成立于1902年，是对美国及世界汽车工业有重要影响的学术团体，是世界汽车、海洋和航空/航天运输机械技术信息资源之一，每年推出标准、技术报告、参考（工具）书籍和特别出版物等资料，已建立庞大的数据库。美国汽车工程师学会标准不仅在美国被广泛应用，也被许多国家作为编制标准的参考依据，在许多技术内容或环节上予以引用。伴随百年来的汽车发展历程，主要汽车国家都依托美国汽车工程师学会建立了本国的汽车学会组织，如中国汽车工程学会（China SAE）、德国汽车工程协会（VDI-FVT）、日本汽车工程师学会（JSAE）、韩国汽车工程师学会（K-SAE）等。

（4）汽车市场研究服务是进入海外市场发展的基础支撑

汽车产业作为世界主要经济体重要的支柱性产业，主要汽车国家都成立了专门的汽车工业协会，并有众多市场研究机构和企业提供各类数据和咨询服务。美国汽车工业协会（AAMA）、韩国汽车工业协会（KAMA）、日本汽车工业协会（JAMA）、德国汽车工业协会（VDA）以及欧洲汽车制造商协会（ACEA）等为汽车企业和社会经济发展提供了汽车行业的统计运行数据，开展产业发展情况分析等工作。其他营利性的市场研究机构和企业众多，不仅涵盖本国市场，甚至包括汽车及零部件进出口贸易研究。

（5）合规咨询服务平台协同出海是汽车国际化有力支撑

欧美等国家大多采用技术法规、法案、法律等手段规范汽车行业发展、保障国民权益，合法合规咨询服务平台是进入发达国家市场的必要和有力支撑。汽车产业一直是欧洲经济的支柱性产业，欧盟委员会建立了统一的汽车产品准入管理制度，以 ECE 法规、技术指令、法案等支撑汽车产业管理。美国汽车产业管理制度与欧盟有明显差异，以“自我认证模式”为核心，但也通过一些法律法案规范和约束汽车产业发展。例如欧盟在数据安全领域先后出台《通用数据保护条例》《关于公平访问和使用数据的统一规则的条例》等法案，在电池及材料等领域出台《电池和废电池法规》《关键原材料法案》等。美国则出台《1974 年贸易法》《通胀削减法案》《芯片与科学法案》等，还正在酝酿新的《美国数据隐私保护法》《联网汽车国家安全审查法案》等与汽车数据相关的新法案。这类法律法规具备较强的专业性，需要专业分工能力更强、理解和认识更充分的本地化服务平台或机构来支撑，所以需要跨国跨地区的全球性咨询服务公司。我国已实现本地化发展的咨询服务机构和本土自有的咨询服务平台的共同支撑。

3. 建设全球化产业支撑平台的政策建议

（1）建议国家级汽车组织和平台加快进入海外市场

建议由政府推动国家级的汽车组织和平台加快进入海外市场，引导我国汽车企业有序进入海外市场，并代表我国汽车产业在海外重点国家发声，维护我国汽车企业利益。一是建议我国的全国汽车标准化技术委员会等汽车标准化组织在海外重点和潜力市场设立分支机构，加强我国汽车标准的海外协调和输出。特别是在新能源汽车等先发领域，把我国新能源汽车的领先经验和标准积极在海外推广，利于我国新能源汽车、充电设备设施等相关产品的海外推广和应用。二是强化国际汽车认证能力和结果互认，便利我国汽车出口。支持头部认证机构与企业积极开拓海外业务，设立海外分支机构，助力我国汽车企业更好进入海外目标市场。三是建议国家官方代表性的汽车组织与机构加快设立海外分支。引导中国汽车工业协会、中国汽车工程学会等具备政府官方代表性的组织机构在海外重点和潜力市场设立分支机构，代表我国汽车产业发声。引导我国汽车企业有序合理进入海外市场，科学规划发展路径，减弱内耗竞争，并代表我国当地汽车企业发声，维护和保障我国汽车企业的海外经营发展权利与利益，识别和研判我国汽车产业海外发展风险。

（2）鼓励和支持各类汽车平台积极开拓海外业务

鼓励汽车及相关行业的组织、机构、团体积极开展海外业务，以多种方式服务我国车企出海。一是支持汽车行业相关的各类咨询服务机构与平台在海外设立分支机构，建立各层次的交流沟通渠道，开展丰富多彩的交流活动，以扩大我国汽车产业在海外目标国的影响力，让产品、标准、品牌、文化等协同发力。二是支持重点汽车企业海外发展时择优选取跨国跨地区的全球顶级战略管理咨询服务机构和平台，依托其跨国服务能力，深度融入海外市场，从品牌、文化等方面强化输出，传递我国汽车产业的绿色发展理念，探寻与当地头部跨国车企的利益共同点，探索共赢发展道路。三是针对新兴市场或其他国家市场，以产品、标准等为核心，输出我国汽车产业的优质产品和发展理念，带动目标国当地汽车产业链供应链共同提升与发展，规避发展风险，并与当地企业共同开发市场、协同发展。

（3）科学合理应用本地化的汽车服务支撑平台

合理利用本地化服务平台支撑我国汽车企业的本地化发展。一是聚焦市场开拓，合理利用本地市场研究与合规咨询服务平台。以市场准入与开拓为导向，合理利用本土汽车市场与合规咨询企业，助力我国汽车企业更好进入海外目标市场国家，按目标国相关要求合法合规地经营发展。二是培育本土汽车产业链供应链，助力本地产业基础提升。利用本土咨询机构，合理设计供应链战略，积极与本土汽车产业链上下游企业开展合作，实现本地采购与供货，不仅降低生产运营成本，也拉动本地产业链供应链协同发展，带动当地相关就业人口增加。三是服务当地社会与经济建设，勇于承担社会责任。深入扎根海外目标市场发展，以承担社会责任为己任，依托本地咨询服务平台，更好地输出我国汽车品牌与文化，提升我国汽车的海外影响力和品牌形象，共同助力和服务当地的社会与经济发展。

（三）打造国际化汽车人才体系

国际化人才匮乏是制约汽车产业国际化进程的关键因素。随着汽车产业技术的不断革新和全球市场的日益开放，培养国际化的人才队伍既是当务之急，又是长远之计。我国亟须打造具有全球视野、熟悉国际规则、懂经营、善管理的国际化汽车人才体系，形成具有国际竞争力的比较优势，为推动汽车产业国际化进程发挥积极作用。

1. 我国汽车产业国际化面临人才窘境

（1）高质量人才稀缺

一是国际化人才总体规模较小。2022 年，我国车企海外营收总额快速增长，超过半数车企的海外营收已达 100 亿元以上，大多数车企海外营收占比超过 10%，部分车企超过 30%。然而车企国际化人才平均占比不足全员的 2%，当前人才储备规模仍跟不上海外业务发展需要。二是高层次管理和研发设计人才稀缺。面向汽车产业在研发、生产、供应链、销售与服务等多个环节全面国际化的迫切需求，当前车企中具备全球视野和思维、熟悉国际市场和规则、拥有外语和跨文化制度沟通能力、掌握先进技术、具备丰富管理经验和创新思维的高层次人才较为稀缺，其中有过海外生活、工作经历的人更少，成为制约汽车产业国际化发展的重要瓶颈。三是具备汽车、电子、计算机、通信等多个领域知识和技能的人才非常匮乏。随着汽车行业电动化、智能化、网联化和共享化程度不断提高，对跨学科、跨领域的复合型人才需求日益增加。教育部、人力资源社会保障部、工业和信息化部发布的《制造业人才发展规划指南》显示，2025 年我国节能与新能源汽车人才缺口为 103 万人，智能网联汽车人才缺口为 3.7 万人。其中，新能源汽车行业对电池、芯片设计、动力系统、电子等领域人才需求极为迫切；智联网汽车行业中，芯片和软件算法类研发人才供不应求，尤其是汽车芯片开发、汽车安全、自动驾驶、智能三电和智能座舱等领域的人才缺口较大。

（2）人才结构不合理

一是销售人才占比高，管理、研发类人才相对较为匮乏。车企派往海外的人才主要包括销售人才、管理人才和生产技术人才三种类型。根据国际经验，在产品出海阶段，销售岗和规划岗的需求合计占比约 50%，目前我国汽车产业销售人才占比已超过 60%。随着我国汽车产业逐渐由“产品出海”升级为“产业出海”，管理和生产技术人才呈现严重供不应求的局面。据不完全统计，2023 年 1—7 月，汽车行业招聘需求增长主要是与研发、管理等相关的核心技术岗位，招聘职位数增速排名前十位的岗位中高技术含量工程师占 8 个，而相对应的求职者中，具有研究生学历的人才占比约为 10%。二是熟悉新兴市场的国际化人才占比相对较低。以往我国车企更多关注欧美市场，但近年来对东南亚等新兴市场投入显著增强，尤其是向泰国、印度尼西亚、越南等国家派遣人数大幅增长。然而，这些国家官方语言并非英语，文化制度环境、市场规则和消费习惯等都与欧美市场存在差异，对车企国际化人才队伍建设提出更高要求。

（3）人才培养和引进机制不完善

人才培养和引进机制不完善是影响我国汽车产业国际化进程的根本因素。一方面，尚未建立针对国际化人才培养的长期性、系统性规划，培养模式和体系缺乏连贯性和前瞻性，产教融合的深度和广度尚显不足，教育资源相对有限，培养过程重理论轻实践，缺乏全球视野和国际经验，使得人才培养难以匹配产业出海快速发展需求。另一方面，企业尚未构建具有国际竞争力的薪酬体系和职业发展机会，缺少跨文化沟通融合的包容性企业文化环境，因此，难以吸引和留住东道国属地和其他海外人才。以上两个原因，进一步凸显出我国汽车产业在人才储备方面缺少明确的战略规划和长远目标，尚未建立国际化人才储备库，也未形成系统化人才储备机制。此外，由于缺乏有效的工具和方法评估国际化人才的潜力和适应性，缺乏有效的人才选、用、留、育一体化管理体系，难以支撑全产业链出海拓展的长期人才需求。

2. 全球领先的人才培养体系建设经验

综观世界其他汽车产业强国，如德国、日本、美国等，能够在全球持续保持领先地位和竞争优势，不仅得益于其知名的汽车品牌、卓越的品质、精湛的工艺、持续的创新能力、全球化的销售网络和完善的售后服务体系，更离不开高质量国际化人才培养体系的支撑。这些国家在国际化人才培养体系的建设过程中，都具备一些共性的特点，包括在东道国推广本国人才培养体系和经验、建立完善的员工终身职业培训体系、形成良好的职业成长环境和激励机制、建设灵活的人才引进机制等，积极培育适合企业在东道国发展的属地人才，弥补本国国际化人才的缺口和不足。

（1）推广理论与实践相结合的校企融合教育体系

在东道国推广校企融合的教育体系，培育和吸收属地人才，成为弥补车企国际化人才不足的重要渠道。校企融合的教育体系有效结合了理论学习和企业的实践培训，能够有效填补企业国际化过程中高技能人才缺口，并解决东道国的就业问题和满足高质量人才培训需求。这其中最具有代表性的是德国“双元制”教育体系，在德国车企快速出海的进程中，这一模式被不断推广、复制至东道国。作为最成功的职业教育模式之一，其在培养模式、合作机制、资金投入等方面都具有参考价值。

第一，在培养模式方面，德国“双元制”教育体系的特色是由企业和职业院校联合开展人才培养，企业承担约 70% 的培养任务。培养目标和课程体系的设置通常以企业的职业活动、岗位需求为核心，针对性强，形成面向职业要求的共育机制。德国几乎所有的主要汽车制造企业，如大众、宝马和奔驰等都在东道国推动建立了“双元制”教育体系。例如，一汽大众与一汽技术学校（现长春汽车职业技术大学）结成合作伙伴关系，采用德国“双元制”模式，由大众提出培训要求，提供教学设施和模具，招募的技术工人接受职业院校和企业内部的双重培养，学制 3 年。大众在学生二年级时考察选拔优秀生源，到三年级进入企业接受内部培训，通过考核的学员可成为大众汽车员工。这类培养计划为大众积累了丰富的管理和技术人才，支撑了跨国企业的运营和持续健康发展。截至 2022 年，大众集团已通过“双元制”模式培养了 1.66 万人，并在全球更多国家和地区陆续引入“双元制”模式。奔驰的统计数据显示，接受“双元制”教育的员工在入职后培训成本减少了 30% 以上。

第二，在合作机制方面，德国“双元制”模式的有效实行需要包括政府、职业院校和企业在内的多个主体协同开展。其中，政府负责统筹企业的实践教育环节，由政府确定培训职业的名录、发布专业相关职业类别培训要求等，涵盖教育内容、培训时间、毕业标准等方面。职业院校的教学内容也根据各地方政府要求确定。在政府统筹下，企业和职业院校深度配合，落实培训工作。高效的“政、学、研”和“产”的紧密合作，能够使得企业充分表达需求，根据在东道国发展业务所面对的人才缺口定制培训内容。

第三，在资金投入方面，企业负担了“双元制”人才培养的主要支出，减少了政府财政压力。政府部门仅承担职业院校内课程学习的支出，由于存在人才数量和定制化培养需求，企业自发提供大部分学生在企业内培训的费用。这不仅大大减轻了东道国政府在人才培养方面的财政压力，还有效促进了劳动力就业，降低了政府在社会保障方面的支出，从而更容易促成政府与企业的积极合作，实现东道国政府与企业的双赢局面。

（2）建立完善的综合性企业内部培训体系

完善的企业内部培训体系为汽车企业国际化人才培养奠定了基础，重视属地化人才培养、提升属地化人才占比是企业实现全球化战略的重要途径。企业在进入新的国家和市场时，不仅需要将产品和服务带入当地，更重要的是提升属地化运营和管理的能力，以适应不同市场的独特文化、经济和社会环境。很多车企都采用了海外属地人才经营海外企业的方法，例如，2009 年美国通用汽车公司在全球范围内共有员工 7.3 万人，其中海外员工有 4.5 万人，占总人数的 60% 以上，这些海外员工绝大部分是当地人。相比于外来的工作人员，当地人更加熟悉本地情况和政治文化环境，且能够大幅降低企业的雇用成本和管理成本。为了用好属地化人才，海外车企高度重视属地员工在整个职业生涯中内部培训体系的建立，提供了多元化的学习资源和学习机会，包括专业技能、跨领域知识、管理能力等。这不仅有助于员工个人能力的提升，还能够强化属地员工的忠诚度，减小员工流失率，从而增强企业的凝聚力和向心力，实现东道国员工与企业的双赢局面。

德国非常重视对东道国员工的内部培训，把员工的教育、培训和深造作为人才开发的重中之重。例如，宝马在全球范围内设立了包括德国宝马培训学院在内的多个培训中心。2021 年，宝马在全球范围内投入 3.89 亿欧元用于培训和发展项目，覆盖 110 万人次，平均每名员工培训时长达 23.1 小时。又如，大众在中国的合资企业拥有超过 9 万名员工。为了更好地培养中国企业的属地化人才，大众汽车实施了面向高级技术骨干的培养项目，选拔优秀的中国年轻汽车工程师到德国大众研发总部进行为期 3 年的在岗培训，全程参与研发工作，现在这批员工已成为上海大众研发部门的核心技术骨干力量。

日本企业也非常重视对东道国员工的内部培训。例如，自 2003 年起，丰田汽车公司在全球推行 ICT（Intra-company Transferee）制度，即让全球各地的丰田汽车公司员工到日本丰田总公司去研修，学习母公司的管理经验和做法，并带回本地因地制宜地充分发挥和有效利用。丰田公司先后创立了丰田销售公司进修中心、丰田工业大学、国家经济研究所、丰田学院等多个教育机构，培训了大量优秀人才。

（3）提供具有全球竞争力的薪酬和职业成长体系

具有全球竞争力的薪酬和职业成长体系成为汽车企业留住国际化人才的“护城河”。汽车企业人才体系的建立基于卓越的培养模式，完善的人力资源管理体系是留住人才的重要保障。具有全球竞争力的汽车企业通常会为员工提供优厚的薪酬体系、个性化福利制度，以及包括职业发展、价值肯定和青年关爱等在内的职业成长体系，不仅能够吸引和留住东道国大量的优秀人才，还能够显著提升员工的满意度和工作积极性，有效增强企业在东道国的市场竞争力。

例如，大众的动态薪酬体系和具有竞争力的薪酬标准吸引了大批国际化人才。大众的动态薪酬体系是根据公司生产经营和发展情况，以及特定激励对象和激励岗位的情况等，动态调整薪资报酬。其薪酬标准不仅包括基本薪资报酬和保险，还包括绩效、根据工作时间自主选择兑换的有价证券、员工持股计划以及补充养老保险等。全球主要市场薪酬调研显示，大众汽车为工程师提供的年薪在中国比行业平均水平高出 20%，有利于留住中国本土人才，为其弥补在中国展业面临的人才缺口提供了重要保障。

（4）建设高质量人才引进体系

为了在全球国际市场中保持竞争力，车企除重视员工终身培养，还从全球范围内吸引、聘用了大量具有国际视野和跨文化沟通能力的专业人才，建设了包括高级管理人员、技术专家、研发人员和市场销售人才等在内的国际化人才体系。

企业通常会采取多样化的措施吸引全球人才。第一，多渠道全球招聘。积极参加专业招聘会，如在北美、欧洲和亚洲举办的汽车工程师协会年会和展览会进行人才招聘；在全球知名高校中进行校园招聘，如大众与斯坦福大学、清华大学等建立了长期合作关系，吸引年轻的国际化人才。第二，内部推荐计划。通过激励机制鼓励现有员工推荐优秀人才加入公司，对成功推荐员工给予现金和非现金（如假期、公司荣誉）等激励。第三，全球猎头服务。在招聘高级管理人员和技术专家等关键岗位时，车企通常会与全球知名猎头公司合作，快速高效地找到适配的人才。第四，设立全球人才计划。面向全球招募有国际化背景的、高潜力的中高层管理人员和技术人员，开展轮岗培训，提供包括领导力、跨文化沟通、项目管理等在内的培训体系，配备导师并分配到重要的国际项目中积累实际经验。如 2018 年大众启动“全球未来领袖计划”，通过这一计划在全球范围内招聘了超过 200 名高潜力管理人才，在公司内部多个国家和地区的分支机构中担任了重要职务。宝马推出了“全球领导力发展计划”，每年有数百名全球优秀人才参与该计划，通过在德国总部和全球各地分支机构的轮岗培训，积累了丰富的国际化管理经验，为宝马全球战略执行提供了有力支持。

3. 打造我国汽车产业国际化人才体系的政策建议

（1）构建多主体协同的人才培养体系

为了构建多主体协同的汽车产业国际化人才培养机制和培养体系，应当深入推进产教融合、协同育人的培养模式，积极探索政府、高校、企业、行业协会、职业院校等多主体共同驱动的培养路径，提高人才培养的质量和效率，促进教育链、人才链与产业链、创新链有机衔接、深度融合，为车企“走出去”和国际化发展提供强有力的人才支撑。

一是发挥政府在我国汽车产业国际化人才培养中的主导作用，强化政策支持力度。针对车企出海的国际化人才需求，加强顶层设计，强化规划引领，深化人才培养模式改革，降低制度性交易成本，探索体制机制创新。推动有出海需求的汽车企业参与职业教育和专业学位研究生教育办学，提高规模以上校企合作比例。围绕生产性实训、技术研发、检验检测等关键环节，推动校企依法以合资、合作等形式设立实体化机构，实现市场化、专业化运作。通过金融、财税、土地、信用等支持方式，对企业、高校进行精准激励，降低企业参与人才培养的成本，确保更多企业愿意投入资源，培养具备国际化视野和技能的高素质人才。

二是建立健全产教融合长效机制，充分调动企业主体积极性。企业不仅是国际化人才的消费者，更应成为国际化人才培养的积极贡献者，为自身的国际化战略培育和储备足够的人才资源。为了将实际人才需求与教育机构的教学目标紧密结合，最大限度保障所培养的人才能够符合国际市场的需求，企业应当积极参与到教育过程的全环节，如与高校和职业院校共同设计课程、开发教材以及提供实践培训等，还应当鼓励以购买服务、委托管理、合作共建等方式，支持企业参与职业院校办学或举办职业院校。积极拓宽企业参与职业教育办学的途径，将准入条件透明化、审批范围最小化。鼓励汽车企业以资本、知识、技术、管理等要素依法参股、入股或与院校共建产业学院、实训基地、创新基地等，明晰企业参与教育办学的人才输送机制和收益模式。

三是强化行业主管部门和行业组织、协会在产教融合改革中的协调推动作用和公共服务职能。行业主管部门和行业组织、协会在推动产教融合、促进人才培养体系建设中具有枢纽的作用，可以作为桥梁协调各方合作，明确各方在国际化人才培养中的角色和责任，还可以通过制定行业标准、发布人才需求报告等方式，引导教育资源和企业需求的精准对接。应当积极支持行业组织、协会等开展人才需求预测与评估、校企合作对接、教育教学指导、职业技能鉴定等服务。在汽车产业“走出去”的过程中，行业组织和协会可以发挥国际合作网络的作用，帮助国内企业和教育机构在全球范围内获取更多的人才资源和合作机会，进一步增强我国汽车产业的国际竞争力。

（2）提升人才培养的国际化水平

一是构建面向国际化人才的多元化、多层次培养体系。应通过引入国际先进的教育理念和课程体系，在高校和职业院校内建立国际化人才培养的专门项目。推动汽车相关专业“双一流”建设高校与企业共建产教融合创新平台，协同开展关键核心技术人才培养。推动高等学校和企业面向产业技术重大需求开展人才培养和协同创新，设立针对全球市场的企业管理、智能网联技术、国际市场营销等交叉专业课程，精准提高应用型人才培养比重。推进职业院校人才培养与企业联盟、与行业联合，全面推行现代学徒制和企业新型学徒制。推动校企合作，构建规范化的技术课程、实习实训和技能评价标准体系，扩大企业职工教育培训覆盖范围并提高质量，推动技术技能人才企业实训制度化。还可精确针对出海企业需求，通过助学协议、助学贷款、以工代偿等形式引进东道国属地学员进行培训。

二是优化面向国际化人才的培养模式和培养内容。从汽车产业国际化人才培养标准、培养模式、专业建设、师资队伍建设、人才培养方案、教学质量标准、课程体系、教学内容与方法、考核形式等方面进行全面改革、系统构建。在培养模式上，应打破传统的学科边界，推行跨学科、跨领域的人才培养模式。例如，将汽车工程与信息技术、人工智能、国际商业管理等学科有机结合，培养具备多元背景和综合能力的复合型人才。培养内容方面，应紧跟全球汽车产业的发展趋势，注重国际先进技术、管理经验和市场知识的引入，设置与国际接轨的课程模块，强化学生在新能源技术、自动驾驶、智能网联和全球供应链管理等领域的学习，确保人才具备全球视野。

三是提升面向国际化人才的国际化办学水平。应加大对教育基础设施的投入，尤其是在国际化人才培养领域，建立一流的实验室、研发中心和实训基地。积极引进国际化的师资力量，通过聘请海内外知名学者、引进国外先进教学法，提升教育质量和教学效果。此外，还应推动高校与全球知名企业、研究机构的合作，通过联合办学、合作研究、国际交流等方式，提供更多参与国际项目和实习的机会，拓宽学生的国际视野。加强交叉学科建设、国际化复合型人才培养、跨文化沟通。

（3）建立国际化人才库

一是加快建设集中统一、专业齐备、层级清晰、来源广泛、运转高效的国际化人才库，发挥在国际化人才储备和培养中的基础性作用。应当将国际化人才库建设作为汽车产业战略的重要组成部分，确保其具有系统性和持续性。明确人才库的建设目标和标准，建立国际人才认证机制，实现人才信息共享和高效利用，确保人才资源优化配置；人才库应涵盖从高级管理人员到技术研发专家的各个层次，并包括境内外优秀人才，开放境外人才加入渠道，保证其多样性和专业性。面向国际化发展战略需求，加大重点领域和关键岗位的人才储备力度；明确人才库的层次和结构，健全人才梯队，为人才成长提供清晰路径；优化管理流程，完善激励机制，确保人才库能够快速精准响应行业需求。

二是建设国际人才发展服务平台，拓宽人才服务渠道，为人才提供覆盖“引用育留”的全链条、全周期、高品质服务。平台应提供涵盖精准招引、终身培训、权威认证、自由流动、智力成果和产权充分保护等在内的全方位专业化服务，有效为国际化人才提供全要素保障，全链条赋能。在引进阶段，平台应提供全球人才招聘服务，帮助企业从世界各地吸纳优秀人才。企业可以通过与国际人才发展服务平台合作，发布精准的人才需求信息，拓宽人才供应市场。同时，平台还应提供签证办理、工作许可、安置服务等配套行政性服务，辅助企业进行国际化人才需求规划，帮助国际人才顺利在各个东道国落地。在培养阶段，平台可以为企业和人才提供定制化的培训和职业发展规划服务，协助企业和教育机构、人才等各方对接。在留用阶段，平台应创新服务模式，辅助人才争取有竞争力的薪酬方案、完善的福利体系和良好的工作环境，提升人才的归属感和忠诚度。同时，平台还可以提供国际人才社交网络、文化交流活动等服务，帮助人才更好地融入企业和所在国家的社会生活，提升其在企业内的工作满意度和留任率。

（4）引育并举强化国际化人才队伍

一是实施引育并举策略，建立人才队伍建设长效机制。既要积极引进国际高端人才，又要大力培养本土具有国际视野的专业人才。一方面，科学设计、完善人才引进政策体系，为人才引育提供完善的保障制度。通过优化签证政策、提供有竞争力的薪酬福利，以及为海外人才提供定制化的生活和工作支持，加大人才引进力度，提高人才培育精度，拓宽人才国际化广度，提升人才服务温度，高水平推动人才引进工作。另一方面，鼓励企业积极推动员工的国际交流和培训，鼓励本土人才参与海外项目，提升本土人才国际化经验和能力。

二是建立海外人才联络站，探索全球人才招聘模式。可以在全球重要国家和地区设立海外人才联络站，作为我国汽车企业在海外的人才招聘和服务中心，帮助企业及时掌握全球人才市场动态，并开展精准的招聘活动。参与各类国际引才活动，通过国际招聘、全球猎头等渠道，简化国际人才引进流程，提供便利的签证政策和入职手续，广泛吸引国际顶尖人才。引进海外人才时，坚持高起点、严标准，围绕企业战略，健全甄选机制，重点引进能够突破关键技术、带动重点业务、提升管理水平的高层次专业人才。针对部分岗位空缺，鼓励驻外机构在当地招聘业务经验丰富、工作业绩良好的成熟人才，在降低管理成本和人工成本的同时，更好地融入当地的经济、社会、人文环境。

三是切实做好人才服务与安全工作。支持企业建立具有国际竞争力的薪酬体系和职业成长路径，为国际化人才提供对标国际厂商的薪酬福利、工作环境和职业发展机会，科学配置安家费、人才津贴、免税补贴等，完善子女入学、医疗保健、社会保险等方面的人才服务内容。企业还应建立完善的人才安全保障机制，确保海外派遣人员的安全，特别是在复杂的国际环境下，加强对海外工作的安全指导和风险预警。全面营造尊重人才、重视人才的良好氛围，增强人才吸引力和提升留任率。

（四）完善海外金融和后市场服务体系

我国汽车企业出海也同样离不开海外金融与后市场的支撑。汽车作为资金和技术密集型产业，已形成庞大的产业链条，不仅搭建了整车和零部件等制造体系，汽车金融与后市场服务体系等周边生态也逐步完善。不管是汽车出口信贷、海外消费金融、海外投融资等金融服务，还是代理销售、服务维修、国际物流、循环利用等后市场服务，都对我国汽车品牌价值和长期竞争力有重要影响。

1. 金融服务体系对汽车产业国际化具有重要意义

（1）出口信贷是汽车出口的重要支持与保障

出口信贷服务是汽车出口规模提升的重要环节。出口信贷是国家为支持和扩大某种商品出口、增强国际竞争力，对出口商品给予利息补贴、提供出口信用保险及信贷担保，鼓励银行或非银行金融机构对出口商或外国的进口商（或其银行）提供利率较低的贷款，以解决出口商资金周转的困难，或满足国外进口商对出口商支付货款需求的一种国际信贷方式。汽车作为国际大宗消费品，在全球范围内占据重要地位，因汽车国际贸易单价较高，汽车出口所需的出口信贷服务规模也较大。全球贸易观察数据库数据显示，2023 年，全球汽车出口贸易额约为 1.25 万亿美元，中国汽车出口平均单价约为 1.85 万美元，较 5 年前（1.29 万美元）增幅已接近 50%，对出口信贷服务的需求增长同样较大。但我国金融机构及汽车金融企业在传统出口信贷方面能力建设不足，对汽车国际贸易支撑力度有待加强。传统出口信贷政策对借款人或担保人的财务指标、成立时间、抵质押等指标有较高要求，不利于小规模汽车出口企业和造车新势力企业拓展海外业务。2023 年 7 月发布的《汽车金融公司管理办法》明确提出鼓励汽车金融公司设立境外子公司，提供民族品牌汽车海外市场发展所需的金融服务，但并未出台落地可行的配套措施。

（2）消费端金融服务是汽车企业海外开拓发展的必要环节

部分海外市场对汽车消费金融依赖较高，但我国金融机构及汽车金融企业在很多海外市场尚无针对消费端的汽车贷款、保险、融资租赁等汽车消费金融业务，难以支撑我国汽车企业海外销售需求。例如，虽然东盟各国金融管理体制和政策不同，但消费者购车分期付款比例一直高达 70% 以上。从跨国车企发展历程来看，福特、丰田、大众、宝马、奔驰等跨国车企都在中国市场设立各自的汽车金融公司，有力支撑其产品开拓国内市场。公开信息显示，截至2024年5月，国内共计25家汽车金融企业，其中上汽通用、大众、丰田、福特、戴姆勒－克莱斯勒、东风标致雪铁龙、沃尔沃、东风日产、菲亚特、宝马等外资和合资企业共计15家，数量占比达60%。汽车金融业务也是跨国汽车集团的重要利润点。中国汽车流通协会数据显示，部分跨国汽车集团的汽车金融公司盈利在其母公司整体利润中的占比达到30%～50%。从国内汽车金融发展经验来看，汽车金融公司在供应链布局、汽车零售、渠道建设、融资租赁等方面都发挥着积极作用。微众银行与罗兰贝格发布的《2024年中国汽车金融报告》显示，2023年，我国汽车市场新车金融渗透率达56%，较2022年下滑2个百分点，预计到2028年将达71%左右。德国等欧洲国家更易接受汽车租赁模式。以德国为例，租赁模式在德国非常普遍，德国大型企业常把汽车租赁作为员工福利，企业在租赁电动车时还可享受19%的增值税减免优惠政策。德国租赁网站LeasingMarkt数据显示，德国汽车租赁企业用户占比约为47%。因此，蔚来在2022年通过租赁模式进入德国、荷兰、瑞典和丹麦四国市场。目前我国车企多以海外市场的本国银行、金融机构、日系银行等为主开展海外汽车消费端金融服务。上汽通用五菱、一汽、吉利等汽车企业分别在印度尼西亚、南非、墨西哥等海外市场设立上汽通用五菱多元金融印尼公司、一汽金融服务（南非）有限公司、吉利汽车金融服务公司等本地化的汽车金融机构，以支撑车企自身在该国的汽车消费终端的各类金融服务。此外，比亚迪、合众等车企分别与巴西桑坦德银行、法国巴黎银行开展汽车金融合作，助力车企在该国提供汽车金融、保险等相关消费端服务。

（3）对我国汽车企业海外布局投融资支持不足

汽车产业是投资密集型产业，建设生产工厂时投资规模较大，车企在海外投资建厂过程中，仍存在投融资难题。我国汽车产业加快海外布局，也带动了投融资需求高速增长。我国电动车及动力电池保持较大海外投融资规模，并加快向欧洲、北非、东盟等地区转移。美国咨询公司荣鼎集团研究报告显示，2023 年中国电动汽车相关行业的对外直接投资额约为 282 亿美元，同比下降 5%，其中不包括比亚迪匈牙利工厂等投资规模未知的项目，否则将呈现同比增长。动力电池已成为我国电动车对外投资规模最大的种类，2023 年我国与电池制造相关的对外直接投资额达 224 亿美元，占新能源汽车全产业链的 81%。虽然我国各大银行及汽车金融机构的全球服务能力不断增强，海外布局不断扩大，融资投放量不断提高，但仍无法全面支撑我国汽车相关企业海外投融资需求。《人民日报海外版》数据显示，截至 2023 年末，中国银行在 64 个国家和地区设立境外机构，在共建“一带一路”国家累计授信支持超过 3160 亿美元；中国工商银行在 49 个国家和地区建立 413 家境外机构，在 30 个共建“一带一路”国家设立 259 家分支机构，通过参股标准银行间接覆盖非洲 20 个国家，还为境内外贸外资企业发放表内外融资超 1.1 万亿元。

2. 汽车后市场服务对品牌价值和长期竞争力培育具有重要影响

（1）4S 店代理销售模式仍占主流

代理销售模式仍是大部分汽车出口国家的主要销售方式，不仅有利于展示产品本身，更便于消费者直接感受、体验。目前大多数我国车企进入海外市场仍是代理销售模式，通过代理商建立若干 4S 店、品牌体验店等，方便本地消费者购车。然而中国品牌在欧美等汽车发达国家市场知名度较低，较难获得当地投资人和代理商的认可。例如，蔚来以多种模式积极开拓欧洲市场。蔚来于 2020 年底宣布进入挪威，迈入欧洲市场，已投放 ET7、ET5、EL6、EL7、ET5T 和 EL8 六款车型。2024 年 5 月，蔚来在欧洲最大的蔚来空间在荷兰阿姆斯特丹开业。目前蔚来已在欧洲建成 7 家蔚来中心、8 家蔚来空间、55 家蔚来服务中心；建立 43 座换电站和 45 根超充桩，并接入了超过 60 万根第三方充电桩的充换电网络。2023 年，蔚来在欧洲的累计销量达 2399 辆，市场份额占比较低。再如，比亚迪依托新能源汽车以国际贸易模式开拓日本市场。比亚迪于 2022 年 7 月宣布进入日本乘用车市场，并在日本成立子公司——BYD JAPAN 株式会社。截至 2023 年底，比亚迪已在日本建立约 50 个销售网点。2023 年，比亚迪日本销量为 1446 辆，占日本当年全部进口车的 0.6%，占当年进口纯电动汽车的 10.1%。

（2）海外服务是品牌与文化建设的重要环节

我国车企在海外服务领域的布局较为薄弱，保养、维修、养护、清洗、备件等领域仍多为服务买断模式，由当地服务商代为开展。我国车企需要结合自身业务布局和海外发展趋势，逐步完善服务能力。长城作为早期步入国际化发展的中国品牌头部企业之一，自 2021 年底进入欧洲市场，在德国设立欧洲总部，与经销商 Emil Frey 集团签约，在欧洲市场销售魏牌和欧拉品牌汽车并提供相关维保服务。2023 年，长城在欧洲市场销售 6300 余辆。因未达预期销售目标等，2024 年 5 月，长城宣布于 8 月底关闭欧洲总部，其在欧洲市场的汽车销售与售后服务业务仍由代理经销商具体负责，由长城中国总部直接管理。成熟汽车市场的售后服务需求旺盛，美国汽车经销商协会数据显示，2023 年，美国 1.68 万家汽车授权经销商的售后服务和备件销售额总计超 1420 亿美元，总维修订单超过 2.64 亿份。中国汽车品牌进入美国、欧洲等这类传统汽车国家和地区，仍有很多需要布局和完善的领域，需结合自身发展，稳步开拓海外市场。

（3）循环利用是我国车企海外可持续发展的重要领域

我国车企尚不具备形成闭环的海外循环回收体系的能力，在海外重点市场国家无法开展二手车交易、动力电池回收等业务。美国二手车交易规模远超新车市场，2023 年二手车交易量与新车销量的比例约为 2.3 : 1。

美国汽车经销商协会数据显示，2023年，美国二手车交易量约为3710万辆，平均单辆成交价约为2.58万美元。国际汽车制造商协会数据显示，2023年，美国汽车新车销量为1601万辆，同比增长12.5%。欧盟2023年通过的《电池和废电池法规》要求，只有具备碳足迹声明和标签以及数字电池护照的电动车电池和可充电工业电池才能进入欧盟市场，按照“谁生产谁负责”的模式，自行解决电池回收问题。2024年5月，欧盟提出该法规的二级配套法规（征求意见稿），要求电池报废后必须运回生产国进行处理，这将为我国新能源汽车企业的海外发展带来新挑战。目前，宁德时代、比亚迪、中创新航、亿纬锂能、国轩高科、蜂巢能源等中国电池企业正在加快海外布局，但尚未在电池回收端展开布局。2023年6月，宁德时代表示将在欧洲、北美布局和扩大动力电池回收服务，以谋求更大的产业链主导权。

（4）国际物流是我国汽车出海的主动脉

目前我国汽车出海主要依赖海运物流。受红海危机影响，国际物流已出现船期延迟、运费翻倍等问题。同时，中国远洋运输公司还不掌握汽车滚装船资源，即使有2M（联盟已解散）、Ocean Alliance、THE Alliance世界三大航运联盟作为协调平台，也很难协调中国的航线和船期，这进一步加剧了运力紧张程度。目前全球汽车主要海运出口国家和地区是日本、韩国、欧盟、英国、美国和中国等。虽然我国汽车出口海运量约占全球13%，但汽车滚装船运力很低，这已成为我国汽车产业出海发展的主要瓶颈之一。船舶经纪公司克拉克森（Clarksons）估算，全球约有760艘汽车滚装船，总运力约为400万CEU（Car Equivalent Unit，汽车运输数量单位，约10平方米），船舶主要注册在日本和韩国，中国约有51艘，占全球总运力不足10%。我国各大汽车企业也正在自建远洋船队。如比亚迪投资近7亿美元订购8艘汽车滚装船，每艘可运载7700辆汽车。上汽集团花费约3亿美元订购5艘远洋滚装船。交银金融租赁公司是提供飞机、船舶等运输工具租赁和市场运力的专业企业，也订购 43 艘汽车滚装船以应对未来快速增长的汽车出海运力需求。我国是世界上少数掌握巨型滚装船建造技术的国家之一，具备较强的实力。2019 年，我国就已成为世界第一大造船国，年造船量占全球 40% 以上，但因大型滚装船的建造周期约为两年，短期内难以满足我国汽车出海的运力需要。此外，中欧（中亚）班列资源也较为紧张，且运费相对较高，难以大规模应用于汽车出口。

3. 构建全球领先的汽车金融和汽车后市场服务体系

（1）汽车金融是汽车企业业务延伸的重要方向

历经百余年发展，世界主要汽车国家都已建立较为完善和领先的汽车金融产业和生态，主要跨国汽车企业都建立了自营的汽车金融公司，支撑企业的消费信贷、投融资、证券、租赁等各类经营发展需要。得益于大众等汽车公司的先发优势，德国汽车金融业务主要由跨国车企自营。大众设立大众汽车金融服务公司，旗下有大众银行、大众汽车金融公司、MAN 卡车金融服务公司、大众汽车租赁公司等众多子公司，这些子公司除提供汽车贷款、维修保养、银行业务外，还提供多元化移动出行方案。戴姆勒 - 克莱斯勒集团除拥有梅赛德斯 - 奔驰银行、梅赛德斯 - 奔驰汽车金融有限公司、戴姆勒卡车金融服务公司等汽车金融板块公司，旗下还有负责出行业务的 Moovel 集团。日本车企多与各大日本银行建立深厚长远的合作关系，不仅自身经营所属的汽车金融公司，也积极利用日本银行的海外关系发展当地市场。三菱日联银行是日本第一大银行，与本田同属于三菱财团，日本从事海外业务的企业有 80% 是该行客户。2020 年，丰田与三井住友银行、三菱东京 UFJ 银行、瑞穗银行等五家公司宣布成立基金公司，从资金方面支持日本国内拥有优秀技术和人才的制造企业；同时，还提供丰田生产方式等经验技术，加强被扶持企业的竞争力。

（2）成熟汽车市场的后市场服务相对独立且分散

成熟汽车市场汽车保有量相对稳定，具备较大的后市场服务发展空间，格局相对独立且分散，车企对后市场影响较小。日本汽车保有量基本稳定，日本汽车工业协会数据显示，截至2022年底，日本汽车保有量为7852.4万辆，同比微增0.1%。日本汽车维保网点约9万家，拥有澳德巴克斯（AUTOBACS SEVEN）、黄帽子（YELLOW HAT）、富士通（FUJI CORP）和日本汽车网（AUTO WAVE）四家上市公司，其中，澳德巴克斯和黄帽子是日本最大的两家维修和汽配公司，富士通以油、轮胎销售为主，日本汽车网以汽车、油、轮胎销售为主。德国机动车保有量规模实现微增，为后续市场发展奠定基础。德国联邦机动车运输管理局数据显示，截至2022年底，德国机动车保有量达6010万辆（包括摩托车、卡车、拖拉机等），同比增长0.8%。德国汽车后市场规模约500亿美元，零部件约占2/3。整车原装市场份额与独立售后市场基本持平。德国的独立售后市场渠道较为分散，电商渠道占据重要地位。ATU是德国最大的汽车售后连锁企业，开设600余家直营门店，年销售额约10亿欧元。Euromaster和Pit Stop分别排名第二及第三位。罗兰贝格数据显示，2014年电商渠道已占德国汽配市场16%的份额，预计到2025年电商渠道市场份额将扩大到20%。

4. 建立和完善全球汽车后市场服务体系

我国汽车产业的出海发展离不开金融、后市场和国际物流等全产业服务生态的共同支持，应进一步聚焦生态构建，打造支撑我国汽车出海的服务体系。

（1）构建支撑中国汽车出海发展的国际金融体系

一是加大汽车出口信贷支持力度，提升国际金融服务范围。鼓励各类银行及汽车金融机构加大汽车出口信贷授信额度，支持我国汽车企业进一步提升汽车出口规模。二是推动我国金融机构和汽车金融企业积极出海，聚焦汽车出口目标国家和地区，构建国际汽车金融业务，探索开展汽车消费金融服务。三是进一步提升海外投融资渠道和能力，支撑我国汽车企业海外并购与本地化投融资发展。科学合理利用各类金融机构，构建覆盖我国汽车产业重点出口国家和地区的投融资支撑体系，为我国汽车企业海外发展提供助力。

（2）完善海外汽车后市场服务支撑能力

一是推动汽车企业完善海外布局，提升海外维修保养服务水平，进一步树立中国汽车品牌形象。支持第三方汽车服务企业或平台协同出海发展，开拓国际业务，充分利用跨境电子商务等平台，在我国汽车企业重点市场国家构建本地化维修保养服务体系。二是聚焦海外仓等平台建设，进一步强化周转存储能力，提升海外零部件配套供货服务水平。综合各类汽车零部件服务周期和重点市场国家需求，依托行业组织或协会，共同构建海外仓，支撑零部件海外备件体系高效运转。三是推动我国汽车企业适时布局循环回收业务。汽车企业应结合海外发展目标国家和地区特点，基于绿色低碳和可持续发展理念，勇于承担社会责任。建议由国家相关部委牵头，依托行业组织或机构，成立中国汽车企业海外可持续发展推进机制，结合重点区域特点，共同研讨海外业务绿色低碳发展策略与路径。

（3）持续优化国际物流保障和服务能力

一是建议相关部委牵头梳理国际海运物流存在的堵点、难点，推进改善当前局面。聚焦红海等关键海域，积极发挥国际协调组织能力，疏导海运秩序。鼓励创新各类装箱模式，提升运输效率。二是充分发挥中欧（中亚）班列作用，推动相关运费递减，引导汽车相关企业由海运向铁运转移。建议结合汽车企业出口目标国的实际运输需求，适当给予政策支持。提升相关边境口岸的通关能力，加大中欧（中亚）班列密度。三是推动海运船业行业组织和联盟协会，加大对汽车国际海运支持力度，增加海运船数量、排期等。支持扩大我国汽车滚装船队规模，保障汽车行业出口运输需求。科学合理优化重点汽车出口目标国和地区的船运排期，支撑汽车企业提升出口规模和效率。

Ⅲ

产业综述

第六章
2023 年中国汽车产业发展综述

李嘉琳　孟圆　郑巧云[1]

一　产业政策多维度引导，支撑汽车产业构建发展新格局

（一）综合政策释放市场消费潜力，促进新能源汽车推广应用

近年来，国家发展改革委、工业和信息化部、商务部等国家部委出台多项政策，持续开展促消费活动，通过优化新能源汽车限购政策、组织新能源汽车下乡、降低新能源汽车购置使用成本、提升公共领域电动化水平等综合性政策，促进新能源汽车消费，释放市场潜力。

一是促进汽车消费。2023 年 8 月，工业和信息化部等七部门印发《汽车行业稳增长工作方案（2023—2024 年）》，围绕支持扩大新能源汽车消

1　李嘉琳，中国汽车工程学会战略规划部研究员。
孟圆，中国汽车工程学会战略规划部研究员。
郑巧云，中国汽车工程学会战略规划部高级研究员。

费、稳定燃油汽车消费等七个方面明确重点工作。各地政府也纷纷出台了各种购车激励政策，全年超过 300 项，推动汽车产业如期超额完成 2023 年增长目标。

二是延续购置税减免政策。优化购置税政策，2023 年 6 月，财政部、税务总局、工业和信息化部发布《关于延续和优化新能源汽车车辆购置税减免政策的公告》，明确了 2023 年后的新能源汽车车辆购置税优惠政策，并首次设定减免税限额，避免了高档豪华车对税收优惠资源的过多占用，同时首次对“换电模式”新能源汽车的车辆购置税计税价格予以明确，有力促进新能源汽车“换电模式”创新发展。

三是开展新能源汽车下乡活动。自 2020 年起，工业和信息化部、农业农村部、商务部等部门连续四年开展新能源汽车下乡活动，有效带动农村地区新能源汽车消费，引导农村居民出行方式升级。2021 年以来，国家发展改革委等部门联合开展燃料电池汽车示范应用，启动新能源汽车换电模式应用试点、公共领域车辆全面电动化先行区试点等工作，加快推进新技术、新车型、新模式发展，促进新能源汽车在重点领域的推广普及。

（二）多措并举，进一步巩固扩大汽车产业发展优势

一是完善基础设施建设。2023 年 7 月，国家标准委、国家发展改革委等多部门发布《氢能产业标准体系建设指南（2023 版）》，首次在国家层面明确包括氢制备、氢储存和输运、氢加注等在内的氢能产业标准体系框架，筑牢氢能供给体系建设底座。

二是支持关键技术创新。工业和信息化部、科技部、国家发展改革委、财政部等部门深入实施国家重点研发计划“新能源汽车”重点专项、新能源汽车重大创新工程等项目，支持汽车全产业链技术攻关，引领汽车产业转型升级。在工业和信息化部的指导下，中国汽车工程学会编制发布

并持续更新《节能与新能源汽车技术路线图》，为产业创新发展提供技术指引和决策支撑。2023 年，中国汽车工程学会对路线图 2.0 进行成果评估，并启动路线图 3.0 的编制工作。此外，我国汽车产业不断完善创新支撑体系，组建国家动力电池创新中心、国家智能网联汽车创新中心等新型创新平台，搭建跨行业、产学研相结合的协同创新体系。

三是优化能耗管理措施。2023 年 5 月，生态环境部、工业和信息化部等多部门发布《关于实施汽车国六排放标准有关事宜的公告》，提出自 2023 年 7 月 1 日起，全国范围全面实施国六排放标准 6b 阶段。

四是推动国际经贸合作。2023 年 12 月，商务部、国家发展改革委等部门研究出台《关于支持新能源汽车贸易合作健康发展的意见》，围绕提升国际化经营能力和水平、健全国际物流体系、加强金融支持、优化贸易促进活动、营造良好贸易环境、增强风险防范能力等方面提出政策措施，明确职责分工，指导推进新能源汽车贸易合作健康发展。

（三）绿色化、智能化、融合化全面发力，推动汽车产业升级与高质量发展

一是引导产业绿色化发展。2023 年 12 月，工业和信息化部发布了《新能源汽车动力电池综合利用管理办法（征求意见稿）》，明确了汽车企业和电池企业有义务在市场上建立电池回收网点，完善动力电池回收利用体系，截至 2023 年底，累计建设动力电池回收服务网点 1.5 万个。2023 年，新能源汽车废旧动力电池综合利用量达到 22.5 万吨，有力支撑了汽车产业循环经济发展。2023 年 12 月，在工业和信息化部指导下，中国汽车工程学会组织编制并发布《汽车产业绿色低碳发展路线图 1.0》，首次从行业层面明确了汽车产业碳排放的核算边界，提出了面向碳达峰、碳中和的汽车产业绿色低碳发展目标和行动路径，为行业企业践行国家“双碳”

战略提供了重要指引。

二是加快产业智能化落地。2023 年 11 月，工业和信息化部等部门联合发布《关于开展智能网联汽车准入和上路通行试点工作的通知》，推动 L3 级及以上高级别自动驾驶迈入产业化落地的新阶段。

三是推动产业融合发展。2023 年 1 月，工业和信息化部等八部门联合发布《关于组织开展公共领域车辆全面电动化先行区试点工作的通知》，启动北京等 15 个城市的试点工作，着力推动公共领域车辆电动化水平提升，围绕智能有序充电、电动汽车与电网双向互动、“光储充放”等新技术新模式的创新应用部署了重点任务。2023 年 12 月，国家发展改革委等部门发布《关于加强新能源汽车与电网融合互动的实施意见》，进一步推动车能融合发展，助力构建经济高效的新型电力系统。自 2021 年起，先后确立北京、上海、广州等 16 个“双智”试点城市，探索智慧城市基础设施与智能网联汽车协同发展。

二 我国汽车产销创历史新高，踏上汽车强国新征程

（一）我国汽车产销首次突破 3000 万辆，出口量跃居全球第一

在促消费政策持续出台、新车加速放量、新能源市场不断走高等多重积极因素影响下，我国汽车产业发展呈现良好形势。2023 年，我国汽车全年产销量 15 年蝉联全球第一，首次冲至 3000 万辆以上，创历史新高。2023 年，我国汽车产销量分别达到 3016.1 万辆和 3009.4 万辆，同比分别增长 11.6% 和 12%，产量同比增速较上年提升 8.0 个百分点，销量同比增速较上年提升 9.8 个百分点，迎来我国汽车市场第二增长曲线（见图

6-1）。汽车产业经济指标较上年同期提升显著，2023年，规模以上汽车制造业增加值同比增长13%，高于同期规模以上制造业增幅8个百分点，汽车制造业实现营业收入100975.8亿元（首次突破10万亿元水平），较上年增长11.9%，在规模以上工业企业营业收入总额中的占比达到7.6%，利润总额达到5086.3亿元，实现同比增长5.9%。

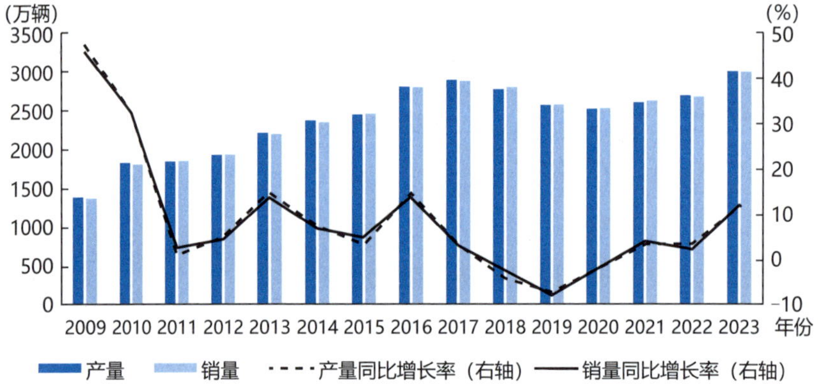

图6-1 2009—2023年我国汽车产销量及增长率走势

资料来源：中国汽车工业协会。

总体来看，我国汽车产销呈现出不断向上突破的态势，但也要看到，近年来销量增长的根本原因是对外出口量大幅提升，国内需求对销量增长的拉动作用相比出口不算显著。2020年后，我国汽车总体产销迎来“三连升”，已超越3000万辆水平。如图6-2所示，2021年、2022年和2023年汽车国内销量分别达到2426万辆、2375.3万辆和2518.4万辆，对汽车总体销量增长的贡献率分别为-5.8%、-86.1%和44.3%。而从汽车出口量来看，2021年、2022年和2023年分别达到201.5万辆、311.1万辆和491万辆，对汽车总体销量增长的贡献率分别达到105.8%、186.1%和55.7%，是近三年拉动销量增长的关键力量。

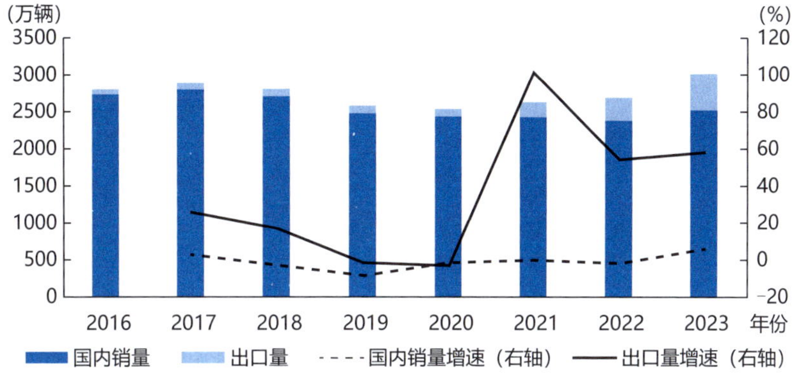

图 6-2　2016—2023 年汽车国内销量、出口量及增速

资料来源：中国汽车工业协会。

从车型来看，2023 年乘用车出口量达到 414 万辆，较上年增长 63.7%；商用车出口量达到 77 万辆，较上年增长 32.2%。从燃料类型来看，2023 年传统燃料汽车出口量达到 370.7 万辆，较上年增长 52.4%；新能源汽车出口量达到 120.3 万辆，较上年增长 77.6%。不同车型和不同燃料类型汽车出口量均大幅提升。从出口企业来看，2023 年出口量排名前十位的汽车生产企业出口量共计 429.3 万辆，出海企业集中度达到 87.4%，排名前三位的上汽、奇瑞和吉利，在汽车出口总量中的占比达到 49.5%，引领我国汽车企业出海征程（见表 6-1）。

表 6-1　2023 年我国汽车生产企业出口量排名前十位

排名	汽车生产企业	出口量（万辆）
1	上海汽车集团股份有限公司	109.9
2	奇瑞控股集团有限公司	92.5
3	浙江吉利控股集团有限公司	40.8
4	重庆长安汽车股份有限公司	35.8
5	特斯拉（上海）有限公司	34.4
6	长城汽车股份有限公司	31.6
7	比亚迪股份有限公司	25.2

续表

排名	汽车生产企业	出口量（万辆）
8	东风汽车集团有限公司	23.1
9	北京汽车集团有限公司	19.0
10	安徽江淮汽车集团有限公司	17.0

资料来源：中国汽车工业协会。

从出口目的地来看，出口到俄罗斯、墨西哥、比利时、澳大利亚和英国的市场份额接近汽车出口总量的一半（40%），出口目的地前十名中，欧洲发达市场比例增加，拉美、中东、东南亚成为我国汽车出海不可或缺的重要市场（见表 6-2）。

表 6-2　2020—2023 年我国汽车前十大出口目的地、2023 年汽车出口量

排名	2020 年	2021 年	2022 年	2023 年	2023 年目的地出口量（万辆）
1	沙特阿拉伯	沙特阿拉伯	墨西哥	俄罗斯	90.9
2	俄罗斯	俄罗斯	沙特阿拉伯	墨西哥	41.5
3	美国	比利时	比利时	比利时	21.7
4	澳大利亚	澳大利亚	俄罗斯	澳大利亚	21.4
5	马来西亚	墨西哥	澳大利亚	英国	21.4
6	墨西哥	英国	英国	沙特阿拉伯	21.3
7	菲律宾	菲律宾	菲律宾	菲律宾	17.2
8	英国	美国	马来西亚	泰国	16.9
9	巴西	泰国	阿联酋	阿联酋	15.9
10	白俄罗斯	巴西	泰国	西班牙	13.9

资料来源：中国汽车工业协会。

（二）汽车价格战贯穿全年，市场竞争格局加快重塑

2023 年，新能源汽车和传统燃油车各自为营，分别开启价格战。从新能源汽车来看，价格战由特斯拉发起，主要受锂价驱动，掀起“20 万元战场”价格战。2023 年初，新能源车企在补贴退坡后集体涨价，而特

斯拉启动降价策略，打响价格战第一枪。2023 年 1 月，特斯拉中国宣布下调 Model 3 和 Model Y 的全系车型售价。其中，特斯拉 Model 3 后轮驱动版的价格由 26.59 万元降至 22.99 万元，Model Y 后轮驱动版的价格由 28.89 万元降至 25.99 万元，两款产品的一次性调价幅度均超过 10%。2023 年初，动力电池原材料碳酸锂的价格一度超过 50 万元 / 吨，至第一季度结束，碳酸锂价格大幅回落，企业动力电池成本压力得到缓解。由此，吉利、上汽通用五菱、极狐、哪吒、蔚来等车企纷纷以全球新能源原材料价格回调为由，在 2023 年持续开启“花式”降价促销。从传统燃油车来看，湖北省政府与东风联合降价，掀起燃油车价格战。2023 年 3 月，湖北省政府宣布对产自当地的部分燃油车型提供补贴，东风集团旗下包括东风雪铁龙、东风日产、东风风神、东风标致等 7 个汽车品牌的 56 款车型推出“限时促销”政策，政府补贴叠加企业综合补贴最高可达 9 万元。这一事件成为合资燃油车参与价格战的导火索，近 40 家车企在较短时间内陆续跟进。随后上海、浙江、安徽等数十个省市也相继跟进。如图 6-3 所示，2023 年底，各品牌车型降价幅度从 1.2 万元到 24.7 万元不等，自主品牌降价幅度较小，新势力次之，豪华品牌降价幅度较大。

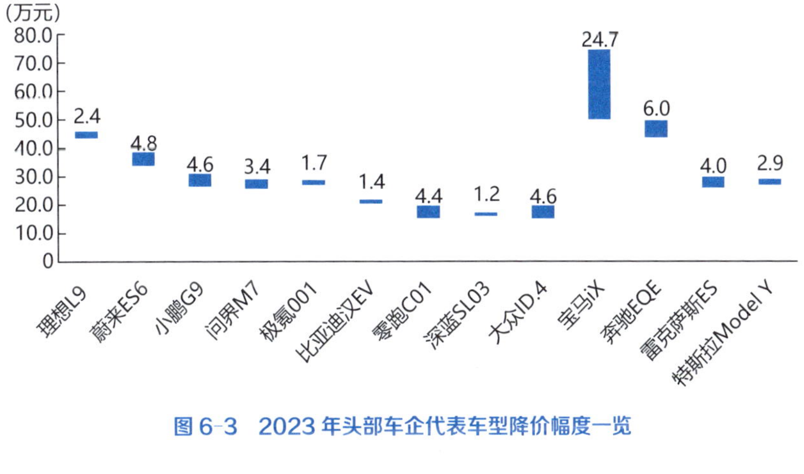

图 6-3　2023 年头部车企代表车型降价幅度一览

资料来源：中国汽车工业协会。

燃油车市场整体呈现量价皆失的状态，降价战并未带来销量的上涨。豪华品牌以价换量的比例最高（40.4%），整体量价表现韧性高效，价格降低可有效带动销量上升，而其中二线豪华品牌如凯迪拉克、雷克萨斯等，整体呈现量价皆失状态。中国品牌优惠力度低于豪华和合资品牌，多数品牌量价弹性有效，降价增量，合资品牌量价皆失比例最高，在2023年价格战中呈现劣势（见图6-4）。

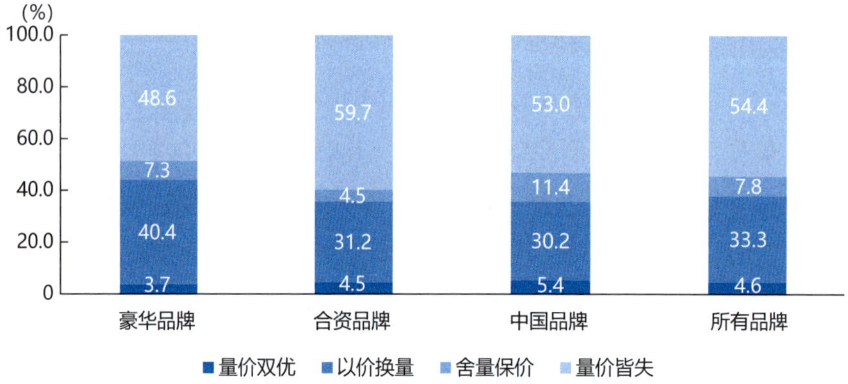

图6-4　2023年传统燃油车各品牌类型量价表现

资料来源：汽车之家。
注：因四舍五入原因加总不等于1。

如图6-5所示，新能源汽车市场主要呈现以价换量的态势（占比为42.4%），尤其是豪华品牌，以价换量占比为70.4%，降价效果最明显；合资品牌量价皆失的占比最高，达到47.4%，主要原因是合资品牌推出的新能源车型较少，且普遍销量不高。相对而言，中国品牌价格战策略偏向保守，舍量保价占比最高，以价换量占比最低，甚至在价格升高的情况下，销量也呈现正向增长，在2023年的全方位价格战中量价表现较好。

2023年汽车市场大打价格战受到三个层面的影响：一是行业整体层面，二是车企供给层面，三是用户需求层面。

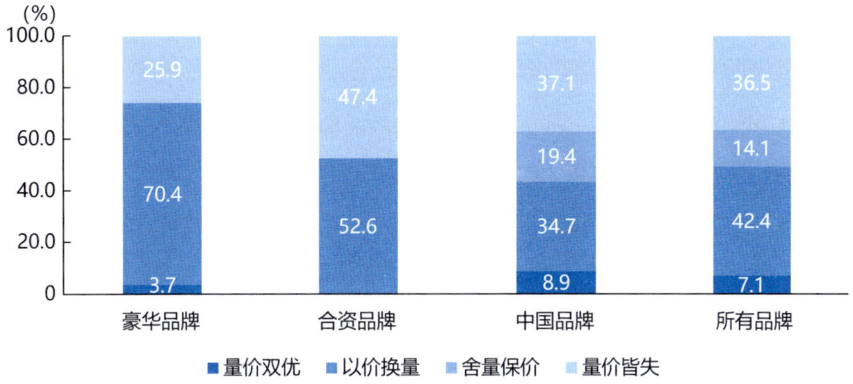

图 6-5　2023 年新能源汽车各品牌类型量价表现

资料来源：汽车之家。
注：因四舍五入原因加总不等于 1。

1. 行业整体层面

行业整体而言，受到非国六排放标准 6b 阶段燃油车禁售政策的影响最大。2023 年 3 月，自主和合资品牌为了在国六排放标准 6a 阶段燃油车禁售前清理库存，几乎都采取了大幅降价促销的措施，进而引发了价格战。2023 年 5 月 8 日，生态环境部等五部门联合发布《关于实施汽车国六排放标准有关事宜的公告》，要求自 2023 年 7 月 1 日起，全国范围全面实施国六排放标准 6b 阶段，禁止生产、进口、销售不符合国六排放标准 6b 阶段的汽车。针对部分实际行驶污染物排放试验（即 RDE 试验）报告结果为“仅监测”的轻型汽车国六 b 车型，给予半年销售过渡期，允许销售至 2023 年 12 月 31 日，在一定程度上给车企和经销商松了绑，价格战从而得到缓解。

2. 车企供给层面

一是头部车企仍有盈利空间，特斯拉 2023 年毛利率持续下降，以牺牲企业盈利换取市场份额，但主动掀起价格战的背后也意味着其盈利空间和利润管理相比其他车企更具灵活性。比亚迪丰富的低价产品矩阵带来的价格优势使其在激烈的价格战中同时收割了市场份额和毛利率。2023 年下半年，比亚迪毛利率始终保持在 25% 以上，盈利空间显著大于行业水平。区别于其他厂商的品牌定位，理想打造的爆款车型极力促成了其生产规模化，使企业毛利率从 2023 年第一季度的 20.4% 一路攀升至第四季度的 23.5%，丝毫不受价格战影响，并首次实现了年度盈利（见图 6-6）。新能源汽车销量持续增长带来规模效应的放大，头部车企在经历价格战后仍保有盈利空间，为获取更大市场份额，势必导致低价竞争。

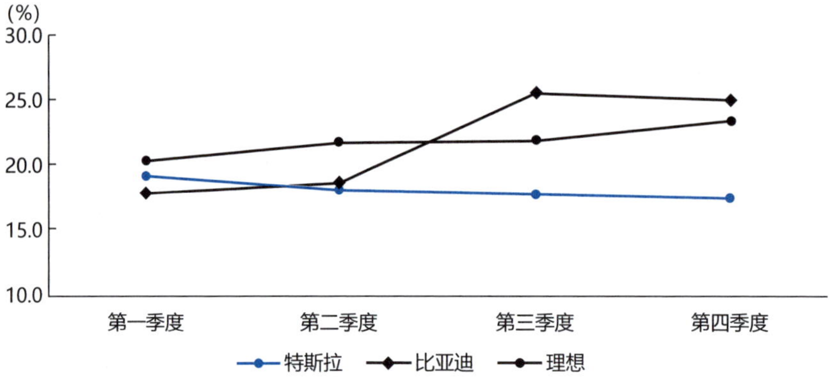

图 6-6　2023 年第一至四季度头部车企毛利率

资料来源：中国汽车工程学会整理。

二是市场供应能力提高，2023 年以来，由于新冠疫情防控平稳转段和供应链逐步恢复，我国汽车产业供应能力不断提升。第一，参与市场竞争的品牌数量增加。第二，各家厂商不断推出新款，新车产品层出不穷，令原本就竞争激烈的我国汽车市场价格更加内卷。第三，以价换量带来规模效应。汽车产业属于规模效应极强的制造业，降价措施可以提振销量，销量可以拉动生产规模。伴随生产规模的扩大，汽车产品的固定成本不变而可变成本同比例增加，从而使汽车生产的边际成本递减，因此汽车厂商有动力通过提高销量来摊薄生产成本。第四，产品同质化严重，新能源汽车市场车型繁多，但具体从配置和参数来看，同等价格段的车辆差异并不明显，百公里加速时间、续航里程、内饰和外观，甚至做工和质感都近乎雷同。从产品层面没有拉开梯度，同质化现象严重，导致价格成了最重要的竞争因素。

3. 用户需求层面

一方面，我国市场进入“改善型”购车阶段，市场竞争从争夺增量市场逐渐转向争夺存量市场。《中国统计年鉴 2022》数据显示，从 2011 年到 2021 年的 10 年间，我国主力购车人群（20 ～ 49 岁人口）数量减少约 1.04 亿人。我国汽车市场基本告别以首购为主、销量连年高增长的“黄金时代”，逐渐进入以增购 / 换购为主、总量相对稳定的新阶段。另一方面，经济形势低迷，车主消费追求理性。用户预算决定了购车需求，当前经济形势面临下行压力，消费者购买意愿和预算明显降低，对大额消费更加慎重和理性。从线上对比车型产品技术规格和车企降价策略，再到看重优惠促销，都体现着消费者趋于保守、回归理性和冷静、更注重价值的消费趋势。

车企去库存求增长、让利润夺市场，广汽三菱、广汽讴歌、东风雷诺等合资品牌退出中国市场，威马汽车陷入财务困境，申请破产重整。汽车行业正在加速洗牌，上演新能源车对燃油车的替代、自主品牌对合资品牌的挑战，竞争格局已开始重塑。

（三）自主品牌汽车以技术创新为本，开拓汽车转型发展新路径

1. 自主品牌汽车的国内市场份额首超 50%，占据半壁江山

如图 6-7 所示，2023 年自主品牌汽车的国内市场份额达到了 56%，较上年增长 6.1 个百分点，这一增长不仅标志着自主品牌汽车在国内市场占据了半壁江山，也反映出我国汽车工业的崛起和自主品牌汽车竞争力的增强。

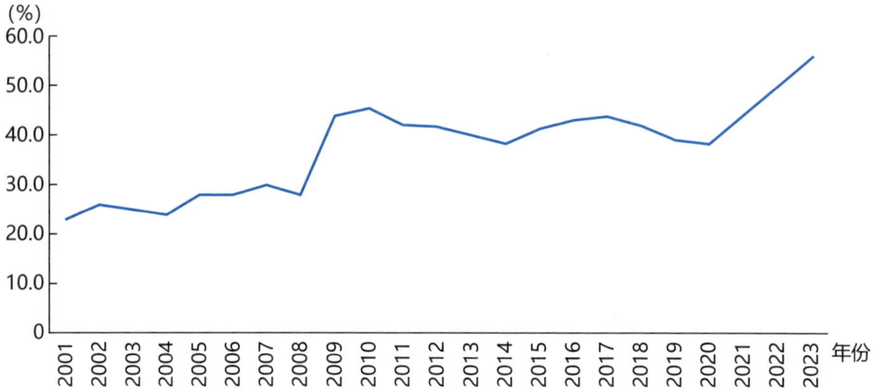

图 6-7　2001—2023 年自主品牌汽车国内市场份额变化

资料来源：中国汽车工业协会、中国汽车流通协会乘用车市场信息联席分会、盖世汽车。

自主品牌汽车市场份额的增长得益于多方面因素。首先，新能源汽车的快速增长为自主品牌汽车提供了巨大的增长动力。2023 年，我国新能源汽车产销量均突破 900 万辆，市场占有率超过 30%。自主品牌在新能源汽车市场的占比达到了 49.9%，每两辆售出的自主品牌车型中就有一辆是新能源汽车。比亚迪在新能源汽车领域的表现尤为突出，全年累计销量超过 302 万辆，成为全球最大的纯电动汽车制造商。其次，汽车出口的快速增长也是自主品牌汽车市场份额提升的重要原因。2023 年我国汽车出口量接近 500 万辆，同比增长 57.9%，其中新能源汽车出口超过 120 万辆，同比增长超过 77%。

2. 自主品牌汽车推出近百款新车，引领自主品牌向上突破

如图 6-8 所示，2023 年我国自主品牌汽车共推出了 94 款新能源新车，其中包括纯电动车型 53 款、插电式混合动力车型（不含增程式）31 款、增程式车型 10 款，另外纯燃油车型也有 16 款，是合资品牌的 13 倍多。而合资品牌与豪华品牌在 2023 年的新车上市数量屈指可数，合资品牌

仅推出 17 款，豪华品牌仅推出 4 款。

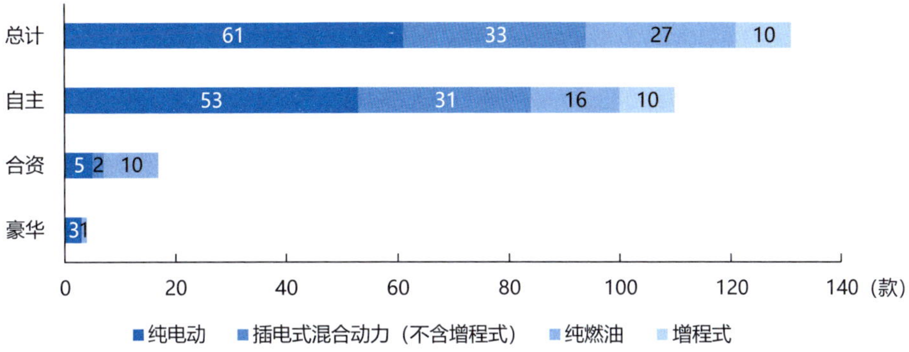

图 6-8 2023 年各品牌类型新车数量

资料来源：中国汽车流通协会乘用车市场信息联席分会。

2023 年，我国自主品牌汽车的市场表现非常活跃，推出了众多新车型，涵盖了从微型车到大型 SUV 的各个细分市场。在技术路线上，推出纯电动、插电式混动（不含增程式）、增程式和纯燃油车型（见表 6-3）。

表 6-3 2023 年五大自主品牌新车型汇总

自主品牌	序号	动力形式	车型
比亚迪	1	纯电动	海鸥
	2	纯电动	腾势 N7
	3	纯电动	宋 L
	4	插电式混合动力	海豹 DM-i
	5	插电式混合动力	腾势 N8
	6	插电式混合动力	方程豹 豹 5
	7	增程式	仰望 U8
长城	1	插电式混合动力	魏牌蓝山
	2	插电式混合动力	哈弗枭龙
	3	插电式混合动力	哈弗枭龙 MAX
	4	插电式混合动力	哈弗猛龙

续表

自主品牌	序号	动力形式	车型
长城	5	插电式混合动力	坦克 400 Hi4-T
	6	燃油 / 插电式混合动力	哈弗二代大狗
	7	燃油	哈弗 H5
吉利	1	纯电动	极氪 X
	2	纯电动	熊猫骑士
	3	纯电动	银河 E8
	4	纯电动	极氪 001 FR
	5	插电式混合动力	银河 L7
	6	插电式混合动力	银河 L6
	7	插电式混合动力	领克 08
长安	1	燃油	长安逸达
	2	纯电动	阿维塔 12
	3	纯电动 / 增程式	深蓝 S7
	4	纯电动 / 增程式	启源 A07
奇瑞	1	燃油 / 插电式混合动力	星途瑶光
	2	燃油 / 插电式混合动力	瑞虎 9
	3	燃油 / 插电式混合动力	探索 06
	4	燃油 / 插电式混合动力	捷途旅行者
	5	纯电动	iCAR 03
	6	纯电动	奇瑞 eQ7
	7	纯电动	星纪元 ES
	8	纯电动	星纪元 ET

资料来源：笔者整理。

3. 自主品牌汽车技术和战略更新升级

2023 年，我国自主品牌汽车在技术和战略等方面均加快了更新升级，涵盖混动系统、新能源架构、智能平台等多个领域，如比亚迪发布全栈自研的云辇系统，小鹏推出 SEPA 2.0“扶摇”全域智能进化架构等，为自主品牌在电动化、智能化方面的加速发展提供了强有力的支撑，如表 6-4 所示。

表 6-4　2023 年自主品牌新能源汽车新技术和新战略

企业	新技术和新战略
比亚迪	智能车身控制系统： 比亚迪 2023 年 4 月 10 日发布全栈自研的新能源专属智能车身控制系统“云辇”，包含云辇 -C（智能阻尼车身控制系统）、云辇 -A（智能空气车身控制系统）、云辇 -P（智能液压车身控制系统）等产品。云辇 -P 已搭载于仰望 U8，云辇 -A 已搭载于腾势 N7，云辇 -C 已搭载于比亚迪汉、唐及腾势 D9 三款车型部分版本 新品牌： 比亚迪发布专业个性化品牌 “方程豹”，该品牌定位介于腾势与仰望之间，首款车型（豹 5）定位为硬派 SUV，聚焦越野等多场景
吉利	银河中高端新能源汽车战略： 基于“新能源架构造车”理念，银河分为智能电混 L 和智能纯电 E 两大产品系列，覆盖 SUV 和轿车两大细分市场；混合系统采用雷神电混，发动机最高热效率 44.26%，匹配三档 DHT，搭载神盾电池安全系统和银河 NOS 全栈自研的分布式操作系统 极氪品牌发布性能车产品： 2023 年 9 月 4 日，极氪发布高性能版车型 001 FR，搭载四电机分布式驱动系统，全栈 800 伏高压电气系统，匹配极充 V3 系统，单枪输出最高功率为 800 千瓦，最大输出电压 1000 伏，最大输出电流 800 安
一汽	红旗子品牌： 2023 年 4 月 18 日，红旗发布三大子品牌——“红旗金葵花”“红旗新能源”“红旗节能车”。“旗帜”架构（FMEs）下的电动平台 HME（HQ Modular Electric）、智能平台 HIS（HQ Intelligent System）也同步亮相 新能源汽车战略： 一汽 2023 年 6 月 9 日宣布，2025 年新能源车销量将达到 145 万辆，其中自主品牌占比超过 50%。到 2028 年，红旗品牌将累计推出 11 款纯电动车型和 11 款插电式混动车型，覆盖 A 到 D 级轿车、SUV、MPV 等细分市场
上汽	新能源汽车战略： 上汽发布“新能源汽车发展三年行动计划”：到 2025 年新能源车年销量达到 350 万辆，其中自主品牌占比达到 70%。未来三年，智己将推出 4 款全新车型，飞凡、荣威、名爵将发布 13 款以上新能源产品

续表

企业	新技术和新战略
东风	新能源汽车战略： 东风未来三年将投入 500 亿元，投放 18 款新能源乘用车产品和 22 款商用车产品。到 2024 年，自主乘用车主力品牌全新车型 100% 电动化；到 2025 年，东风自主乘用车与合资品牌的销量比例达到 1∶1，其中新能源车销量占自主品牌的 50% 2023 年 4 月 18 日，东风风神品牌发布“e 启”计划，包括 5 大支撑技术（DSMA 模块化架构 / 马赫 MHD 混动系统 / 马赫 E 动力 / 东风量子架构 / 前瞻智能科技）、8 款产品（3 款混动 /5 款纯电），还发布全新电动系列品牌“eπ”及首款概念车 eπ 2023
广汽	新能源汽车战略： 2023 年 4 月 18 日，广汽集团发布“NEXT”（New EV+XEV Transition）计划，将坚持“EV+ICV”（电动化 + 智能化）、“XEV+ICV”（混动化 + 智能化）双轮驱动路线，力求在保持埃安品牌 EV 领先优势的基础上，实现传祺品牌向 XEV（PHEV/REEV/HEV）转型 电动化相关技术： 2023 年 6 月 26 日，广汽科技日（GAC TECH DAY 2023）上发布多项新科技成果，包括飞行汽车 GOVE、搭载氢电混合系统的传祺 E9 氢混版（百公里氢耗低于 1.4 千克，续航近 600 公里）、乘用车氨发动机（功率 120 千瓦）、N 合一集成电驱系统（面向 A 级纯电平台，电源 / 电驱 / 热管理深度集成）、ADiGO MAGIC 广汽魔方场景共创平台
长安	新能源汽车规划： 深蓝汽车科技有限公司宣布 2025 年前将推出 6 款产品，力争五年内实现产销突破 100 万辆，并发布全新升级的原力超集电驱（800 伏高压、油冷、碳化硅）、高比能半固态电池（已启动路试）、下一代氢燃料电池系统（功率密度提升一倍、成本降低一半）
长城	全新混动架构： 长城汽车旗下高端越野 SUV 品牌坦克发布全新升级的越野超级混动架构 Hi4-T。该架构为油电并联（发动机 + 电机），以油为主，以电为辅，还具备智慧能量管理，通过能量转换系统，把发动机的冗余动力转化为电能
理想	高压纯电解决方案： 理想汽车发布“双能战略”（智能 + 电能），将推出 800 伏高压纯电解决方案，并自研碳化硅功率芯片、电驱动系统、热管理系统。到 2025 年，理想汽车将形成“1 款超级旗舰 +5 款增程电动车型 +5 款高压纯电车型”的产品布局。2023 年 6 月 30 日，理想汽车宣布已在全国运营 30 座 5C 超级充电站，计划 2025 年超过 3000 个

续表

企业	新技术和新战略
小鹏	全域智能架构： 2023 年 4 月 16 日，小鹏汽车发布 SEPA 2.0“扶摇”全域智能进化架构，兼容多个研发平台，可拓展多品类车型，零部件通用化率 80%，新车型研发周期缩短 20%，标配 800 伏高压碳化硅平台，搭载自研的 X-EEA 电子电气架构、XNGP 智能辅助驾驶系统，采用前后一体式铝压铸技术、电池车身一体化技术

资料来源：中国汽车工程学会。

三　新能源汽车加速领跑全球，插电混动、全球化开启全新增长极

（一）新能源汽车产销持续向上突破，出海发展成为新风向

2023 年，我国新能源汽车市场呈现持续增长态势，新能源汽车产销量分别达到 958.7 万辆和 949.5 万辆，同比分别增长 35.8% 和 37.9%，新能源汽车市场渗透率达到 31.6%，新能源汽车产销量占全球比例超过 60%，已连续九年位居世界第一（见图 6-9）。其中，新能源乘用车和新能源商用车的市场渗透率分别达到 34.7% 和 11.1%。截至 2023 年底，我国新能源汽车累计推广量已达到 2041 万辆。

从车型级别来看，受车企产品矩阵的扩张、新能源车型的大量上市以及价格战导致的价格下探等因素影响，除 A00 级车型出现负增长外，其他级别车型同比均呈现大幅正向增长，其中 D 级车涨幅最大（涨幅 160.5%），A 级车销量最高（年销量 347.1 万辆）（见图 6-10）。

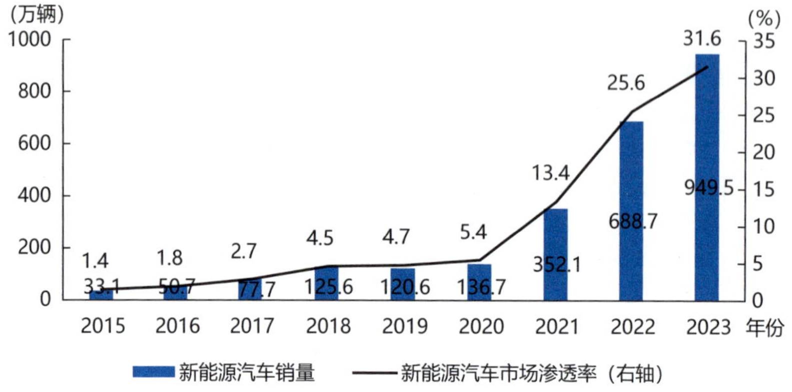

图 6-9 2015—2023 年新能源汽车销量及市场渗透率

资料来源：中国汽车工业协会。

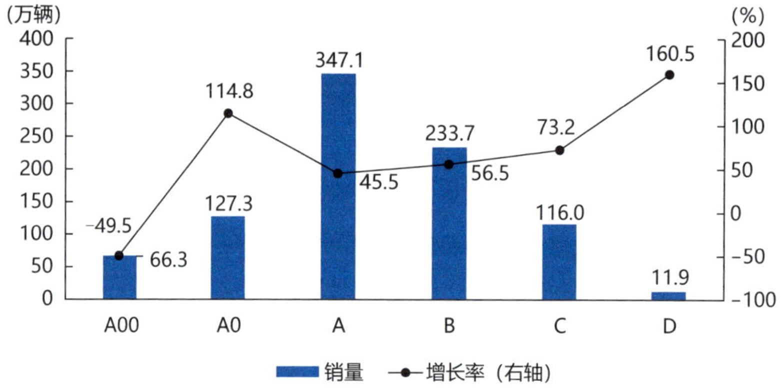

图 6-10 2023 年新能源乘用车分级别车型销量及增长率

资料来源：中国汽车工业协会。

从生产企业来看，如表 6-5 所示，2023 年比亚迪新能源汽车销量达到 302.2 万辆，在新能源汽车总销量中占比高达 32%，其全年销量接近第 2 ～ 5 名的总和。新能源汽车销量前十名企业的销量占总销量的比例为 86.8%，新能源汽车呈现一超多强的市场格局。

表 6-5　2023 年新能源汽车销量前十名企业及销量

排名	生产企业	销量（万辆）
1	比亚迪股份有限公司	302.2
2	上海汽车集团股份有限公司	109.5
3	特斯拉（上海）有限公司	94.8
4	浙江吉利控股集团有限公司	74.3
5	广州汽车工业集团有限公司	55.1
6	东风汽车集团有限公司	52.4
7	重庆长安汽车股份有限公司	48.1
8	长城汽车股份有限公司	37.6
9	中国第一汽车集团有限公司	26.1
10	安徽江淮汽车集团有限公司	24.0

资料来源：中国汽车工业协会。

2023 年，我国汽车国内销量达到 2518.4 万辆，同比增长 6.0%，国内和海外需求均呈现增长态势且海外增长势头猛烈。伴随我国汽车产品品质和数量的持续提升。海外影响力的进一步扩大，海外市场成为各家车企的必争之地，出海发展成为这一阶段我国汽车产业的新风向。

2023 年，我国汽车总体市场和新能源市场表现亮眼。销量方面，2023 年新能源汽车出口达 120.3 万辆，占汽车出口量的 24.5%；价格方面，2023 年我国汽车出口均价达到 1.9 万美元，较上年上升 0.08 万美元，其中新能源车均价达到 2.38 万美元，较上年上升 0.09 万美元。在自主品牌崛起和新能源汽车的引领下，我国汽车产业逐渐走向全球化高质量发展（见图 6-11）。

出口目的地方面，欧洲和东南亚是我国新能源汽车出口的主要市场。其中，比利时、泰国、英国、菲律宾、西班牙、澳大利亚对我国新能源汽车出口贡献较大，荷兰对我国新能源汽车需求增长较快（见表 6-6）。

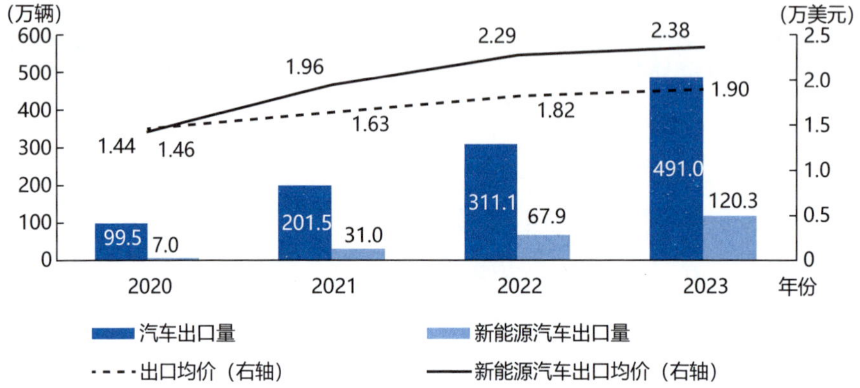

图 6-11　2020—2023 年汽车总体及新能源汽车出口情况

资料来源：中国汽车工业协会、海关总署。

表 6-6　2023 年我国新能源汽车出口量前十名国家

国家	出口量（万辆）	同比增速（%）
比利时	17.8	19.3
泰国	15.9	103.3
英国	12.7	27.2
菲律宾	11.6	71.4
西班牙	9.4	124.1
澳大利亚	8.7	141.2
印度	5.9	0.5
荷兰	5.8	253.9
以色列	5.2	68.4
孟加拉国	5.0	-1.8

资料来源：海关总署。

（二）插电式混合动力汽车市场呈现爆发式增长，全年增速远超纯电动汽车

我国新能源汽车市场继续保持强劲增长势头，其中插电式混合动力汽

车市场的表现尤为瞩目。自 2022 年起，插电式混合动力汽车市场开始呈现爆发式增长，增速远超纯电动汽车。如图 6-12 所示，截至 2023 年，插电式混合动力汽车和纯电动汽车销量分别为 259.3 万辆和 514.9 万辆，同比增速分别达到 82.5% 和 21.0%，插电式混合动力汽车乘用车在新能源乘用车中的比例从 2019 年的 20.3% 增长至 2023 年的 33.5%，插电式混合动力汽车和纯电动汽车的市场差距正在快速缩小。插电式混合动力汽车市场的爆发式增长受到多种因素的驱动，主要包括以下四个方面。一是技术持续进步。随着混动技术的日渐成熟，如 DM-i、DHT 等技术的诞生和应用，插电式混合动力汽车准入门槛降低，越来越多的车企纷纷推出插电式混合动力汽车产品。电池技术的进步也带动提升了插电式混合动力汽车的纯电续航里程，提升了用户体验。二是生产成本占优势。插电式混合动力汽车相比纯电动车型需要的电池容量更小，生产成本上更具优势。同时，插电式混合动力汽车在双积分政策计算中，能够为车企带来不低且稳定的积分，主动扩大插电式混合动力汽车产销规模是车企的高性价比的选择。三是匹配市场需求。越来越多非一二线城市用户成为消费者。在充电基础设施有待完善的地区，插电式混合动力汽车因其可油可电的特性，再加上

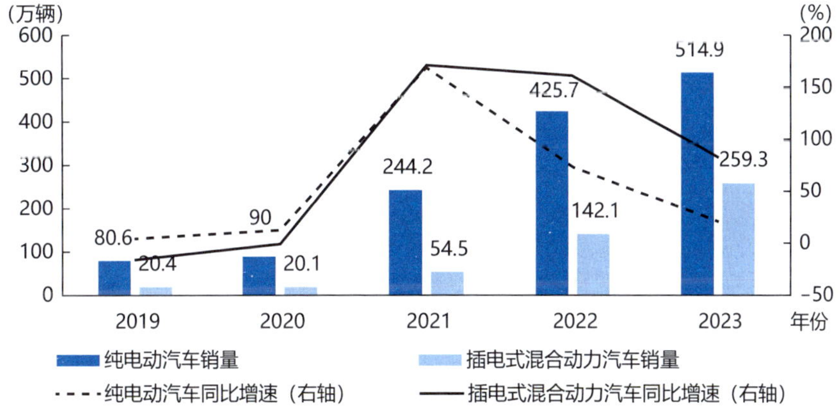

图 6-12　2019—2023 年纯电动汽车和插电式混合动力汽车销量及增速

资料来源：中国汽车流通协会乘用车市场信息联席分会。

新能源汽车的科技感、智能化水平，刚好匹配现阶段用户的需求。四是产品选择丰富。比亚迪、理想、长城等的插电式混合动力汽车持续技术迭代和产品推陈出新，提供了多样化的产品选择，满足了不同消费者的需求，从而推动了插电式混合动力汽车市场增长。

从车型类别看，2023 年纯电动轿车市场份额有明显下降，较上年同期降低 8.4 个百分点，而插电式混合动力汽车市场的 SUV 和 MPV 市场份额均有提升，SUV 车型同比提升 6 个百分点，MPV 车型小幅提升 1.6 个百分点，插电式混合动力汽车领域的 SUV 车型成为市场份额增长最快的细分市场，其中理想、问界等增程车型的热销功不可没（见图 6-13）。

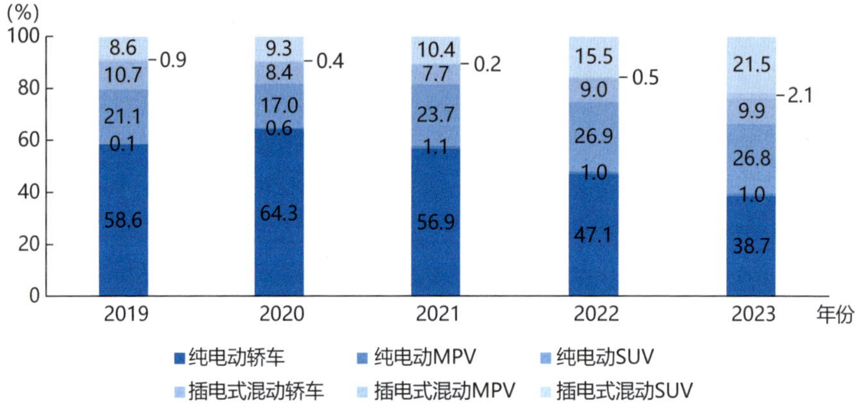

图 6-13　2019—2023 年新能源汽车不同车型市场份额变化

资料来源：中国汽车流通协会乘用车市场信息联席分会。

相关数据显示，2023 年新能源汽车销量排名前十位车型中，插电式混合动力汽车领域有比亚迪秦 PLUS DM-i、宋 PLUS DM-i、汉车型上榜，前 15 ～ 20 位车型中，插电式混合动力汽车领域有比亚迪宋 Pro DM、理想 L7、比亚迪唐 DM、理想 L8、理想 L9、腾势 D9 车型上榜，比亚迪、理想、腾势成为插电式混合动力汽车（含增程式混合动力汽车）炙手可热的品牌（见表 6-7）。

表 6-7　2023 年销量前二十名的新能源汽车

排名	车型	动力类型	2023 年销量（辆）
1	特斯拉 Model Y	纯电动	457617
2	比亚迪海豚	纯电动	285950
3	比亚迪元 PLUS	纯电动	282154
4	比亚迪秦 PLUS DM-i	插电式混合动力	273404
5	比亚迪宋 PLUS DM-i	插电式混合动力	264306
6	五菱宏光 mini	纯电动	237430
7	比亚迪海鸥	纯电动	220638
8	广汽埃安 AION S	纯电动	210199
9	比亚迪汉	插电式混合动力 / 纯电动	205246
10	广汽埃安 AION Y	纯电动	203723
11	比亚迪宋 Pro DM	插电式混合动力	188177
12	五菱缤果	纯电动	163873
13	特斯拉 Model 3	纯电动	147559
14	长安 Lumin	纯电动	142654
15	理想 L7	增程式混合动力	134345
16	秦 PLUS EV	纯电动	122426
17	比亚迪唐 DM	插电式混合动力	121905
18	理想 L8	增程式混合动力	118646
19	理想 L9	增程式混合动力	114154
20	腾势 D9	插电式混合动力 / 纯电动	106567

资料来源：新车终端销量数据。

（三）关键核心技术加快突破，整车关键技术水平持续提升

2023 年，固态电池、分布式电驱动系统和 800 伏高压平台等一批前沿领域关键技术的突破应用和大范围推广，带动新能源汽车整车技术水平不断提升，为我国新能源汽车产业领跑全球注入强劲动力。

一是固态电池技术突破和产业化发展进程持续加速。我国多数企业

遵循从液态电池到混合固液电池再到全固态电池的渐进式发展路线，固态电池发展步伐明显加快。宁德时代发布了“凝聚态”电池，单体能量密度最高达到 500 瓦时 / 千克；卫蓝新能源的混合固液电池在蔚来 ET7 车型上实现装车并完成产品公告，单体能量密度达到 360 瓦时 / 千克；清陶能源的混合固液电池计划于 2024 年在上汽智己品牌上实现搭载，同时计划在 2026 年实现全固态电池装车测试；广汽集团公布了我国整车企业中的首个全固态电池装车时间表，计划于 2026 年实现自研全固态电池的装车搭载。

二是分布式驱动在乘用车领域的推广应用步伐加快。比亚迪、吉利等厂商陆续发布仰望 U8、极氪 001 FR 等量产车型，采用基于轮边电机的分布式电驱动系统，能够独立控制四轮扭矩大小与方向，实现原地掉头等功能。东风推出的风神 E70 分布式轮毂驱动乘用车于 2022 年底获得了全球首个轮毂电机乘用车量产公告，并于 2023 年启动了轮毂电机乘用车示范运营项目，加快探索轮毂电机的产业化发展。

三是 800 伏高压平台在中高端车型中的应用比例快速提升。2023 年上市的起售价 20 万元以上自主品牌中高端纯电动车型中，搭载 800 伏高压平台的达到了 12 款，占比接近一半，其中智己 LS6、阿维塔 12 等车型实现了全车高压部件对 800 伏高压平台的全面适配。

四是 CTC 电池车身一体化技术进入商业化应用。除已公布采用 CTC/CTB 技术方案的特斯拉、比亚迪、零跑、宁德时代等整车零部件企业外，2023 年 4 月，小鹏发布了“扶摇”技术架构，采用 CIB（Cell to Integral Bundle）电池车身一体化技术，将电池包上盖当作车身地板，可节省 5% 垂向车内空间。2023 年 12 月，小米汽车发布的 SU7 车型，同样自研了 CTB 电池车身一体化电池技术，通过地板上盖二合一、电芯倒置、多功能弹性夹层和极简线束等技术创新设计，使体积效率达 77.8%，高度释放达 17 毫米。

五是整车关键技术水平持续提升。典型 A 级纯电动乘用车综合工况电耗降至 11.0 千瓦时 / 百公里，典型 A 级及以上插电混动乘用车在电量维持模式油耗达到 4.2 升 / 百公里（见图 6-14）。

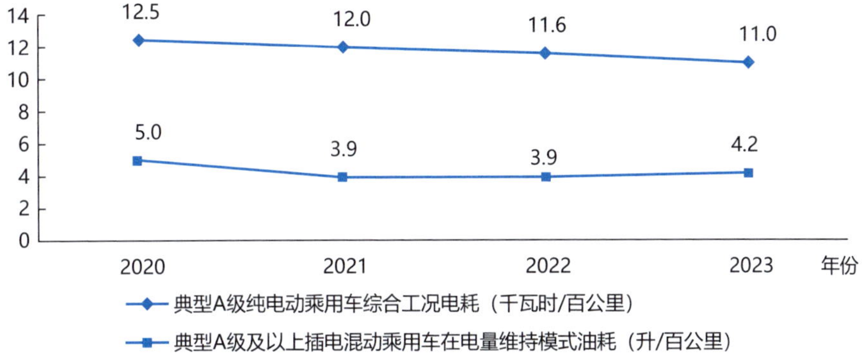

图 6-14　2020—2023 年纯电动和插电混动乘用车能耗水平

资料来源：中国汽车工程学会。

动力电池单体能量密度持续提升，310 瓦时 / 千克动力电池实现规模化量产，油冷扁线电机功率密度最高达到 7.2 瓦时 / 千克（见图 6-15）。

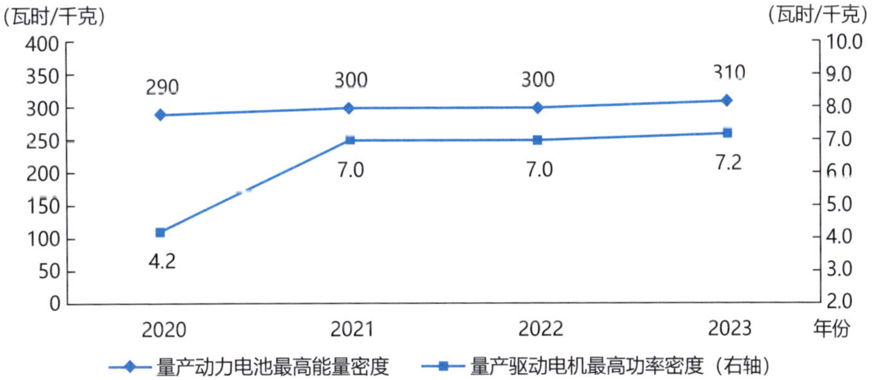

图 6-15　2020—2023 年量产动力电池与驱动电机技术水平

资料来源：中国汽车工程学会。

四 智能网联汽车产业化进程加快，高级别自动驾驶加速落地

2023 年，我国智能网联汽车发展迅速，迈入快速量产并商业化落地阶段。我国乘用车 L2 级辅助驾驶系统搭载率达到 47.3%，接近 L3 级的领航辅助驾驶（NOA）实现在高速公路、城市道路的规模化应用，L4 级测试示范规模全球领先，累计发放测试牌照超过 5200 张，在自动驾驶出租车、公交车、城市物流配送等场景率先开展了商业化探索。

（一）智能网联技术不断突破

1. 大模型、汽车芯片等前沿技术不断突破

智能网联系统主要包括基于单车和移动互联的感知、决策、控制、安全防护等关键技术。2023 年，智能网联汽车技术不断突破，自动驾驶、芯片、领航辅助等技术不断成熟，加速迈入落地应用阶段。

一是自动驾驶大模型加速应用于自动驾驶系统开发和算法优化。上海人工智能实验室提出了感知决策一体化的自动驾驶通用大模型 UniAD，将目标检测、目标跟踪、场景建图、轨迹预测、栅格预测和路径规划六类任务整合到基于 Transformer 的端到端网络框架下，开创了以全局任务为目标的自动驾驶通用模型架构先河，验证了端到端自动驾驶的可靠性和安全性。在实际量产车型中，大模型则主要应用于自动驾驶感知环节。毫末智行发布的自动驾驶生成式大模型雪湖 · 海若（DriveGPT），可显著提升驾驶场景识别准确率并降低标注成本。百度采用“文心大模型 + 图文弱监督预训练模型”方式，提升车载小模型感知能力并解决自动驾驶长尾数据挖掘问题。华为云的盘古大模型可赋能自动驾驶场景生成、场景理解、预标注和多模态检索，实现自动驾驶开发的数据闭环。

二是汽车芯片在智能座舱、智能驾驶领域加快实现技术突破。以华为、地平线、黑芝麻为代表的自主车规级芯片算力不断提升、性能持续迭代，已具备支持 L3 ～ L4 级自动驾驶的计算性能，正积极布局面向中央计算架构的舱驾融合系统级芯片（SoC）。华为发布了车规级座舱芯片麒麟 9610A，采用 14 纳米制程工艺，综合性能已比肩高通骁龙 8295。芯驰科技发布了支持一芯多屏智能座舱和舱泊一体跨域融合应用的车规级智能座舱芯片“舱之芯”X9 系列，是全球唯一以 16 纳米制程工艺实现 100KDMIPS 算力的舱泊一体芯片，性能达到国际一流水平。

三是高速领航辅助实现规模化落地应用，城市领航辅助进入快速推进阶段。目前，小鹏、理想、华为等企业均以“BEV+Transformer”架构为基础，融合 Occupancy 专用网络技术实现城市领航辅助功能，可在北京、上海、深圳等数十个城市应用。中国汽车工业协会预计，2025 年，领航辅助车型销量将达到 350 万辆，应用规模在未来两年将显著提升。

四是智能化硬件、自动驾驶和 C-V2X 技术加速落地。高精度传感器、车规级大算力计算芯片、自主车载激光雷达、4D 毫米波雷达等智能化硬件已进入量产前装，2023 年具备组合辅助驾驶功能的智能网联乘用车市场渗透率达 47.3%。一汽、红旗、东风、广汽、上汽、蔚来以及通用、福特、奥迪等国内外车企陆续推出 C-V2X 量产车型，产业化步伐加速迈进。

2. 技术呈现出高性能、新结构、多功能、新形态的发展趋势

智能新能源汽车总体呈现出高性能、新结构、多功能、新形态的技术发展趋势。新能源与智能网联技术推动汽车由传统聚焦动力性能向强操控、低能耗、长续航、高安全、强体验等综合性能升级转变。能源动力系统电动化为汽车结构设计提供了创新空间和变革可能，一体化智能底盘的发展将推动汽车新结构快速演变。智能网联技术大幅扩展了汽车使用场

景、突破了汽车“交通工具”单一属性，智能新能源汽车作为“新一代移动终端”的多功能特性将进一步凸显。以飞行汽车为代表的新型交通工具融合了汽车与航空飞行器的优势，是全球汽车行业探索未来汽车新形态的重要方向之一，逐步成为国际关注的新热点。

一是感知方面，全固态激光雷达、4D 毫米波雷达、超高清视觉传感器等高性能传感器技术，以及车载多传感器信息融合和基于 C-V2X 的多源协同感知技术成为未来重要方向。

二是决策方面，软硬件能力仍有待提升，大算力计算芯片、分层解耦的智能驾驶操作系统、基于通用人工智能的智能驾驶算法是下一步发展重点。

三是控制方面，线控驱动、制动、转向、悬架等将进一步集成，推动一体化线控底盘应用。此外在车路云一体化赋能下，多车网联协同、车路协同控制、云端远程遥控等新技术成为未来趋势。

四是网联方面，基于高可靠芯片的 C-V2X 模组、终端是网联化发展的关键零部件技术，智能网联汽车与智能化交通基础设施、云控基础平台等共同组成车路云一体化系统，将推动网联化由辅助信息交互向网联协同感知、协同决策与控制的方向发展，从而支持智能化网联化深度融合。安全是贯穿智能网联汽车研发应用的核心要素，功能安全、预期功能安全、数据安全、网络安全成为构建智能网联安全体系的重要研究方向。

（二）智能网联产业化进程提速，商业化探索逐步深入

1. 政策支撑体系不断完善，推动智能网联产业化有序落地

一是开展智能网联准入和通行试点。2023 年 11 月，工业和信息化部、公安部、住房城乡建设部、交通运输部四部委联合发布《关于开展智

能网联汽车准入和上路通行试点工作的通知》，通过组织开展准入和通行试点工作，推动 L3、L4 级自动驾驶商业化落地，进一步提升产品技术水平，促进产业生态迭代优化，加速智能网联汽车产业化进程。此外，通过试点工作经验，支撑相关法律法规、技术标准制修订，加快健全完善智能网联汽车生产准入管理和道路交通安全管理体系。智能网联领域主要政策法规如表 6-8 所示。

表 6-8　智能网联领域主要政策法规（2020—2023 年）

时间	名称	内容
2020 年 2 月	《智能汽车创新发展战略》	提出到 2025 年，我国标准化智能汽车技术创新、产业生态、基础设施、法律法规、网络安全体系等基本形成的发展目标
2020 年 4 月	《2020 年智能网联汽车标准化工作要点》	建立智能网联汽车标准制定以及实施评估机制
2021 年 3 月	《道路交通安全法（修订建议稿）》	首次在法律层面明确具有自动驾驶功能的汽车进行道路测试和通行的相关要求，确认自动驾驶的分类、违法和事故责任分担规定 在内容上新增了关于自动驾驶车辆运营的规定，涉及自动驾驶上路合法性、自动驾驶的安全性等问题，内容包括道路测试、通行号牌的要求、行驶数据记录、驾驶员状态、肇事责任认定、功能检测等
2021 年 4 月	《智能网联汽车生产企业及产品准入管理指南（试行）（征求意见稿）》	规定 L3、L4 级自动驾驶准入要求
2021 年 8 月	《汽车驾驶自动化分级》	明确 L0 ～ L5 级自动驾驶划分依据
2021 年 9 月	《智能网联汽车道路测试与示范应用管理规范（试行）》	规范智能网联汽车自动驾驶功能测试与示范应用
2022 年 8 月	《深圳经济特区智能网联汽车管理条例》	明确自动驾驶场景责任事故认定与责任划分

续表

时间	名称	内容
2022 年 11 月	《关于开展智能网联汽车准入和上路通行试点工作的通知（征求意见稿）》	指出试点城市需具备和 L3、L4 级自动驾驶汽车功能适应的基础设施、高精地图等条件
2023 年 11 月	《关于开展智能网联汽车准入和上路通行试点工作的通知》	允许具备量产条件的搭载自动驾驶功能（L3、L4 级）的智能网联汽车产品，开展准入试点，明确高阶智驾事故责任归属

资料来源：根据公开信息整理。

二是安全有序推动自动驾驶商业化落地。2023 年 12 月，交通运输部办公厅印发《自动驾驶汽车运输安全服务指南（试行）》，明确了自动驾驶汽车从事运输经营活动的技术条件、安全员配置、运行监管等要求，为自动驾驶技术的商业化应用提供了合规遵循，聚焦应用场景、自动驾驶运输经营者、运输车辆、人员配备、安全保障、监督管理等影响运输安全的核心要素，旨在引导自动驾驶技术的发展，规范自动驾驶汽车在运输服务领域的应用。

三是充分发挥数据要素价值。2022 年 12 月，中共中央、国务院印发《关于构建数据基础制度更好发挥数据要素作用的意见》，提出了 20 条政策举措，旨在从数据产权、流通交易、收益分配、安全治理等方面构建数据基础制度体系，标志着我国数据要素市场顶层设计的启动。2023 年 12 月，国家数据局等 17 部门联合印发《“数据要素 ×”三年行动计划（2024—2026 年）》，在交通运输领域，明确提出支持智能网联汽车创新发展，打通车企、第三方平台、运输企业等主体间的数据壁垒，促进道路基础设施数据、交通流量数据、驾驶行为数据等多源数据融合应用，提高智能汽车创新服务、主动安全防控等水平。2023 年 12 月，工业和信息化部办公厅印发《关于组织开展网络安全保险服务试点工作的通知》，组织开展网络安全财产类保险和网络安全责任类保险服务试点，促进企业提升网络安全风险应对能力。

四是完善智能网联沙盒监管措施。2023 年 11 月，市场监管总局发布了第一批沙盒监管试点技术名单，其中包含 6 个新技术、3 个新功能，引导企业查找问题、改进设计、降低风险。作为传统监管方式的有益补充，汽车安全沙盒监管变被动监管为主动监管，有利于更早地将前沿技术引发的质量安全问题纳入监管范围，提高应急处置能力，防范和化解重大风险，保护消费者合法权益，同时有利于鼓励企业技术创新，倡导最佳安全设计实践。

2. 智能网联汽车示范工作加速推进，商业化试点日趋成熟

一是各省市持续开展智能网联示范推广。截至 2023 年底，全国共建设 17 个国家级测试示范区、7 个车联网先导区、16 个智慧城市与智能网联汽车协同发展试点城市，开放测试示范道路 22000 多公里，发放测试示范牌照超过 5200 张，累计道路测试总里程 8800 万公里。成都、南京、深圳、天津等各地加快制定和完善智能网联道路测试实施细则和管理规范，推动自动驾驶出租车、干线物流、无人配送等新模式、新场景开展示范应用。

二是测试示范深入发展。各地积极布局，测试示范开放范围、示范规模不断扩大，应用场景不断丰富。合肥市加快构建智能网联汽车“两全三化”推进模式，加速形成全开放、全无人、规模化、商业化、融合化的发展模式，研究制定智能网联汽车测试全域开放方案，推动主城区全面开放智能网联车辆道路测试。北京、广州、深圳、长沙、无锡等多地随之发布智能网联汽车全域开放测试方案。具体应用场景不断丰富，形成自动接驳、无人配送、智慧公交、智慧乘用车、自动泊车、城市物流等多场景。上海市提出了针对商用车货运、港口园区车辆编队和市区自主停车等优先级应用场景的测试示范。广州市支持智慧公交、自动接驳等特定应用场景

的示范运营。北京市高级别自动驾驶示范区开展自动接驳服务。

三是区域先行先试和制度创新不断涌现。随着试点示范的深入开展，各地立法和制度创新成果显著，引领汽车产业发展。2022 年 8 月，国内首部关于智能网联汽车管理的法规《深圳经济特区智能网联汽车管理条例》正式施行，此后江苏省、上海市、无锡市、苏州市、杭州市等多个地区围绕智能网联汽车的示范应用、产业生态和基础设施建设等出台政策措施。广州市开展“自动驾驶混行试点”，率先开展不同混行环境下的自动驾驶汽车应用示范运营，探索建立符合不同混行环境和需求的政策管理体系。北京市设立全国首个智能网联汽车政策先行区，优化完善智能网联汽车道路测试管理办法、支持开展智能网联场景试运行及商业运营服务并制定自动驾驶新产品应用办法、构建智能网联汽车信息安全体系，探索数据跨境流动监管机制、智能网联汽车保险产品等。

（三）基础设施与核心技术水平提升，支撑车路云一体化发展

一是国家级车联网先导区、“双智”试点城市建设成效显著。2023 年，工业和信息化部支持湖北（襄阳）、浙江（德清）、广西（柳州）创建国家级车联网先导区。加上此前的江苏（无锡）、天津（西青）、湖南（长沙）、重庆（两江新区），全国已有 7 个国家级车联网先导区。此外住房城乡建设部、工业和信息化部着力推进 16 个智慧城市基础设施与智能网联汽车协同发展试点城市建设，探索汽车产业转型和城市建设转型新路径。截至 2023 年 9 月，全国已开放智能网联汽车测试道路里程超过 15000 公里；全国 17 个国家级智能网联汽车测试示范区、16 个“双智”试点城市、7 个国家级车联网先导区完成了 7000 多公里道路智能化升级改造，装配了路侧网联设备 7000 余台套。

二是新型基础设施工程建设。截至 2023 年 9 月，全国实现了 3500 多公里的智能化道路建设与升级改造。京雄高速河北段、沪杭甬高速、杭州绕城西复线、成宜高速等一批智慧公路已建成运行。2023 年 10 月，全国首条满足车路协同式自动驾驶等级的全息感知智慧高速公路在苏州投用，通过沿线布设激光雷达、毫米波雷达、摄像头、路侧天线等感知设备，以车路协同方式支持实现 L4 级自动驾驶。

Ⅳ

附录

附录一
汽车产业相关统计数据

产销量及保有量

附表 1　2002—2023 年中国汽车产销量及占世界产销量比例

年份	产量			销量		
	中国汽车产量（万辆）	世界汽车产量（万辆）	中国占世界产量比例（%）	中国汽车销量（万辆）	世界汽车销量（万辆）	中国占世界销量比例（%）
2002	325	5878	5.5	325	5763	5.6
2003	444	6058	7.3	439	5964	7.4
2004	507	6450	7.9	507	6403	7.9
2005	571	6655	8.6	576	6592	8.7
2006	728	6922	10.5	722	6835	10.6
2007	888	7327	12.1	879	7156	12.3
2008	935	7053	13.3	934	6832	13.7
2009	1379	6170	22.4	1364	6557	20.8
2010	1826	7761	23.5	1806	7497	24.1
2011	1842	7999	23.0	1851	7817	23.7
2012	1927	8414	22.9	1931	8213	23.5
2013	2212	8751	25.3	2198	8561	25.7
2014	2372	8975	26.4	2349	8834	26.6
2015	2450	9078	27.0	2460	8968	27.4
2016	2811	9498	29.6	2803	9385	29.9

续表

年份	产量			销量		
	中国汽车产量（万辆）	世界汽车产量（万辆）	中国占世界产量比例（%）	中国汽车销量（万辆）	世界汽车销量（万辆）	中国占世界销量比例（%）
2017	2902	9730	29.8	2888	9566	30.2
2018	2781	9563	29.1	2808	9565	29.4
2019	2572	9179	28.0	2577	9124	28.2
2020	2523	7762	32.5	2531	7879	32.1
2021	2608	8014	32.5	2627	8275	31.7
2022	2702	8502	31.8	2686	8162	32.9
2023	3016	9355	32.2	3009	9273	32.4

资料来源：2002—2018 年中国汽车产销量数据来自相应年份《中国汽车工业年鉴》，2019—2023 年来自中国汽车工业协会相应年份《汽车工业经济运行情况》。2002—2004 年世界汽车产销量数据来自《美国汽车新闻》（*Automotive News*），2005—2023 年来自国际汽车制造商协会。对部分历史数据进行了修正。

附表 2　2005—2023 年中国品牌轿车市场占有率

年份	中国轿车销量（万辆）	中国品牌轿车全国销量（万辆）	中国品牌轿车市场占有率（%）
2005	276.77	72.66	26.3
2006	386.95	98.35	25.4
2007	479.77	124.53	26.0
2008	504.69	130.82	25.9
2009	747.10	221.73	29.7
2010	949.43	293.30	30.9
2011	1012.27	294.64	29.1
2012	1074.47	304.96	28.4
2013	1200.97	330.61	27.5
2014	1237.67	277.49	22.4
2015	1172.02	243.03	20.7
2016	1214.99	234.00	19.3

续表

年份	中国轿车销量（万辆）	中国品牌轿车全国销量（万辆）	中国品牌轿车市场占有率（%）
2017	1184.80	235.45	19.9
2018	1152.80	239.90	20.8
2019	1030.80	204.60	19.8
2020	927.50	195.20	21.0
2021	993.40	315.10	31.7
2022	1111.60	462.40	41.6
2023	1139.90	559.00	49.0

资料来源：相应年份《汽车工业产销快讯》，2019—2023 年数据来自中国汽车工业协会相应年份《汽车工业经济运行情况》。

附表 3　2022 年中国汽车销量（含改装车）分地区构成　　单位：万辆

地区	汽车销量	地区	汽车销量
广东	242.18	辽宁	45.72
山东	145.67	山西	41.59
江苏	167.23	江西	47.01
浙江	175.31	重庆	38.82
河南	114.36	贵州	42.27
河北	92.09	新疆	26.00
四川	99.28	天津	32.81
安徽	74.13	内蒙古	26.03
湖南	71.02	吉林	26.61
湖北	73.20	黑龙江	25.28
上海	69.51	甘肃	21.70
云南	51.80	海南	15.62
陕西	55.21	宁夏	8.10
福建	55.69	青海	4.81
广西	49.78	西藏	2.90

续表

地区	汽车销量	地区	汽车销量
北京	51.51		

资料来源：《中国汽车工业年鉴（2023）》。

附表 4　2023 年中国汽车分车型产销情况

	产量（万辆）	同比增长（%）	销量（万辆）	同比增长（%）
汽车总计	3016.1	11.62	3009.4	12.02
乘用车	2612.4	9.60	2606.3	10.61
轿车	1150.8	2.87	1149.0	3.37
MPV	111.2	16.82	110.2	17.65
SUV	1324.2	16.35	1320.6	18.04
交叉型	26.2	-17.23	26.5	-18.06
商用车	403.7	26.78	403.1	22.13
客车：	49.8	22.46	49.2	20.55
客车非完整车辆	0.8	-13.67	0.8	-14.08
货车：	353.9	27.41	353.9	22.35
半挂牵引车	51.4	86.37	50.4	68.92
货车非完整车辆	25.4	-7.30	24.9	-7.86

附表 5　2001—2023 年中国民用汽车保有量

年份	汽车保有量（万辆）	私人汽车		
		保有量（万辆）	占全国汽车保有量比例（%）	其中：轿车保有量（万辆）
2001	1802	771	42.79	—
2002	2053	969	47.20	—
2003	2383	1219	51.15	430
2004	2694	1485	55.12	600
2005	3159	1848	58.50	861
2006	3697	2333	63.11	1149

续表

年份	汽车保有量（万辆）	私人汽车		
		保有量（万辆）	占全国汽车保有量比例（%）	其中：轿车保有量（万辆）
2007	4358	2876	65.99	1522
2008	5099	3501	68.66	1947
2009	6280	4575	72.85	2605
2010	7802	5939	76.12	3443
2011	9356	7327	78.31	4322
2012	10933	8839	80.85	5308
2013	12670	10502	82.89	6410
2014	14598	12339	84.53	7590
2015	16284	14099	86.58	8793
2016	18559	16559	89.22	10152
2017	20923	18695	89.35	11416
2018	24028	20730	86.27	12589
2019	26150	22635	86.56	13701
2020	28087	24393	86.85	14674
2021	30151	26246	87.05	15732
2022	31903	27873	87.37	16685
2023	33618	29427	87.53	17541

资料来源：2001—2012 年数据来自相应年份《中国汽车工业年鉴》，2016—2023 年数据来自相应年份《国民经济和社会发展统计公报》。

经济效益

附表 6　2001—2023 年中国汽车工业总产值

年份	汽车工业总产值（亿元）	全国工业总产值（亿元）	汽车工业总产值占全国工业总产值比例（%）
2001	4433.2	95449.0	4.64
2002	6224.6	110776.5	5.62

续表

年份	汽车工业总产值（亿元）	全国工业总产值（亿元）	汽车工业总产值占全国工业总产值比例（%）
2003	8357.2	142271.2	5.87
2004	9463.2	201722.2	4.69
2005	10223.3	251619.5	4.06
2006	13937.5	316589.0	4.40
2007	17242.0	386747.0	4.46
2008	18780.5	507448.0	3.70
2009	23437.8	548311.0	4.27
2010	30248.6	698591.0	4.33
2011	33155.2	844269.0	3.93
2012	35774.4	869597.1	4.11
2013	39225.4	1019405.3	3.85
2014	42324.2	1092198.0	3.88
2015	45014.6	1104026.7	4.08
2016	83345.3	1158998.5	7.19
2017	88207.3	1133160.8	7.78
2018	83372.6	1049490.5	7.94
2019	80846.7	1057824.9	7.64
2020	81557.7	1061433.6	7.68
2021	86706.2	1279226.5	6.78
2022	92899.9	1379098.4	6.74
2023	100975.8	1334390.8	7.57

资料来源：2002—2023 年《中国汽车工业年鉴》、国家统计局。

注：1. 表中产值数据均为当年价。

2. 2001—2006 年全国工业总产值数据为“全部国有及规模以上非国有企业”工业总产值，2007 年以后数据为“全国规模以上企业”工业总产值，2013—2015 年全国工业总产值数据为工业销售产值；2016—2023 年汽车工业总产值数据为规模以上工业企业营业收入；2016—2023 年全国工业总产值数据为规模以上工业企业营业收入。

附表 7　2001—2023 年中国汽车工业增加值

年份	汽车工业增加值（亿元）	国内生产总值（亿元）	汽车工业增加值占国内生产总值比例（%）
2001	1055.6	110863.1	0.95
2002	1518.8	121717.4	1.25
2003	2153.4	137422.0	1.57
2004	2187.8	161840.2	1.35
2005	2209.9	187318.9	1.18
2006	3362.7	219438.5	1.53
2007	4141.4	270092.3	1.53
2008	4104.1	319244.6	1.29
2009	5378.7	348517.7	1.54
2010	6759.7	412119.3	1.64
2011	7451.7	487940.2	1.53
2012	7940.4	538580.0	1.47
2013	8606.2	592963.2	1.45
2014	9174.3	641280.6	1.43
2015	10578.0	685992.9	1.54
2016	12164.7	740060.8	1.64
2017	13648.8	820754.3	1.66
2018	14317.6	919281.0	1.56
2019	14575.3	986515.0	1.48
2020	15537.3	1015986.0	1.53
2021	16391.9	1149237.0	1.43
2022	17375.4	1204724.0	1.44
2023	19566.4	1260582.1	1.55

资料来源：国家统计局、中国汽车工业协会。对部分历史数据进行了修正。

附表 8　2001—2023 年中国汽车工业利润及主营业务收入情况　　单位：亿元

年份	主营业务收入	利润总额	利税总额
2001	4253.7	204.7	502.1
2002	5947.7	373.8	752.0
2003	8144.1	556.8	1032.8
2004	9134.3	575.5	1063.6
2005	10108.4	430.4	981.9
2006	13818.9	738.2	1482.3
2007	17201.4	1027.0	1916.9
2008	18766.9	923.6	1821.6
2009	23817.5	1687.7	3033.9
2010	30762.9	2598.6	4205.5
2011	33617.3	2842.1	4600.2
2012	36373.1	3166.6	5063.6
2013	37155.3	2717.1	4862.2
2014	39942.0	2844.8	5135.6
2015	44617.5	3117.5	5871.5
2016	86553.2	7248.5	10228.2
2017	84826.4	7274.3	10858.5
2018	87316.5	7299.3	9126.7
2019	80846.7	5345.2	7766.0
2020	81557.7	5093.6	—
2021	86706.2	5305.7	—
2022	92899.9	5319.6	—
2023	100975.8	5086.3	—

资料来源：2001—2019 年数据来自相应年份《中国汽车工业年鉴》，2019 年、2020 年主营业务收入数据为当年营业收入，2020—2022 年数据来自国家统计局。

进出口、对外投资等

附表 9　2001—2023 年中国整车产品出口量　　单位：万辆

年份	乘用车					商用车				
	合计	轿车	越野车	小客车≤9座	其他	合计	载货车	客车＞9座	专用汽车	其他
2001	0.37	0.08	0.09	0.01	0.19	2.25	0.85	0.11	0.08	1.21
2002	0.23	0.10	0.04	0.03	0.06	2.64	1.05	0.21	0.12	1.26
2003	0.77	0.28	0.06	0.07	0.36	3.76	2.61	0.26	0.05	0.84
2004	7.32	0.93	0.08	0.28	6.03	6.31	5.28	0.48	0.13	0.42
2005	3.87	3.11	0.18	0.58	0.00	12.55	10.02	0.64	0.16	1.73
2006	11.55	9.33	0.80	1.42	0.00	22.80	16.31	1.29	0.45	4.75
2007	26.45	18.86	2.57	4.32	0.70	34.99	27.58	4.19	1.23	1.99
2008	31.85	24.13	2.44	4.05	1.23	36.24	28.77	3.39	1.44	2.64
2009	15.30	10.24	1.23	1.79	2.04	21.70	17.79	2.33	0.89	0.69
2010	28.23	17.99	2.25	3.99	4.00	28.43	23.21	3.65	0.87	0.70
2011	47.37	37.21	2.43	6.41	1.32	38.01	32.21	4.24	1.28	0.28
2012	58.78	49.55	0.49	7.12	1.62	42.82	35.55	5.45	1.67	0.15
2013	55.34	42.45	0.31	10.31	2.27	39.52	31.07	6.31	1.73	0.41
2014	50.76	37.09	0.52	9.93	3.22	44.02	32.95	8.81	1.76	0.50
2015	42.34	30.80	0.30	5.92	5.32	33.19	25.21	5.92	1.71	0.35
2016	42.34	33.41	0.29	8.45	0.19	28.07	20.54	5.79	1.48	0.26
2017	75.46	50.79	0.62	9.63	14.42	30.89	23.09	5.64	1.69	0.47
2018	70.21	51.04	0.62	14.68	3.87	30.68	20.03	6.57	3.91	0.17
2019	66.01	37.73	1.42	24.38	2.48	35.27	21.36	6.41	3.96	3.54
2020	80.54	—	—	—	—	27.63	18.98	4.07	1.26	3.32
2021	164.06	—	—	—	—	47.82	36.02	3.99	1.77	6.04
2022	267.18	—	—	—	—	64.93	49.16	4.82	2.43	8.52
2023	443.32	—	—	—	—	78.81	51.94	7.07	3.60	16.20

资料来源：2001—2019 年数据根据相应年份《中国汽车工业年鉴》整理，2018 年、2019 年专用车数据为特种车数据，2020—2023 年数据根据海关总署统计数据整理。因统计口径不一致，此处数据与中国汽车工业协会发布数据略有差异，下同。

注：2005 年和 2006 年乘用车分类与其他年份有所不同。

附表 10 2001—2023 年中国整车产品出口贸易额

单位：亿美元

年份	乘用车					商用车				
	合计	轿车	越野车	小客车≤9座	其他	合计	载货车	客车>9座	专用汽车	其他
2001	0.33	0.13	0.08	0.01	0.11	1.80	0.55	0.54	0.47	0.24
2002	0.34	0.17	0.11	0.02	0.04	2.14	0.72	0.48	0.59	0.35
2003	0.62	0.31	0.14	0.04	0.13	3.10	1.59	0.43	0.79	0.29
2004	1.73	0.84	0.15	0.16	0.58	4.83	2.75	0.81	0.85	0.42
2005	3.25	2.71	0.22	0.32	0.00	11.86	6.82	1.97	1.18	1.89
2006	8.39	6.30	1.00	1.09	0.00	22.95	11.82	4.16	3.32	3.65
2007	20.86	14.02	2.72	3.53	0.59	52.20	32.58	9.01	9.55	1.06
2008	24.59	17.95	2.57	3.20	0.87	71.71	43.16	10.82	16.02	1.71
2009	11.02	8.04	1.10	1.27	0.61	40.88	25.46	6.38	7.94	1.10
2010	18.61	12.76	1.94	2.94	0.97	51.24	31.84	10.37	8.16	0.87
2011	33.40	25.98	2.26	4.42	0.74	76.06	48.13	15.36	11.84	0.73
2012	42.90	35.89	0.54	5.22	1.25	94.37	57.32	19.35	17.28	0.42
2013	41.05	31.13	0.46	8.26	1.20	87.93	48.49	21.42	17.19	0.83
2014	39.53	29.33	0.83	8.32	1.05	98.42	53.30	28.20	16.02	0.90
2015	35.79	29.17	0.85	4.36	1.41	88.50	48.02	23.11	16.68	0.69
2016	43.37	28.44	1.13	13.46	0.34	69.69	34.50	21.70	12.83	0.66
2017	65.59	48.64	1.65	12.46	2.84	75.36	41.54	20.94	12.08	0.80
2018	77.77	46.65	1.00	18.52	11.60	81.61	27.70	22.97	21.64	9.30
2019	75.12	36.66	2.08	29.17	7.21	83.82	35.36	24.52	21.25	2.69
2020	89.92	—	—	—	—	67.44	27.16	18.82	8.76	12.70
2021	224.33	—	—	—	—	120.23	59.04	20.42	13.42	27.35
2022	424.86	—	—	—	—	176.70	87.02	25.80	20.26	43.62
2023	755.23	—	—	—	—	260.90	103.28	44.17	29.98	83.47

资料来源：2001—2019 年数据根据相应年份《中国汽车工业年鉴》整理，2018 年、2019 年专用车数据为特种车数据，2020—2023 年数据根据海关总署统计数据整理。

注：2005 年和 2006 年乘用车分类与其他年份有所不同。

附表 11　2001—2023 年中国整车产品进口量

单位：辆

年份	乘用车					商用车				
	合计	轿车	越野车	小客车≤9座	其他	合计	载货车	客车＞9座	专用汽车	其他
2001	61776	46632	10336	4551	257	9613	3138	4056	1171	1248
2002	115047	70329	32179	12348	191	13148	6692	3356	1112	1988
2003	153591	103017	39669	10812	93	18119	9862	4600	1285	2372
2004	162077	116085	35308	10510	174	13577	8078	2493	962	2044
2005	154834	76542	65966	12326	0	6490	3032	1336	552	1570
2006	218312	111777	86273	20262	0	9461	5582	1840	625	1414
2007	302096	139867	142228	19144	857	12034	9147	1558	435	894
2008	395799	154521	215062	24674	1542	13970	10171	2311	498	990
2009	409225	164837	207381	35693	1314	11471	8201	1902	375	993
2010	791126	343653	351408	89919	6146	22219	14977	5092	333	1817
2011	1011871	410270	430886	162911	7804	26751	19453	5196	214	1888
2012	1108730	446992	456362	179508	25868	23301	19452	2526	235	1088
2013	1179979	423439	505343	230915	20282	15061	11197	2386	224	1254
2014	1411561	469639	588921	344179	8822	14285	11501	1031	298	1455
2015	1091386	352460	471750	264340	2836	10380	7062	899	211	2208
2016	1062509	377373	465739	206190	13207	14395	11542	737	179	1937
2017	1228346	447740	528361	224796	27449	18169	15459	1073	170	1467
2018	1134681	485724	448400	181027	19530	19491	14315	383	232	4561
2019	—	487747	337877	204957	—	—	16126	175	519	—
2020	912249	—	—	—	—	20856	14912	—	258	—
2021	927362	—	—	—	—	11633	5452	—	189	—
2022	863857	—	—	—	—	13958	11609	—	156	—
2023	781684	—	—	—	—	17156	15208	—	68	—

资料来源：2001—2019 年数据根据相应年份《中国汽车工业年鉴》整理，2020—2023 年数据根据海关总署统计数据整理。

注：2005 年和 2006 年乘用车分类与其他年份有所不同。

附表 12　2001—2023 年中国整车产品进口贸易额　　单位：万美元

年份	乘用车					商用车				
	合计	轿车	越野车	小客车≤9座	其他	合计	载货车	客车＞9座	专用汽车	其他
2001	12.62	9.47	2.46	0.66	0.03	4.51	1.20	0.93	1.88	0.50
2002	26.06	16.14	7.67	2.21	0.04	6.03	2.60	0.86	1.86	0.71
2003	44.38	30.83	11.36	2.17	0.02	8.39	4.26	0.76	2.33	1.04
2004	45.94	32.69	10.94	2.24	0.07	8.21	4.04	0.57	2.54	1.06
2005	46.74	25.94	18.19	2.61	0.00	4.89	1.93	0.50	1.62	0.84
2006	69.27	39.94	25.38	3.95	0.00	6.34	3.31	0.69	1.64	0.70
2007	98.28	50.10	43.74	4.27	0.17	11.76	8.95	0.54	1.96	0.31
2008	140.33	63.56	71.21	5.23	0.33	12.30	8.14	0.89	2.80	0.47
2009	143.54	65.66	70.79	6.79	0.30	11.17	7.68	0.83	2.20	0.46
2010	288.99	141.48	127.11	18.57	1.83	18.87	13.16	2.32	2.58	0.81
2011	408.71	186.30	178.85	41.62	1.94	24.15	18.53	2.57	2.14	0.91
2012	454.68	195.70	204.95	47.76	6.27	22.14	18.63	1.49	1.22	0.80
2013	474.54	176.21	232.03	60.34	5.96	15.46	11.23	1.24	1.63	1.36
2014	596.87	210.36	284.24	96.85	5.42	12.39	8.66	0.63	1.59	1.51
2015	441.82	137.97	226.54	75.21	2.10	9.05	5.01	0.48	1.24	2.32
2016	439.88	135.00	226.76	68.97	9.15	9.56	6.61	0.34	0.75	1.86
2017	498.98	153.13	251.49	74.66	19.70	11.20	8.78	0.47	0.68	1.27
2018	494.08	193.72	236.25	64.11	0.00	10.90	8.13	0.17	0.87	1.73
2019	—	203.72	183.56	82.86	—	—	11.16	0.10	1.92	—
2020	449.17	—		—	—	17.85	12.01	—	1.72	—
2021	528.50	—	—	—	—	10.65	4.83	—	1.37	—
2022	522.59	—	—	—	—	9.79	7.63	—	0.82	—
2023	459.23	—	—	—	—	11.31	9.57	—	0.45	—

资料来源：2001—2018 年数据根据相应年份《中国汽车工业年鉴》整理，2019—2023 年数据根据海关总署统计数据整理。

注：2005 年和 2006 年乘用车分类与其他年份有所不同。

附表 13　2001—2023 年中国汽车配件进出口情况　　单位：亿美元

年份	进口额	出口额	净出口额
2001	26.18	16.32	−9.86
2002	23.12	16.61	−6.51
2003	73.84	54.20	−19.64
2004	86.80	79.46	−7.34
2005	76.85	98.89	22.04
2006	105.25	192.48	87.23
2007	120.00	286.91	166.91
2008	126.81	271.97	145.16
2009	145.73	254.74	109.01
2010	211.67	362.48	150.81
2011	250.93	459.53	208.60
2012	257.23	511.81	254.58
2013	427.30	632.92	205.62
2014	371.00	701.29	330.29
2015	317.22	643.00	325.78
2016	341.33	577.70	236.37
2017	388.21	685.95	297.74
2018	351.05	550.21	199.16
2019	324.00	602.50	278.50
2020	324.40	565.20	240.80
2021	376.40	755.70	379.30
2022	313.00	810.90	497.90
2023	274.60	876.60	602.00

资料来源：2001—2017 年数据根据《中国汽车工业年鉴（2018）》整理，2018—2023 年数据根据海关总署统计数据整理。对部分历史数据进行了修正。

附表 14 2001—2023 年中国汽车产品（含整车和零部件）进出口贸易额

年份	进口额（亿美元）	出口额（亿美元）	全国货物出口总额（亿美元）	汽车出口额占全国货物出口总额比例（%）
2001	47.0	27.1	2661.0	1.02
2002	65.9	33.6	3256.0	1.03
2003	148.4	80.3	4382.3	1.83
2004	168.6	124.2	5933.2	2.09
2005	154.3	167.7	7619.5	2.20
2006	212.7	289.1	9689.8	2.98
2007	267.7	412.6	12204.6	3.38
2008	322.3	476.3	14306.9	3.33
2009	341.9	383.5	12016.1	3.19
2010	581.9	541.4	15777.5	3.43
2011	759.9	719.7	18983.8	3.79
2012	799.2	800.5	20487.1	3.91
2013	842.2	850.7	22090.0	3.85
2014	1004.1	914.9	23422.9	3.91
2015	788.4	842.1	22734.7	3.70
2016	813.0	758.8	20976.3	3.62
2017	882.7	834.1	22633.5	3.69
2018	857.8	698.8	24866.8	2.81
2019	791.3	683.8	24994.8	2.74
2020	791.5	722.5	25899.5	2.79
2021	915.6	1100.2	33689.5	3.27
2022	845.4	1412.5	35936.0	3.93
2023	733.8	1892.7	33800.2	5.60

资料来源：2001—2017 年进出口额数据根据相应年份《中国汽车工业年鉴》整理，2018—2023 年数据根据海关总署统计数据整理，2001—2020 年全国货物出口总额根据相应年份《中国统计年鉴》整理，2021—2023 年全国货物出口总额根据相应海关总署统计数据整理。

附表 15　2023 年与中国汽车商品进出口贸易额超过 10 亿美元的国家和地区

单位：万美元

国家或地区	进出口贸易总额	进口贸易额	出口贸易额
欧盟	6911612.5	3746967.0	3164645.5
德国	2886311.0	2321634.4	564676.6
美国	2877271.8	1055025.2	1822246.6
俄罗斯	2252300.1	305.7	2251994.4
日本	1825454.2	1211801.8	613652.4
英国	1238469.4	470661.2	767808.2
比利时	690897.7	13856.8	677040.9
澳大利亚	612456.9	817.9	611639.0
泰国	587956.9	87543.9	500413.0
韩国	561677.8	141305.8	420372.0
阿联酋	480891.8	30.8	480861.0
西班牙	468370.3	27648.2	440722.1
沙特阿拉伯	412472.3	53.0	412419.3
巴西	392665.0	1345.2	391319.8
加拿大	375992.3	10626.8	365365.5
意大利	334472.8	90046.2	244426.6
土耳其	319815.3	4842.8	314972.5
马来西亚	305814.2	9358.4	296455.8
法国	299448.9	112284.3	187164.6
哈萨克斯坦	288969.9	0.3	288969.6
荷兰	284432.1	16705.5	267726.6
印度尼西亚	276637.0	30995.6	245641.4
越南	265387.9	32846.2	232541.7
伊朗	249860.2	66.8	249793.4
菲律宾	242037.1	3745.6	238291.5
瑞典	232270.5	122772.1	109498.4
印度	225706.8	20687.6	205019.2
奥地利	196807.0	166390.5	30416.5

续表

国家或地区	进出口贸易总额	进口贸易额	出口贸易额
中国台湾	195963.1	47624.5	148338.6
智利	162519.4	0.4	162519.0
南非	150205.0	2699.4	147505.6
中国香港	107730.3	36.4	107693.9

资料来源：根据海关总署统计数据整理。

附表 16 2001—2023 年中国石油对外依存情况

年份	原油产量（亿吨）	石油表观消费量（亿吨）	对外依存度（%）
2001	1.65	2.28	27.6
2002	1.70	2.48	31.5
2003	1.70	2.71	37.3
2004	1.75	3.17	44.8
2005	1.81	3.25	44.3
2006	1.84	3.47	47.0
2007	1.86	3.64	48.9
2008	1.90	3.87	50.9
2009	1.89	3.99	52.6
2010	2.02	4.48	54.9
2011	2.01	4.66	56.9
2012	2.05	4.89	58.1
2013	2.08	5.00	58.4
2014	2.09	5.18	59.7
2015	2.13	5.40	60.6
2016	1.98	5.55	64.3
2017	1.92	5.88	67.3
2018	1.89	6.25	69.8
2019	1.91	6.56	70.9
2020	1.95	约 7.36	73.5
2021	1.99	约 7.12	72.2

续表

年份	原油产量（亿吨）	石油表观消费量（亿吨）	对外依存度（%）
2022	2.05	约 7.13	71.2
2023	2.09	约 7.56	73.6

资料来源：中国石油集团经济技术研究院相应年份《国内外油气行业发展报告》、海关总署统计数据，石油表观消费量数据为计算所得。

世界汽车工业

附表 17　2001—2023 年世界主要汽车生产国汽车产量　　单位：万辆

年份	美国	德国	法国	意大利	英国	日本	韩国	印度
2001	1143	569	363	158	169	978	295	85
2002	1227	547	369	143	182	1026	315	89
2003	1211	551	362	132	185	1029	318	116
2004	1199	557	367	114	186	1051	347	151
2005	1198	576	355	104	180	1080	370	163
2006	1129	582	317	121	165	1148	384	202
2007	1078	621	302	128	175	1160	409	225
2008	871	604	257	102	165	1156	381	231
2009	573	521	205	84	109	793	351	264
2010	776	591	223	86	139	963	427	354
2011	865	631	224	79	146	839	466	394
2012	1033	565	197	67	158	994	456	415
2013	1108	573	174	66	159	963	452	389
2014	1166	591	182	70	160	977	452	384
2015	1208	603	197	101	168	928	456	412
2016	1220	606	208	110	182	920	423	449
2017	1119	565	223	114	175	969	411	478
2018	1131	512	227	106	160	973	403	517
2019	1088	466	220	92	138	968	395	451

续表

年份	美国	德国	法国	意大利	英国	日本	韩国	印度
2020	882	374	132	78	99	807	351	339
2021	917	331	138	80	93	785	346	440
2022	1006	368	138	80	88	784	376	546
2023	1061	411	151	88	103	900	424	585

资料来源：2001—2016 年数据来自相应年份《中国汽车工业年鉴》，2017—2023 年数据来自国际汽车制造商协会。

附表 18　2001—2023 年世界主要汽车生产国汽车销量　　单位：万辆

年份	美国	德国	法国	意大利	英国	日本	韩国	印度
2001	1747	363	275	264	277	591	145	82
2002	1713	355	261	257	289	579	162	88
2003	1697	350	244	249	294	583	132	108
2004	1729	356	247	252	296	584	109	134
2005	1744	362	255	248	283	585	114	144
2006	1705	377	249	259	273	574	116	175
2007	1645	348	258	279	279	535	122	199
2008	1349	343	257	243	248	508	124	198
2009	1060	405	269	236	222	461	146	226
2010	1177	319	271	217	231	496	157	304
2011	1304	351	269	194	219	421	159	329
2012	1479	339	233	153	234	537	156	358
2013	1588	326	221	142	260	538	154	324
2014	1693	331	218	146	284	556	166	318
2015	1783	356	236	172	304	505	192	342
2016	1787	371	248	205	312	497	182	367
2017	1755	381	255	219	291	524	183	406
2018	1770	382	263	212	273	527	183	440
2019	1748	402	269	213	268	520	180	382
2020	1445	327	210	156	196	460	191	294

续表

年份	美国	德国	法国	意大利	英国	日本	韩国	印度
2021	1541	297	214	166	204	445	173	378
2022	1423	296	193	151	194	420	168	473
2023	1601	320	221	179	226	478	175	508

资料来源：2001—2015 年数据来自相应年份《中国汽车工业年鉴》，2016—2023 年数据来自国际汽车制造商协会。

附表 19　2001—2023 年世界主要汽车生产国整车出口情况　　单位：万辆

年份	美国	德国	西班牙	英国	日本	意大利	韩国	巴西
2001	146.2	391.6	—	98.6	416.6	—	150.1	38.6
2002	165.9	387.5	232.7	119.7	469.9	73.4	150.6	41.5
2003	161.4	393.6	249.5	123.6	475.6	70.4	181.5	53.5
2004	179.4	392.4	247.9	130.8	495.8	59.6	237.9	64.8
2005	206.4	408.1	224.7	131.6	505.3	49.8	258.6	89.7
2006	205.5	418.3	227.3	124.2	596.7	59.6	264.8	63.4
2007	239.6	466.4	238.9	131.7	654.9	65.1	284.7	64.4
2008	196.6	450.0	218.1	125.4	672.7	56.1	268.4	56.9
2009	110.7	358.4	188.3	82.9	361.6	38.3	214.9	47.5
2010	150.2	448.1	208.0	104.7	484.1	44.0	277.2	76.7
2011	172.8	482.7	212.1	119.4	446.4	42.4	315.2	57.9
2012	194.1	—	172.9	127.5	480.4	40.7	317.0	47.3
2013	209.1	440.5	187.9	124.9	467.4	39.3	308.9	59.1
2014	222.8	466.6	206.0	123.0	446.6	43.9	306.3	33.4
2015	211.7	465.0	227.4	127.5	457.8	67.6	297.4	41.7
2016	207.1	498.7	243.2	140.9	463.4	—	262.1	52.0
2017	211.1	—	231.8	—	470.6	—	253.0	78.5
2018	193.6	399.3	230.4	123.8	481.7	85.4	245.0	62.9
2019	207.7	—	231.0	105.6	481.8	73.6	241.2	42.8
2020	155.4	—	195.1	75.0	374.0	—	188.7	32.5
2021	174.0	—	182.1	74.4	381.9	—	204.0	37.6

续表

年份	美国	德国	西班牙	英国	日本	意大利	韩国	巴西
2022	—	—	193.3	66.8	381.3	—	230.0	48.1
2023	—	—	221.1	79.1	442.3	—	276.6	40.3

资料来源：2001—2013 年数据来自相应年份《中国汽车工业年鉴》，2014—2017 年数据来自北京富欧睿，2018—2023 年数据来自中国汽车工业协会及各国汽车协会，英国 2021—2023 年数据来自 MarkLines。对部分历史数据进行了修正。

附表 20 2022—2023 年全球汽车整车和零部件企业研发投入百强

排名	公司名称	国别	2022—2023 年研发投入（亿欧元）	研发投入年度增长率（%）	销售额（亿欧元）	销售额年度增长率（%）	研发投入强度（%）
1	VOLKSWAGEN 大众	德国	189.080	21.3	2792.320	11.6	6.8
2	GENERAL MOTORS 通用汽车	美国	91.881	24.1	1469.483	23.4	6.3
3	TOYOTA MOTOR 丰田汽车	日本	87.761	10.4	2626.034	18.4	3.3
4	MERCEDES-BENZ 奔驰	德国	85.090	-5.2	1500.170	-10.7	5.7
5	ROBERT BOSCH 博世	德国	74.830	18.3	882.010	12.0	8.5
6	FORD MOTOR 福特汽车	美国	73.130	2.6	1481.878	15.9	4.9
7	BMW 宝马	德国	71.780	4.5	1426.100	28.2	5.0
8	STELLANTIS 斯泰兰蒂斯	荷兰	67.200	14.1	1795.920	20.2	3.7
9	HONDA MOTOR 本田汽车	日本	62.209	6.8	1195.024	16.2	5.2
10	NISSAN MOTOR 日产汽车	日本	36.910	7.9	748.965	25.8	4.9
11	DENSO 电装	日本	36.867	4.8	452.440	16.1	8.1

续表

排名	公司名称	国别	2022—2023 年研发投入（亿欧元）	研发投入年度增长率（%）	销售额（亿欧元）	销售额年度增长率（%）	研发投入强度（%）
12	CONTINENTAL 大陆	德国	28.958	9.8	394.089	3.2	7.3
13	TESLA 特斯拉	美国	28.830	18.6	763.754	51.4	3.8
14	SAIC MOTOR 上汽集团	中国	28.004	1.3	939.788	−5.4	3.0
15	ZF 采埃孚	德国	26.630	8.0	438.010	14.3	6.1
16	BYD 比亚迪	中国	25.473	80.3	546.906	92.9	4.7
17	HYUNDAI MOTOR 现代汽车	韩国	24.684	7.7	1054.430	21.2	2.3
18	RENAULT 雷诺	法国	22.590	-4.3	474.670	2.7	4.8
19	VOLVO 沃尔沃	瑞典	21.993	32.6	425.723	27.2	5.2
20	TATA MOTORS 塔塔汽车	印度	20.871	26.1	389.832	25.1	5.4
21	FORVIA 佛瑞亚	法国	20.777	72.2	254.582	63.0	8.2
22	GEELY SWEDEN HOLDINGS	瑞典	19.011	12.9	297.322	17.3	6.4
23	DEERE 迪尔	美国	17.926	20.5	489.209	18.8	3.7
24	DAIMLER TRUCK 戴姆勒卡车	德国	17.730	—	509.450	28.1	3.5
25	RIVIAN AUTOMO-TIVE Rivian 集团	美国	17.335	−0.1	15.545	2914.5	111.5
26	CATERPILLAR 卡特彼勒	美国	17.007	7.6	557.163	16.6	3.1
27	CRRC CHINA 中国中车	中国	16.612	0.5	292.274	−0.7	5.7
28	GREAT WALL MOTOR 长城汽车	中国	16.347	34.7	173.933	0.3	9.4
29	AISIN 爱信精机	日本	15.820	10.5	311.188	12.4	5.1

续表

排名	公司名称	国别	2022—2023 年研发投入（亿欧元）	研发投入年度增长率（%）	销售额（亿欧元）	销售额年度增长率（%）	研发投入强度（%）
30	SUZUKI MOTOR 铃木汽车	日本	14.535	27.9	328.067	30.1	4.4
31	VALEO 法雷奥	法国	14.310	-8.0	200.370	16.1	7.1
32	NIO 蔚来	中国	14.096	139.9	66.121	36.3	21.3
33	CUMMINS 康明斯	美国	11.982	17.2	263.210	16.9	4.6
34	GEELY AUTOMOBILE 吉利汽车	中国	11.260	51.2	198.577	45.6	5.7
35	APTIV 安波福	英国	10.501	8.7	163.970	12.0	6.4
36	HYUNDAI MOBIS 现代摩比斯	韩国	10.142	17.4	384.007	24.5	2.6
37	SANY HEAVY INDUSTRY 三一重工	中国	9.861	-1.1	104.321	-24.6	9.5
38	DONGFENG MOTOR 东风汽车	中国	9.780	12.1	124.359	-18.1	7.9
39	WEICHAI POWER 潍柴动力	中国	9.691	10.0	230.416	-13.2	4.2
40	FERRARI 法拉利	荷兰	9.342	-0.3	50.953	19.3	18.3
41	MAZDA MOTOR 马自达汽车	日本	9.046	-4.9	270.472	22.6	3.3
42	LI AUTO 理想汽车	中国	8.973	106.8	60.777	67.7	14.8
43	GUANGZHOU AUTOMOBILE 广汽集团	中国	8.719	27.2	147.635	45.4	5.9
44	ISUZU MOTORS 五十铃	日本	8.410	13.6	225.858	27.1	3.7
45	TOYOTA INDUSTRIES 丰田工业	日本	8.332	21.1	238.888	24.9	3.5

续表

排名	公司名称	国别	2022—2023年研发投入（亿欧元）	研发投入年度增长率（%）	销售额（亿欧元）	销售额年度增长率（%）	研发投入强度（%）
46	CNH INDUSTRIAL 凯斯纽荷兰工业集团	荷兰	8.185	-30.1	220.073	-29.9	3.7
47	SUBARU 斯巴鲁	日本	8.086	10.4	266.776	37.5	3.0
48	BRIDGESTONE 普利司通	日本	7.930	17.5	296.969	13.2	2.7
49	SCHAEFFLER 舍弗勒	德国	7.740	3.1	158.090	14.1	4.9
50	LUCID Lucid 集团	美国	7.702	9.5	5.702	2143.3	135.1
51	MITSUBISHI MOTORS 三菱汽车	日本	7.579	18.2	173.739	20.6	4.4
52	YAMAHA MOTOR 雅马哈	日本	7.437	10.4	158.919	24.1	4.7
53	MOBILEYE	美国	7.397	45.0	17.523	34.8	42.2
54	BORGWARNER 博格华纳	美国	7.369	11.2	148.144	6.5	5.0
55	XPENG 小鹏汽车	中国	6.999	26.8	36.041	28.0	19.4
56	MICHELIN 米其林	法国	6.980	2.3	285.900	20.2	2.4
57	MAHLE 马勒	德国	6.713	0.9	124.338	13.7	5.4
58	KOMATSU 小松	日本	6.406	17.0	250.450	26.4	2.6
59	IVECO 依维柯	荷兰	6.340	24.6	143.570	13.5	4.4
60	MAGNA 麦格纳	加拿大	6.085	2.4	354.772	4.4	1.7
61	CHONGOING CHANGAN 重庆长安	中国	5.980	23.7	152.274	14.9	3.9
62	LIEBHERR-INTER-NATIONAL 利勃海尔	瑞士	5.880	5.2	125.890	8.2	4.7
63	GOODYEAR 固特异	美国	4.697	1.0	195.059	19.0	2.4
64	KIA 起亚汽车	韩国	4.612	3.5	640.371	23.9	0.7

续表

排名	公司名称	国别	2022—2023 年研发投入（亿欧元）	研发投入年度增长率（%）	销售额（亿欧元）	销售额年度增长率（%）	研发投入强度（%）
65	AGCO 爱科集团	美国	4.137	8.7	118.614	13.6	3.5
66	SERES 赛里斯	中国	4.132	62.5	43.001	105.8	9.6
67	CHINA SHIPBUILDING 中国船舶集团有限公司	中国	3.992	9.1	57.291	11.7	7.0
68	FISKER 菲斯克	美国	3.974	47.8	0.003	222.6	123949.5
69	FAW JIEFANG 一汽解放	中国	3.578	-15.5	48.360	-62.1	7.4
70	AUTOLIV 奥托立夫	美国	3.469	0.5	82.899	7.4	4.2
71	POLARIS	美国	3.438	8.9	80.527	15.5	4.3
72	SINOTRUK 中国重汽	中国	3.384	-23.5	79.571	-36.5	4.3
73	TOYOTA BOSHOKU 丰田纺织	日本	3.343	6.1	113.372	12.8	2.9
74	NINGBO JOYSON ELECTRONIC 均胜电子	中国	3.219	28.0	66.238	9.9	4.9
75	PACCAR 配卡集团	美国	3.199	5.3	270.202	22.5	1.2
76	FARADAY FUTURE 法拉第未来	美国	2.917	77.8	0.000	—	
77	RHEINMETALL 莱茵金属	德国	2.910	3.2	64.100	13.3	4.5
78	CANOO	美国	2.805	21.5	0.000	—	—
79	CLAAS 克拉斯	德国	2.791	6.4	49.255	2.7	5.7
80	ASTON MARTIN LAGONDA GLOBAL HOLDINGS 阿斯顿马丁拉贡达	英国	2.784	28.7	15.631	26.1	17.8

续表

排名	公司名称	国别	2022—2023年研发投入（亿欧元）	研发投入年度增长率（%）	销售额（亿欧元）	销售额年度增长率（%）	研发投入强度（%）
81	KOITO MANUFACTURING 小糸制作所	日本	2.753	14.5	61.118	13.7	4.5
82	PIRELLI 倍耐力	意大利	2.639	9.8	66.157	24.1	4.0
83	NEXTEER 耐世特	美国	2.596	6.8	35.999	14.3	7.2
84	NIKOLA 尼古拉	美国	2.567	-6.5	0.477	—	538.2
85	BRP 庞巴迪	加拿大	2.534	26.9	69.153	31.2	3.7
86	BEIQI FOTON MOTOR 北汽福田	中国	2.504	3.2	57.364	-14.2	4.4
87	QUANTUMSCAPE 昆腾斯科普电池公司	美国	2.477	81.7	0.000	—	—
88	JIANGLING MOTORS 江铃汽车	中国	2.412	-3.7	38.438	-14.7	6.3
89	WEBASTO 伟巴斯特	德国	2.396	23.3	44.000	18.7	5.4
90	ZHEJIANG CENTURY HUATONG 世纪华通	中国	2.337	-2.5	15.003	-18.5	15.6
91	TOKAI RIKA 东海理化	日本	2.055	-4.6	39.094	13.5	5.3
92	YUTONG BUS 宇通客车	中国	1.996	10.9	25.909	-6.8	7.7
93	WESTINGHOUSE AIR BRAKE TECHNOLOGIES 西屋气压制动技术公司	美国	1.959	18.8	78.399	6.9	2.5
94	SUMITOMO RUBBER INDUSTRIES 住友橡胶工业	日本	1.927	7.1	77.653	17.4	2.5

续表

排名	公司名称	国别	2022—2023 年研发投入（亿欧元）	研发投入年度增长率（%）	销售额（亿欧元）	销售额年度增长率（%）	研发投入强度（%）
95	DANA 德纳	美国	1.884	12.9	95.218	13.5	2.0
96	VISTEON 伟世通	美国	1.838	2.6	35.215	35.4	5.2
97	ZHEJIANG LEAPMOTOR 浙江零跑	中国	1.800	87.3	16.621	295.4	10.8
98	TOYODA GOSEI 丰田合成株式会社	日本	1.743	0.3	67.278	14.7	2.6
99	HL MANDO	韩国	1.719	21.9	55.605	22.3	3.1
100	VDL GROEP VDL 集团	荷兰	1.700	4.9	54.772	16.3	3.1

资料来源：欧盟产业研究与创新经济学项目。

附录二

2023年1月—2023年12月发布或开始实施的部分汽车政策法规

本部分全面梳理2023年1月—2023年12月，中共中央、国务院、各有关部门发布的汽车产业相关政策与法规等，并从中筛选出对产业影响较大、与产业发展紧密相关的38条，涵盖标准体系（3条）、财税金融（6条）、产品准入（1条）、促进消费（5条）、基础设施（3条）、交通运输（2条）、节能减排（6条）、进出口贸易（2条）、智能网联（3条）、转型升级（4条）、综合监管（3条），供读者参考。

附表21　2023年1月—2023年12月发布或实施的部分汽车政策法规

序号	政策名称	发布部门	内容要点	发布/实施时间	分类
1	《关于支持新能源商品汽车铁路运输 服务新能源汽车产业发展的意见》	国家铁路局、工业和信息化部、中国国家铁路集团有限公司	积极鼓励开展新能源商品汽车铁路运输业务，不断提升铁路运输服务标准化、规范化、便利化水平，保障新能源商品汽车铁路运输安全畅通，促进降低新能源商品汽车物流成本、助力国家新能源汽车产业发展	2023年1月3日	交通运输

续表

序号	政策名称	发布部门	内容要点	发布/实施时间	分类
2	《关于开展新能源汽车动力电池梯次利用产品认证工作的公告》	市场监管总局、工业和信息化部	开展新能源汽车动力电池梯次利用产品自愿性认证工作，健全动力电池梯次利用市场体系，促进动力电池梯次利用行业健康有序发展	2023年1月20日	节能减排
3	《关于组织开展公共领域车辆全面电动化先行区试点工作的通知》	工业和信息化部等八部门	完善公共领域车辆全面电动化支撑体系，促进新能源汽车推广、基础设施建设、新技术新模式应用、政策标准法规完善等方面积极创新、先行先试，探索形成一批可复制可推广的经验和模式，为新能源汽车全面市场化拓展和绿色低碳交通运输体系建设发挥示范带动作用	2023年1月30日	转型升级
4	《关于GB 19578—2021等三项标准整改确认的通知》	工业和信息化部装备工业发展中心	按照GB 19578—2021《乘用车燃料消耗量限值》、GB 17675—2021《汽车转向系 基本要求》、GB 26512—2021《商用车驾驶室乘员保护》三项标准的规定，自2023年1月1日起，已获得型式批准的适用车型应满足标准要求，不符合要求的车型应停止生产	2023年2月24日	综合监管
5	《智能汽车基础地图标准体系建设指南（2023版）》	自然资源部	从基础通用、生产更新、应用服务、质量检测和安全管理等方面，对智能汽车基础地图标准化提出原则性指导意见，推动智能汽车基础地图及地理信息与汽车、信息通信、电子、交通运输、信息安全、密码等行业领域协同发展，逐步形成适应我国技术和产业发展需要的智能汽车基础地图标准体系	2023年3月3日	标准体系

续表

序号	政策名称	发布部门	内容要点	发布/实施时间	分类
6	《关于修改〈节能减排补助资金管理暂行办法〉的通知》	财政部	实施期限由2022年调整至2025年；“节能减排补助资金重点支持范围修改为：新能源汽车推广应用补助资金清算；充电基础设施奖补清算；燃料电池汽车示范应用；循环经济试点示范项目清算；节能降碳省级试点；报经国务院批准的相关支出”	2023年4月7日	财税金融
7	《关于实施汽车国六排放标准有关事宜的公告》	生态环境部、工业和信息化部、商务部等五部门	自2023年7月1日起，全国范围全面实施国六排放标准6b阶段，禁止生产、进口、销售不符合国六排放标准6b阶段的汽车	2023年5月8日	节能减排
8	《关于加快推进充电基础设施建设更好支持新能源汽车下乡和乡村振兴的实施意见》	国家发展改革委、国家能源局	围绕创新农村地区充电基础设施建设运营维护模式、支持农村地区购买使用新能源汽车、强化农村地区新能源汽车宣传服务管理，发布11条重要举措，旨在适度超前建设充电基础设施，优化新能源汽车购买使用环境，推动新能源汽车下乡、引导农村地区居民绿色出行、促进乡村全面振兴	2023年5月14日	基础设施
9	《关于做好〈公告〉标准实施及整改工作的通知》	工业和信息化部装备工业发展中心	更新实施的标准及废止的标准：GB 13392—2023《道路运输危险货物车辆标志》、GB 9743—2024《轿车轮胎》、GB 9744—2024《载重汽车轮胎》。自2024年5月28日起，取消GB 11550—2009《汽车座椅头枕强度要求和试验方法》强制性检验项目，主要技术内容被GB 15083—2019《汽车座椅、座椅固定装置及头枕强度要求和试验方法》覆盖	2023年5月17日	综合监管

续表

序号	政策名称	发布部门	内容要点	发布/实施时间	分类
10	《关于组织开展汽车促消费活动的通知》	商务部办公厅	统筹开展“百城联动”汽车节和“千县万镇”新能源汽车消费季活动。充分发挥地方、企业、行业协会作用，顺应城乡居民多样化购车需求，打通全链条、贯通全渠道、联通线上线下，组织全国百余城市协调联动，促进汽车消费	2023年6月8日	促进消费
11	《关于进一步构建高质量充电基础设施体系的指导意见》	国务院办公厅	通过优化完善网络布局、加快重点区域建设、提升运营服务水平、加强科技创新引领、加大支持保障力度，到2030年，基本建成覆盖广泛、规模适度、结构合理、功能完善的高质量充电基础设施体系，有力支撑新能源汽车产业发展，有效满足人民群众出行充电需求	2023年6月19日	基础设施
12	《关于延续和优化新能源汽车车辆购置税减免政策的公告》	财政部、税务总局、工业和信息化部	对购置日期在2024年1月1日至2025年12月31日期间的新能源汽车免征车辆购置税，其中，每辆新能源乘用车免税额不超过3万元；对购置日期在2026年1月1日至2027年12月31日期间的新能源汽车减半征收车辆购置税，其中，每辆新能源乘用车减税额不超过1.5万元	2023年6月19日	财税金融
13	《关于修改〈乘用车企业平均燃料消耗量与新能源汽车积分并行管理办法〉的决定》	工业和信息化部、财政部、商务部等五部门	调整新能源车型积分计算方法、建立积分灵活性交易机制、优化其他积分管理制度。提出适时研究建立与其他碳减排体系的衔接机制、延长企业负积分抵偿报告提交时间和完成负积分抵偿归零时间；规定企业购买的正积分可以抵偿和结转、调整了核算年度内车辆统计基准	2023年6月29日	节能减排

续表

序号	政策名称	发布部门	内容要点	发布/实施时间	分类
14	《国家车联网产业标准体系建设指南（智能网联汽车）（2023版）》	工业和信息化部、国家标准委	针对智能网联汽车通用规范、核心技术与关键产品应用，构建包括智能网联汽车基础、技术、产品、试验标准等在内的智能网联汽车标准体系，指导车联网产业智能网联汽车领域的相关标准制修订，充分发挥标准对车联网产业关键技术、核心产品和功能应用的引领作用，与《国家车联网产业标准体系建设指南》其他部分共同形成统一、协调的国家车联网产业标准体系架构	2023年7月18日	标准体系
15	《关于促进汽车消费的若干措施》	国家发展改革委、工业和信息化部、公安部等十三部门	出台优化汽车限购管理政策、支持老旧汽车更新消费、加快培育二手车市场、加强新能源汽车配套设施建设等十条措施，优化汽车购买使用管理制度和市场环境，更大力度促进新能源汽车持续健康发展	2023年7月20日	促进消费
16	《汽车金融公司管理办法》	国家金融监督管理总局	将汽车金融公司的业务范围从新车延伸到全产业链，包括二手车、售后服务和汽车附加品；新增风险监管指标，对单一借款人的授信余额不得超过资本净额的15%；对单一集团客户的授信余额不得超过资本净额的50%；自用固定资产比例不得超过资本净额的40%；流动性比例不得低于50%等	2023年8月11日	财税金融
17	《关于进一步加强车载音视频管理的通知》	广电总局、工业和信息化部、市场监管总局	规范车载无线广播接收终端管理，积极引导推动在国内市场生产、销售的所有国产汽车和进口汽车的车载终端设备配置无线广播接收模块，规范车载网络音视频服务管理，强化公共服务节目供给，规范车载音视频运营管理	2023年8月14日	综合监管

续表

序号	政策名称	发布部门	内容要点	发布 / 实施时间	分类
18	《绿色低碳先进技术示范工程实施方案》	国家发展改革委、科技部、工业和信息化部等十部门	将布局一批技术水平领先、减排效果突出、减污降碳协同、示范效应明显的项目，并明确了绿色低碳先进技术示范工程重点方向、保障措施、组织实施方式等	2023 年 8 月 22 日	转型升级
19	《汽车行业稳增长工作方案（2023—2024 年）》	工业和信息化部、财政部、交通运输部等七部门	制定汽车行业稳定增长的发展目标，发布支持扩大新能源汽车消费、稳定燃油汽车消费、推动汽车出口提质增效、促进老旧汽车报废更新和二手车消费等七条工作举措，支撑工业经济平稳健康运行	2023 年 8 月 25 日	促进消费
20	《关于发布新能源汽车动力电池梯次利用产品认证目录（第一批）和组建新能源汽车动力电池梯次利用产品认证技术委员会的公告》	市场监管总局、工业和信息化部	编制了《新能源汽车动力电池梯次利用产品认证目录（第一批）》，组建了新能源汽车动力电池梯次利用产品认证技术委员会	2023 年 9 月 4 日	节能减排
21	《中央国家机关所属事业单位公务用车管理办法（试行）》	国管局	事业单位应当配备使用国产汽车，优先配备使用新能源汽车，按照规定逐步扩大新能源汽车配备比例	2023 年 9 月 12 日	促进消费
22	《关于延续实施二手车经销有关增值税政策的公告》	财政部、税务总局	2027 年 12 月 31 日前，对从事二手车经销的纳税人销售其收购的二手车，按照简易办法依 3% 征收率减按 0.5% 征收增值税	2023 年 9 月 22 日	财税金融
23	《关于继续对挂车减征车辆购置税的公告》	财政部、税务总局、工业和信息化部	为促进甩挂运输发展，提高物流效率和降低物流成本，继续对购置挂车减半征收车辆购置税。购置日期按照《机动车销售统一发票》《海关关税专用缴款书》或者其他有效凭证的开具日期确定	2023 年 9 月 22 日	财税金融

续表

序号	政策名称	发布部门	内容要点	发布 / 实施时间	分类
24	《新能源汽车动力电池梯次利用产品认证实施规则 固定式梯次利用电池》	国家认监委	完善动力电池梯次利用认证制度，明确固定式梯次利用电池产品认证实施的基本认证模式为：初始工厂检查 + 型式试验 + 获证后监督	2023 年 9 月 25 日	节能减排
25	《二手车出口有关事项的公告（征求意见稿）》	商务部、工业和信息化部、公安部等五部门	明确了二手车出口有关要求和程序，包括企业申报条件、企业申报程序及材料、出口许可证申领流程、禁止出口情形以及省级商务主管部门、工业和信息化部门、公安部门、海关、交通运输部门、出口企业、检验检测机构职责要求	2023 年 9 月 28 日	进出口贸易
26	《规范和促进数据跨境流动规定（征求意见稿）》	国家互联网信息办公室	规范数据出境安全评估、个人信息出境标准合同、个人信息保护认证等数据出境制度的施行	2023 年 9 月 28 日	智能网联
27	《关于推动汽车后市场高质量发展的指导意见》	商务部、工业和信息化部、交通运输部等九部门	明确了汽车后市场发展的总体目标和主要任务，系统部署推动汽车后市场高质量发展。提出七方面措施：优化汽车配件流通环境、促进汽车维修服务提质升级、构建多层次汽车赛事格局、加快传统经典车产业发展、支持自驾车旅居车等营地建设、丰富汽车文化体验、优化汽车消费金融服务	2023 年 10 月 8 日	促进消费
28	《关于加快建立产品碳足迹管理体系的意见》	国家发展改革委、工业和信息化部、市场监管总局等五部门	建立符合国情实际的产品碳足迹管理体系，完善重点产品碳足迹核算方法规则和标准体系，建立产品碳足迹背景数据库，推进产品碳标识认证制度建设，拓展和丰富应用场景，发挥产品碳足迹管理体系对生产生活方式绿色低碳转型的促进作用，为实现碳达峰碳中和提供支撑	2023 年 11 月 13 日	转型升级

续表

序号	政策名称	发布部门	内容要点	发布/实施时间	分类
29	《关于开展智能网联汽车准入和上路通行试点工作的通知》	工业和信息化部、公安部、住房城乡建设部、交通运输部	遴选具备量产条件的搭载自动驾驶功能的智能网联汽车产品开展准入试点；对取得准入的智能网联汽车产品，在限定区域内开展上路通行试点，车辆用于运输经营的需满足交通运输主管部门运营资质和运营管理要求	2023 年 11 月 17 日	智能网联
30	《自动驾驶汽车运输安全服务指南（试行）》	交通运输部	明确在现行法律法规框架下使用自动驾驶汽车从事运输经营活动的基本要求，引导自动驾驶运输服务健康有序发展，最大限度防范化解运输安全风险，涉及自动驾驶应用场景、自动驾驶运输经营者、运输车辆、人员配备、安全保障、监督管理等方面的要求	2023 年 12 月 5 日	智能网联
31	《关于调整减免车辆购置税新能源汽车产品技术要求的公告》	工业和信息化部、财政部、税务总局	2024 年 1 月 1 日起，申请进入《减免车辆购置税的新能源汽车车型目录》的车型，需符合新能源汽车产品技术要求。其中，换电模式车型还需提供满足 GB/T 40032《电动汽车换电安全要求》等标准要求的第三方检测报告，以及生产企业保障换电服务的证明材料	2023 年 12 月 7 日	财税金融
32	《关于支持新能源汽车贸易合作健康发展的意见》	商务部、国家发展改革委、工业和信息化部等九部门	通过提升国际化经营能力和水平、健全国际物流体系、加强金融支持、优化贸易促进活动、营造良好贸易环境、增强风险防范能力等措施，积极参与国际经贸规则制定，提升国际化发展水平，服务加快建设贸易强国	2023 年 12 月 7 日	进出口贸易

续表

序号	政策名称	发布部门	内容要点	发布/实施时间	分类
33	《关于加强新能源汽车与电网融合互动的实施意见》	国家发展改革委、国家能源局、工业和信息化部、市场监管总局	确定2025年、2030年车网融合发展目标，协同推进车网互动核心技术攻关、加快建立车网互动标准体系、优化完善配套电价和市场机制、探索开展双向充放电综合示范等六项重点任务，支撑新型能源体系和新型电力系统构建	2023年12月13日	基础设施
34	《新能源汽车动力电池综合利用管理办法（征求意见稿）》	工业和信息化部	明确新能源汽车动力电池综合利用的组织管理、研发、设计、生产及运营要求，报废移交要求，梯次利用和再生利用要求，信息溯源要求，监督管理和法律责任要求	2023年12月15日	节能减排
35	《工业领域数据安全标准体系建设指南（2023版）》	工业和信息化部、国家标准委	确定工业领域数据安全标准体系建设目标，明确了安全标准体系的总体框架以及子体系内容，重点突出特定业务场景的数据安全标准	2023年12月19日	标准体系
36	《道路机动车辆生产企业及产品准入办事指南》	工业和信息化部	细化了准入许可工作流程，增加道路机动车辆生产企业和产品准入技术审查要点、道路机动车辆产品检验检测项目清单及检验检测机构清单等内容，供企业申报企业和产品准入许可时参考	2023年12月22日	产品准入
37	《关于加快推进农村客货邮融合发展的指导意见》	交通运输部、工业和信息化部、公安部、财政部等九部门	深入推进农村客运、货运物流、邮政快递（以下简称农村客货邮）融合发展，打造因地制宜的农村客货邮融合发展形式、建设“一点多能”的农村客货邮融合发展站点、推广安全可靠的农村客货邮融合发展装备、健全规范有序的农村客货邮融合发展服务体系、完善合作共享的农村客货邮融合发展机制、构建支撑有力的农村客货邮融合发展保障体系，更好满足农村群众出行、货运物流、寄递服务需求	2023年12月23日	交通运输

续表

序号	政策名称	发布部门	内容要点	发布 / 实施时间	分类
38	《关于加快传统制造业转型升级的指导意见》	工业和信息化部、国家发展改革委、教育部等八部门	明确了制造业转型升级的目标和主要任务，实施制造业技术改造升级工程，加快设备更新、工艺升级、数字赋能、管理创新，推动传统制造业向高端化、智能化、绿色化、融合化方向转型，提升发展质量和效益，加快实现高质量发展	2023 年 12 月 28 日	转型升级